日本中世の国家と宗教

日本中世の国家と宗教

黒田俊雄著

岩波書店

はしがき

中世は宗教の時代であるとさえいわれる。中世の国家と宗教がさまざまに緊密に結び合っていた状況は、すでに自明であるかにみえる。

しかし、それにもかかわらず「日本中世の国家と宗教」というテーマは、むしろ難問に属するとおもう。その最もかなめになる事実が、ほとんど明らかにされていないだけではない。国家論・国家史の探究が、社会科学としても歴史学としてもかなり困難な分野であり、宗教史にいたっては、難解さに加えて既往の研究がとても消化しきれないほど厖大な量に達しているからである。しかも本書は、僭越にもあえてそれを表題に掲げた。もとよりその内容が十全であるはずはない。本書はただ、それへの摸索の軌跡とその果てに浮び上ってきた一つの構図を提示するものでしかない。

すでに十年近くも前になるが、中世の宗教思想について論文集をまとめることをすすめられたとき、私は本書第三部にあたる一つの展望に到達していた。そこでそれを書き上げて論文集の劈頭に掲げる計画を立てたのであるが、その後、諸事に煩わされて執筆が捗らず、計画は停頓したままで時日が過ぎた。しかし近年学界でも国家史やイデオロギー論に関心がたかまったことに新たに刺戟されて、昨年春ようやく新稿をまとめ、旧稿とともに三部からなる体裁に整えたのである。

第一部・第二部に収めた旧稿は、こうして配列してみると、いずれも「国家と宗教」というテーマに沿ってできたようにもみえるが、もともとそういう計画の下に書かれたものではない。いわば私自身の生い立ちや青年期の戦争体験からさらにベトナム戦争にいたるまでの、少しおおげさないい方をすれば宿命ともおもえるほど自己に根ざした関心が、折にふれて試行錯誤の摸索を続けさせたおのずからの結果であるというべきだろう。それだけに問題への視角や方法には、いく段階もの変化がある。だから、全体としては論旨に一貫性を欠いているのだが、しかしそれぞれは方法上の階梯としての意義をもち、またその側面の限りでの真実を照し出しているという意味で、ここでは原則として旧稿のまま収載することにした。

第三部は新稿であって、国家史・宗教史に新しい展望を切り拓きそれとともに日本史の世界史的位置づけを考え直す課題を、念頭においている。それは諸先学の研究成果を仏教史や神道史として総括してさらに一歩をすすめることを目標にしたものではなく、この国の「国家と宗教」の秘密を摸索してきた道程での一つの仮説というべきものである。むろん、構想したときからかなりの年月を経過したいまになってみると、これもすでに過去の到達点の一形態にすぎず、実際みられる通りきわめて雑駁なものでしかない。ただ私自身としては、これによってようやく自分が何をしなければならないのかがわかりかけてきたような気がしたことを、書き添えておきたい。

なおこの機会に、とくに仏教史について赤松俊秀先生から永年にわたり含蓄ある数々の御教示を得たことを、深甚な感謝の意をこめて銘記しておきたい。その歴史の機微にふれた折々のお話は、本書の諸論文のためには何よりも有益な考察の源泉であった。ただそれにもかかわらず、先生の緻密で周到な論証の態度を学ぶことがあまりに少なかったことを、かえりみて忸怩たる他はない。さらに、私的な感懐ではあるが、いく世代となく続けられてきた信仰と慣習の生活をいまも北陸の一隅でまもっている母にも、この書物ができたことを喜んでもらおうとおもう。この書物でのべた日本仏教についての観点は、土着化している宗派的伝統的感覚には受け容れ難いところがあるかもしれないが、この国の歴史に重みを感じながら真実を解き明かしたいという念願は、草深い民のこころでもあったとおもうからである。

本書は企画以来かなりの年月を経たため、その間、多くの方々に種々の配慮をいただいた。なかでも石母田正氏からはしばしば激励の言葉をいただき、また岩波書店編集部の中島義勝・高草茂・高林良治の諸氏には重ね重ね御迷惑をかけた。末尾ながらこのことを記して、感謝の意を表したい。

一九七五年五月

黒田俊雄

目次

第二部

第三部

第一部

Ⅰ　中世の国家と天皇

はじめに
——中世国家論の課題——

日本歴史上、「中世国家」というとき、われわれはいかなる内容を予想するであろうか。おそらく一般には、鎌倉・室町時代に「日本国」全体をまとめた一個の国家があったものと想定し、その支配＝権力機構の具体的な内容を予想するであろう。ことに、日本が古来島国として独自に存続してきたことを強く意識するひとにとってはなおさらのことで、これがいわば常識的な感覚であろう。ところが、今日、中世史家のなかで通説的位置を占める学説では、中世の日本を、基本的に「古代的」な貴族政権と「封建的」な武家政権とが対抗する時代とみなし、そのうちの後者をこその中世国家的なものとみる。そして中世は、この中世国家的なもの——その主体は幕府とされる——が漸次「古代的」貴族政権」を圧倒してゆく過渡的な時代であるとされる。そこで中世国家論の課題としては、そのなかのどの段階で幕府が「封建国家」として確立するか、その過程で「古代的」な天皇との関係はどうであったか、また天皇の権威と密接な関連をもつ神国思想の、政治思想・国家観念としての性格はどのようなものか、などが、主要な問題とされてきた。(1)

だが、こういう問題を論じようとすれば、当然ながら、幕府そのものがどうなっていたかについて、さらに根本的には御家人の経済的基礎となった所領や村落・荘園の性格や変化などについて充分わかっていなければならないし、また、天皇や貴族の社会的・政治的ないし文化的な諸々の側面についても、的確な見通しがなければならない。ということは、中世国家論とは、中世史研究全般の成果に立ってその根幹を論ずるものでなければならぬというたいへんなことを意味するのだが、実際には、その主要なテーマは個々の分野で追究されているために、国家論はそれらの研究に寄生する浮草のような存在となり、ことに通説のような見地に立てば、基本的には幕府論に左右されるものにしかなりえないのである。だから今日にいたるまで、中世国家論は中世史研究の総括の上にそびえ立つかのごとき表題をもちながらも、実は中世史研究のアクセサリーたるにすぎず、とりわけ実証を重んじ史料に立脚すべき歴史家としては、理屈の空転におわる恐れの多い国家論などには言及せぬのを賢明な態度としたかにさえ、みえるのである。したがって、戦後の日本史研究の多方面にわたる豊かな成果のなかでも、中世国家を論じた業績は、まことに寥々たるものであった。

もっとも、中世国家論がかかる状況に陥ったのには、ほかにも重要な理由があった。中世の国家はいちおう封建国家なる範疇を基準にして理解するのが通例であるが、そもそも封建国家は古代国家や近代国家に比して果たして国家としての本質を備えているかどうかを疑われるほどに、その国家的性格を把えがたいのが一般であり[(2)]、事実また古代や近代におけるほどには国家の名による強力な働きが歴史の前面に直接的に現われないのである。つまり、理論的にも困難な問題が伏在し、しかも歴史上さして直接的な現象がみられぬとすれば、敬遠されるのも当然であったわけである。

しかし、本稿に課せられているのは、そういう世界史的な規模での理論を直接扱うことではなく、日本の中世といわれる時代に国家がいかなる構造と特質をもっていたかという点を、真正面から問題にすることだとおもう。だからここでは、なによりも、貴族・武士を含めて全支配階級が農民その他全人民を支配した諸々の機構を総体的に把握することを、目的としたい。通説のように、中世のなかから「封建国家」の規格に合うものだけを析出して配列してみることも、いちおうは必要なことではあるが、それだけでは具体的な日本中世の国家そのものを、その特殊性において把えることは不可能である。いわんや「公家政権」と「武家政権」という形で二つの支配階級が対立していたことだけを強調するのでは、政治的局面についての一つの学説ではありえても、人民支配の体制としての国家の全体的関係を明らかにすることにはならない。なぜなら「二重政権」の時代といわれる鎌倉時代においても、二つの国家があったわけではなく、また「公家政権」が「武家政権」なしに独自に支配を維持しえたとか、将軍(鎌倉殿)が国王であったとかいうことは、さすがに確言する説がないのが実情だからである。公家と武家とが、対立しながらも一つの国家を組織しつづけていたことこそが問題であるとおもう。そこで、こういう課題のもとに探究の主たる対象を考えるとすれば、当然国家権力機構こそが重要なものとならざるをえない。通説では、中世の国家権力機構は、実際上幕府の支配機構に置換されたため、国家論としては天皇の「古代的」権威の意義や武士の国家意識などの観念形態が扱われることが多かったが、日本中世国家がそういう観念的紐帯だけでわずかに一つの国家たることを保っていたとは考えられない。二つの支配階級があったのなら、それだけにかえって、一つの国家権力機構を形成したその特色を、追究しなければならない。われわれはそれによってこそ、中世国家が律令制国家の特質とどう関係し、近世の幕藩体制の成立にどんな規制として作用したか、またそこから日本の民族史的特質の形成のうえにどのような意義をもったかをも、具体的に検討してゆく手がかりを得ることができるとおもう。

ところで、以上のような観点から日本中世の国家を把握するためには、当面どのような手続きが必要であろうか。それは第一に、いわゆる公家・武家が国家権力機構のうえにおいて、相互補完的な関係にあった事実を、明らかにすることである。公家と武家とが対立する側面をもっていたことは、いままでに充分すぎるほど強調されてきたことであるが、単純な対立でもそのうえでの妥協的共存でもなく、機構的に相互の依存と補完の関係にあったことに注意しなければ、対立や妥協とみえることの意味も正しく理解できないとおもう。第二に、そのような相互の関係がみられるならば、公家・武家それぞれの階級的性格は、通説のように「古代的」と「封建的」として根本的に対立させられるものと異なり、共通した階級的側面——たとえば、本来の性格は異なるにしても、ともに封建領主階級として、被支配人民に対して共通の立場に立ちうるというような——をもつのでないかということを、当然再考してみる必要がある。本稿は、そのような経済史的分析の場ではないから、そのことに紙幅をさく余裕はないが、中世史研究の現状からいって、一般に「古代的」とされる公家の性格が、果たして古代的といえるものかどうか、まだ明確でないという点を、銘記しておきたいとおもう。第三には、上の二つのことが、わずか一時期の過渡的現象でなく、いわゆる中世の全般にわたって基本的なものとして持続したかどうかが、問題である。もとより、その間に種々の変動があったこと自体は、これもいままでに繰り返し指摘されてきたところで、ことに南北朝内乱期に中世を前後に分かちうるほどの変化がみられたことは、そのかぎり事実である。だが、にもかかわらずその前後を通じて一貫し、しかも古代や近世にはみられないものがあったとすれば、それはまさしく日本中世国家の特質を示すものではなかろうか。また、そういうものの推移のなかにこそ、中世国家の諸段階が示されているとすべきではなかろうか。私は、表面的な現象の追究だけでことが足りるといっているのではなく、特殊具体的な性格を捨象する結果にならないようにと、主張しているのである。

中世国家についてすべてを説くことは、ここでは不可能であるから、本稿では以上の問題に焦点をおいて、日本中世国家そのものの特質に接近するようつとめたいとおもう。

(1) このような説の代表的なものとしては、歴史学研究会編『国家権力の諸段階』(一九五〇年)、永原慶二『日本封建社会論』(一九五五年、とくに第四章および補論)などを参照されたい。
(2) 堀米庸三「中世国家の構造」(社会構成史体系4、一九四九年)、石母田正「中世国家について」(『古代末期政治史序説』下、一九五六年)。

一 権門体制

1 権門勢家

日本中世の国家権力機構を、一つの国家機構として論じようとする場合、まず気付くことは、いままでの歴史学上、その機構全体を総称する概念がなかったということである。われわれは、日本古代国家については(その全期間についてではないが)律令体制なる概念を、近世国家については幕藩体制なる概念を、政治機構・権力機構を示しうる語として用いるが、中世国家については、それに匹敵する概念を通用させていないのである。このことは、所詮中世には明確な国家体制がなかったということを、意味するものであろうか。中世国家論に立ち入ろうとすると、われわれは当初からこの根本問題に直面してしまうのである。

もっとも、従来といえども、実際には必要に迫られて中世の支配機構を総括する概念を使うことがあった。すなわち「荘園体制」なる概念であって、とくに中世の封建的社会機構を近世のそれと対比するばあいには、ほぼ権力機構の特質を指す意味でこの概念が用いられるのが、普通であった。

しかしながら、荘園とは一種の経済制度を指す言葉であって、律令制などのように本来的に政治機構を表現しうるものではない。また経済制度としても、中世の経済制度の全般を代表しうるものでないことは、ほとんどこれと対語的に国衙領(公領)の存在が強調されることからも、明らかである。荘園体制なる語を安直に政治機構概念にまで拡張使用するのは、明らかに行き過ぎであって、ために専門家のあいだにさえ誤解や混乱が生じやすく、でなくとも暗黙の了解を必要とし、ひいては中世史についての一般の理解を困難にしたことは、研究史の示す苦い経験である。

とはいえ、荘園があたかも中世の社会支配機構そのものであるかのごとくに扱われたのは、もとより根拠のないことではなかった。それは、荘園がともかくも中世を通じて存在すること、また、荘園所有者こそが、ないしは荘園のなかに支配権をもつ者こそが、支配階級の代表的なものであったからであり、さらに荘園は中世国家において最高の権威をもつ者のみを最高の領主とするものであったからである。つまり、荘園の最高領主たる本家あるいは領家は、いわゆる権門勢家にのみ許される地位であったのである。そこで本稿では、この周知の事実を基礎に、はじめに、権門勢家なるものを検討してみたいとおもう。

権門勢家という言葉は、中世を通じて文書・記録に頻繁に用いられながら、(1) 制度上なんらの規定もない言葉でもあり、また従来その意味を追究されることも、あまりなかった。それはせいぜい、政治の混乱のなかで起こった非制度的な、権力者の私利私欲のあらわれとか、または荘園の本家・領家の別語ぐらいの意味で、行論のなかで便宜的に用いられていた。権門勢家とは、たしかにそういう意味を含むものではあるが、ここでそれを、もう少し追究して、歴史的な性格を規定するよう試みたい。

まず、権門勢家という言葉が直接意味するものをみると、とくに用例を列挙するまでもなく、つぎの点が指摘できるだろう。㈠直訳して「権勢ある家門」すなわち「権威・勢力をもつ門閥家」の意味であるが、その権威・勢力は多少とも国政上におけるものを指すのであって、特殊な地域や階層の内部でのことではない。㈡官職または官制上の地位を意味しない。権門勢家が実際には大臣・納言・官大寺等々であったとしても、その側面についていわれるのではなく、むしろ制度外的側面について用いられる。㈢権門勢家は、一個の門閥家についてもいわれないことはないが、言葉自体に複数の意味をもち、事実、不特定多数のものの概称である。そこで、以上のことを総括すれば「国政上に権威・勢力をもついくつかの門閥家があって、それらが、権威・勢力のゆえに、国政上なんらかの力をもちえた」ことを意味するといえよう。後述のように、権門勢家はふつう荘園を支配し、多勢の人間を従属させるなど、さまざまな社会的特色をもつが、本稿では、政治的な側面から、そのような個々の門閥家を権門もしくは権門勢家の語で呼びたいとおもう。

ところで、権門勢家のこのようなあり方は、このかぎりでは政治史上・社会史上の現象を意味するにすぎないが、しかしこの現象は、先行する政治体制たる律令体制の実質上の衰滅とともに現われたものであり、かつ長期にわたって永続した。したがって、権門勢家による国政の掌握、それに伴う国家権力機構の特殊なあり方というものが考えうるとすれば、律令体制や幕藩体制と同様、一つの政治体制であるといわねばならない。そこで、ここでは権門勢家が国政を支配する国家体制を指す概念として「権門体制」という語をあてることとし、権門勢家の行なう国政を「権門政治」と呼びたいとおもう。

権門勢家の発生事情については、ここで詳しく立ち入る余裕はないが、すでに令制のなかに親王家・内親王家・摂関大臣家・職事三位以上の家に家令制の規定があること、また諸大寺において別当・三綱による公文所が設置されたことなどは、権門勢家の門閥機構の端緒ということができる(2)。だがいうまでもなく権門勢家は、過去の体制の発展として現われたのではなく、八世紀以来の荘園の発達史のなかで、その政治的・社会的勢力を伸張したのであるから、荘園的なものの発達のなかにこそ発生の基盤を求めなければならない。しかも荘園制とは、本質的には多様な形態の「所領」——現地で土地と人民とを直接的に掌握・支配する農奴制的なものから、単なる地子取得権や職掌に伴う得分権までを含めて、地代収取を基本とする私人の家産[3]——の諸々の所有を、いかに保持するかについての政治的解決策として成立しているものなのであるから、簡単にいえば、「所領」の多様な広範な成立、その根底にある経営と生産関係のあらたな発展こそが、権門勢家発生の基盤であったといわなければならないのである。

権門勢家といえば、普通は平安時代以後の藤原氏が、それに最もふさわしいものとして念頭に浮かべられる。しかしそのほかにも、いわゆる貴族の諸々の名門があったうえに、その本質からすれば、さらにほかにも権門勢家というべきものがあった。まず天皇家(「王家」)であるが、女院・親王・内親王などはいうまでもなく、院政を行なう上皇・法皇さらに天皇個人も、それぞれ権門勢家というべきものであったし、また南都・北嶺をはじめとする諸大寺社もそうであった。従来これらは、階級的性格において藤原氏などとなんら異ならないと説かれてはいたが、政治的には多少異なった立場にあるので、権門勢家の名では呼ばれなかったけれども、私的な門閥的組織をもって国政上に勢威をもった点では同じことである。またさらに同様な意味で、幕府を含めて武士の棟梁も、一種の権門勢家であったことを、ここではことに強調しておきたいとおもう。武士の棟梁ないし幕府のばあい、その階級的基盤において、またその組織の性格において、他の権門と相違するところがあって、簡単に他と一括することはできないが、門閥機構の形式や国政に対する態度からみれば、本質的に他の権門勢家と異なるところはないのである。ここでそれを具体的に比較検討する余裕がないのは遺憾であるが、さしずめ諸々の権門の門閥組織に共通な一般的な特徴の要点を列挙するならば、まず第一に、政所(公文所)・文殿・蔵人所・侍所など(各権門によって名称や数は異なるが)、中核になる執務機関があり、それに伴い別当以下のいわゆる家司制がある。第二に、そこから発する文書として、政所下文・庁下文など、下文形式のものと、御教書・院宣など奉書形式のものとがあって、ともに門閥内外における機能において共通したものがある。第三に、前述の家司をはじめ近臣・伺候人・扶持人・寄人・侍・家人などの形態で私的な主従組織ないし私兵をもつ。第四に、それぞれの由来は異なるが、門閥内部の範囲での法令を制定し、諸種の裁判権をもった。そして最後に、いずれの権門勢家においても、荘園・知行国など、「所領」を門閥のなかの「職」に組織した知行の体系を構成していた。

さてこれらのことは、表面的にみるかぎりでは、単なる形式的類似にすぎないともみられるが、これがそのまま社会的勢力と国の政治に直接する組織であることを考えれば、単なる形式の問題ですまされない意義をもっているとおもう。それは、おそらく国政とその全体的機構のなかでの諸々の権門の位置が同質であることを示すものとみられるのであって、その意味から、多様な門閥機構の内容と性格を、系譜的な関連をも含めて、詳細に検討することが、今後必要であるとおもわれるのである。

(1) 権門勢家の出現は、平安時代の荘園の発達にともなって注目されるので、その時期だけのものであるかの印象を与えているが、室町幕府の法令にいたるまで、頻繁に用いられている(佐藤進一・池内義資編『中世法制史料集』第二巻、参照)。

(2) このことは、律令制が、たてまえ通りに専制君主の完全一元的支配体制ではなかったことに関連するもので、その意味では、単なる制度や名称の問題ではないといえる。なお寺院の機構については、竹内理三「延喜式における寺院」(『律令制と貴族政権』第Ⅱ部、一九五八年)参照。

(3) 中世では不動産――主として土地財産――を「所領」といった(石井良助『日本法制史概説』一九六〇年、三〇〇ページ)。そのなかには所有の性格において多様なものがあるが、本稿では、以下「所領」をそういうひろい意味で用いたい。

権門勢家の門閥機構の一般的特徴を、以上のように概括しうるならば、つぎに、それは客観的にどのような歴史的性格のものとして評価できるであろうか。

2 荘園制と権門の組織

前述のように、権門の門閥機構の経済的基礎たるいわゆる荘園制的土地所有は、諸々の「所領」によって構成されているが、この「所領」なるものの経済的内容は、大別して二つの類型に分けられるとおもう。第一のものは、下人・所従など農奴的農民の労働を根幹に、一族・同族などへの支配をも含めて、家父長制的な農奴制経営を本質とするものである。これは、律令体制の内部から「宅」を中核とし「名」の所有として発展した在地領主の所領(1)であって、石母田正氏が三つのタイプの「領主制」として指摘(2)したものが、ほぼこれに相当する。第二のものは「田堵」ついで「名主」の経営として知られる一系列の農民的小経営(3)からの収取を基礎とした、年貢・公事・夫役などの地代収取だけを内容とする「所領」である。初期荘園以来の「耕種(4)」としての性格を残した佃米収取を伴う荘園経営であろうと、寄進により荘務権ないし地利上分を得た本家職・領家職等々であろうと、封戸や免田が荘園化したものであろうと、不在地主的な加地子領主であろうと、総じて直接経営から遊離した貴族的な所領として一般に理解されているものは、すべてこの類型に含めて理解することができよう。この二つの類型においては、「所領」の支配者と土地・農民との関係は明らかに相違しており、したがって領主としての性格も階級的にのみならず政治的にも異なっているが、しかし、つねに両者が相まって荘園制的支配体系を形成しているのが特質である。その複合した支配体系のなかのどこに基本的収取関係が成立しているとすべきかは、問題の多いところであるが(5)、在地支配権・下地進止権・荘務権など私的な強制にもとづく収取の基本関係とみられるものが二つの類型の所領のどちらの側にあったとしても、それが農民的小経営からの収取を基礎とする支配[6]であった点に変わりはないのであって、他の所領はそれに随伴・寄生したり、それを保証・補強したりしているのである。これが荘園制である。荘園制という言葉は、今日まできわめて多様な意味で用いられてきたが、それが中世村落一般を示すとすれば無論正しくなく、荘園の在地構造を示すとすれば、実は「領主制」以外のものではありえない。[7]しかし、荘園の荘園たるゆえんのものは、種々の所領を本所を頂点として支配する機構にあるのであるから、この点に注目すれば、荘園制とはなによりも諸々の「所領」の支配を保証する封建的知行体系にほかならないのである。けれども「所領」はいわゆる荘園にのみ成立するものではなく、官職の世襲的収益権化や知行国制、あるいは保・別名などの形態にもみられるように、国家機構の一部にも成立しうるものであるから、荘園という形態はそのなかでも家産的性格の最も明確な、純粋な結晶体とでもいうべきものであろう。ただ従来は荘園についてかなり固定的に考え、古代的・貴族的な支配の系譜や権限ばかり強調してきたので、個々の所領が相対的に独自な家産的性格をもつようになることに注意しながらも、知行の体系としては考察を深めなかったのである。

右に、封建的知行の体系といったが、その理由はつぎの点にある。荘園制的知行体系においては、所領は権門の下の知行者にとって、武家法にいう本領安堵にも比すべき寄進による成立のばあいもあれば、新恩にも比すべき補任、または俸禄給与によって成立するばあいもある。反対に、この恩給に対する奉公として、門閥機構内部の諸々の職務(＝「職」)の遂行が要求されるが、この個々の職務は、権門の門閥機構内の分業——あるいは家司として、あるいは私兵として、あるいは荘園現地管理者として等々——の一環として規制された、相互補完的なものである。したがって、それらの「職」は全体としてはじめてそれぞれの権門の支配体制の機能を完結するのであって、西欧型の封建制のように各所領知行者がいずれも同質の軍役等々を奉仕するのではない。つまり、権門の支配組織とは、権門の家産的所領を中核にして荘・公の諸々の所領を、家産支配諸職の形態で組織した知行の体系であり、一種の封建制ではあるがその意味で門閥的特色を強く帯びていたといえる。もとより、摂関家・寺社・幕府等々に、それぞれ門閥結合のたてまえに相違があるから、遂行すべき職務の内容や範囲や構成および身分的拘束に差異があったことはいうまでもないが、しかしこの結果、主従関係が自立的な領主間の双務的関係に徹しなかったことも注意されるのである。(8)

近年、永原慶二氏は、荘園制の基本的性格を追究して、本家・領家・預所・在地領主などの相互の関係と荘園年貢搾出のメカニズムを具体的かつ精細に分析し、この方面にはじめて拠るべき成果を示した。(9)永原氏はそのなかで、寄進地系荘園成立以後は在地領主の農奴制的支配が荘園制の基本的収取関係であるとする説を批判して、荘園体制においては、荘務権をもつ本家あるいは領家に荘園の進退領掌権があり、年貢の量も圧倒的にその側へ吸収されることを明らかにし、ひいては荘園制支配機構が権門勢家の権威によって、より根元的には国家の支配秩序によって保証されており、「封建的であるよりもむしろ古代的なもの」と説明した。たしかに従来の、在地領主制に基本的収取関係があるとする説は、その点をあいまいなままにしていたのであるが、(10)ここで重要なのは、荘園支配においては、単一の領主対農奴の対応という単純な関係とか「律令国家以来の国家権力保持者としての地位=権威」だけによってではなく、どの局面かにおいて封建地代の収取を現実に遂行する基本的収取関係が成立し、(11)それを含めて種々の性格の「所領」が重層的な知行の体系を構成していたことである。つまり、一人の領主だけが単独で収取を実現する状態を想定して、他を寄生的あるいは無権利とだけ評価したり、一切の国家秩序による保証を封建支配と矛盾するものであるかに考えたりするのでは、荘園制の性格を理解することができないばかりか、そのような理論では、一般に封建的主従関係や知行関係、および封建国家の存在の意義を認めることさえ、できなくなるとおもうのである。

けれども、荘園をめぐる諸々の所領の知行主の相互関係は、つねに門閥的支配関係であったわけではなかった。各所領が家産としての私的な自立性をもつために、いったん門閥的関係に組みこまれたものが離反することもしばしばあったが、そのほかに、同じ根拠から、相互に対等な権門のあいだに、たとえば本家職は上皇に、領家職は摂関家にというような形での結合も多数あった。こういうものは、もはや門閥的な性格をこえたものであって、どちらかといえば、その時々の政治的情勢によって生まれる政治勢力の結成と緊密な関連をもつばあいが多かった。この点、政治史の検討を通じて個々について具体的な研究が必要であるから、細部にわたることは差し控えたいが、ここではいちおうこれを、権門の系列化と呼んでおきたいとおもう。権門の系列化の契機としては、そのほかにも、寺社における本末関係や、氏と氏寺・氏神の関係などがあり、そのうえに氏長者の制にみられる氏の統制[12]も加えられて、全体として複雑にからみ合い重層して、系列化は必ずしも整然たる集権的な体制をなさなかった。だが、それでもなかに若干の系列の頂点が形成され、権門勢家のうちでも二、三の雄なるものが成立して、諸政治勢力の中核となった[13]。門閥支配は、ここにいたってはじめて権門政治の能力を獲得するのである。

(1)　在地領主の所領が宅地に発することについては、つとに清水三男氏が『上代の土地関係』(一九四三年)において注意し、最近戸田芳実氏はこれをあとづけた(昭和三七年度大阪歴史学会大会報告。のち「中世の封建領主制」〈岩波講座『日本歴史』中世2、一九六三年〉に詳説)。
(2)　石母田正『古代末期政治史序説』上(一九五六年)第二章第二節。ただし石母田氏は、「その基礎構造たる名主層が古代家族的であるかぎり」領主制は「全体として古代的構造を克服しえない」ことを強調する(同書、一五三ページ)。
(3)(4)　黒田「荘園の基本的性格と領主制」(『日本中世封建制論』一九七四年)。
(5)　永原慶二「荘園制の歴史的位置」(『日本封建制成立過程の研究』一九六一年)。
(6)　これは、封建地代の収取を基本とする支配であると考えられる。それを否定する見解の主たる論拠は、「農民的小経営」の完全な自立性への疑問と、地代搾取の機構の性格とにあるが、前者については、「完全な」自立ということの理解に、問題がある。後者については、以下に述べる。

(7) 安良城盛昭「太閤検地の歴史的前提(1)」(『歴史学研究』一六三号、一九五三年)Iの4、石母田説の批判、参照。

〔補註〕本文のこの箇所の断定は不正確である。荘園・公領における「百姓」支配の本来の性格は、明らかに在地領主制のそれと異なる(黒田「日本中世の封建制の特質」〈『日本中世封建制論』〉参照)。以下にのべる荘園制の知行体系の特質も、この点に基礎があると考えられる。

(8) 西欧型封建制に最も近似するとされる幕府の御家人制のばあいも、双務的関係としてだけ律しうるものでなかったことは、つとに先学の指摘にもあるところである(牧健二『日本封建制度成立史』一九三五年、第四章)。

(9) 永原慶二「荘園制の歴史的位置」および「公家領荘園における領主権の構造」(いずれも『日本封建制成立過程の研究』〈一九六一年〉所収)。

(10) この点、私の旧稿(註3、4参照)もまた、安易な前提に立っていたので、訂正する必要がある。

(11) さきの二つの「所領」のどちらに基本的収取関係を認めるべきか、ないしはそれぞれに異質の領主権が併存していたとすべきか、などは、個々の荘園の事情によって相違があるとすべきである。現に永原氏自身、公家が荘務権をもつ場合のほかに、在地領主が請所として在地支配を確立していた場合が多数あったことを、表示している(前掲書、七〇ページ)。

(12) 氏長者とその統制力については、竹内理三「氏長者」(『律令制と貴族政権』第II部、一九五八年)参照。

(13) 永原慶二、前掲書、一二五―一二六ページ。

3 権門政治の構造

権門勢家のそれぞれの門閥機構は、以上述べたように、一種の封建的知行体系をなしているが、これはこのかぎりではいまだ私的な組織でしかない。さきに指摘したように、複数の権門勢家が存在した以上、個々の権門の門閥がそのまま国政を専断することは、不可能である。[1] しからば、諸々の権門勢家は、国政ないし国家に対して、いかなる形で関与したのであろうか。

十二世紀以降、権門勢家は、およそつぎのような類型に分けられ、それが国家の一つの秩序とされていた。

1　公家　天皇家および王臣家、すなわち、個人としての天皇・上皇・法皇・女院・親王・摂関・大臣・納言等々の顕貴の貴族の家であって、「公事」を司どる文官的為政者の家柄であることを本領とする。詩歌・儒学・暦法などの学問を家学とする者も、この類型の権門の一部に包含されている。

2　寺家　南都・北嶺その他の大寺社であって、神仏習合の状況のもとでは、いわゆる社家もこれと区別はない。鎮護国家を標榜し、公家の「王法」に対置して「仏法」の国家的性格を主張し、またほとんどは公家の「氏寺」「氏神」であった。寺家・社家は、国政に発言しうるだけの隠然たる勢力をもつが、直接政権を掌握することがないため、一見権力機構から疎外されているようにみえる(2)。

3　武家　いわゆる武士の棟梁として、武士を私的に組織する者で、源義家・平清盛・木曾義仲・源頼朝・藤原頼経など、おもに源平両氏によって代表される。武家の権門としての特色については、ここでは割愛せざるをえないが、ほかならぬ鎌倉幕府の御家人制を根幹とした機構が、その窮極の形態である。

さて、ここで注意したい第一のことは、権門勢家はただ私的な実力——政治的手腕や経済的富裕など——によってのみ権門勢家たりうるのでなく、顕貴の文官の家柄であるとか、国家を鎮護する寺院であるとか、武力を統率して国家を守護するとかの、国家的見地からの職能的な役割を帯びていることである。それは、国家秩序における支配階級の内部での、あたかもカースト制を想起させるような、分業形態ともいうべきものであって、権門の私的性格は、ここにいたってはじめて公的位置を与えられ、相互補完的関係において国家を構成するのである。もっとも個々の権門は、それぞれ独自に自己完結的な国家権力機構を組織しようとする衝動に絶えず駆り立てられるのであって、そのことは、前述の各権門内部の多少ともの私兵の存置、権門の系列化＝政治勢力化にさいしての公・寺・武の複雑な結合関係に一般的にはうかがわれるし、具体的事例としては、承久の乱を起こして武家の壊滅をはかった後鳥羽上皇、鎌倉幕府の国務全般への関与や寺社政策などにうかがわれるのであるが、しかし、結局はどの権門も独自に国家全体を掌握するだけの社会的・政治的勢力を確立するまでに、いたらないのである。

第二に注意されるのは、大別して公家・寺家・武家それぞれによって、さらにはそのなかの個々の権門によって、門閥機構に相違と特色をもつことである。公家と武家とがその点で相違することはあらためて説明するまでもないが、公家と寺家も、それぞれに特色をもつ。それは、かれらがそれぞれの職能に応じて組織する官人層・(中下級)僧侶神官・在地武士等々の階級的性格や職能的特殊性にもとづく結合の慣習によるものである。したがって、このことの表面的な特色から、公家・寺家について非軍事的結合即非封建的性格と主張する見解は、第一の点(公・寺・武の相互補完的構成)と相まって否定されなければならないとおもう。

第三に注意したいのは、この時代の都市の性格である。当時の都市としては、京都・奈良・鎌倉しかないが、これはそのまま公家・寺家・武家を象徴するものであった。しかも、さらに仔細にみれば、「京都・南都」「京・白河」「京・六波羅」「京・鎌倉」などと併称されたことにみられるように、興福寺・東大寺・院政政権・平氏政権・鎌倉幕府などが、それぞれに自己の門閥都市を独自に形成したことがわかる。すなわち、当時の都市とは、権門の所在地であり、その門閥の集住地であり、その収取地代の集中地であったといえるのであるが、さらにそのうえに、第一に指摘した職能的分化の方向に沿って、相互に一種の分業的関係をもって対応していたのである。しかも、当然そこに集中する富は都市と農村との分業を促進するが、この分業がまた権門の家産的収取方式の原則によって「座」なる特殊な形態に規制されてゆくのである。したがって権門体制下の都市は、単に政治的機能だけでなく、全国的規模で分

業と流通を展開しつつその構造を規制し、特質を付与したものとして、とくに注意されるのである。(3)

さて、このように併立して勢力を競う諸々の権門は、いうまでもなく種々国政に関与した。だが重要なことは、かれらの国政への関与は、国王または摂関・大臣以下の官職にあるものとしてではなく、まさに「権門勢家」たるゆえをもって、国政に「口入」し指示を与え圧力を加えるという、いわゆる「公私混淆」(4)的なものであった点である。(5)それは形式的な面だけについてみても、上皇・法皇などの院政、前大相国による平氏政権、前右大将家による幕府政治など、官制からはまったく説明不可能な法外的ともいうべき政治勢力のあり方に端的にみることができる。かくして、摂関政治いらい奉書様式の私的な文書――綸旨・院宣、および公家・寺家・武家の御教書――が発達し、(6)権門の政治的意志表示の手段とされたのであって、それらは、本来私文書でありながら私的門閥内部の問題をこえた国政に関する事項を含むことが多かった。以仁王や大塔宮の令旨なるものが内乱にさいして公的なものに準ずる権威をもちえた理由もまた、ここにあった。(7)しかして、権門のこれらの意志表示の内容は、国家として確認されたときは、宣旨として公布されたのである。

権門の国政への指示・圧力が、このような文書的な手続きをとらずに、暴力的な形態をとることもあった。南都・北嶺の僧兵の強訴や、保元・平治の乱、源平の争乱、承久の乱などの戦乱は、権門相互の私的な相剋の様相をもって現われたものであるが、いずれもそれによって、国家に対してその機構や官職・所領支配の改変を要求する形態をとっている。すなわち、強訴のばあい、敵対勢力に直接攻撃を加えることにより結末をつけようというのでなく、朝廷に圧力をかけるのであり、また内乱のばあいも「官軍対朝敵」の形式をとって、(8)国家権力の行使という形で結果を正当化するのであって、ここでももちろん私的な法外的なものによって国政が方向づけられているのである。

したがって、当時の国政と国家権力機構の中枢は、それら諸々の権門の相互の力関係によって、最有力な一つに掌握されることにより安定するが、それでもその権門の主長は国王になったわけではない。王位の簒奪がかりに可能であったとしても、一権門の権勢の内容をもってしては他の一切の権門を圧服できないからである。白河上皇の「三不如意」のごとき、鎌倉幕府の「東国的性格」[9]のごとき、いずれもそうした限界の現われである。そのうえ、かれらの権門たるゆえんの権威も、実は他の権門に対して相対的、むしろ相互補完的なものでしかなかった。それゆえ、王位の簒奪ではなく、中世の皇位継承の歴史が示すように恣意によって国王を交替させることが、かれらに最適の国政掌握形式であった。

しからば、このような権門政治は、いったいいつから成立したというべきであろうか。権門勢家の発生の淵源は、いうまでもなく奈良時代にさかのぼるものであるが、もちろんそれがそのまま権門政治の成立ではなかった。前期摂関政治、すなわち平安時代の九世紀後半から一〇世紀前半の時期にいたっても、いまだ藤原氏は官僚として政権の座にあり、その事実の累積によって権門勢家としての立場を固めつつある段階にすぎないのであって、摂政・関白の地位も確定的なものでなかったことは、ひろく認められている事実である。したがって政治はいまだ権門政治というべき形態を成立させていなかったといえる。つぎに、安和の変以後の後期摂関政治の時代がくるが、ここでは藤原北家の門閥的地位が確立し、その内部では個人的相剋がつづくにしても――このこと自体は権門支配の私的な本質からくる通有のものである――摂関たりうるのは北家という権門の出自たることを前提としている。しかし、摂関・大臣の地位そのものは、あくまで令制をふまえた手続きによっており、官職的形態を脱していないのであって、いわば律令体制の枠内での最大限の権門政治の展開の段階であったといえよう。

院政は、以上の流れのうえに決定的な段階を劃するものである。院政を、天皇政治の一形態とし、あるいは上皇(法皇)と天皇とに政権が両分されたとするなどの説が一般に承認されているが、院政期以後、鎌倉・室町時代においても国王は依然天皇であって、院庁・幕府などは本質的に権門の門閥的支配機関であったと、私は考える。本稿では、院政や幕府の権門的性格とその権門政治の特質、とくに天皇との関係については具体的な考察を割愛するが、政治上の最大の実権者がすなわち国王であるとするような常識的な見方に陥らず、権門が政権を掌握する政治形態の特質に注目することが、とりわけ重要だと考える。ここでさし当たって必要なことは、上皇の政権掌握は、権門としての恣意的なものにすぎず、令制の原則にてらして完全に法外的な状態だという点であって[10]、したがって、院政は完全な意味での権門政治の最初の形態であるといえよう。しかも、この段階では、他の権門勢家もまたそれぞれにその体制を整えつつあったことに注意されるのであって、たとえば、一般的には家司制の確立、荘園寄進の盛行などがあり、特殊的には摂関家における朱器・台盤・長者印および殿下渡領の成立、寺社の政所・僧兵の成立、武家の権門化などが[11]、それである。それゆえ、院政の成立は、単に権門政治の確立であるのみならず、国家形態における権門体制の成立を意味するものであったといえるのである。

鎌倉幕府の成立は、権門体制に第二の段階を劃するものである。鎌倉幕府がそれ自体権門的支配機関の性格を帯びていることは、説明を省いてもそれほどわかり難いことではないが、強調しなければならないのは、幕府の公法的権限――守護・地頭の職権のごとき――が、全国家権力機構の一部として公家・寺家などの権限と相互補完的な関係にあることである。しかも同時に、鎌倉幕府はその階級的性格において公家・寺家の権門と異なるものをもち、幕府だけで独自に国家権力機構を形成する可能性をはらんでいたことにも注意したい[12]。ここではただ以上の抽象的な指摘だけにとどめなければならないが、このことにいかに深刻な政治的・階級的矛盾が含まれていたかは、慈円が『愚管抄』において公家・寺家の立場からその叡智を傾けて武家の国家的意義づけを試みたことにも、その一端がうかがわれるであろう。したがって、権門体制の成立によって律令貴族が安易に封建貴族に移行したのではない。かれらは、一面たしかに「古代的」ともいうべき権威によって中世的権門へ移行することができたが、そのためには、多数の古代貴族の没落のほかに、領主制の成立・武家権門の成立という高価な代償を支払い、しかもやがては幕府に権門政治の主導権を引き渡す途を開かざるをえなかったのであって、権門体制はけっして古代的支配の存続を意味するものではなかったのである。

（1） 中村吉治氏は、荘園制の成立をもって封建制の成立とみなし、さらにそれを経済的基礎とする個々の権門の支配体制のそれぞれを「封建国家というように考えていい」と説いたが(『日本の村落共同体』一九五七年、七六ページ)、それでは、当時の「日本国」なるものの真の支配権力機構を見落とすことになると考えられる。

（2） ここにいう寺家とは、それゆえ当時の僧侶一般ではない。遁世や遊行の聖《ひじり》や、同じ背景のもとに成立した専修念仏の行者の非権力的性格が、この点で鮮やかに対比される。

（3） ここで強調したいのは、権門体制下の都市や分業の発展については、自給的な自然農村のなかに市や町ができさらに封建都市が形成されるという一般論的な展望だけでは、当時の都市や座の本質的特色はとうてい把握できないのでないか、という点である。

（4） 「治天之君」とさえ評せられた院政を行なう上皇の場合でも、後白河は平清盛の威圧に屈して「自今以後、万機不可有御口入之由」を誓ったとされ(『百錬抄』治承三年十一月十五日条)、『名目鈔』は「院宣万機諮詢ノ時、毎事被レ下ニ――ニ」(院中篇)と解説している。

（5） 石井良助『日本法制史概説』二〇一ページ。

（6） 林屋辰三郎「御教書の発生」(『古代国家の解体』一九五五年)は、この面から従来の古文書学に新しい観点を付与したものである。

（7） 令旨も御教書とおなじく奉書形式であり、古文書様式上同系統である(相田二郎『日本の古文書』上、一九四九年、四〇三ページ以下参照)。

（8）こういう形式は、応仁の乱にいたるまで一貫して認められる。
（9）佐藤進一「幕府論」（『新日本史講座』一九四九年）。
（10）註（4）参照。院政期といわれる時期でも、断続して行なわれたものであることに注意すべきである。
（11）竹内理三「氏長者」「延喜式における寺院」（いずれも『律令制と貴族政権』第Ⅱ部所収）、勝野隆信『僧兵』（一九五五年）など参照。
（12）従来の幕府についてのほとんどの研究は、幕府が独自に国家機構をなしたものときめたうえでこの後段の点だけに研究を集中し、前段の点を無視したり強いて後段にひきつけて説明したりした。しかし、中世においては幕府の独自国家への可能性はついに可能性たるにとどまり、実現することはなかったのである。

二　国政と王権

1　国政の内容

権門体制においては、国家権力機構の主要な部分は、諸々の権門に分掌されていたから、公家・寺家・武家などのそれぞれの支配機構を具体的に解明し、そのなかで遂行される国家権力としての機能を分析し、相互の関係――依存・矛盾・対立――を摘出することが、中世国家の内容を明らかにするために最も主要な部分であるはずであるが、そのそれぞれについてはここでは省略したい。しかしそのほかに、どの特定の権門にも従属し切らない国家独自の部面があったようにおもわれる。その意味で、つぎに国政の内容・官人の組織・王権の性格などについて、簡単ながら触れておきたいとおもう。

はじめに国政の内容についてであるが、まず当時の支配階級としてなすべきことを考えてみると、およそつぎの三つを挙げることができる。第一には地代の収取、すなわち封建的土地所有の経済的実現という最も根本的なものであって、これは、当時は勧農ないし収納なる語で呼ばれていた。第二には、鎌倉幕府法にいうところの所務沙汰・雑務沙汰・検断沙汰[1]などの裁判、および警察・禁獄・軍事など、直接に武力・暴力をもって強制執行すべき仕事がある。これにはその職務への給付のための租税徴収が付随する。第三には、個々の所領支配や門閥の私的支配をこえた次元での、国家全体のための諸々の法令の制定・公布や官人の任免と、それらの儀礼(宗教的なものを含めて)、およびその費用のための租税の徴収など、一般に「公事」と総称される国家行政である。この三者は有機的に関連しているから、形式的に分類するのは正しくないし、もっと細分することも可能だが、国政のあり方を理解するために、ひとまずこのように整理しておきたい。

第一の地代の収取についてみれば、もと律令制においては、これが、全体として基本的に国家的「勧農」のもとにあったことは、周知の通りである。一〇世紀前後からの社会的・経済的変化は多方面にわたるが、ここの問題にとって重要なことは、官職の得分権化・所領化が起こり、国家的勧農機能が消滅してゆくことであろう。摂関政治の時代においても、朝廷においてそうした事項がかなり形式的にせよ審議されてはいた[2]が、領主制・荘園制・知行国制などが全面的に展開すれば、国家の勧農機能が不要になってしまうことは、まったく明らかである。こうして勧農——ないし収納——が、各種の所領を私的に組織する権門ないしはその内部の個々の所領知行主に分割され、その私的支配に帰したとすれば、当然第一の地代の収取は直接には国政の対象から除外され、「所領」支配の問題となる。

第二の裁判・警察・軍事についてみれば、これも原則として、あたうかぎりは個々の権門の所管に属した[3]のであり、門閥内部の法令も制定されていたことは、さきに一言した通りである。けれども、所務や雑務について権門相互のあいだに係争が発生することは当然ありうるし、ことに検断については国家的次元での処理を必要とすることがあったことは、いうまでもない。この間の事情を、国家の軍事的・暴力的機構の最も端的な形態たる検断権についてみるに、権門支配機構の内部での大犯三ヵ条以外の犯罪については、権門＝本所の所管に属し、幕府の介入を求めるばあいもまず本所から朝廷に提訴し、綸旨を武家に下されることによって繋属する例であったといわれ、(4)検断権はこのかぎり個々の権門に属していた。しかしながら、大犯三ヵ条として知られる重犯については、たとえば寛喜三年(一二三一)十一月三日の宣旨(新制)(5)が、官衙の「警巡」について衛府など官人を、諸国海陸盗賊について「諸国司幷びに左近衛権中将藤原頼経朝臣郎従等」を、京中の強盗について「諸衛」と幕府の在京武士および保長坊令を、それぞれ担当者としているように、京都と官衙を除いて全国的に、宣旨つまり国王の名で幕府に所管させている。大犯三ヵ条は、したがって国家としての検断事項を示すものであって、それを担当する守護は、その意味では幕府なる一権門の地方官ではないのである。幕府法において、地頭御家人に関する検断はもっぱら侍所および六波羅の所管であり、(6)守護は、大犯のみについて非御家人・凡下にかぎって処分権をもったのも、(7)守護のかかる国家官職的性格を示している。地頭はといえば、その検断権の及ぶのは荘・公の雑人——身分上は諸々の権門に属している——についてであって、(8)しかもその職責を負うのはその荘・公の本所に対してであるから、地頭もまた幕府だけの地方官ではない。そして幕府は、かかる守護、かかる地頭の進止権を掌握していることにより、武家権門の国家的職能を果たしているのであり、またその必要から守護に対し直接に大番催促・宿駅整備、ある種の収税事務や大田文作成などを命ずるのである。この点、守護・地頭を単純に幕府の地方官とし、あたかも朝廷の下の官衙の役人や国郡司と対立する地位であるかのごとく説明する通説は、幕府の国家権力としての側面と権門としての私的性格とを、混乱させているものといえる。もちろん、幕府がそのような公的支配権を通じて次第に独自に国家権力機構を形成するかにみえることは、先学のすでに指摘したところであるが、(9)しかしそれは、単に可能性が存在したことを証明するものでしかなかったのである。幕府が、公家・寺家とならんで武家とされるのには、一つには互いに政敵であるという側面を含んではいるが、しかしいったい幕府なくして「公家政権」は究極いかなる支配が可能であっただろうか。まして、独自に国家権力機構として存立することなどできたであろうか。繰り返しいうが、公家・寺家・武家は、こうして互いに国家権力を分掌し、相互補完的な関係にあったのであり、幕府は国家的次元での検断――内乱や外寇のばあいも含めて――に当たる権門であったのである。論点が検断の範囲をこえる問題にまでわたったが、鎌倉幕府の性格を補説する意味で、ここで言及した。

第三の、法令発布・官職任免・儀礼・徴税などの国家行政もまた、個々の権門の門閥機構の限界性に基づき、権門をこえたところに、権門の支配を補うものとして現われる国政の一部である。法令としては、この時代に主として宣旨の形式で発布された「新制」に注意したいが、その内容は、神仏事の興隆や荘園停止などのほか、主として六位以下の下級官人をはじめ、院宮・王臣家・寺社の舎人・雑仕・侍・女房・雑色・僧徒などの、綱紀粛正・過差禁止などを含むものであるが、これはいわゆる公家だけのものではなく、武家をも含めた全国家的な布告の意味をもつものであったとおもわれる。水戸部正男氏が明らかにしたように、新制を承けて寺家が「寺辺新制」を、武家が「関東新制」を、それぞれ制定したことがあった事実からみても、(10)これを「公家新制」とのみ解し「公家政権」の惰性的な行事とみなすのは正しくない。しからば、新制はなにを目的としたものであろうか。けだし、国家権力のほとんどが各権門の分掌に慣例的に固定していた当時としては、(11)権門勢家が鳩首議定するようなことは実際なにもありえないから、「武家法」「本所法」等々で平常は処理できるわけであるが、権門体制全体の調整をはかる意味で既存の制度と身分の維持を目的とするものだけは、国家的処理が必要である。新制とはそういうものであり、またそれだけに、形式的で守旧的・消極的なものたらざるをえないにもかかわらず、それなりにそれぞれの時期の政治的状態を反映しつつ、繰り返し発布されたのである。

けれども、法令の発布は「公事」のうちでは必ずしも主要なものではない。一条兼良が「四箇の大事」として、節会・官奏・叙位・除目を挙げ、『貫首秘抄』に「叙位除目の事、公事中第一の大事、只だ此に在り」とあるように[12]、各級官人の任免は最も重要なものとされ、ほかに諸々の儀礼があった[13]。官人の任免についてはあとで触れたいが、儀礼はいわゆる有職故実がその作法として知られている通りである。これは、宗教的観念では「王法」なる語で呼ばれるのが常であるが、これと対比される「仏法」もまた鎮護国家を標榜する以上「王法」とともに国家的儀礼であったのであり、ここに権門としての公家・寺家(社家)の国家権力機構としての意義があったのである[14]。これらの儀礼は、一見たいした意味がないようにみえるが、年号定めや天文勘例のように、概して当時の常識からは不可欠のもので、しかも一つの権門だけで処理することのできない行事があったわけで、さきに検断についてみた鎌倉幕府の国家権力的側面と同じことが、ここでは公家・寺家についていえるのである。

さて、以上の検断や公事には、当然ながら相応の経費が必要であるが、それはいかにして補充されたか。経費のうち、その官職に対する給付としては一般にはそれぞれの所領が宛てられ問題はないとしても、ほかに雑費を捻出する必要があろう。奥野高広氏は鎌倉時代において「公家政治」の政費と皇室財政との分離が顕著になったことを指摘して、政費の財源としては「売官及び幕府の献金を主とし、諸司領がこれを輔けた」と説き[15]、竹内理三氏はその売官の収入について詳細に説明した[16]。しかし、かかる収入では財政は安定した基礎をもちえないから、ほかに恒例・臨時の課役として、勅事・院事・大小国役・役夫工米・造内裏役・大嘗会役・宇佐使役・行幸御幸役・伊勢公卿勅使役・野宮造宮役・斎宮群行帰京役・新御願寺役・伝馬人夫役・乳牛役等々、雑多なものが全国的あるいは地方的に、一律に賦課されたことは、中世の文書・記録にひろく散見するところである。(17) 権門勢家がこれを忌避して勅免荘・国免荘としたことは、これが権門をこえる国家的な租税であったことを示すものであり、またたとえそれが特定の権門なり個人なりの収入に帰するものであっても、あくまで地代と区別されるべきものであることを、注意しておきたい。したがって、これもまた権門の私的門閥機構をこえた国家機構の存在を前提とするものであったのである。

（1） 所務は不動産関係、雑務は動産および債権関係、検断は刑事関係と、いちおう規定しておきたい。
（2） 『御堂関白記』などに散見する不堪佃田奏の記事はその一例である。
（3） 石井良助『日本法制史概説』二八九ページ。なお、羽下徳彦「検断沙汰おぼえがき」（『中世の窓』四・五・六号、一九六〇年）は、検断権についてこのことを解明している。
（4） 羽下徳彦「検断沙汰おぼえがき」（『中世の窓』四号二一ページ、五号六ページ）。
（5） 『三代制符』（『続々群書類従』第七）。なおかかる「新制」については、後段でも触れるが、水戸部正男『公家新制の研究』（一九六一年）を参照されたい。
（6） 佐藤進一『鎌倉幕府訴訟制度の研究』（一九四三年）一四九ページ。
（7）（8） 同右、一四五ページ。
（9） 佐藤進一「幕府論」（『新日本史講座』一九四九年）、石井進「鎌倉幕府と律令国家」（石母田正・佐藤進一編『中世の法と国家』一九六〇年）。
（10） 水戸部正男、前掲書。
（11） 慣例の変更は、実力による相剋か、または蒙古襲来のさいのように、緊急事態の名のもとに宣旨によってなされる。
（12） 『群書類従』第七輯、四五三ページ。
（13） 公事として執行された事項は、一般に宣旨によって布告されるから、公事の範囲は「伝宣草」（『群書類従』第七輯、七一三ページ）の項目によって知ることができる。
（14） 幕府もまた、かかる仏教に依存し、これを保護したことは、幕府の専修念仏に対する禁圧政策にみることができる。なお二二ページ註(2)参照。

(15) 奥野高広『皇室御経済史の研究』(一九四二年)八ページ。

(16) 竹内理三「成功栄爵考」(『律令制と貴族政権』第Ⅱ部)。

(17) 同右、六〇六ページ参照。

2　官僚制と王権の特質

以上述べたような国政事項は、普通はほとんどが慣例的なものであったから、先例に従って処置されるのが常であり、したがって多少考慮を要するばあいも、廟堂に列する大臣・納言・参議らは、先例や故実に精通することでことは足りた。朝廷の名をもって呼ばれる場は、そのような慣例的な施策を決定する場であり、しかも半ば儀礼的で、半ば権門勢力の角逐の場であった。これに対して、その決定を実務として執行する機関があり、中央では太政官と八省のもとに属する諸々の寮・職・司・所などがあり、地方では国衙——これもまた多数の「所」に分課していた[1]——があって、数多の「官人」が官僚として組織されていた。かれらの地位は、世襲職化したり家格が固定化したりしていることが多かったが、しかしあくまでも宣旨つまり天皇の名により任免される官僚的なものであり、また、成功《じょうごう》などにより権門の推挙をうけて補任される例ではあったがやはり国家の官職であって、いかなる権門機構の一部でもなかったのである。もっともこの官人層については、一方に売官・成功による名目的なものが多数存在するとともに、他方で新設の諸々の「所」など非令制的官衙の設置や下級官人の活発な動きが目立つが、それにもかかわらず、実態は必ずしも明らかでない。ただここで注意したいのは、各個人としては逐次権門の門閥機構に組織されてゆきながらも、地位そのものは本来的に超権門的・非権門的で、かつ絶えず補充され、消滅し切ることがなかった点である。

こういう非権門的な官人の存在は、系譜上からみれば、いうまでもなく律令体制に由来するものであり、その意味では、天皇の「家産的役人」(2)の系譜をもつといえる。律令体制においては、国家全体が天皇の家産であったともいえるからである。けれども、中世の現実においては、官人はけっして天皇の「家産的役人」ではなかった。ここで充分な説明をする余裕はないが、天皇の家産的支配の組織は別に後院庁《ごいんのちょう》を中心にした私的な形で存在し、上皇が院政を開設しているときは、その統轄する天皇家(王家)なる複合的・系列的な権門組織と天皇家領荘園とがあって、天皇はそのような私的な支配組織の一端につらなる存在であった。したがって、官衙と官人とは、天皇にとってすでに非家産的な、所与のものであったといわねばならないのであって、この点、一般に封建国家において国王の家産的役人が「非封建的」な要素として国家の不可欠の要素をなすとする説(3)を念頭におけば、微妙な特色をもつものといわねばならない。官人は天皇の名によっていつでも任免されるが、事実は天皇はけっして自由な任免権をもたず、諸権門——上皇はもちろん、ときには権門としての天皇個人をも含めて——の競合と妥協によってのみ決せられる体制であったのである。

さて、このような国政と官僚制とがあったとき、その頂点に位置する天皇は、国王としていったいいかなる特質をもつものと規定されるであろうか。

すでに明らかなように、天皇の地位に伴う権力は、政治的にはまったく無力であり、いわば権門勢家(上皇を含めての)の併存ともいうべき権門体制のなかでの形式的なものにすぎなかった。(4)そういう無力で形式的な地位は、系譜的にみれば律令体制の衰退の最後の形態ともいえるが、より重要なことは、国王であること自体は支配階級としてそれほど実質的意義をもたないという権門体制の現実の状態である。天皇とは、天皇家に生まれた者がやがては天皇家なる権門の家長たらんと欲するときしばらく演じなければならぬ、尊厳ではあるが意志を圧殺され拘束にあけくれる地位であって、(5)かれは在位中に後院庁を開く（親政）か上皇となって院政を始めえたときにはじめて、演出の自由の可能性を得るのである。(6)天皇の、この権力行使能力を欠如し、しかも客観的にも制度的にもやはり国王であり、国政の中心にあるという地位は、さきに特殊な官僚制のあり方として指摘した官人層の地位に相即するもので、いわばその頂点として特質づけることができる。繰り返しいうが、かかる天皇の性格は「古代的」あるいは「律令制的」なものであろうか。そうではない。すでに国家全体は、「所領」支配を門閥的封建制に組織した権門勢家が政権を掌握した一種の封建国家であり、古代的な淵源に由来する天皇の伝統的権威は、その封建国家にとって必要なものであったのである。石母田正氏は、一般に封建国家の形成期に、封建領主階級の必要からこそ、かれらを超越した権威として古代的な権威が存続せざるをえない点に注意したが、(7)そのことは、御家人制に結ばれた封建国家の原型たる幕府の首長が、敵対的な国家の国王をみずからの権威として戴くなどという奇妙な形で現われるのではない。天皇は「古代的権威」を帯びるがゆえに――事実は権門勢家の、ひろくは全領主階級のこの段階でのありうべき支配体制の必要から――中世的権威＝国王として、存在しているのである。

国王自身の権力が弱く、諸々の権門もまたみずから国王たりえないという状況であれば、そもそも国王と各権門との個々の関係は、いかなる関係として律せられていたのであろうか。それは、国政執行という側面からみれば、上皇は「後見」として、摂関家は「摂政」「関白」する執政官として、寺社は「護持」するものとして、武家は「守護」するものとして等々、かれらがあたかも天皇の任命権のもとにある官僚であるか、またはまったく反対に、超越的権威から栄誉的な称号だけを付与される王であるかにみえる。そこで従来は、前者に力点をおいて古代的律令体制との連続性を説き、後者を強調しては上皇や将軍を中世国王だと説明してきた。だがこれは、ともにことの一面からだけみた認定にすぎないとおもう。上皇や将軍の権門としての私的支配権は所領支配という伝統的なものであって、「後見」

や「守護」という官職的ないし称号的地位の変動とは直接関係なしに、いわば天皇に安堵されてゆくのである。(8)したがって、天皇は権門の知行の体系の頂点、すなわち封建関係の最高の地位(国王)にあったのであり、それゆえにこそ、天皇を操縦しうる権門がその時その時の国王であるかにみえもするのである。

けれどもこのことは、王権の特殊性の問題としては要するに強力な王権が存在しないということである。一般に初期の封建国家には、強力な王権が存在しないとされるが、このことをいちおう現象的に適用してみれば、権門体制は封建国家の初期段階ともいうべき特質をもつといえる。しかし、西欧のばあい強力な王権が存在しないという根拠が、土地領主の広範な成立にもかかわらず、国王を頂点とした封建制のヒエラルヒーが確立せず、著しく統一性を欠くことに求められるのに対し、権門体制のばあいは、事情が異なる。土地領主は各種の「所領」に成立し、それに対応して権門体制が国王の権力を極小にまで圧縮したが、またそれゆえにこそ国家的統合性——集権的ではないが——が必須のものとなっていた。それは、わが国の封建国家の形成が、律令制統一国家の支配がそびえていたその場所で行なわれねばならなかったことによる、当然の規制である。王権の弱さが国家的統合性と表裏の関係にあったということの事実は、日本の封建国家が、古代国家の一切の崩壊ののちに別途に封建国家の諸段階を経過するという単純な形態をとらず、律令制とのたたかいを刻印された封建国家として独自の特殊性をもつことを、示すものであるとおもう。

このような天皇の形式的地位は、当然ながら観念的権威を伴うことによってのみ存続しうるものであるから、ここに独特の宗教的性格が付与されるようになる。「日本は神国」つまりこの日本の国土は神々(またはその本地の仏菩薩)の擁護するところであるとする信仰は、もと原始的な形で古代から存在したが、中世に入ってからは武士・農民の氏神や鎮守の崇敬を基盤に、寺社の思想的組織化が進められ、諸々の神道説が発達して、いわゆる神国思想がひろく流伝された。神国思想は、社会思想的な観点から評価すれば要するに権門体制の宗教的イデオロギーの一つといえるものであるが、[9]鎌倉中末期以後に伊勢神道が発達したことからもわかるように、天皇の政治的地位の形式化・観念化が著しくなるのに比例していっそう流伝され、ついには天皇はいわば「神国」の最高司祭者とさえ説かれるにいたるのである。[10]したがって天皇の権威の根拠としても、個人的・人間的な要素はほとんど消滅して、いわゆる「神器」の宗教的尊厳性にのみ依拠するものとなり、逆に個々の天皇がそれにふさわしい者になるようにと、帝徳論が現われ、その基準から個々の人格の長短が論じられることになった。神国思想については論及すべきことが多いが、ここでは権門体制下の王権の特質と直接関連することを指摘するだけにとどめたい。[11]

(1)　吉村茂樹『国司制度崩壊に関する研究』(一九五七年)四二三ページ以下。
(2)　堀米庸三「中世国家の構造」(社会構成史大系4、一九四九年)六四ページ。
(3)　堀米、前掲論文。
(4)　吉村茂樹氏は、摂関政治期の陽成から後冷泉にいたる十四代の天皇の平均即位年齢十六歳、その平均在位期間十五年五ヵ月であるに対し、院政開始後、後醍醐初期にいたる二十三代では、平均即位年齢八年十ヵ月平均在位期間十年と算出している(『天皇の歴史』〈『新日本歴史』一九五五年、一二〇ページ〉)。
(5)　その事情は『禁秘抄』や『誡太子書』などをみれば、明らかである。
(6)　後院庁と院政との関係については、八代国治「後院の考」(『国史叢説』一九二五年)参照。
(7)　石母田正「中世国家について」(『古代末期政治史序説』下)。
(8)　天皇および権門の交替にさいして安堵状が発せられるわけではないが、紛争にさいし「勅裁」を仰ぐとか、「没官領」を給うとかいうのは、それを示す。このさい綸旨なる様式の私的性格が注意されよう。
(9)　ただし、神国思想がその唯一の形態なのではない。むしろ顕密諸宗を中心とした当時の仏教一般がそれであって、神国思想はその露骨にあらわれた一部にすぎない。武士や農民・漁民などの「卑賤」の往生や成仏が、権門体制的なカースト的な身分観念を前提にして説かれていたことは、中世の文芸にひろく散見するところである。

（10） ただし、これだけを強調するのは神道家のばあいであって、客観的には天皇が単なる宗教的存在になりきることはなかった。

（11） 神国思想のほかの諸問題については、黒田「中世国家と神国思想」（本書二五三ページ以下）を参照されたい。

三　権門体制の克服

1　王権強化への条件

いままで私は、中世の国家体制を権門体制なる範疇でとらえ、その具体的なあり方について、ごくあらましながら要点を述べてきた。私は、この権門体制が結局は中世を通じて存続したものと考えるのであり、したがって、上述の平安後期や鎌倉時代だけでなく室町時代——実質的には応仁の乱まで——もまた、権門体制をこえるものではなかったと考える。けれども今日までいくたの学説が指摘したように、かの南北朝内乱期は中世の歴史を前後に区分するほどの変化をさまざまな方面にうかがわせるものであり、権門体制もまた著しい変容を示すにいたったのである。それではその変容の基調となった方向はなにかといえば、結果論としていえば、幕藩体制への途であったといえよう。ただそこにいたるには、根底に一貫して大名領国制——守護領国制のなかに起点をもち戦国大名から近世大名へと展開する——の進展があり、その段階に応じて、国家形態にも紆余曲折にみちた経過があった。本章では、そのような動向が権門体制をどのように変容させついには解体させるにいたるかを、簡単に述べたいとおもう。

国家体制としての権門体制を最も特徴づけるものは、まず前章に述べた王権であり、ついで国家自体の機構であるが、それは、一言にしていえば、きわめて弱体・形式的で、非集権的であったということができる。これに対して、幕藩体制を結着点とする国家体制においては、国王――幕藩体制においては将軍――の権力が封建社会において考えうる最高度に絶大であることを特色とする。もちろんそのほかの諸々の側面においても重大な差異があったことは、いちいち指摘するまでもないが、国家体制に関しては、権力の結節点としての国王＝王権に最も端的に特質が表現されるのであり、王権は本来そういうものとして考察さるべきなのである。したがって、権門体制が、あらたな段階へと推移してゆく主要な指標として、王権の強化という項目を設定し、その条件を考察しておくことは、問題解明へ一つの手がかりを与えるものとおもうのである。

その条件の第一は、領主階級内部の重層関係――知行関係――が家父長制的または門閥的な恩情を脱落して、あらわな利害にもとづく契約的関係として再編成されてゆくことである。具体的には、この関係は、御家人制の弛緩、非御家人をも含めた中小領主層の守護・守護代の被官化、惣領制の変質による党・一揆的契約の発達などにみられる。こういう変化の根底には、地頭の直営地が消滅へ向かい、荘官の「勧農」がみられなくなることからもわかるように、領主制自体が、直接経営に由来する農民との農奴制的恩情関係を脱却して農民との階級的隔絶をより明確にする過程がみられるが、それは「所領」が開発の相伝等々にもとづく人格性や特殊個別性を失った単なる物権となることであって、その結果は、「職」の重層性は名目的なものとなる。だから各段階の「所領」支配権はそれぞれ自立化し、貴族にとっても武士にとっても「所領」が単なる地代の源泉としての封建所領として確立するのである。新補地頭の設置や、領家・地頭による荘園の下地中分の進行や、地頭職の公家領化などの事実は、このことを示す。なおまた、このように一切の領主層が農業経営から離脱するのに併行して、当然貨幣経済が重要な意味をもってくるようになり、手工業生産物の商品化が起こって、領主層はそれにまきこまれざるをえない。注意したいことは、こうした変化が、権門体制にとってけっして外部的なものとして侵入してくるのではなく、前述のように、権門体制なるがゆえにかえって所領の地域的分散による得分権的性格や、貨幣流通による代官請負制などが発達し、その内部的必然として、変化の条件が蓄積されることとである。

第二に、以上の基礎的な条件の上に、家父長制的または門閥的な人格結合=支配の弛緩のなかで、種々の政治的事件を契機にして、武士たちがその結合=支配から解放され、その結果、まず傭兵的存在となってさしあたり王権の軍事力の供給源となる事態が考えられる。(1) 南北朝内乱前後における顕著な時代的現象として「悪党」が広範に発生したことは、その端的な現われであって、これ以後、「悪党」「足軽」「野武士」などの形で、つねに存在したのである。かれらの行動や去就を、いちいち系統的に確かめることはできないが、国王またはその直接の権力分担者たる守護、ないし、みずから国王たらんと志す領国大名に属して、その兵力の重要な一部となったことは、多くの戦記に散見するところである。

第三に、領主層と農民との階級的対立があらわなものとなる結果として、王権はあたかも領主層の私欲を制限する高位の救済者であるかのごとくに立ち現われ、農民もまた王権に期待をいだく可能性が発生する。実際そういう傾向は幕藩体制確立にいたるまでに若干の徴候に現われたが、(2) しかし、それは本質的ではあるが可能性たるにとどまり、権力機構や政治的局面に重大な役割を示さなかった。それは、おそらく当時の農村の構造の特質——「郷村」の指導層が「名主」層であったという——と、それを統合していった大名領国制の苛烈な政治的性格にもとづくものとおもわれる。その点、帝王の神聖化を含む神国思想や「仏法領」を目指した一向一揆のような、宗教的な次元での政治要求の広範な発生が注目される。(3)

以上三点を挙げたが、なおこのほか、商業その他の貨幣経済における流通形態と王権との関係、それと関連しての新興官僚層の問題、武器と軍事力の質の問題、および政治的イデオロギーの問題などが、これに関連して考慮されねばならないであろうが、それらの全面的考察はここでは不可能である。ただ、あえて一言付加するならば、こうした傾向は、あたかも西欧の中世盛期における「封建王政」の成立にも対比さるべき性格のものでないかと、ひそかに考えるものである。ただしここでは、さしあたり王権の展開の基調を考えるにとどめて、つぎに建武政権以下の検討にうつりたい。

(1)　封建社会における傭兵については、京都大学西洋史研究室編『傭兵制度の歴史的研究』(一九五五年)を参照されたい。
(2)　太閤検地における著名な「作合い否定」は、このことに関連する。
(3)　このような宗教の問題については、黒田「中世国家と神国思想」(本書二五三ページ以下)、および「一向一揆の政治理念――「仏法領」について――」(本書三三一ページ以下)を参照されたい。

2　建武政権の性格

今日までの諸説によれば、後醍醐天皇の建武政権は、「古代的政権」の一時的な反動的復活とされ、この点ほぼ定説化している観がある。ところで、その「古代的」とされるゆえんは、主として天皇が公家・寺社など一切の「古代的」勢力の先頭に立って「封建的」な幕府の倒滅のあとに政権を樹立したことにあるとされるが、しかし天皇やその勢力の内実を分析してその古代的なるゆえんを説明したものがあったであろうか。また、なるほど後醍醐天皇が延喜天暦の治などを理想としたのは事実であろうが、この段階でそれを実現しようとする以上、具体的な構想が必要であり、事実その実現に着手したのであるが、その構想の内容を客観的に評価して古代的であることを説明しえているだろうか。そうではないとおもう。私見をもってすれば、建武政権はまったく反動的な性格をもってはいるが、その反動性は、単純に系譜や主観の内容からいうべきものではなく、あらたな国家権力機構が形成される途上で天皇が主導権を掌握する可能性をもちえたことのなかで、問題にされるべきものである。(1)

建武政権の諸政策は、全体に混乱に終始したまま破局を迎えたためもあって、その跡を確実にたどることに困難が多いが、なににもまして明白な事実がある。それは、この政権が徹底的な天皇親政の体制をとったということである。後醍醐天皇は、即位後まもなく父後宇多院政停止のあと親政を開始し、記録所を復活したが、建武にいたり、関白をも廃し、結局は院・摂関家・幕府など、前代に権門として国政に発言・口入したものを一切否定し、天皇が政治の実権を掌握する体制をとろうとしたのである。こうなれば、それは単に武家政権の否定であるよりは、権門体制そのものの否定といわざるをえない。(2)したがって、平安時代中期以後とだえていた「天皇」の諡号を意識的に復活した事実(3)も、その主観的意図のままに単に復古と評するのでなく、むしろ宋学の名分論などあらたな思想的背景のもとに行なわれた王権強化=天皇親政思想として、理解する必要があろう。しかもそこには、摂関等々の権門政治家でなく、日野資朝・同俊基など儒家出身の中堅貴族や鎌倉幕府の職員など、いわば王権確立にとって中核となりうべき新官僚層の参加・登用がみられるのである。

この基本体制の上に、周知のごとく「天下一統」の諸施策が展開されたのであるが、それらは、如上の権門体制の否定=王権強化の観点からみるとき、ほとんどすべて注目すべき要点に関連する性格をもっている。まず天皇が隠岐から帰京早々にして発布した天下衆庶の所領を天皇が個別に安堵するという法令は、その情勢のなかでは事実上不可能であったという技術的難点を別とすれば、天皇が「所領」の直接的かつ唯一最高の封与権者であるとするたてまえを、鮮やかに示すものではなかろうか。また天下の検注を企てたこと、新関を停廃し、楮幣・乾坤通宝の発行を計画したことも、復古ではなくして前節に述べたあらたな条件に沿った政策として評価できるものである。それらは、理想が先走った観念的な性格がつよく、技術的にも早急には不可能であったとみられるが、それにしても、他方に領主層が権門との紐帯を見限ってたちまち王権のもとに馳せ参ずる条件があったことは、歴史の事実の示す通りである。さらにまた、大覚寺統の本所の号を止めてまで諸国一宮・二宮の保護を考えたことは、鎌倉幕府の施策を継承するものというべく、諸国に国司とならんで守護を置いたこととともに、建武政府がそれまでの一切の封建国家機構を王権中心に再編強化する方策をもっていたものと、解せざるをえないのである。(4) その点、前節で付言したことに関連していえば、建武政権を「古代政権の復活」と断ずるほどの勇気があるなら、むしろ封建王政を意図したものと解すべきだと考える。

しかしながら、建武政権は、権門体制を克服し切るだけの条件と方針とを備えていたであろうか。問題は実にこの点にある。その意味で、この政権の中枢機構である記録所・雑訴決断所・武者所・窪所などの新官衙が注意される。これら新官衙の先蹤についてはここでは省くが、所詮それらは、令制を基本とする在来の官衙と別に設置されたもので、約言すれば鎌倉幕府をも含めた従前の権門の家政機関の系譜を引くものである。権門の家政機関がそのまま国政諸機関に転化させられること自体は、別段異とするに足りないが、重要なのは、在来の官衙を否定しえていないこと(すでに中枢機構として不適切であるがゆえに記録所等々を設けなければならなかったにかかわらず)、したがって、親政は権門の国政指示方式の形態でなされたとしかみられないことである。だから、摂関・上皇・将軍などの権門政治は廃止されたが、かれらは依然権門的支配者として、所領や家司・侍を、領有・支配し、その領有は綸旨をもって安堵されたのである。しかもかの個別安堵が不可能となって「高時法師一族以下朝敵の輩知行の地」以外は「当知行地安堵」という方針に後退してしまったとき、どうして権門体制を根底から否定することができようか。それどころか、護良親王をはじめ功を誇る公家・僧侶や足利尊氏など、あらたな権門がすでに興起しつつあったのである。

建武政権のこの矛盾した性格は、けだし、天皇はじめ新政権の構想を立案した人々の階級的立場からくる反動性に由来する。かれらが王権の強化を志向したのは、広範な在地領主層の利害を代表して権力機構を再編成するためではなく、大覚寺統を中心としたわずか一部の公家勢力の回復のためであった。かれらはそのために、持明院統をはじめひろく公家・寺社勢力の協力をえなければならなかったし、結局はすべて「当知行安堵」とさえならざるをえなかったのであるが、とはいえ当初の意図からすれば「天下一統」は「公家一統」となり、武士たちが「奴婢雑人のごとくなるべし」(『太平記』)という処遇にならざるをえなかったのも当然である。そこにおいては、もちろん御恩と奉公に基づく強固な主従制や知行制が、国王と臣下との関係の根幹になることは考えられない。「武士というは数代の朝敵なり」(『神皇正統記』)という認識が根底にある以上、いかに斬新で計画的な構想といえども、所詮は泡沫のごとく消散せざるをえないのである。後醍醐天皇は封建王政を組織することに失敗しただけでなく、現実の政治に登場しただけに権門としての私的権威自体までも根底から失い、ひいては天皇一般にまつわる「古代的」な形式的・観念的権威までも著しく失墜させる結果を導いたのである。(5)

(1) 佐藤進一氏は、清水三男「建武中興と村落」(『日本中世の村落』一九四三年)や、松本新八郎「南北朝の内乱」(『中世社会の研究』一九五六年)の示唆をうけて、建武政権にも新施策がみられることを具体的に指摘したが、それらは歴史の発展に規制されて止むをえずとった妥協策または古代的観念の空想的産物として評価した(「幕府論」『新日本史講座』一九四九年)。

(2) 建武政権は、当時から承久の後鳥羽の意図を継ぐものとみられることがあったが、この点で相違する。承久のばあいは、さし当たっては権門体制内での院政政権の優越を意図したものでしかない。

(3) 平田俊春「後醍醐天皇の御諡号」(『吉野時代の研究』一九四三年)。

(4) 建武政権の以上の諸政策については、逐一再検討を加える必要があるが、さし当たっては、前掲諸書のほか、魚澄惣五郎『吉野朝史』(『綜合日本史大系』一九二七年)、中村直勝『日本新文化史・吉野時代』(一九四二年)を参照されたい。

（5）『太平記』その他に散見する天皇の権威失墜の插話（永原慶二『日本封建社会論』〈一九五五年〉補論、黒田「南北朝内乱と太平記」〈『日本史研究』別冊、一九五三年〉など参照）は、かかる意味をもつものである。

3　室町幕府と大名領国制

つぎに、建武政権を倒壊させて政権を掌握した室町幕府について考察したい。室町幕府のばあいは、その支配下で発展しはじめる大名領国制との関係からいっても、建武政権以上の複雑な問題をはらんでいるとおもわれるが、ここでも、ただ権門体制との関係という視角からだけ、その性格を規定しておきたいとおもう。

権門体制との関係については、室町幕府が基本的に鎌倉幕府の体制を踏襲したという周知の事実だけで、すでに半ば解答を与えられているといってよい。すなわち、鎌倉幕府の中央機関を踏襲した政所以下の構成において、荘園その他の御料所において、式目の継承において、文書の様式において、三管領をはじめ諸国守護にいたる一族を中心とする私的な組織において、原則的に鎌倉幕府——ことに得宗専制下の北条氏の支配組織を中核とした——を引き継ぐものであって、それ自体一個の権門として成立したのであった。ことに注目すべきは、天皇との関係であって、尊氏が持明院統を北朝として擁立したことは、単にかれ一人の立場や観念から起こる問題としてでなく、「朝敵」の名を斥けて「官軍」の名を得ることが権門体制のもとで政治的に有利な条件をつくるという観点から、理解さるべきものとおもわれる。したがって、室町幕府が「武家政権でありながら」京都に本拠をおき、「貴族化」するにいたったとも、むしろ権門としての当然ありうべきことであったといえる。

しかし、こうしたことは、室町幕府についてのいわば表面的・形式的なことにすぎない。最も重要なのは、幕府権力の基盤であり、幕府がその連合政権であるとさえ評されるところの、守護大名であろう。かれらは、司法上の職権たる使節遵行権、兵粮料所・半済分上地の分給権、さらには徴税権などによって、「領国」を形成しはじめ、純封建的な大名領国制を志向したと説かれているからである。事実、守護は権門寺社の荘園を侵略し、ために諸権門はその経済的基盤を失って実質上没落させせられてゆくのであり、本所一円領の荘官さえもが守護の被官と化していったのである。たとえ幕府の諸法令が、これらの越権を制止しつづけていたとしても、結果としてつねにそういう方向を促進させ、さらにはその守護大名の連合政権たる観を呈するにいたっては、幕府は明らかに権門体制の否定者であったのではないか――こうした見解は、今日までの室町幕府論の主流をなすものであった。だがわれわれがいま問題にしているのは、この時代の国家権力機構の総体の性格であって、室町幕府の守護制度のもとでつぎの時代を展望させる事態がどのように進行しているか、ではないのである。幕府論を守護大名論へ移動させるのは、いまのばあいけっして正しくない。私は、最も守旧的とさえ評される足利将軍の立場からみてそのことをいうのではなく、守護大名が、あくまで幕府を通じて国家権力機構の一端としての守護たる地位においてしか「大名」たることをえなかった点を考えたいのである。あらためていうまでもなく、上掲の使節遵行権以下は、権門寺社本所を含めた支配階級全体のための国家権力でなくてなんであろうか。そのことと、それが大名化のテコとなったこととは別の次元の問題であって、むしろそれほどの実力のゆえに守護権を委ねられ、また守護権を委ねられることによってのみ「大名」たりえたのである。守護大名が、一見自力でのみ領国支配を行なっているかにみえるにかかわらず、幕府ひいては国家の中央権力の行方といかに重大な依存関係にあったかは、応仁の乱においてほとんど全国の守護大名が中央政界における勝敗に運命を賭けようとした態度に、端的に示されているのである。もっとも応仁の乱は、そういう体制の最後を示すものにほかならなかったのであるが。

したがって、たとえ実質上の事態に注目するとしても、国家権力機構の問題としては、やはり幕府自体のあり方に焦点がおかれなければならない。そして、その点からいえば、幕府以外の他の諸権門は、天皇家をも含めてもはや政治的に権門たる実を失い、政治的にも経済的にも幕府に従属し、それに唯一の期待をかけてのみ存続する存在となったのである。佐藤進一氏は、幕府が「おのずから公家の公権の実質的部分を形骸化し去り、結局公家政権に終止符を打つという過程」の指標的な事実として「南北朝後期に在るとおぼしき院の文殿及び検非違使庁の廃絶(実質的機能の停止)」に注意したが、(1)権門の門閥機構がこの段階ですべて廃絶されたのでないことはもちろんであるとはいえ、たしかに重要な事実である。つまり国家権力の主要な機能は、ほとんど幕府の掌握するところとなり、幕府機構が実質上、国家機構のほとんどを占める状態がそこにうかがえるのであって、義満が「日本国王」と称してはばからなかった状況はこうして生まれた。だがしかし幕府は幕府である。公家・寺社が、儀礼や有職故実の学に権門としてのその存在理由をおいていたことは、やはり、幕府では果たしえない国家の機能として、当時なりの意義をもつものであった。それが、権力機構の根幹からはずれたものであることは事実であるが、しかしその点からいえば、守護大名に比して幕府もまた武家故実のために必要な存在にすぎなかったともいえるのである。(2)問題は、ほかならぬそのことが、守護大名にとって必要であったという関係に、結局は帰着する。したがってここでも前節を承けて付言すれば、室町幕府はいまだ弱体ながらも実質的に封建王政を志向したといえるのであるが、しかし、全般的には(単に形式的にでなく)依然権門体制を克服し切らなかったのである。

応仁の乱以後、いわゆる戦国時代の大名領国制がどのように展開したかについてここで触れる余裕はすでにないが、もはやかれらは「守護」ではなく、幕府も事実上存在しなかった。権門体制は、荘園制とともに、応仁の乱をもって事実上消滅した。天皇・公家・幕府など権門は、虚名を保って織豊の時代に及んだが、かれらが支配すべき国家も国政も、実際は存在しなかった。

大名領国制から出発し、これを統一して全国を制覇した織豊政権、さらには江戸幕府は、大小あらゆる領主を国王(将軍)の直臣または陪臣として従属させ、ほとんど世界に比類ない強力な封建王政として、天下万民に君臨した。このさいにも、もとより権門体制の遺制は残り、天皇と将軍との儀礼的関係など論ずべき点が多い。しかし、国家権力の機構を具体的・客観的に問題とするかぎり、天皇が国王の地位になかったことだけは、ともかくも明言しておきたい。すなわち、権門体制、したがって鎌倉幕府・室町幕府の存在は、あくまで中世的なものとして、江戸幕府と峻別されるべき特質をもつと考えられるのである。

(1) 佐藤進一「幕府論」(『新日本史講座』一九四九年)三五ページ。
(2) 幕府におけるかかる側面の展開については、藤直幹『中世文化研究』(一九四九年)参照。

むすび

以上、中世の国家と天皇について述べたが、全般に、通説的見解とははなはだしく相違するところがある。その異同点については、そのつど触れたつもりであるが、さらに詳説すべき点が少なくない。にもかかわらず、このように大きな問題で結論的な叙述をせざるをえなかったのは、心苦しいかぎりである。権門体制というような一般に使用されない用語を使ったのは、このような視角が、中世国家の特質と問題とを具体的に摘出するのに有効だと考えたからであって、言葉自体を固執する気はさらにないことを、断わっておきたい。

しかし、最後にもう一度強調しておきたいのは、私が権門体制なる言葉で特質づけようとした日本中世の国家権力機構の特色である。それはおそらく、近世の幕藩体制という機構の成立に決定的な前提条件となり、政治形態および国家観念に伝統的な規制力として、作用したであろう。そのことをぬきにして、ただ日本にも抽象的一般的な封建国家が存在したことだけを追究していたのでは、幕藩体制の特質を把握することができないのはもとより、世界史のなかでの日本史の位置をも、正確に把握することができないようにおもわれる。そのためには、今日の状況のもとでは、かつての皇国史観に対する反発的批判の程度にとどまらず、被支配人民の上に全体としておおいかぶさっていた国家権力機構そのものの具体的な分析に着手しなければならないのである。本稿はそういう分析のための、大づかみな議論にすぎないが、これを通じて中世の国家と天皇に関する概略を理解していただくことはできるとおもう。

Ⅱ　鎌倉幕府論覚書

はじめに

ここで鎌倉幕府論としてささやかな覚書を綴ろうとするのは、鎌倉幕府についての今日までの多岐にわたる論点を逐一とりあげるためではない。また近年とくに活発な幕府成立史をめぐる諸論考——つまり寿永二年の「東国沙汰権」に関する佐藤進一氏の論説を槓杆とし、最近の石井進氏の『鎌倉幕府論』に一つの集約として示されているところの新鮮な諸々の論証(1)——に、さらに立入ることを目的とするのでもない。ここでは、いままでのさまざまな論説をその立場から継承してさらに一歩をすすめるのではなく、それらの立場の前提や、根底にある視角を、異なった観点から批判しながら、それらのすぐれた成果を自分なりに組みなおし、あらたに位置づけてみたいとおもう。

鎌倉幕府についていままで何の研究をしたこともないものが、臆面もなくはじめから大言壮語をつらねて申しわけないが、先学の業績に全面的に依拠し尊敬しながらも、同時に批判的立場をとろうとする理由は、つぎのことにある。今日までのほとんどの鎌倉幕府論には、ほぼ共通の全体像があるとおもうが、それは、まず第一には、幕府を構成する武士＝御家人を封建領主としてとらえ、その社会的・経済的基礎を「領主制」として理解することにより、基本的に幕府を公家＝貴族および寺社など「荘園領主」と対立する社会的・政治的勢力と規定することであり、第二には、この時代の国家権力のあり方を「二重政権」とみなすことであるといえる。この第一の点を、幕府が封建領主的性格をもち公家・寺社に対立的な関係にあったと表現するならば、そのかぎりでは疑いない事実であるし、第二の点も政権という言葉の説明のしようによってはともかくも当時の国家権力の特質を指摘することにはなるであろう。だが、私が問題にしてみたいとおもうのは、そういう単純なそしてあいまいなことではない。それは、第一点については、「領主制」のみが当時の封建的ウクラードであり、進歩的であるのみならず輝かしいものであって、「古代的」な公家・寺社勢力と本質的に対立する関係にあるとみなす傾向を含む点であり、第二点に関しては、「二重政権」の一方たる幕府を端緒的にせよ一つの国家的存在とみなす傾向についてである。この傾向は、かならずしもあからさまな言葉で論述されているわけではなく、論調の基底に仮説または論証すべき目標としてひそんでいるというふうなものだが、鎌倉時代の国家を——ひいては日本の封建国家を——いかに把握するかという問題に真正面から取りくむときには、いやおうなしに鮮かにすることを迫られるのである。はたして鎌倉幕府は「朝廷」と真向から対立する関係にあったのか、ふるい国家の内部に新しい国家が成立していたのか、人民を支配する権力機構=「暴力装置」は対立する異質の二つのものとして存在したのか。(2)

戦後の歴史学において、権力または国家権力ということは、たえず問題にされてきた。私は、権力または国家権力というとき、抽象的に階級支配の力というようなことではなく、また地代などの収奪・搾取でも精神的な権威や宗教的な呪縛でもなく、初歩的なことをいうようだが、何をおいても暴力装置の体系・機構として具体的に把握することが、まず必要だとかんがえる。私の出発点はここにある。そしてここから日本中世の国家のあり方を検討しようとするとき、従来の鎌倉幕府論には、右のような基本的な問題の解明に欠けるものがあったのでないかと、反省せざるをえないのである。(3)

私はさきに、日本中世の国家について論述する必要があったとき、日本中世の国家の体制的特質を「権門体制」として特色づけることを試みた。(4) それは、いまだ要をつくすまでにいたらぬまったく不充分な素描的な試論にすぎないが、鎌倉幕府についても、主として論稿の性格と紙数の制約から、ほとんどふれていないし、また「権門体制」なるものについての説明も、形態的な特質の指摘につとめるにとどまった。それゆえここでは、少なくとも前稿なりのレベルでその欠を補う意味で、はじめに、鎌倉幕府自体もその一部を構成している(と私が考える)国家機構のなかで、幕府がどのような位置を占めているかを、かんがえてみたいとおもう。

(1) 石井進「鎌倉幕府論」(岩波講座『日本歴史』中世1、一九六二年)にこれらの諸論考が、ほぼ紹介されている。なお、本稿はあとでのべる理由から、先学の諸論考をいちいち細部にわたって検討するわけではないので、非礼ではあるが論文名を網羅的に掲げないことにする。はじめにおゆるしを乞いたい。

(2) たとえば、石井進氏が、前掲論文においてつぎのようにいわれているのは、どう解すべきであろうか。「律令国家の成立以来、日本がはじめて経験したこの全国的な動乱が収束されたとき、東国に興って在地領主層を結集した独自の国家権力としての鎌倉幕府は、しっかりと自分の足で立っていた」(一一四ページ、傍点黒田)「幕府がもっとも強い支配力を行使しえた東国においても、その地位は直ちに一個の独立した国家主権とはいいにくいものである」(一二六ページ、傍点黒田)

(3) この点、先学の学説を批判するよりも、私自身もまた、あいまいなままでいく度か鎌倉幕府に言及したことがある。かつての「武家政権の成立」(歴史学研究会・日本史研究会編『日本歴史講座』第二巻、一九五六年)は、平板な概説でしかないが、そこでも頼朝の権門的性格には注意しながらも、この点に立入って考えることをしていない。

(4) 黒田「中世の国家と天皇」(本書三ページ以下)。以下で「前稿」というのは、すべてこれを指す。

一　幕府の権門的性格

従来の説の視角を正しいものとかんがえる人は、私が日本中世の国家のありようを、いわゆる貴族・寺社・幕府をふくめた全支配階級の単一の国家機構としてまず設定しておいて、そのなかでの存在として幕府を説明していこうとするやり方に、おそらくは唐突なまたは不愉快な感をいだくにちがいない。実際それは、現に進展しつつある研究史を中断し、微妙な論点をかなりはぐらかすことになるからである。けれども、昨日までの微妙で深遠な論点の前提そのものが問われることは、従来もしばしばあったのであり、そういうばあいにはかならずしも問題をそれらの論点の延長線上に提起することができないのは、止むをえないのである。そういうばあい研究史との関係から問われなければならないのは、今日までの論証や問題を、あらたに正しく発展的に位置づけうるかどうかでなければならない。だから私は、鎌倉幕府を権門体制の一環として説明することが、どのようにして可能であるかを、まずのべることにしたいのである。

はじめに指摘できるもっとも簡単な事実は、鎌倉幕府が組織・機構の基本的な面において、摂関・院などと同様、まさしく権門の条件(1)に合致していることであろう。政所(公文所)・問注所・侍所などの幕府の諸機関は、いうまでもなく家政機関としておこったものであり、普通、摂関家など公家の政所を「模した」(2)ものと説かれるが、その意味するところは実は家政機関の域をこえた独自の国家の政庁であるということである。だがそれらが、摂関家政所や院庁など他の権門の支配機関以上の意味をもつことが、いままでにはたして証明されているだろうか。中期以後、幕府の支配が全国的規模になり、所務・雑務・検断などの沙汰の分掌が確定する段階でも、それらの機関は、他の権門から朝廷を通じて提訴・繫属となった事項は別として、幕府に係属する以外のことには関与していないのである。(3) したがって、幕府が文書様式として御教書・下文の形式を採用したことも、単なる形式の踏襲ではなく、実質において摂関家政所や院庁と共通する性格があったからだと解することができるのである。つぎに、かの御家人制もまた、権門の私的な主従関係の一つとして理解できるものである。幕府の御家人制においては、その主従関係は西欧のレーン制にも比すべき「封建的」なものとされ、その点で公家・寺社のばあいの家司や従者・侍・門徒などとは性格を異にするとされる。だが、かりに文字通りそうであったとしても、それは各権門のそれぞれの階級的基盤の相違からくる特色であるにとどまり、権門の私的な主従関係の一つのばあいであることにかわりはないのであって、むしろ、名簿捧呈の作法や関東御公事のごとき課役の存在、将軍家政所下文による安堵・恩給などに、その共通性をみるべきでなかろうか。さらに幕府の首長としての「鎌倉殿」なる称号もまた、はなはだ権門的であるとおもう。沙汰未練書が「将軍家トハ、右大将家以来代々関東政務之君御事也」とするように、鎌倉殿・関東長・将軍家・右大将家などの語は、決して官職名を意味する語ではない。むしろ頼朝がいったん右大将や征夷大将軍の地位につきながら、間もなく辞退したことからわかるように、(4)「鎌倉殿」等々の称号には、国政上の重鎮であるからこそかえって官職のそれをこえた権威を意識的に打出そうとする態度をくみとることができよう。こういう政治的権威のあり方は、権門体制に特有のものである。それゆえ、幕府全体のそのような権威のあり方からして、幕府内部にさらに権門が発生する。北条氏の執権なる地位がそれであって、それもいっそう徹底すれば職からさえはなれた得宗なる地位にまでしぼられる。たとえば『沙汰未練書』は「政所トハ将軍家政所事也」とし「公文所トハ相模守殿御内沙汰所也」として、北条氏の権門的家政機関の存在を示している。さらにまた、頼朝が九条兼実に「帝王」のあり方について「淳素に反《かえ》す」べき方策を語り、「神国」や「神器」について貴族とかわらぬ思想をのべ、伊勢神宮や東大寺の再興に熱意をみせたこと、また実朝が「勅」に恭順忠誠の態度をみせたことなどは、政治的打算や妥協をいうまえに、権門体制の体制的イデオロギーの問題として、あらためて評価される必要がある。また貞永式目が、所詮御家人を律するものにほかならないことも、当然の理由があるわけで、それに関する泰時の書状に律令や公家の沙汰との関係をのべた言葉も、とくに深遠な意味を付与すべきものではないと、考えられる。その他、幕府が荘園や知行国をもったことも、しばしば荘園制的な旧さとして評価されるが、むしろ幕府が権門の一に他ならぬことを積極的に示すものといえよう。それどころか何よりも「幕府」なる語そのものが、まさしく武家なる権門の政庁を指す語として、院庁・摂関家政所・寺社政所などに相対する語であったとみるのがもっとも無理のない理解とおもわれるのであって、それをいかに歴史的概念におきかえるにしても、権門の機構以上に国家の意味まで含めうるものではなかったとおもう。幕府の成立の時点を論ずるにさいし、いまもかならず幕府の定義(当然ながら)が問題にされるが、幕府を右のように解するとすれば、単なる軍事政権の成立を指標にして治承四年を挙げたり、その封建的支配の基礎としての守護・地頭設置の文治元年を指摘したりすることには、やはり問題がのこる。それらが幕府が権門として勢力を伸張する途上に、それぞれ重要な意味をもったことは疑いないが、幕府の基本的な性格を権門として把握するとすれば、当然それは権門として政治的な権限を公認された時点にもとめるべきであり、その意味で寿永二年の宣旨が重要であるとおもう。しかしそれは、幕府が東国国衙指揮の形で独自に国家権力機構を組織したとか、そういうものとして朝廷の承認をかちとったとかいうことではないのである。[5]

以上、幕府の権門的性格について概略をのべたが、このような主張にたいしては、第一に、それはあまりにも形態的・表面的な側面だけを恣意的に列挙したものだという批判があるであろうし、また、第二には、公家・寺社などとの差異を単に支配の類型としてだけ処理したもので、その間の差異や源氏将軍と北条氏との差異をはじめ幕府政治の推移のなかに、封建支配の深化発展を細心に分析しつつある現研究水準を無視するものでないかとの批判も、当然発せられるであろう。第一点については、このかぎりではもっともであって、それゆえ私も、以上のことだけで鎌倉幕府を権門と規定するつもりはないが、しかし、以上のことは権門とみるにふさわしい諸要件であるのみならず、それらの事実の理解に安定した視点が設定されることを主張したいのである。第二の点は、問題の性質として別のもっと重要な意味をもつ。私は、公家(貴族)・寺家(寺社)・武家(幕府)などの権門の支配組織が、それぞれ差異をもって成立している事実を、基本的にはそれぞれが組織している支配層の階級的性格の差異から理解すべきものとおもう。その階級的差異とは、一方が古代的(奴隷制的)で他方が封建的というような差異ではなく、日本の封建支配層が形成される二つのコース――貴族的大土地所有制からの展開(荘園領主の支配)と、家父長制的農奴制からの展開(在地領主の支配)――の差異であり、またその相互の関連のありようの差異であって、そういう意味で公家・寺家・武家は、封建領主層としての階級的性格を異にするとかんがえる。(6)いうまでもなくこれはたいへん大きな問題であって、ここで論証はもちろん、一通りの説明を試みることさえ不可能であるから、私自身の分析方向を釈明する程度にとどめざるをえないが、しかし同時にこの観点には、従来の鎌倉幕府の歴史的把握に対する批判を含んでいる。つまり、右に予想される反問の第二としてのべた現在の諸労作の観点は、諸権門の差異を析出する上にともかくも有効性をもちえたのは事実であるが、封建国家の成立と特質という問題に関しては、幕府が独自に封建国家を形成するとしてその過程――それは、基本的には西欧の封建制と形態をおなじくするものと、信じられているのだが――を抽出するためにのみ有効であったにすぎない。しかし、現実に、日本中世において、公家政権という国家と幕府という国家とが、併立または二重に存在したことがあっただろうか。実際には、鎌倉時代を通じて、「二重政権」が、基本的矛盾でなく一つの安定的体制として存続していたのではなかったか。そうだとすれば、そのような形で全人民を支配したその体制の特質を把握するうえに、従来の方法——いうまでもなくこれは石母田氏の領主制ウクラードの理論と不可分のものである——は、欠陥と誤った結論とを伴っていなかっただろうか。——しかしこのことについては、いずれ稿を改めて論ずべきだとおもう。

(1) 本書一〇—一一ページ参照。
(2) 石井進「鎌倉幕府論」(岩波講座『日本歴史』中世1、一九六二年)一二四ページ。
(3) このばあい、幕府が国政的権限を付与されて行なう行政・訴訟などの事務があることはもちろんであるが、そのことと、幕府が無制限に最高の国家権力として支配したかどうかとは、明確に区別すべきである。これら機関が、単なる家産支配事務をこえた内容を処理していたことは、摂関家政所や院庁と同様であって、それは権門政治に通有の現象である。
(4) 石井良助「鎌倉幕府職制二題」「再び源頼朝と征夷大将軍について」(いずれも『大化改新と鎌倉幕府の成立』〈一九五八年〉所収)。この事実は、従来あまり重視されていない。
(5) 以上列挙したさまざまな点については、とくにそれぞれに詳細な研究史があるわけだが、前述の趣旨により註記を割愛する。
(6) この点については、一九六三年十月末、広島史学会大会シムポジウムの報告「封建権力の基礎構造」において、概略ながらふれたことがあるが(『史学研究』第九〇号、一九六四年)、その後、日本史研究会大会において、河音能平氏の示唆ふかい報告(「中世成立期の農民問題」〈『中世封建制成立史論』一九七一年〉)をきくことができたので、さらに考えて後日詳論したい。

二　幕府の公権的性格

鎌倉幕府の権門としての私的な側面は以上にみたとおりであるが、右に、そのことだけで権門だと規定しようとするのではないとのべておいたように、国家権力の問題としては、さらに重要なより本質的な側面がある。それは幕府支配権が公家・武家を含む全支配層のための国家権力としての側面をもつことであって、それも単に国家の権力機構の一部を分掌していたということではなく——そのこと自体は前稿でも簡単に指摘した——、まさに権門として分掌するその特有のしかたに、つまりふつう幕府固有の制度とされるものに国家権力の行使がどのように現われているかに、注意したいのである。はじめにとりあげたいのは、御家人の大番役である。ふつう大番役は、鎌倉殿の安堵・新恩などの御恩にたいする御家人の奉公のうちの重要なものとして、あたかも主従関係の枠内でのみ成立するかのように説かれている。(1)けれども、すなおにかんがえて、もし従者の主君への奉公であるなら、大番役は鎌倉殿ないし幕府機関を警護する番役としてまず成立しそうであるのに、鎌倉番役は後年の成立にすぎず、本来のものは京都大番役であるのは、どのように解すべきものであろうか。(2)大番役の起源についての詳しいことは私にはわからないが、おそらく古くからの衛士の番役や摂関家の大番役にも関連があるであろうから、その点をかんがえあわせても、御家人の大番役なるものは、それ自体としては、公家をも含めた国家の制度としての勤務だと解すべきであろう。(3)その点で、『承久記』が政子の言葉として、むかし頼朝が大番役の年限を短縮するよう朝廷に交渉した「御恩」を伝えているのが注意されよう。もちろん、御家人個々人が大番役を勤仕するさいには、単に武士個人としてでなく、まさに御家人として守護の催促のもとに勤務するにはちがいないが、それは鎌倉殿自身が国家権力の分掌者であるからであり、したがって彼らの奉公の内容はそのまま国家の警固であり、国家権力の担当に他ならないのである。(4)蒙古襲来にさいして、異国警固番役に従う者が大番役を免除されたことも、さらには西国の非御家人が宣旨によって幕府の指揮下でそれに従事させられたことも、大番役ひいては将軍のかかる性格を示すものと解せられる。

つぎに、鎌倉幕府の独自な地方官としてもっとも強調される地頭と守護についてのべたい。地頭や守護については、近年その源流や成立の過程について詳細な研究が進められつつあり、かつまた未解決の問題も多いが、地頭や守護が在地領主制をふまえて成長したそれ独自の階級的発展の歴史をもち、その基礎に、根元的な所領たる「本領」をふまえていることは、すでに充分解きあかされているところである。したがって、この面からは守護や地頭は律令制的収取権や本所・領家の得分権と明確に区別されうる特色をもち、中世の社会と国家の歴史の上にかつてない新たな意義をもったことは疑いないが、しかし、地頭や守護のそのような階級的特質から、ただちに鎌倉幕府が独自に国家機構をつくり上げたと判断してよいわけではない。この点、前稿でも簡単にふれたので多少重複することにはなるが、まず地頭についてみれば、いうまでもなく地頭は国衙領または荘園の支配体制のなかの職であり、職権の中核をなす検断権等々は、その支配体制の一部を構成するものである。だから、たてまえからいえば地頭がその職務遂行の責務を負うのは知行国主や本所などにたいしてであって、単純に自身の利益(所領の管理など)のためでも、将軍にたいしてでもない。またそれゆえにこそ、給田は国衙または荘園から給付されるのである。従来は、このほとんど自明の事実を軽視して、幕府との関係のみを考えたため、地頭が宣旨によって国家の制度として設置されたことを、単なる公・武の政治的力関係や権威の問題のなかに埋没させたのでなかろうか。また、なるほど地頭の任免権をもつのは幕府であるが、前稿でものべたようにそもそも荘園体制なるものが各種の任免権のもとにある「職」の集合体であり、権門とはそれぞれ職能的な特色ある「職」を門閥に集中した組織であることを、考えねばならない。地頭の職責不履行や非法にたいして本所・領家が異議をとなえ、幕府も免職せざるをえなかったのは、地頭職がこのように国家的規模で設置されたという性格にもとづくものとみなければならない。「領主制」の発展史の観点からすれば、地頭職の設置やその非法が、地頭の領主としての発展の必然的結果とされるのは当然ではあるが、それは、支配階級全体の権力機構の内部の副次的矛盾にすぎないのである。このようなばあい、幕府が地頭の非法を抑止したことを「公家政権」への妥協と評することが多いが、それは妥協にはちがいないが、幕府に過大な進歩性を勝手に期待しておいて妥協だと非難するとすれば、当をえないといわねばならない。

つぎに、守護についてもやはりこれとおなじことがいえる。守護の職権内容についてはいろいろ問題があるが、まず大犯三ヵ条を挙げなければならぬ。その三ヵ条のうち、謀叛・殺害が、単に幕府の内部ないしその利害の範囲での検断権ではなく、ひろく公家・寺社をも含めた国家的機構としての検断権であることはあらためていうまでもない(5)。実際において謀叛として討伐されるのが、義経・行家にまずみられるように多くは反幕府的行動であったのは事実だが、権門体制のもとにおいては政権の実を握る権門への敵対がいつでも「朝敵」であり謀叛であることは、前稿でものべた通りである。また、もう一ヵ条の大番催促については、すでに大番役が国政上の勤務である以上、その催促がやはり国家機構上の権限であることは、論ずるまでもない。このように、守護の最重要な専職とされる大犯三ヵ条の国家公法的性格は、おそらく守護の制度的源流にも関連があろう。守護を単純に鎌倉幕府の新設とみるとすれば、如上の性格は不可解であるかもしれないが、すでに三浦周行氏が指摘したところの、守護が「検非違使・押領使・総追捕使の変形」として成立したという観点(6)にいく分かでも真実性をみるとすれば、守護が律令制国衙機構のなかの検断職権の新たな制度化という側面をもつことは、否定すべくもないとおもう。検非違使・押領使・追捕使などは、平安末期ほとんど雑任国司の兼帯であったからである(7)。守護制度については佐藤進一氏のすぐれた研究があるが、佐藤氏は、三浦周行氏のするどい示唆をうけとめて、守護の職権内容が検断＝大犯三ヵ条のみでなく、諸国社寺修造・宿駅整備・一国平均課役の賦課・大田文作成などの「行政事務」を伴ったことに注意したが、氏はこれを「守護が国衙に代る地方行政職として、武家政権の支配力を国内一円に滲透せしめて行く過程に於いて、斯かる守護への行政事務の付与が行われたのである(8)」と説明した。また佐藤氏の業績をいっそう発展させた石井進氏は、幕府の国衙在庁指揮権についてゆたかな研究を発表し、この指揮権が具体的には守護の国衙指揮権であったことを、明らかにしたが、氏はそれを、寿永二年の東国「沙汰」権や大宰府の支配などとともに、「封建国家として」「自ら独自な支配機構をうち立て」てゆく過程として把握した。(9) だが、これらの職権が国政の実権掌握へ通ずる性格をもつのは、検断がいよいよ重要性を増してくる封建制進展期に国家の検断権を掌握する権門(幕府)として当然のなりゆきであると解すべきであって、それは、摂関家や院が諸国に腹心の受領・目代を配し、知行国を設けたことと、国家体制上は本質的に異るところはないのであり、逆にいえば、守護が国政上の責務をもたなくなったことを意味するものではないとおもう。国衙在庁の指揮も、したがって幕府なる権門の国政上の権限の執行を充足する範囲内のことであって、その全面的な支配ではないのである。また蒙古襲来以後、九州の非御家人の指揮権が守護に与えられたことも、単に幕府権力の増大としてのみみるのでなく、宣旨によって国政上の任務として付与された意味を見落すべきではあるまいとおもう。東国沙汰権や守護・地頭の設置以来、幕府なる権門の権限の範囲をこえる事項には、つねに宣旨が出されているが――いわば実力でかちとった新補地頭のばあいでさえもそうである(10)――、それは国家権力の割譲宣言ではなく、体制的には補任にすぎないことに注意せねばならない。私は、ことさらに制度論的に論じたり、「おくれた側面」を形式的にとり上げようというのではなく、そのなかに、支配階級内部での勢力の交替の過程――それはそれなりに歴史の進展を示すにはちがいないが――を認めながらも、支配階級が全体としてどのような国家機構を構成し運用していたかに、注意したいのである。

(1) 佐藤進一「幕府論」(『新日本史講座』一九四九年)二一ページ。
(2) 五味克夫「鎌倉御家人の番役勤仕について」(『史学雑誌』第六三編第九号、第一〇号、一九五四年)。
(3) ただし、たとえば『六波羅御下知』(『群書類従』第二三輯)に「官兵幷大番」とみえるように、他の類似のものと区別される制度上の特色をもつ点に、注意すべきである。

（4）『弘安四年日記抄』（『元寇史料集』〈一九三五年〉所収「壬生官務家日記抄」）。

（5）こういう性格を典型的に示す一例として、嘉禎元年から二年にかけての、石清水領薪荘と興福寺領大住荘の相論をあげることができる。ここでは、権門体制下における権門寺社の相互の関係、天皇・摂関の役割などがヴィヴィッドにうかがわれるとともに、国家機構のなかで幕府がどのような役割を果すものであるかを知ることができる。とくに、この間に、一時的に大和に「守護」をおいたことに注意したい。事件の経過の大略については宝月圭吾『中世灌漑史の研究』一九四三年、二六三ページ以下参照（補註、黒田「鎌倉時代の国家機構――薪・大住両荘の争乱を中心に――」〈本書七三ページ以下〉参照）。なお、「守護検断の対象は非御家人・凡下に限られて、地頭御家人に及ばず……」（佐藤進一『鎌倉幕府訴訟制度の研究』一九四三年、一四九ページ）とされるところにも守護検断権の国政的性格をみることができよう。

（6）三浦周行「守護制度の研究」（『史学雑誌』第三〇編第一〇号）。

（7）吉村茂樹『国司制度崩壊に関する研究』（一九五七年）第三編第六章。

（8）佐藤進一『鎌倉幕府守護制度の研究』（一九四八年）一九一ページ（一九七一年増訂版二五一ページ）。

（9）石井進「鎌倉幕府と律令国家」（石母田正・佐藤進一編『中世の法と国家』一九六〇年）二一二ページ。

（10）新補地頭の得分を規定した貞応二年六月十五日の宣旨（『中世法制史料集』第一巻、追加法九）は、同七月六日の沙汰条々（同追加法一〇）の前提として、追加法令集にはつねに収められているが、他の鎌倉幕府追加法と区別すべきものであろう。

三　幕府と国家観念

ここで、鎌倉幕府の創立を封建国家の成立とみたばあいに王権ないし国家観念の説明がどのようになされていたかに、ふれておきたいとおもう。しかしこの問題は、今日までのところ、必ずしも多くの論考をえているわけではないので、ここでは、その数少ないもののうち代表的でかつ指導的な役割を果したとみられる石母田正氏の「中世における権威の問題」(1)のその部分だけについて、問題の所在をあきらかにしておきたい。はじめに、氏の文章をいくつか掲げる。

(a) 鎌倉前後の封建的国家はかかる武士団との主従関係のうえに築かれていたのである。かかる封建国家――それは国家というにはまだ極めて未成熟ではあるが――は右の主従関係の体制と同一であり、厳密にいえばそれは主従関係という社会的関係以外の特別の機構を必要としないのである。(2)

(b) かかる政治形態の下にあっては、武士階級の社会的政治的観念は主従の観念以上には超えないのであって、彼等は支配者であるにかかわらず特別な国家観念を生みだすことは出来ないのである。中世において主従関係、一族の関係に関する観念が著しく発展するにかかわらず、中世独自の国家観念の成立をみないのは、主従関係以外の国家というものが存在しなかったためと考えられる。(3)

(c) 彼等にとって国家という観念があったとすれば、それは、国土の観念から分化しきれないものとしての「国家」であった。(4)

(d) かかる変革に対する確信をもちながら、古代的権威(天皇―黒田註)を戴こうとする彼(頼朝)の態度を、矛盾として素直に受取るべきであり、矛盾は矛盾として説明しなければならないのである。前記の如く、武士階級はそれ自身の新しい国家観念を創造することが出来なかった。彼等はその本質上その一族や主従という社会的関係以上の広い関係、それの固有の関係を超えた世界については具体的な観念をもち得なかったのである。しかも実践的には武士階級は幕府創立によって新しい国家を形成しつつあったのであって、彼等は国家や国土について何等かの観念をもつことを迫られていたのである。(5)

以上の文章は、その一つ一つでいおうとしている意味はきわめて明白であるとおもうが、全体としてみると、疑問を感ぜざるをえない。すなわち、一方で主従関係こそが国家であるとしながら(a)、他方で主従観念の発達は国家観念の発達でないとして(b)、国家観念としては国土観念(ひいては神国思想)を指摘している(c)。もし(a)の観点に立つなら、主従観念こそが当時の国家観念のあり方だといって何故いけないのであろうか。おなじことだが、これを(d)についてみれば、「新しい国家」が「幕府創立」に示されるものであり、「幕府創立」が「固有の関係」(主従関係)以上のものでないなら、「新しい国家」の「形成」にさいして、なぜ「固有の関係を超えた世界について」のものとしての「国家や国土についての何等かの観念をもつことを迫られ」るのであろうか。——要するに、氏が中世国家について語るとき、(一)「固有の世界を超えた世界」と「幕府」とのどちらが問題の国家なのか、(二)おなじことだが、その国家の国王は天皇か将軍か、がきわめてあいまいであるといわざるをえない。

いったいどうしてこのようなあいまいなことになるのであろうか。氏が説かれるように、御家人なり頼朝なりのもつ矛盾からおこるものとして素直にみとめなければならないことであろうか。そうではないとおもう。問題の根源は、〝貴族の古代的政権〟と〝武士の封建的政権〟の対立を前提とし、封建的(=中世的)国家は幕府にはじまるとみながら、しかも国家は〝日本国〟でなければならぬとしたことにある。氏はつぎのようにもいわれる。

(e)　頼朝は多数の御家人の主人となり得たが、そこから全体または一国——それは武士階級にとって外的超越的な世界である——の主人に飛躍することはできないのである。(6)

つまり現実に国家として絶対にみとめられえないもの(=幕府)を国家として探究しはじめたところに、誤りがあったのだといえよう。しかも、つぎのようにもいわれる。

(f)　実践的には武士階級は幕府創立によって新しい国家を形成しつつあった。(7)

(e)と(f)とをみると、結局これは国家の内部に国家がはらまれる(しかも観念としてでなく「実践的に」)という理論になっていないだろうか。われわれは、「二重政権」というときは政権なる語の規定如何ではそれも意味ありげに了解できないでもないが、このように実は二重国家論ともいうべき意味を含むとすれば、それこそ重大な理論問題だといわざるをえない。これは決して揶揄的な意味でいうのではなく、まじめに検討すべきことだとおもう。しかし私は、いまだ鎌倉幕府についてそういう理論を展開した例を知らないのである。

二重国家論でないにかかわらずこのような結果になるとすれば、所詮もっとも根底にある問題は、つぎのことであろう。

氏は、「領主と農民との対立を根本として中世国家の全体を把握する方法」(8)について説かれながら、国家論としては、貴族に対する武士の相対的進歩性——それは実はより強力な封建支配者だということだとおもうが——にのみ注視して、全支配階級の全人民支配の体制を具体的に(権力の諸々の構築物として)追究しようとはしない。武士の進歩性とは何か、被支配階級とは何か、人民とは何か、人民の立場からとはどういうことか、これらのことがあらためて問われなければならないだろう。その点で、一言付言しておきたいのは、往年の鈴木良一氏の石母田氏に対する批判と、石母田氏の反論とが、今からみれば不徹底なものにとどまっていたと感ぜざるをえないということである(9)。ということは、さきにも簡単にのべたように、所詮、「領主制」ウクラードの理論の功績と限界の問題に帰着する。しかし、ここでは、それに立入らないことにしたい。

(1) 石母田正『古代末期政治史序説』下(一九五六年)所収。
(2) 同右、六四六ページ。
(3) 同右、六四七—六四八ページ。

（4）　同右、六四八ページ。
（5）　同右、六四九—六五〇ページ。
（6）　同右、六五〇ページ。
（7）　同右、六五〇ページ。
（8）　同右、六一五ページ。
（9）　鈴木良一「敗戦後の歴史学における一傾向」（『思想』二九五号、一九四九年）、石母田正「封建制成立の特質について」（増補『中世的世界の形成』一九五〇年）。鈴木氏が、石母田氏の反批判にどのような考えをもっておられるかは知らないが、結局は、当時の理論的状況からいって、「領主制」理論——理論的論述としては石母田氏の「一二三の理論的問題について」（前掲書五二三ページ以下）——以上にでることが一般に不可能であったために、鈴木氏の論点が充分生かされることがなかったようにおもう。

四　独自国家への可能性

それでは、従来の説で一般に前提されていたような、幕府が独自に国家を形成すべき可能性は、この時代においてまったく存在しなかったとすべきだろうか。もとよりそうではない。結果として鎌倉幕府が独自の国家たりえなかったことは、以上にのべたとおりだが、にもかかわらず、結実しなかったとはいえその方向への胎動がわずかでも存在したとすれば、結果からのみ捨象すべきものでないし、それを追究することは、この段階でのヴィヴィッドな問題の焦点を解明するために有益であろう。ただし、そのためには、われわれは、可能性という言葉を、歴史の方法上の概念として明確にしておく必要がある。すなわち可能性という概念を、単なる概念上の推論や偶然的事態の想定の意味で設定すれば、それはもはや空想にひとしい。そうではなく、主題に関する特定の結果へ当然発展しうる事態が、現実に起っていることが、確認されるものでなければならないとおもう。それは、可能性を現実性と見誤らない保証でもあり、かつまた、歴史の発展を、結果論的に唯一の形態への必然性としてのみ理解する一面的見方に陥らないためでもある。

鎌倉幕府が、独自に国家を形成すべき可能性の第一は、頼朝の挙兵以来の事実上の東国支配にみられるとおもう。周知のように頼朝は挙兵以後関東一帯を席巻し重代の御家人を国郡の支配機構につけて、寿永二年には東国「沙汰」権について宣旨をかちとるまでになった。問題は、この宣旨の形になったこと自体ではなく、その根底に地方的な自立政権が事実上存在したことである。頼朝を中心としたこの集団の地方政権の内容は、上総権介広常が頼朝に対して「ナンデウ朝家ノ事ノミ身グルシク思ゾ、タヾ坂東ニカクテアランニ、誰カハ引ハタラカサン」(『愚管抄』)と語ったように、もし事情がゆるせば「タヾ坂東ニカクテアラン」ことで満足しおわるようなものであり、平将門が新皇と称して辺境独立国家をつくろうとしたような存在であった。もっとも、将門の「国家」やその後のいくつかの叛乱がわずかの期間で崩壊したのをみても、すでに歴史の段階は異るとはいえ、頼朝が将門の途を辿れば、果してどの程度持続しえたか大いに疑問であるが、それにしても、東国の事実上の支配という形で、一応は独自国家への可能性を示したことは、明らかである。

可能性の第二のものは、しばしば指摘されるように守護・地頭の動向にあらわれていた。この時代の守護や地頭の権限は、それぞれの由緒によって複雑な差異があったとはいえ、一応その限度が定められていたにかかわらず、地頭はいわゆる「非法」によって荘務を侵犯し、守護は国務に干与して国司の権限を奪おうとしたことは周知の通りで、最近は総じてこれらの動きは、寿永二年の東国「沙汰」宣旨以来の「勧農」権の帰属の問題を基軸にして、理解されようとしている。(1) けれども、いわれるようにその「勧農」が下地支配権を意味するとしたばあいでも、この面から幕府が独自の国家の樹立を達成するためには、まことに容易ならぬ蓄積が必要であったとおもわれる。すなわち、地頭についていては、一荘・一郷の全面的な勧農権を獲得することさえ不可能であったのに、幕府全体としては、全国くまなくそれが達成されることが必要であり、守護のばあいには、単に国務干与だけでは不充分で国司の兼帯またはその任免権の掌握がなければ独自の一元的支配は不可能であったはずである。しかるに、現実には、一地方の勧農権の掌握や国衙在庁に対する一元的な指揮権さえもなかったのでないか。とすれば、この側面からの幕府の独自の国家樹立がいかに遠い目標であったかはもはや強調するまでもないが、しかし部分的にはこうした道程が散発的に実現していたのである。この上に、南都復興の援助や伊勢神宮の崇敬および諸国一宮・二宮の修造、さらには禅宗の保護等々によって、寺社権門を従属させあるいは独自の宗教政策を展開するならば——そしてこれも現実に着手されていたが——、幕府はたしかに独自に国家権力機構を形成することができたはずである。そして、これがおそらく、権門体制を一挙に暴力的・軍事的に倒壊させることなしに事実上独自の国家を樹立する平穏な途であり、また緩慢には実際において北条氏から室町幕府へと一貫してみられたコースであり、終局的には大名領国制ないし幕藩体制によって達成された新しい国家形成の形態であった。その点で、この可能性に「封建国家形成」の基本線を追究された佐藤進一氏・石井進氏・田中稔氏らの仕事は、ゆたかな成果を生むこともできたし、当をえた着目でもあったといえよう。けれども、すでにしばしばふれたように、それは独自の国家の成否という次元では、この時代では結局可能性たるにとどまり、幕府は権門の一たる立場を脱することができなかったのである。

第三には、内乱または国家の非常事態にさいし、他の権門勢家を圧服ないし討滅することである。幕府が日本全土の上に独自の国家を形成するためには、この段階としては、他の権門勢家を消滅させることしかありえないが、それはさきの第二のばあいのように、経済的・社会的抗争を通じてするほかに、政治的・軍事的強力でもってすることも可能だからである。しかも権門勢家が相互に国政の実権を争う必然性がある以上、こうした政治的相剋は権門体制の内部矛盾としていつかは起りうるのであり、それは保元・平治の乱以来の内乱の歴史が現実に証明している。鎌倉時代においては、承久の乱――すなわち院庁政権から幕府への攻撃、それは幕府の基盤の中核をなす在地領主制の発展を背景とした政治的対立の爆発であり、その意味で本質的に権門相互の戦である――としてあらわれ、結果としては幕府が国王(天皇)の廃立をはじめ国政の中枢に完全に介入しうる地位をかちとったのである。蒙古襲来は、原因はもとよりこれと異なるが、その過程で幕府の支配権が強力に伸張したことは、すでに先学によって証明されている通りであって、さきの第二の可能性の諸条件がこの両事件を画期に顕著な進展を示したことも明らかにされている。だが歴史の示すところは、これらの契機にもかかわらず、なおも幕府は他の権門勢家を打倒しなかったのであるが、そこに一つの可能性をはらんでいたことはあきらかであるとおもう。

以上のことを実際の過程としてまとめていえば、鎌倉幕府はこれら諸々の可能性をたえず保持し、状況に応じて第一・第二・第三といろいろの可能性を摸索し、また状況によって主たる方向を変転させたといえる。したがって、従来の諸研究が、「軍事政権」「地方政権」「東国的性格」等々の規定で、初期幕府の発展方向を一括しようとした内容には、実は単純に一特定方向のみのコースとして説明できないものがあるとおもう。たとえば石井進氏が「初期幕府の性格とは、結局それが基本的には東国に限定された地域的権力であり、武家の棟梁の専制的権力であった、というに尽きる」(2)といわれるばあい、この東国とは単に所在を指定する意味しかない一辺境地域の意味か、西国や九州であってはならぬ積極的意味があるのか、あきらかでない。私は、幕府の現実は単なる辺境の一地方の政権ではなく、権門――それも武士の棟梁という以上にさらに征夷大将軍として鎌倉に居るという、国家における東国の伝統的意味をこめての権門であったことに、まさに「東国」の積極的意味があるとおもう。それは、第一・第二・第三の可能性が同時に存在しながらしかも当時の社会的政治的力関係から結局権門として成立する結果にしかならなかったことの歴史的具体的表現なのであるが、だれしも一応みとめる「東国地方政権」ということのなかには、そのような種々の可能性の葛藤と達成、さらに限界が含まれていることを、注意したいのである。

（1）　田中稔「仁和寺文書拾遺」（『史学雑誌』第六八編第九号、一九五九年）、石井進「平氏・鎌倉両政権下の安芸国衙」（『歴史学研究』二五七号、一九六一年）、同「鎌倉幕府論」（岩波講座『日本歴史』中世1、一九六二年）一〇八・一一二ページ。

（2）　石井進「鎌倉幕府論」（前掲書）一二七ページ。これは、単なる一例として示すにすぎない。上来、石井進氏のこの論文をしばしば引用するが、それは、もっとも手近で新しい、しかもすぐれた論考であり、かつ、最近の研究動向を手ぎわよくまとめていると考えるからであり、他意はない。ここでは石井氏をはじめ個々の論証に立入って詳細に批判を系統化するつもりでないことを、重ねて明らかにしておきたい。

五　独自国家への限界

さて、これらの可能性にもかかわらず、幕府はなぜ独自の国家樹立——とくに第一または第三の形で——を、現実のものに発展させせなかったのであろうか。こうした問いにたいして、従来の説は——そのばあいは「王朝国家」＝「古代政権」の存続の必然性としてであったが——東国武士団の構造の社会経済的「旧さ」、その本質に奴隷制をのこしていること、あるいは政治的意識の「旧さ」、ないしは頼朝の「貴族」としての意識の問題、などを指摘した。(1) けれども、これらの説明では、所詮、何よりも幕府自体にはじめから可能性が存在しないことに帰着するのであり、問題が提起される必然性は失われてしまう。そういうことではなしに、ここでは、現に発生した可能性を全体の次元で現実に開花せしめないでおしとどめた制約について、考えたいとおもう。

その一つの側面として、問題のありかを示すとみられるのは、まずつぎのことである。すなわち、幕府が独自に国家になることは、当然将軍の国王化を意味するが、はたして将軍の国王化は可能であったかという点である。すでに石母田氏が指摘しているように、そうしたばあいに将軍自体が超越的な権威——それはふつう伝統的・「古代的」な権威とされるが——が必要になるが[2]、その権威の源泉は、さし当って天皇にもとめるほかなかったし、事実そういう傾向は起っていたのである。では、なぜほかならぬ天皇が権威として必要になったかといえば、こうした権威が必要になるのは、「吾、源家累代の家人として、幸にその貴種再興の秋に逢う」(『吾妻鏡』)と喜んだ三浦義明のような御家人にたいしてでも、また「ナンデウ朝家ノコトノミ身グルシク思ゾ」(『愚管抄』)とうそぶく広常のような豪族に対してでもない。かれらは、頼朝の権威[3]にすでに心服しているか、さもなければ実力による服属以外に権威を認めない者どもであって、天皇が必要でもあり効果的でもあったのは、伝統的な主従関係の外にある諸々の武士・住民を支配するにさいしてであった。そのため、頼朝をはじめ累代の幕府の実権者は、つねに天皇(院ではない)を権威として推戴したが、もちろんそれは現実的な権力を伴う権門または個人としてではなく、主として抽象的な政治上ないし宗教的な権威としてであった。だがそうすることは、権門体制の原理からすれば同時に院・摂関をはじめ公家一般や寺社の存在の必要をもみとめて諸権門勢力の温存をゆるすことになり、所詮は、形式的にも現に国王である天皇を政治的・体制的な権力としても存置することになろう。結局将軍は、権門の一——たとえ最優勢であろうとも——たるにとどまるほかないのである。

だが、それにしてもそのばあい、まずもって皇位を簒奪して自ら「戴冠」するとか、江戸幕府が天皇・公家に対してとったような方法とかもありえたはずだし、だいいちそういう権威などというものは、第一義的・基礎的なものではなかったはずである。真の問題はさらにもっとひろく深いところに存在した。すなわち、権門体制のもとで展開しつつあった社会的分業の特殊な形態がそれである。すでに前稿でものべたように、ここでは貴族・寺社諸権門を中心に特殊な全国的分業・流通の経済機構が形成されており、それはそれなりに、素朴な領主経営にくらべてはるかに発達した経済であったし、またその分業のあり方と不可分の、安定した農民経営たる名主=供御人層の経営があり、武士の粗野な暴力的な支配に抵抗する要素をもっていた。幕府が、日本全土を支配する国家になろうと東国の地方国家になろうと、いずれ相対峙せねばならないのはこうしたより高度な社会経済的現実であったのであり、それは直接経営からさえも充分に脱却しえていない素朴な領主制的支配方式では、とても克服できるものではなかったとおもう。事実そのことは、鎌倉時代を通じて、次第に地頭御家人が「凡下借上の輩」に経済的に圧迫されていった経過をみても、まったくあきらかであろう。しかも、その凡下・借上の輩を組織しまたは掌握しているものこそ、公家・寺社の権門に他ならない。所詮、幕府は、頼朝が御家人の華美をいましめ、本領を重視し、また将軍が国家の武備と検断を掌る武家なる権門として出発した以上の、何でありえただろうか。

さて以上のようにみてくれば、あるいは鎌倉幕府が独自の国家の樹立のために苦難にみちた途を切りひらこうとしていたかにおもわれるかもしれないが、私はそうは考えない。鎌倉幕府がそのような努力をつづけた跡は、なんらみられないからである。幕府の当事者とその下の御家人にとって重要であったのは、彼らの所領の維持・発展であり、その支配階級としての地位を国家権力機構によって保証されることであって、そのためには権門体制がもっとも好都合であるからその現実的な途をえらんだにすぎないのである。政治的交渉や制度の局面に関するかぎり、この時代に公・武の関係が主要問題となり幕府の独自国家への可能性がとくに注目されるのは、この段階において、国家権力機構のなかで検断権が最重要な比重を占めざるをえなかったからに他ならぬ。一般論としていえば、独自の国家を形成すべき方向は、可能性としては他の権門・寺社にも発生していたのである。そのもっとも端的な例は、幕府を打倒してその権限を自己の側にとろうとした後鳥羽院の院庁政権にもみられるし、また、大和一国の検断権を主張し、寺領に武家勢力を一切近づけなかった興福寺にもみることができよう。だがそれはまったく一片の可能性でしかなかったし、一般に幕府以外の権門は、独自に国家を組織しようにもこの時代にふさわしい軍事権と検断権を樹立する能力を欠いていたのである。慈円が「末法」の世に武士出現の必然性を絶望的にみながら、それゆえにこそ幕府を国家権力機構へ組込むことに深刻かつ甚大な希望を托したように、権門体制とは、諸々の支配階級全体にとって、それ以外にありようのない、といってもむろん矛盾と対立にみちた、国家形態であったのである。また、だからこそ鎌倉幕府は、他の権門との単なる政治的抗争にはうちかちえても、権門体制の基底をなす社会の矛盾の展開――すなわちそれ自体の発展による敵対物の発生、つまり所領の地代源化、権門の家産的経済組織の枠をこえた商業の発達、家父長制的主従関係の解体等々[4]――に逢着して、権門としての威力を失い(御家人制の解体)、さらに、さきの第二の可能性の組織者となるための戦に勝利することもできずに、その生命を失うのである。

(1) 永原慶二「日本における封建国家の形態」(『日本封建制成立過程の研究』一九六一年)は、この側面から問題に迫ろうとした労作の代表的なものである。
(2) 石母田正「中世における権威の問題」(『古代末期政治史序説』下)。
(3) 頼朝は父祖の出自からも、挙兵当時の事情からも、決して在地領主の一人であるといえない。彼の地位には、単なる封建領主の相互間のレーン制の頂点とは異る権威(権門的権威)がある。
(4) これについては、前掲拙稿でも、国家形態に関して必要なかぎりでふれた。本書三四ページ以下参照。

むすび

以上、とぼしいものではあるが、私の鎌倉幕府論のあらましである。ほかに、重要な問題でありながらふれることができなかったことはいろいろあるが、同次元の問題としては院政や室町幕府の考察が必要であり、またとくに畿内の農民および村落の評価や、この時代のイデオロギーの理解については、考えなおすべき多くの問題があるとおもう。畿内の農民・村落については、さきにも一言したような理由から歴史の推進者として従来よりもっと高い評価を与えらるべきであろう(1)。イデオロギーについては、一つには「職」の体系の身分観念的側面を考えてみる必要があり(2)、もう一つには、鎌倉幕府が一貫して専修念仏を弾圧した事実に注意すべきである(3)。鎌倉幕府は、所詮、反権門体制的イデオロギーをつねに抑圧していたといえるのでなかろうか。

たびたびふれながら具体的に展開しなかった「領主制」ウクラードの理論についての検討は、別の機会をまつことを許されるとおもう(4)。それをここで一緒に論ずることは、とてもできることではないからである。しかしながら、その結果、証明されていないことを前提にして鎌倉幕府の本質を論ずる結果になり、砂上楼閣のそしりをうけてもやむをえないことになった。楼閣自体のもろさについても、いうまでもない。しかもそれにもかかわらず強調したいのは、国家権力を具体的に作動する生きた機構として把握すべきこと、また唯一の結果をのみ論拠づけるための必然性の追究でなく〝可能性〟を問う観点が重要であること、さらにいえば日本の封建国家は西欧のそれ(と一般に考えられているもの)とおなじイメージで追究するよりは、むしろ東アジア的な特色を帯びる特質を考えてみる必要があること、それらに関連して「領主制」ウクラードの理論が反省さるべきこと、である。誤解のないように断っておくが、私は

「領主制」理論の著大な功績と一定の有効性を充分に認めているつもりである。それを、たとえ自分なりの理解程度にもふまえてでなければ、今日の中世史研究について語ることはできないのである。

（1）〔補註〕これについては「鎌倉時代の国家機構」（本書七三ページ以下）を参照されたい。
（2）〔補註〕これについては「中世の身分制と卑賤観念」（本書三五一ページ以下）を参照されたい。
（3）〔補註〕これについては「中世における顕密体制の展開」（本書第三部）の四六〇―四六一ページでふれた。
（4）〔補註〕これについては「日本中世の封建制の特質」（『日本中世封建制論』一九七四年）で私見をのべた。参照されたい。

Ⅲ　鎌倉時代の国家機構

——薪・大住両荘の争乱を中心に——

はじめに

本稿でとりあげようとするのは、鎌倉時代の国家、ひいては日本の中世と呼ばれる時代の国家が、全体としていかなる階級的性格のものであったか、という問題である。だが、いうまでもなくこの問題は多岐にわたる重要な難問を包含し、また多様な問題に関連している。そこで、はじめにあたって、問題の要点について若干の整理を試み、本稿でとくに重点となる問題を限定しておきたいとおもう。

周知のように、今日行われている通説的な説明では、アジアの国々のなかで日本だけが封建制の歴史を経験した国とされ、その点で日本の歴史がアジアのなかで特異な性格をもつとみなされているのであるが、そのことからひいては西ヨーロッパとともに自主的に近代化を達成する歴史的な条件にあったものとする見解さえも——しかもかなりの政治的・思想的配慮のもとに——喧伝されている。そのような「学説」ないし論調の政治的イデオロギーとしての性格を分析することはここでの任務ではないが、ただそれだけに、そうした論調の論拠となっている日本封建制の成立ないし性格の把握について学問的に厳密な操作が必要であることを痛感するのは、私だけではあるまい。いったいアジアのなかで日本だけが封建制を成立させたといわれるその論拠は、どのような形で提示されていたのか、われわれはまずこのことから問題の整理にかかる必要があろう。

日本の封建制の成立を根拠づける学説の主流をなしたものは、今日までのところ二つの方向から形成されていた。一つは、鎌倉幕府を形成した武士の主従関係がレーン制 Lehenswesen 的性格をもち、以後そのような意味での封建制が江戸幕府の倒壊にいたるまで基本的には存続したとみられることから、日本においても西ヨーロッパ的形態での封建制が成立・発展したとするものである。われわれは、このような論拠による学説を、いちおう法制史的観点によるものと呼ぶことができる。これにたいして、もう一つの観点は、生産関係の分析を基礎として封建制の成立を論ずるものである。すなわち、右の武士なる身分の者は、社会・経済的存在としては一般に封建的大土地所有ないしは農奴制支配を本質とする「領主制」を基礎とするもので、これによって古代社会の内部から封建的ウクラードが形成され、やがて封建的な社会構成が展開するにいたった、と説くものである。この二つの説は、おなじく「封建制」とはいっても、概念・方法その他においてかなりの差異があって、結論の言葉の上だけで同一視するわけにはいかないのであるが、実際にはたがいに照応しあい補いあう形で、鎌倉時代以後日本に封建制・封建社会・封建国家等々が発生または成立したという通説を形成していた。

さて、この通説――右の二大別の学説よりもさらに細分化した諸説をも含めて――を通じて、一つの大きな特色をなしたものは、日本の中世における諸支配階級のうち、貴族階級(寺社勢力を含む「荘園領主」階級)を封建制以前の古い支配あるいは古代的支配を基盤とするものとみなし、武士階級(厳密には「在地領主」の階級)のみを封建制の担い手とみなす見地である。すなわち、貴族・寺社の「古代的」勢力による支配の下から、それに敵対する新たな封建的勢力として武士=在地領主が擡頭し、幕府を形成し、やがて全社会=国家の支配を掌握した、と。そして、鎌倉時代についていえば、この時代は貴族の政権と武士の政権とが二重に存立した時代であるとされ、また封建国家の形成という観点からはもっぱら幕府自体が封建国家（またはその端緒的存在）として考察されたのであった。したがって、この時代においては、日本の全社会を包含する国家権力は存在せず、古い国家の残骸に依存する貴族政権と、新しい国家を形成しつつある武士政権とが、敵対したまま二重に存在していたにすぎなかった、とされるのである。

とはいえ、日本中世の現実についてみるに、事実の示すところは、日本が明白に二つの国家に分裂していたわけでもなく、公家政権が早急に消滅したわけでもなかった。公家政権と武家政権は、敵対的な権力の交替というにはあまりにもながい数百年の長期間にわたって、しかも緩慢な力関係の変化を伴いながらも一定の原則的関係を持続しながら、共存していた。そこで通説では、このことについて、封建制の「不徹底」――法制的にも生産関係の発展の面でも――あるいは公武両政権の「妥協」として説明し、あくまでも封建的国家権力たる武家政権が、古代的な公家政権を打倒する過程での曲折として把握すべきことを主張したのである。

さて、以上のような通説の根幹をなす視角は、この時代の歴史的研究のあらゆる側面にわたって、いくたの成果をもたらしたのであるが、しかしひるがえって考えるに、日本中世の国家は、右のような意味で単純に封建制発展の視角からのみ説明するには、あまりに「不徹底」が長期にわたり、「妥協」が緊密にすぎるのではなかろうか。そのため封建制の確立の時点を次第に後代へと追跡して、ついに中世は封建社会ではなく豊臣政権ないし江戸幕府の出現こそがその成立の画期であるとする学説まで提示されたのは、日本における封建制あるいは封建的国家権力のあり方を把握する視角において、根本的に反省すべきものがあることを示すものでなかろうか。いわんや、他方ではほかならぬその豊臣政権または江戸幕府の成立が、封建制としては異常なほど強力に集権的な発達をとげたものであるとみる意見が、かなり有力でもあるという状況からみても、さきの封建制発展史の視角がすでに再検討の時期にきていることは、疑いないといえよう。

個々の研究者のあいだの精細な論点の差異はさしあたりおくとして、通説のように武家政権の発展にのみ封建制あるいは封建国家をもとめる視角には、けだし、日本近代の歴史的事情とさえいえるほどの研究史上のいきさつがあるとおもう。すなわち、まず第一には、武士が現われて天皇をはじめとする貴族階級から政治の実権を奪ったとみる「万世一系の皇国」史観に基づき、公・武を身分的に絶対的に区別視する思想があった。反対に「武士道」を賞揚し、武士の生活態度を貴族よりもすぐれたものとして対立的に取扱う慣習もあって、これもまた公・武を峻別する傾向を助長していた。第二には、西ヨーロッパ史との比較が日本の近代歴史学の成立にさいして重要な前提となったために、西ヨーロッパのレーン制にもっとも近似的なものを日本史のなかに探究して、その基準からのみ封建と非封建とを区別する方法が顕著であった。これは、後進資本主義国としての近代日本では、ある程度必然的な思考傾向であった。さらに、第三には、日本でもまた「世界史の基本法則」が貫徹しているというそれ自体原則的に当然のことから「封建社会への発展」がのべられたが、そのさい、武士階級(=在地領主層)が「古代」を打倒するための先頭に立つ進歩的役割をになうとする「領主制」理論が主導的な役割を果たした。

これらを通じてみられる一つの問題点に、国家あるいは社会の形成・発展において、被支配者たる農民その他一般人民の役割が、全然顧慮されていないか、または結果的には副次的な位置しか与えられていない、ということがある。繰返し原動力としての役割を強調することはあっても、国家が人民にとって何であったかを見てその全体を把握することよりは、新旧の支配者の対立点や相違点に歴史の発展のあとをたしかめようとしたのである。これは、国家という権力=支配の機構を考察する態度としては、一面的な視角であったといえないであろうか。

おおよそ以上のような考慮から、先年私は、日本中世においては、通説のように公家の古代国家と武家の封建国家とが二つの国家として対立していたとか国家権力が二重に存在していたとかみるのは事実に合致しない誤った一面的な考察であり、中世の国家は公家・寺家・武家などの諸々の権門勢家が矛盾と対立を含みながらも相互補完的に一つの国家機構を構成していた一種の封建国家(封建支配者階級の国家)であること、それは「権門体制」とも呼びうる独特の国家体制と政治方式をもつ権力機構であったこと、またそれは封建的支配権力を本質とするとはいえ王権に権力が集中しはじめる封建王政よりも以前の段階に措定さるべき国家であること、などについて論述した。[1] もちろんその論旨に関係するすべてのことがらをとりあげるとなれば、なお多くの問題を残したままであり、各方面からの批判・検討をまたなければならないが、私はいまも前稿の論旨は基本的に正しいものと考えている。西ヨーロッパ的な形態の意味できわめて明確な封建国家の特徴が日本でも抽出しうるということ、もしくはそのような「基本法則」がともかくも貫徹しておりその曲折・苦闘にこそ歴史があるということ——これは方法的にも一定の有効性をもち、また研究史上必須な一階梯でもあったすぐれた視角ではあるが、それだけで問題がすむのではない。むしろ、それにもかかわらずそのゆえにかえって日本の中世ないし封建時代の現実の国家の姿にのこる特殊なあいまいさをつきとめて、それを歴史的規定の一切を負ったありのままの矛盾が展開した具体的な次元で合法則的に把握することが、今日の日本中世国家研究の課題だと考えるからである。

　けれども、そうした観点に立った明確な展望をたとえ概略にしても提示するためには、多くの作業が必要であり、前稿はもちろんその幾分も果たしていない。そこで本稿では、当面つぎの諸点に主要な課題を設定しておきたいと考える。

　第一には、この複雑な社会構成をもつ時代の階級関係の総体を、より明らかにすることである。前稿においても前述のような論旨を展開するために、ごく概略ではあったが、いわゆる公家(荘園領主)と武家(在地領主)とが本来的に別の階級であり、中世においても相互に異なる階級的特質をもちながら、しかもともにひろく封建的領主階級に属する点で共通の側面をもつこと(中世の荘園制支配も封建的大土地所有を基礎とする支配の一種であること)、そして基本的な階級対立(とかく眼を奪われがちな政治的対立の主要な側面ではなく)は公家・武家を含む領主的諸階級全体と名主層以下の農民層全体とのあいだに見出されること、などをいちおう説明した。だがそれはもともと別に一篇の詳論を必要とする大きな課題であり、簡単に論証しうる性質のものではない。それゆえここでは、概してもっとも不明確になりがちな側面としてとくに荘園領主制支配の特殊な矛盾の展開のしかたに注意することとし、その典型的な存在の一つとして衆徒・神人について考察してみたいとおもう。

第二に、公家・寺家・武家などの諸々の権門が、右の階級関係の総体のなかで、相互補完的に国家権力を構成していたその相互補完関係の具体的内容を明らかにすることである。そのさい、いわゆる「朝廷」と幕府とのあいだに種々の補完的な慣例があったことは、部分的には従来も種々に指摘されていたことであり、さらに全体的に相互補完関係を本質としていたことについては前稿でも論じたところである。そして、同時に諸権門の相互に抜きがたい矛盾対立が必然的に存在したことも、注意したところであった。しかしながら、ただ「朝廷」と幕府または諸権門相互のあいだの矛盾・対立と相互補完関係とをさまざまに列挙しただけでは、ことの本質はすこしも明確にならない。つまり、たとえば政務や典礼の手続きなどを慣例や制度としていくら穿鑿しても、見せかけの形式や観念と権力の実体とを区別することはできないのである。そうではなく、前稿でも指摘したように、まずもって軍事・暴力装置の体系として権力の実体を具体的に見きわめることが必要であって、典礼や制度の形式ないしは観念などは、その上でその本質と歴史的意義とを規定されなければならないとおもう。

第三に、国家権力の実体を、実際の政治的展開の過程のなかで見きわめることが必要である。第二にのべたように、権力を軍事・暴力装置の体系という側面からまず取扱うにしても、それが単に形式的な制度やたてまえの問題として処理されるならば、それはやはり生きた歴史の実態としての保証のないものになろう。したがって、以上のことは、実際の政治的事件のなかから、換言すれば歴史の実践のなかから検証されるものでなければならない。実際の政治的事件のなかで国家権力が発動される過程こそが、なによりも雄弁に真実を示すからである。

そこで、以上のような意味から、本稿では、嘉禎元年(一二三五)から翌年にわたって山城国の薪・大住両荘の紛争に端を発した争乱を中心にして、鎌倉時代の国家権力機構について、主要な点をのべたいとおもう。事件そのものは時代の進展の画期として目立つような性質のものではないが、関係史料が比較的多く、また右にのべた諸点の解明にふさわしい内容のものであるばかりでなく、時期としても『関東御成敗式目』発布直後の北条泰時の執権期間という鎌倉武家政治の典型期であるからである。もちろん、そうはいっても、ただこうした事件だけでは、真に政治的展開の過程のなかで把握したというには不充分であり、制度・機構を多少機能的に理解した程度と評されても致し方ない限界はあるが、やはりこの当時としては政治史の大きな一こまである。しかも従来の研究もそれほど充分とはいえないとおもう。

以下本論で、まず両荘の概観と事件の前史をのべたい。

(1)　黒田「中世の国家と天皇」(本書三ページ以下)、同「鎌倉幕府論覚書」(本書四七ページ以下)。

一　荘園支配の性格

――両荘の概観と前史――

山城国薪《たきぎ》荘(または薪薗)と大住《おおすみ》荘(大隅荘)とは、京都のほぼ南方、宇治川・木津川をへだてたところに位置して

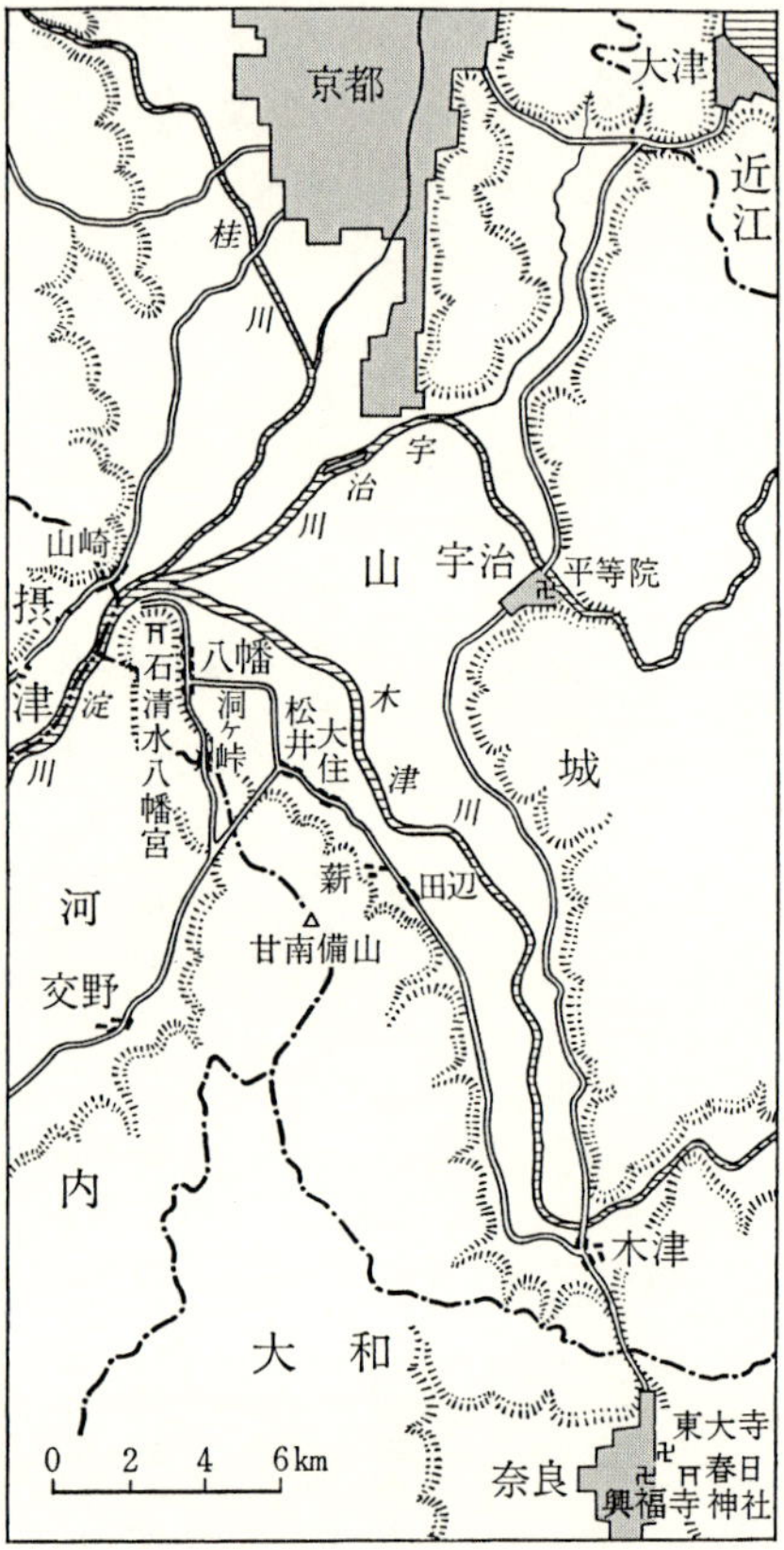

関係地概略位置図

隣接し、背後に甘南備山から男山にいたる山脈をもって河内国に接していた。これは、現在の京都府綴喜郡田辺町の大字薪および大字大住の地にあたる。

　二つの荘園の歴史にとって、その占める位置は格別重要な意味をもっていたようにおもわれる。すなわち、京都にまぢかいということと、もう一つには西北方の石清水八幡と南東方の奈良の興福寺および春日神社との中間に位し、しかも石清水寄りが興福寺領の大住荘であり奈良寄りが石清水八幡領薪荘であったことである。このため、荘園現地でおこった些細な事件もたちどころに双方の荘園領主側を直接に紛争にまきこみ、かつまた京都の政界にも敏感に反応をおこして政治問題化し、そして比較的詳細に事件の記録をのこす結果ともなった。

　薪荘が石清水領になり大住荘が興福寺領になったのが、いつどのような経緯によるものかは、いまたしかめることができない。いま確認できるのは、大治四年（一一二九）六月には大住荘はすでに興福寺領であり[1]、保元三年（一一五八）十二月には薪荘はすでに石清水領であった[2]という事実にすぎない。しかし本稿にとってはそれ以前の立荘の経緯は、さして重要な問題を含むとはおもわれない。

ところで、この二つの荘園と微妙な関係をもって存在したものに、いま一つ石清水領の橘薗というところがあった。橘薗に関する史料は、大治四年(一一二九)六月の興福寺領大住荘預僧浄賀との紛争についての官宣旨(3)を初見とするが、これには八幡宮寺領(石清水八幡宮護国寺領)とされている。しかし保元三年(一一五八)十二月の官宣旨では、薪荘が

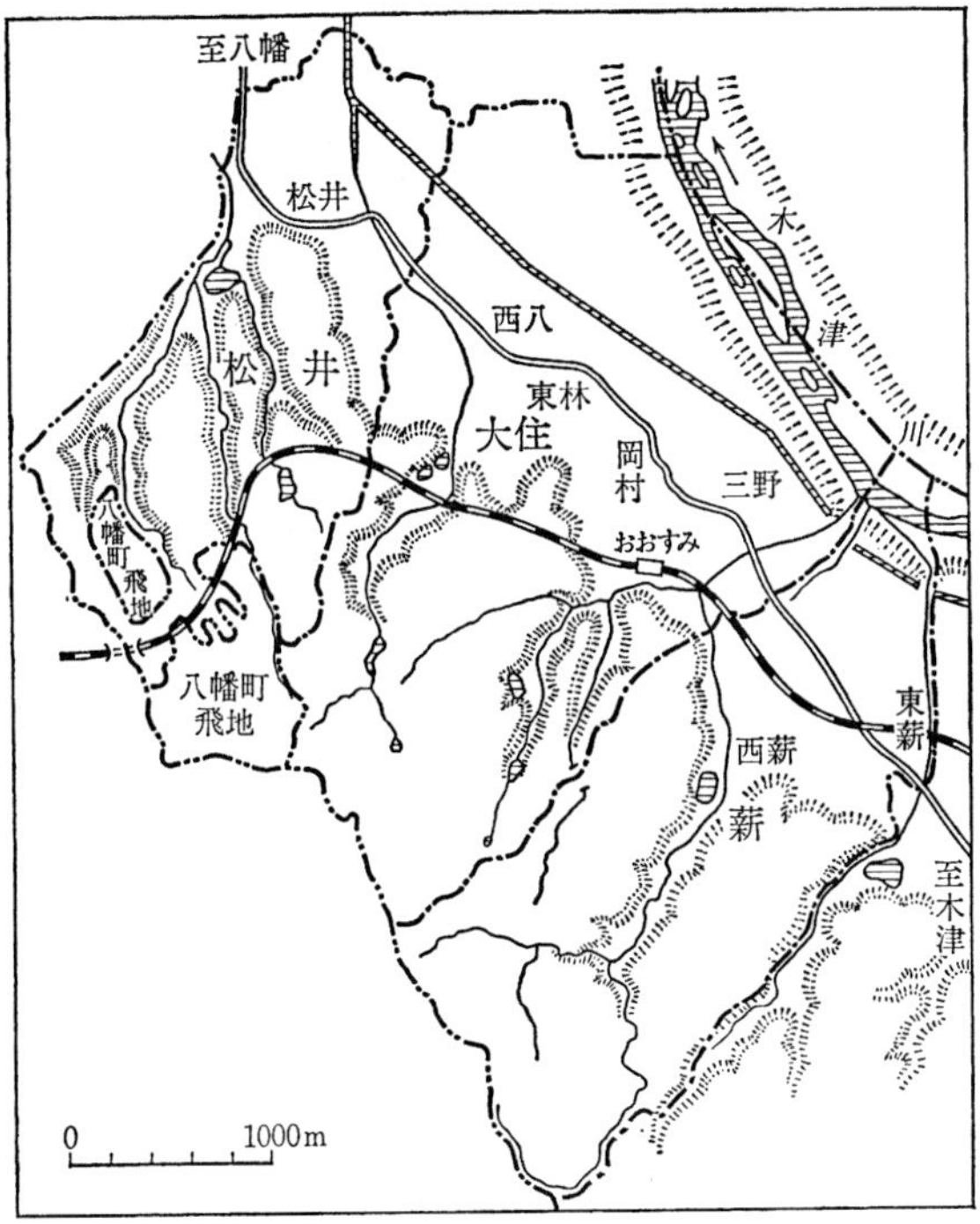

田辺町詳細図

八幡宮寺領とされているのと別に極楽寺領(護国寺宿院極楽寺領)として「橘御供田」の名がみえ、さらに建仁四年(一二〇四)二月の官宣旨(4)でも「宿院極楽寺領橘薗并御供田」とある。石清水八幡の荘園の伝領については、すでに知られているように多少複雑な事情があり、あとで若干の検討を加えるつもりであるが、さしずめ以上にみられる史料のかぎりでは、橘薗(および御供田)が護国寺領であったのか、その宿院の極楽寺領であったのか、やや曖昧である。しかし鎌倉時代では極楽寺領であったといってよい。しかもその橘薗について、右のように建仁の官宣旨には「宿院極楽寺領橘薗并

御供田」とあり、元久二年(一二〇五)十二月の別当道清処分状に[5]「山城国　橘御供田秋光名」、寛喜二年(一二三〇)一月の若宮長日御油月宛定書に[6]「橘一升九合内秋光六合」、同文書十二月分のなかに「橘一升三合、秋光六合」とあることなどからみれば、橘薗は極楽寺領で、それには秋光名と称する御供田が付属していたのである。

さてこの橘薗ならびに御供田秋光名は、実に興福寺領たる大住荘のなかにあった。『榊葉集』によれば、「九月、九日、御節、今日在土祭、御供米大隅橘御供田」[7]とあり、文安二年(一四四五)八月の室町将軍家御教書写にも「八幡宮寺神人申、大隅荘橘御供田事」[8]とある。つまり、大住荘の一部が石清水の極楽寺の御供田となっていたのであり、橘薗もまた、石清水の『田中家文書』が巻帙の表題に「山城国大隅庄橘薗御供田相伝証文」[9]と記すように、大住荘に隣接していたかまたはその一部であったとみられる。前掲の大治四年の大住荘および橘薗の初見文書がすでに両荘の紛争を語る史料として現われた原因も、ここにあった。私の推測では、おそらく橘薗は現在の大住の西の通称大谷山なる八幡町飛地あたりであり、橘御供田秋光名は治安三年(一〇二三)十月の僧兼清解[10]にみえる極楽寺領綴喜郡五町四反二四〇歩またはその一部にあたるもので大住荘内にあったものであろう。[11]

つぎに、薪荘および橘薗・橘御供田が、石清水八幡にたいしてどのような負担を負っていたかをみておきたい。

薪荘は、石清水所司等の解状によれば、

当園者、依有山木(水)之便、為廿四節二季神楽燎料所、村上御宇被寄進之間、重役異他之地也[12]

とあり、もともと神楽燎料の薪を備進する薗として設定されたものとおもわれる。その他の年貢・公事などについては詳かでないが、住民のなかの若干の者は神人の身分を与えられ、鎌倉時代においてもかれらは自身で柴山で薪を苅っていた。[13]寛喜三年(一二三一)四月、宮寺の節季御供米が欠如するので、宮寺公文所の廻文をもって七月七日の供米五石三斗を年貢のうちから別に進納することになったが[14]、もともとは薪つまり石清水八幡の仏神事の必要物資そのものを直接にみたすための特別の課役を負うのを本旨としたのである。

このような性格は、荘園一般とくに荘園領主の居所に近い畿内荘園に共通してみられる特質であって、橘薗ならびに御供田においても同様であった。橘薗・同御供田の課役についても詳細は不明であるが、橘御供田(秋光名)がもとから九月九日の供米を納所したと記す『榊葉集』の記載[15]は、御供田という名称からみても、本来の課役が御供米であったことを示すものであろう。その他、前掲の寛喜二年(一二三〇)の若宮長日御油月宛定書では、十二月に橘薗一升三合、秋光(御供田)六合と油の納入を記しているが、それ以外のことは不明である。橘薗と御供田については、この他に重要なものに神人役があった。『年中用抄』なる記録の「諸神人事」の条に、他の諸々の神人とならんで

御綱引七十二人　此内草内十人、大住十人、淀庄十六人 大山崎廿四人、今福十二人[16]

とあり、この「大住十人」は大住荘橘薗ないし御供田にすむ神人とみられるから、かれらは、草内・淀などの神人とともに綱引神人としての課役を負ったとみられる。

薪荘にしても橘薗・御供田にしても、このように神人身分の者がいたことが、重要な意味をもつ。

他方、興福寺領の大住荘についても、年貢・公事の詳細は明らかにしえないが、ここでも神人、すなわち春日社の神人がいた。かれらの申状[17]によれば、大住荘神人は正員一二人、脇一二人で、なかには一時的かもしれないが隣村の松井に住む者があった。松井荘は、応永二十年(一四一三)の文書では法金剛院領とされており[18]、『康富記』宝徳三年(一四五一)九月四日条では大住荘を隼人司領としている[19]。これらの伝領および本家—領家関係は明確にできないが、概して興福寺領としての性格が、大住荘一帯を圧していたといえるようである。

以上の簡単な概観のなかでもとくに注意しておいた二つの点——順序は逆になるが一つは神人身分を中心とする荘園の在地の状況、もう一つは荘園の管掌と伝領のあり方——は、本稿の直接の素材たる嘉禎年間の事件の基礎であり

ひいては事件の展開の重要な条件となるのであるが、しかし、その事件よりも前の時期において、すでに問題は露呈されていたのである。

第一の、神人をめぐる在地の問題としては、さかのぼりうるところでは大治四年（一一二九）六月の事件をまず挙げなければならない。すなわちこの月二日の石清水八幡宮寺解状[20]によれば、橘薗において石清水神人の忠清なる者が「作手」として神領を傍輩に宛行ったところ、興福寺領大住荘預僧浄賀の代官貞遠が張本となって異論をなし、（忠清方の）沙汰人を殺害しようとした、という。事件の経過は、これ以上くわしいことはわからないが、神人忠清の側と荘預浄賀の側とが、それぞれある種の集団をなして対立していたことが察せられよう。また、文治元年（一一八五）春、大住の住人である友弘という者とその親の松井蔵人宗長とが、石清水の神人――おそらく薪荘または橘薗の住人であろう――友長・頼房・覚専などに刃傷または掠取の乱行に及んだと記録されており[21]、正治年間（一一九九―一二〇一）には境相論について荘境の実検帳がつくられたこと[22]もあった。こうして、大住対薪・橘の争いはすでに一二世紀のはじめから、神人層を中心につづけられていたものとみられるのであって、嘉禎年間の事件も決して新しく起ったものでないことがわかる。そのさい、こうした争いの中心になった神人という身分の者が階級的にいかなる性格のものであったか、たとえば端的にいって領主階級の一部をなすものであったかそれとも農民的な性格をもつものであったか――ということが、この争いの本質を考えるうえに決定的に重要な意味をもってくる。それについて充分に究明することは、この荘園の残存史料では無理であるが、後段で若干の考察を加えたい。

第二の荘園の管掌・伝領については、平安中期、石清水領の荘園が急速に増加しつつあったころの治安三年（一〇二三）十月に、僧兼清および法眼和尚位某（おそらく定清であろう）の申請によって、極楽寺幷に所領在家田地等を定清の門胤をもって相伝進退せしめることに、宮寺の判を与えた事実が知られている[23]。一般に大寺社においては、荘園の管掌は、寺官・所司・供僧等の衆議による集団的支配を原則とし、石清水においてもそのような方式で行われていたわけであるが、そのなかに、鎌倉期以降石清水祠官家として権勢をもった田中家・善法寺家の一流の門閥的支配の要素が発生したのである。(24) ついで保元三年(一一五八)十二月三日の官宣旨(25)は、宮寺領および極楽寺領荘園において、領家・預所・下司・公文などが、先祖の譲状または相伝の文書ありと称して神領を掠領することを停止し、また子孫断絶の所々を本所に返付させた。これも田中家の祖である勝清の解状によるもので、この解状のなかで勝清は代々の別当・院主がほしいままに宮寺領を処分して門徒・妻子・眷族に譲ったと非難している。このばあいは、勝清は石清水領全体を保全すべき別当の立場から主張しているのであるが、そういう田中家自体もやがて同族の祠官で別流となった成清の系統に対抗して自家の門流のために橘薗ならびに御供田の支配を主張しなければならなくなるのである。(26) このことは、石清水八幡宮領なるものが、たとい表面は律令制そのままの官大社の荘園として国家と宗教の権威により支配されたかにみえても、内実は私的・門閥的な所領の集合体であったことを示すもので、その点、一一、一二世紀以後の荘園支配の基本的性格、ひいてはそれら荘園支配者＝権門・勢家が構成する国家権力の性格をとらえるために、留意しなければならな

〔石清水祠官系図〕

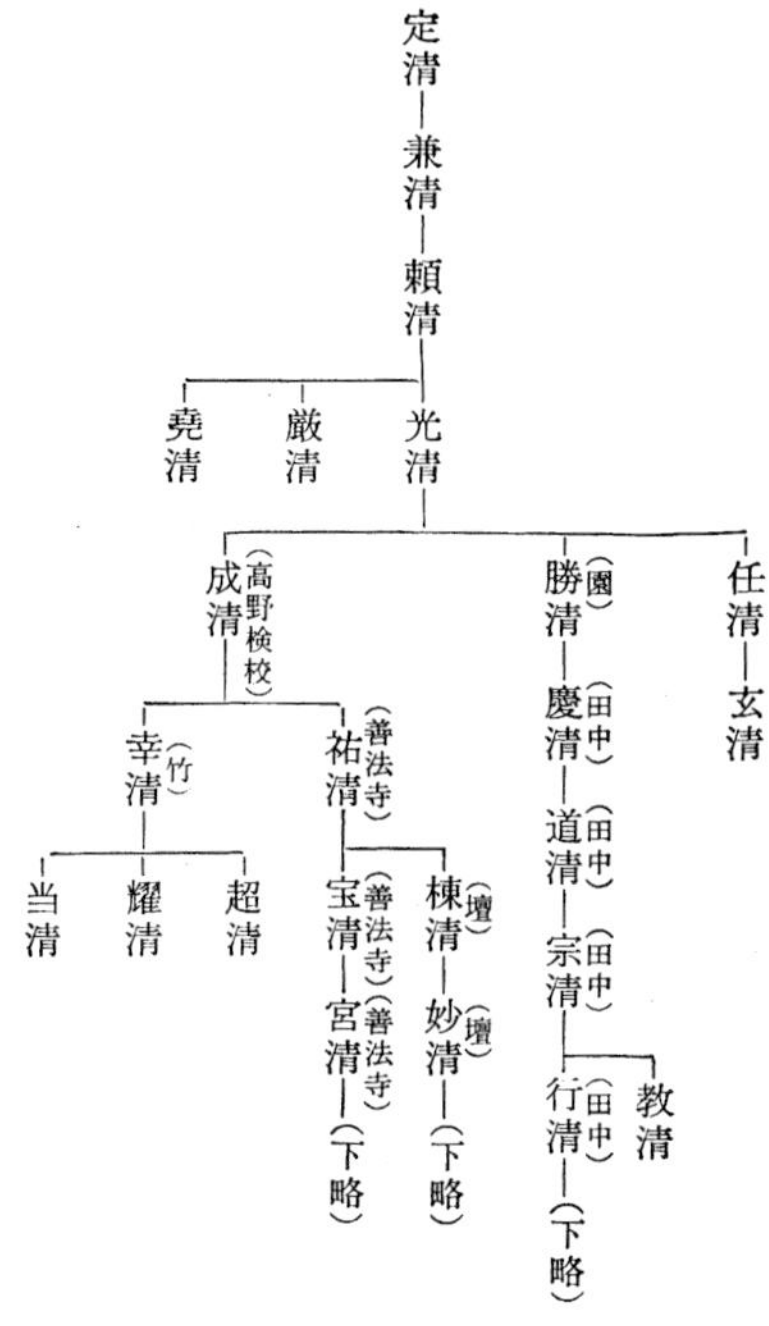

い問題であろう。同時にまた、石清水の祠官内部に、そうした私的・門閥的性格に伴う対立がすでに胚胎していたことも、注意されなければならないのであって、その事情は貞応二年(一二二三)法印田中宗清の立願文[27]の、「一、別当以下庄園をわかちしるべき事」「一、別当の職次第に転任すべき事」等々の内容、さらに宗清の子行清の立願文[28]にいたれば、憂慮すべき暗闘にまで発展していたことを知ることができるのである。

(1) 大治四年六月廿二日官宣旨(『大日本古文書』石清水文書之一、一五四号)。
(2) 保元三年十二月三日官宣旨(同右、一一三号)。
(3) 註(1)におなじ。
(4) 建仁四年二月二日官宣旨(同右、一五五号)。
(5) 元久二年十二月別当道清処分状(同右、一七四号)。
(6) 寛喜二年正月若宮長日御油月宛定書(『石清水八幡宮史』第六輯、三三九ページ)。
(7) 『続群書類従』第二輯上、二五ページ。『石清水八幡宮史』第六輯、三五二ページ。
(8) 『大日本古文書』石清水文書之一、一五六号。
(9) 同右、三四三ページ。
(10) 同右、三一三号。
(11) 綴喜郡の条里の復元は、今日のところ確定されていないので(藤岡謙二郎・谷岡武雄『山城盆地南部景観の変遷――第一報条里景観――』(『日本史研究』七号、一九四八年)、この文書の坪付の地の現位置を推定することは困難である。
(12) 『兼仲卿記』弘安七年十一月条紙背文書(『大日本史料』第五編之十、三〇〇ページ)。本稿では、『大日本史料』第五編之十によることがきわめて多いので、以下そのばあいは『史料』と略記する。
(13) 石清水別当宗清の筆録(『史料』一二四ページ)。
(14) 寛喜三年四月廿二日宮寺公文所廻文(『榊葉集』〈『続群書類従』第二輯上、三七ページ〉)。

(15)『榊葉集』(『続群書類従』第二輯上、二五・三八ページ)。
(16)『石清水八幡宮史』第四輯、六三七ページ。
(17)『中臣祐定記』(『春日社記録』日記一)嘉禎二年正月十五日条。『史料』五六七ページ。
(18)『御府文書』(八代国治『国史叢説』一〇三ページ以下)。
(19)西田直二郎『洛南大住村史』(一九五一年)には隼人司領としての大住荘民の生活についての考察がある。
(20)註(1)におなじ。
(21)石清水別当宗清の筆録(『大日本古文書』石清水文書之一、九六ページ)。
(22)註(12)におなじ。
(23)治安三年十月五日僧兼清解(『大日本古文書』石清水文書之一、三一三号)。
(24)赤松俊秀「東大寺領大和国春日荘について」(『仏教史学』一一巻二号、一九六三年、九ページ)。
(25)註(2)におなじ。
(26)『山城国大隅庄橘御供田相伝証文』(『大日本古文書』石清水文書之一、一五四—一五六号)。
(27)『続群書類従』第二輯上、一三九ページ以下。なお、建保五年正月廿七日権別当宗清法印立願文(『群書類従』第一輯、四四六ページ)を参照。
(28)別当行清立願文案(『大日本古文書』石清水文書之二、六九四号)。

二　神人および衆徒の行動

1　紛争の発端と経過(Ⅰ)

事件の問題点に立ち入って分析するまえに、あらかじめ事件のあらましの推移をのべよう。事件はほぼ一年半にわたって断続して展開するが、整理の意味でこれを三段階にわけてまず第一段階から説明したい。

嘉禎元年(文暦二年・一二三五)五月二十三日のこと、六波羅探題から鎌倉幕府へ一件の報告が到着した。それによれば、石清水八幡宮寺領山城国薪荘と興福寺領同国大住荘とのあいだに用水相論がおこり、確執・喧嘩におよんだので、計らい沙汰すべき旨、宣旨が下された、という。幕府は、その日、両荘の境へ実検の使を遣わすよう六波羅に指令した。(1)

薪・大住両荘の用水相論の内容がどんなものか、またいつ起ったのかはほとんどわからないが、『明月記』は、耕作の水を論じて八幡荘民(薪荘住民)が大住荘民を打ち殺した、と伝えている。(2)しかし、用水相論と殺害はいわば発端にすぎず、事件はむしろこれ以後に発展しはじめたのである。

翌六月の三日、南都興福寺の衆徒が殺害事件の報復に薪荘を襲撃するという風聞が立ち、朝廷は六波羅に防禦の武士の出動を命じた。(3)武田信政・宇都宮泰綱など在京の武士数百騎が、翌早朝行粧美々しく向ったが、興福寺衆徒がその前夜すでに発向して薪荘を攻め、在家六十余宇を焼払い神人二人を殺害して引揚げた。(4)この興福寺衆徒は、東西両金堂衆であったというが、(5)そのあと、六波羅の軍兵は、大住荘官ら三・四人を生捕り(群盗の張本を切ったとも伝える)、そのまま現地に駐屯した。(6)その後、九日に両荘の相論の堺へ実検使が差遣されたものの、興福寺の使が来ないために実検を果たさずに帰京、やがて武士等も十四日に帰京した。(7)生け捕られた三・四人も、その間に興福寺衆徒の要求によって、結局放免されたようである。(8)

ここまでのところ、石清水＝薪側が一方的に大損害を蒙ってしかも紛争の根元にはなに一つ手がつけられていないのであるから、石清水側にしてみればこのまま黙っておれるはずがない。しばらく対策を練っていたものとおもわれるが、一ヵ月ほどたった閏六月中旬、かれらは八幡の神輿を引出し、朝廷へ強訴せんとした。(9)宮寺の奏状によれば、石清水の神人らが神輿を出そうとして宝蔵の鍵を別当の幸清に乞うたが幸清が秘して渡さずにいたところ、十九日御綱引神人長宗五郎が宝蔵の前で神託を祈請すると、不思議やたちまちに扉が自然に全部開き、神人らは奇瑞に感泣したという。[10] 翌二十日神人らは神輿を宿院へ移し、まさに入京せんとする勢いをみせた。

あらためていうまでもなく、当時は神輿つまりは神体が「旅宿」にとどまることはきわめて畏れ多いことと、一般に固く信ぜられていた。朝廷は事態収拾のため早速左大史小槻季継を勅使として石清水に差遣し神人のいい分をきいて慰撫しようとしたが、季継は神人らの陵辱にあって追い返され、ついで左少弁藤原兼高が差遣された。[11] また権別当宗清ら石清水の祠官が摂政九条道家の邸に召され事情を徴されたが、申し渡しの詞もきかぬまに、神輿の下山を止めるため帰山しなければならぬ有様であった。[12] 道家邸ではその後しばしば公卿の議定があった。

道家から、神人の意向を汲んで別当に申し渡した解決策は、まずつぎの三ヵ条であった。

一、薪荘の焼失された在家は、もとの如く作り返さるべきこと。

二、大住荘に守護人を居《す》えられ、向後の狼藉を絶たるべきこと。

三、宗朝以下八人(大住荘住人)は、社(八幡社)へ召さるべきこと。[13]

だが、これを記録している『頼資卿記』の評言のように、これらはいずれも「公家」として実質何事もしない無内容なものであった。

ここで注意しておきたいことは、石清水神人らは、当時大住荘の「張本」を、右の㈢にもあるように宗朝《むねとも》だと主張していたらしいことである。この宗朝は、他の文書や記録で宗知と記されている者と同一人物とみられるが、権別当宗清の筆記した記録[14]によれば、かつて文治元年春、石清水神人を刃傷・禁遏した大住の住人友弘・宗長父子は、実はこの宗知の曾祖父と祖父に当るのであり、してみれば石清水神人にとっては宗知(宗朝)は累代の怨敵であったのである。ただし同記録は、文治当時の石清水惣官別当慶清の小舅胤清は宗長の聟で宗長は松井蔵人と称したと記しているから、「住人」といっても普通の農民だったとは考えられないのであるが、[15]ともあれ事件の根底には、在地住民の根深い対立がからんでいたとみなければならないであろう。

石清水神人らの要求は、帰するところつぎの六ヵ条であった。[16]

一、薪荘の在家を作り返さるべきこと（これは結局大住荘の負担になる）。

二、大住荘を石清水の神領とすること。

三、大住荘を料所として清祓を行い、そののちに神輿を還御すべきこと。

四、張本（宗朝ら）を処罰すること。

五、宮寺に知行国として大国を寄進さるべきこと。

六、（石清水において朝廷として）御祈禱を行わるべきこと。

石清水八幡全体の尊厳と利益を擁護する主張とともに、ここでも大住荘にたいする敵意がまずはっきり現わされているのが注意される。

このような神人らの強硬な態度に苦慮した摂政道家は、石清水に九条家領伊賀国大内荘を寄進しようとし、[17]また神前に願文を納めて三昧堂を建立することを誓い、[18]それによって神人の怒りをしずめようとした。しかし神人らは大内荘の寄進に反対し、[19]大国たる河内の寄進を要求し、[20]さらには伝奏の大理資頼が興福寺に加担しているとして、[21]いよいよ嗷々の訴訟をつづけた。そのため、ついに二十七日に因幡国を石清水に寄進することにきまり、[22]翌日神輿は本宮に帰座したのであった。[23]

ところが、こうして事件が一応落着するかにみえたとき、すでに前日の二十六日、現地でまた新たな小ぜり合いがおこっていた。石清水側の主張では、大住荘では新たに山守をおいて、薪領で山柴を苅っていた石清水神人の鎌を奪ったので、秋光(橘御供田)の住人で預所の七郎らがその鎌をとり返したのだといい[24]、興福寺側では、預所七郎らが大住の神人二人を搦捕えたという[25]。真相は明らかでないが、ここで注意されるのは、大住の住人のうちで石清水側の不当をはげしく主張したのが、またしもかの宗知であったことである[26]。けだしかれは、このままでは事件は敵方の薪荘=石清水側に有利に収まるとみて、新たな挑発を試みたのであろう。その効果は歴然たるもので、その後まもなく、興福寺衆徒は秋光預所七郎を告訴したのである[27]。

さて、ことここにいたってみれば、事件の核心にあるものが、もはやはじめの用水の問題でもなく、また石清水八幡対興福寺というそれぞれの別当を頂点とした大寺社全集団相互間の抗争でもないことは、明らかであろう。かつてこの事件は、中世の用水相論の深刻さを示す例証として紹介されたことがあったが[28]、たしかに用水さらには薪山の相論自体はこの後も継続しており、双方の紛争の絶えざる発火点になっていた。だが、いったん発火するや、事件はいつでも相論の〃山水〃そのものの解決をはなれて展開し、かつ収拾されたのであって、さきの因幡国寄進などということも、もともと〃山水〃とは関係のないことである。それでは、〃山水〃は単なる偶然的な契機にすぎず、いわば事件の本質に関係のないことかといえば、そうでもない。そしてこの点に、事件の主導権を握っている在地の神人および衆徒らの、複雑微妙な性格があった。

また、多くの記録はしばしば「八幡と興福寺と争う」というように記しているが、事実は右にもみたように、八幡や興福寺の上層部はどちらかといえば神人や衆徒の動きに振りまわされており、神人や衆徒が神威・寺威を主張してさまざまな要求を出すことに困惑していたのである。閏六月十九日に八幡の神殿の扉がおのずから開いたというとき別当幸清が神人らに鍵を渡すのを拒んだというが、それが本当かどうか多少は疑う余地があるものの、両者のあいだに、これまた微妙な立場の相違のあることには注意しなければなるまい。

以上の二点については、あとでそれぞれにあらためて検討するつもりなので、問題を指摘しておくだけにとどめるが、ここで右の第二の点に関連する事実についてもう少しのべておかねばならない。石清水では、因幡国を寄進されると決まった二十七日に、別当幸清が別当職を辞した。七九歳という老齢に加えて腫物の病があり訴訟事件に耐えられなかったからである。(29) 翌七月三日、権別当宗清が別当に補され、社務を担当して「神人の狼藉を停止」することになった。幸清は、興福寺への体面上、引責辞職でないというしるしに宮寺(護国寺)の寺務だけは執行する形になった(30)が、翌々五日に歿した。(31) しかるに、この幸清の死を、幸清が神人の意向に反した神罰とみなす説もあったのである。(32)

興福寺でもおなじようなことが起った。興福寺別当円実は先般来の「彼此の沙汰強々」のため、七月に入って辞表を呈出した。(33) かれのばあいは、下部とのずれははっきりしていた。興福寺衆徒慰撫のため奈良へ遣わされた法印円経が、慈心房長房という黒幕的人物に慰撫を懇望したところ、長房は衆徒を宥めることを約束しておいてかえって衆徒を煽動する有様であったし、(34) さらに興福寺三綱の一たる公文の範厳なる者が「上の仰に背くにより解官され了ぬ」と記されているように、(35) 下からの突き上げを抑えきれない状態であったのである。なおこれと立場はちがうが、摂政九条道家も先述のように事態の解決に苦慮し、ついに病になった。

さて、興福寺衆徒が秋光預所七郎を告訴した件については、七月十二日検非違使庁は、七郎の代人二人を召し出し、やがて二人を禁獄した。(36) だが衆徒らは張本の処罰を要求して二十七日ついに春日神木を移殿に遷して、強訴のかまえをみせた。(37) そしてこの一両月に畏れ多くも春日山の樹木二千数百本が枯れ損じたという神厳なる大明神の怒りが伝えられた。(38) 八月の二十四日になり、六波羅が七郎ら三人と七郎の主人左衛門尉平康助を逮捕したので、(39) 数日後、春日神木はようやく帰座した。(40) そして秋光名には地頭が補任され、康助はのち伊予国へ配流されたのであった。(41)

こうして、興福寺衆徒の強引な反撃のため、石清水側はまったく意気消沈の有様になった。九月九日の御節は橘御供田(秋光名)が御供米を負担する例であったが、折が折だけにこの年には惣祠官の出仕もなく、別当宗清は「難渋多し」と記録している。(42) しかし石清水側はそのまま敗北を認めてしまったわけではない。十月十八日には、石清水所司らは神人らの重訴状をそえて重ねて解状を呈出し、六月三日薪荘で狼藉した大住荘住民らの断罪を請うたのである。(43)要するに根底のところでは、事件は少しも解決していなかったわけである。

だから表面は小康を回復したかにみえながらも、現地では険悪な対立を宿していたらしい。そこで、一両月をすぎた十二月二日、現地ではついに三度目の紛争を惹起した。この日、大住・薪両荘の境の山で双方の集団が衝突し、石清水方の交野右馬允貞宗とその孫の左兵衛尉宗胤なる者が、大住方の黄衣神人――と興福寺は主張する――の貞弘を殺害し、同為次に疵を負わせた、というのである。(44) このためしばらく続いていた小康状態はたちまちに破られ、喧嘩・闘諍の風聞は京中までにぎわし、(45) その十七日には興福寺は石清水八幡別当宗清・同権別当棟清の流罪と下手人の禁獄を要求してたち上った。(46) 藤原定家は『明月記』に「これただ国家滅亡の期か」と記したが、(47) 事件はこれを契機に、第二の段階へ移るのである。

(1)『吾妻鏡』文暦二年五月廿三日条。なお原文では「被下院宣」とあるが、宣旨と訂正すべきである。一二三ページ註(20)参照。
(2)(3)『明月記』六月三日条。
(4)『明月記』同四日条。『吾妻鏡』七月廿四日条。『百錬抄』六月三日条。
(5)『興福寺別当次第』乾(『史料』一二一ページ)。
(6)『明月記』六月七日条。
(7)同九・十四日条。

(8) 正月廿七日長者宣(『中臣祐定記』〈『春日社記録』日記一〉嘉禎二年二月二日条所載)。
(9) 『百錬抄』文暦二年閏六月十九日条、『頼資卿記』同廿日条、『明月記』同廿二日条。
(10) 閏六月廿日幸清書状(『明月記』同廿二日条所載)、『頼資卿記』同廿日条所載宮寺奏状(『史料』一〇六ページ)。
(11) 註(9)におなじ。
(12)(13) 『頼資卿記』同廿日条、『明月記』同廿二日条。
(14) 『大日本古文書』石清水文書之一、九六ページ。
(15) 嘉禎の事件当時、興福寺側は、宗知は妻の縁について大住に寄寓しているだけで住人でないと申し立てていたようだが、これは興福寺として処置できないという口実で責任を回避するためのいいわけとおもわれる。
(16) 『頼資卿記』閏六月廿六日条(『史料』一二六―一二七ページ)。
(17) 『百錬抄』同廿一日条、『明月記』同廿三日条。
(18) 文暦二年閏六月藤原道家告文(『大日本古文書』石清水文書之一、三九号)。
(19) 『頼資卿記』同廿六日条。なお、建長二年十一月の九条道家処分状に、『伊賀国大内東庄被寄春日唯識講』とある。
(20) 『頼資卿記』同廿六日条。
(21) 『明月記』同廿五日条。
(22) 『頼資卿記』同廿七日条、『明月記』同廿七・廿八・廿九日条。
(23) 『百錬抄』同廿八日条、『頼資卿記』同廿八日条、『明月記』同廿九日条。
(24) 石清水別当宗清の筆録(『大日本古文書』石清水文書之一、九九ページ)。
(25) 『古今最要抄』六(『史料』二〇〇ページ)および同右。
(26)(27) 註(24)におなじ。
(28) 宝月圭吾『中世灌漑史の研究』(一九四三年)二六三ページ以下。
(29) 「宗清別当職」(『大日本古文書』石清水文書之二、四五〇ページ以下、『史料』一三一ページ)、『百錬抄』七月五日条。
(30) 『百錬抄』同三日条、「宗清別当職」(『史料』一三二ページ)。

(31)『史料』七月五日条。
(32) 宗清の筆録(『大日本古文書』石清水文書之一、九六ページ)。
(33)『興福寺別当次第』乾(『史料』一二一ページ)。
(34)『明月記』十二月廿二日条。
(35)『興福寺三綱補任』(『続群書類従』第四輯下、七一五ページ)。
(36) 宗清の筆録(前掲書、九九—一〇〇ページ)。
(37)『百錬抄』七月廿七日条その他(『史料』一九九—二〇〇ページ)。
(38)『百錬抄』七月廿七日条その他(『史料』二〇三—二〇四ページ)。
(39) 宗清の筆録(前掲書、一〇〇ページ)。
(40)『古今最要抄』六(『史料』二〇〇ページ)。
(41) 嘉禎二年正月廿七日長者宣(『中臣祐定記』(『春日社記録』日記一)同年二月二日条所載)。
(42)『榊葉集』(『続群書類従』第二輯上、二五ページ)。
(43)『兼仲卿記』紙背文書(『史料』三〇〇ページ)。
(44) 興福寺僧綱大法師等解状(『史料』三九八ページ)。
(45)『明月記』十二月九日条、『百錬抄』十二月廿一日条。
(46) 註(44)におなじ。
(47)『明月記』同十七日条。

2　石清水神人

紛争の経過の第一段階として以上にのべたことのなかには、本稿として考察の対象にすべき多くの問題を含んでいるが、ここでひとまず、この段階で主役の立場を演じた神人について考察しておきたい。

ここで問題になっている薪荘の石清水神人および大住荘の春日神人については、残念ながら全体を的確に知りうる充分な史料がない。しかし、どちらのばあいも本所にたいして人格的に隷属し特殊な課役を負いかつそれを果たすための特権と保護を与えられていた身分であり、かつまた全住民のうちの一部の者に限られていたであろうことは、明らかである。大住荘では、その全戸数は不明であるが神人の数は正員一二人・脇一二人と定められていたといわれており、[1] 薪荘では興福寺衆徒の放火によって焼失しただけでも六十余宇というから神人はもちろんその一部であっただろう。

さてかれらは、本所への身分的隷属=課役負担のゆえにときに「神奴」ともいわれているが、[2]「神奴」とは単に隷属を意味するだけの言葉で実際にはむしろ村落住民の上層をなしていたとおもわれる。むろん神人とは本質的に身分呼称であるから、社会的・経済的意味での階層につねに照応するとはかぎらないが、他の一般の例からみて、そのように理解するのが真実に近いとおもう。早いころの史料ではあるが、大治四年(一一二九)橘薗が大住荘預浄賀の押妨をうけたとき、橘薗の「神人忠清、作手として神役勤仕のため傍輩に宛行う」[3]と記されている例があるが、このように神人は、中世史家がふつう「名主層」と呼ぶ村落住民上層の階級に属するとみてよかろう。[4]

しかしながらわれわれにとって必要なのは、神人の階級的位置づけを抽象的・一般的に規定するだけでなく、諸階級のなかで具体的にどのように行動したかをみきわめて、全支配機構のなかで性格づけることである。そしてその点で、さきに第三度目の衝突としてのべた十二月二日の事件をめぐる人的関係は、示唆ふかい内容をもつものであった。

この日の事件は、薪方の宗胤なる者が、大住方の貞弘を殺した、という点に、最大の関心をあつめ、そのため次節でのべるように事件はいやが上にも拡大していったのであるが、実はこの二人はそれぞれ、薪または大住の神人でも住民でもなかったのである。というのは、まず薪方の左兵衛尉宗胤は、やはりその場にいた交野右馬允貞宗という者の孫で、その貞宗は大住方から「宮寺神人の沙汰の者」といわれており、二人とも大住方に実名を知られていなかった(5)ようである。してみれば、二人はおそらくは示威や乱闘のさいの加勢のために石清水の所司または薪荘神人に伴われてきた者で、河内の交野あたりに本拠をもっていたのであろう(6)。これにたいし、殺害されたといわれる大住方の貞弘もまた怪しげな素姓の者である。かれは、石清水所司からは宮寺神人宗末の子で本所に背いた者であり春日神人ではない(7)といわれ、これに反論して興福寺および大住荘神人からは、すでに父母の許をはなれて松井に住む者で春日の神人である、はじめ脇神人であったが近年正員になったといわれている(8)。これは殺されたのが春日神人か否かということで訴論の重要な焦点になったからであるが、幕府がはっきり宮寺神人といっている(9)のをみても、宮寺神人宗末の子で本所石清水に離反して松井に住み大住方に加わったというのが真実であろう。ところが、この貞弘の離反について注意されるのは、この背後に、いままでも紛争のたびに陰で画策していた宗知がいたことである。前述のように宗知の祖父は松井蔵人宗長と称したといい、興福寺の説

〔薪方〕

交野右馬允貞宗─□─左兵衛尉宗胤（宗種）
（大住方は実名を知らず
宮寺神人沙汰の者）

（蹂躙）←……→
（殺害）……→

宮寺神人
宗末─貞弘（宮寺神人（幕府）
宮寺神人の子、本所に背く（石清水）
春日神人、父母をはなれ松井に住む（興福寺））

←……→（敵人）

〔大住方〕

友弘─松井蔵人宗長─□─宗知（宗友・宗朝）
（宗末を誘わんがため、種々下知を加う（宗末白状）
妻の縁につき大住に住す（興福寺））

明では、宗知は妻の縁につき大住に住んだという。さきにものべたように、かれは薪荘にとっていわば宿敵であったが、幕府の調書によると、かれは貞弘の父の宮寺神人宗末を誘いこむために種々画策していた。(10)しかもまた幕府は宗知と貞弘とは「もとより敵人」と指摘しているので、(11)真相は容易に把捉しがたいが、これらをあわせ考えるに、おそらく宗知と貞弘は、いずれも本貫地を離れていわば浮浪的な傾向をもち、喧嘩闘諍をこととしてその点で年来たがいに「敵人」であったが、宗知が薪荘＝石清水とことを構える策として石清水神人たる宗末とその子の「本所背反」の貞弘をそそのかし、一時的に利用しようとしたのであろう。とすれば、この第三度目の紛争もまた背後に宗知がいたわけである。

したがって、これら紛争の中心人物の身元を洗ってみればいずれも薪・大住両荘のまともな住民でも神人でもないばかりか、むしろ相次ぐ事件全体が宗知という多分に地侍的でかつ浮浪的傾向をもつ——要するに後年の「悪党」をおもわせる人物の策動によるものであるかにさえみえるのである。宗胤・貞弘・宗知らの行動は、そのまま荘園住民の行動の一部とは簡単にみなしえないものであり、反対に大多数の住民から遊離したものでなかったかとさえ疑われるほどである。だがそれでは本当にかれらが、荘民ないしはその上層たる神人と無関係な存在であっただろうか。

私は、宗知らと一般住民との差異に注意するとともに、同時にその行動が住民らの動きと決して無関係でないことに注目したいとおもう。薪荘＝石清水方の人数について、興福寺僧綱らは、「石清水別当の所司ならびに数輩の家人」とも「所司二人ならびに兵具を帯する青侍十人」ともいい、(12)春日神人の注進状では「宗たる輩七、八人、従類四五十騎に及ぶ」といっている。(13)これらの表現は、殺害事件が石清水別当の計画的犯行であると主張するためのものであるから、そのまま信用し難いものであるが、石清水所司の解状も山境へ実検使を遣わしたといっているから、(14)別当の所司や従者が中心であったのは事実であろう。ところで、これにたいする大住側では、石清水方が境の山へ踏みこんで山を制し鎌を奪ったので「折節、大住荘民ら一所に群集して相議し」ていたなかから春日神人が少々黄衣を着して応対した、と春日神人等申状でのべており[15]、石清水方にいわせれば実検使を集団で待ち伏せていたのであって、殺された貞弘はそのなかの一人であった。つまり貞弘らの背後には山の争奪に神経をたかぶらせていた多数の大住荘民がおり、本当の身分はどうであろうと貞弘は黄衣神人というたてまえで敵に対したのであり、神人こそが住民の主体であったのである。さればこそ、当時の記録は、問題をいつも「薪・大住両荘民」の争いとして伝えているのであって、石清水方の宗胤らも薪荘民にたいして大局的にはおなじ関係にあったということができよう。われわれは、たび重なる紛争がその都度用水争論、または境山の実検にからむ境争論に発していることを見落してはならない。

このようにみてくると、紛争の主体はやはり両荘住民のそれぞれの中核としての神人らであったわけで、神人らは一面では特権身分として村落をこえた集団行動をとり、宗友・宗胤のような人物と結托し、あるいはそのなかから貞弘のような「本所に背き奇怯を現わす」者さえ生み出す傾向をはらみながらも、なお他面で薪を苅り水を争い荘民として結束するという農民的性格をもっていたのである。しかしそれならば、この二面性をもつ神人層は、荘園制社会の複雑な支配関係のなかで、はたして支配階級の末端として位置づけられるものであろうか、それとも被支配階級の一部とみなさるべきものであろうか。

周知のように、この問題は学説史上でも明快な一致に到達しないままながいあいだ中世史家を困惑させてきた重要問題であった。戦後の日本中世史研究の主流的傾向をなした「領主制」理論の観点からは、かかる神人層は、右の宗知・宗胤のような地侍的階層をも含めて、本質的に封建領主層または封建領主層に成長する可能性をもつ階層の一類型として把握され、その封建領主化とヒエラルヒーの伸張をはばむものとして荘園領主の強固な「古代的」支配が指摘されていた[16]。だが果たして神人層はそのような視角からしかその本質をとらええないものであろうか。薪・大住についてそのことを詳細に分析することは史料の制約から不可能であるが、たしかに神人層の行動には宗知・宗胤に通ずる地侍的側面がみられるのであるから、それにはそれだけの経済的・社会的な基礎があったのだとおもう。しかし、全般的な階級的諸関係のなかでは、それはあくまで一つの可能性であったにすぎず、むしろ可能性にとどまったと断言してよい。そのことは、実際に当時の神人身分の内容をみれば明らかなことであって、石清水神人のばあいについてみれば、神人とは諸々の力役や手工業をもって神社に奉仕する身分であり、のちに商工業の座を構成する商工業者と同じ性格の隷属民とみなされて[17]、神人奉行の差配のもとにおかれていたのである[18]。このような隷属関係が身分的に整えられることのなかに、荘園制経済機構の特質として、本所を中心とした家産的経済の自給的・直接消費的編成原理[19]がつよく貫徹していたことに注目しなければならないが、それを「古代的」権力による抑圧つまりは社会発展の停滞とみなす観点にだけ固執するのでなく、神人層が部分的には領主化の可能性をもちながらも、全般の階級関係のなかでは次第に封建制下の被支配階級のなかに組み込まれていく関係として、把握されなければならないとおもう。すでに各地に在地領主の封建支配が成立しているこの段階で、神人層の領主化を抑止する力は、決して荘園領主の権力のみにあったのではない。神人層からすれば領主化の条件としては、「古代」との闘争の成否よりは農民支配の成否こそが、なによりも基本的であったはずである。すなわち、神人層の領主化が一般に可能性にとどまったのは、比較的に発達した生産力段階をふまえた畿内先進地帯の下層農民の自立性の強さによって制約されていたからである。これを農民の側からいえば、かれらの権利の伸張と社会の発展は神人層の領主化の達成にかかっているのではなく、反対にそれを制約して農民的性格の枠内にとどめ、権力としては弱体になった荘園領主に、自立性の高い農民の諸権利を承認させつつ、荘園支配の封建的進化[20]を推進し、ついには荘園領主を単なる地代取得者にしていくことである。私はこれが、一〇世紀ごろから以後の畿内の農民闘争の一貫した発展方向であったとおもう。神人層が地侍的傾向をもちながらも全体として被支配農民の側にとどまったのはそのためである。ちなみに、薪では近年までも村落の宮座において「神人役」という名称が伝えられていたが、[21] これも帰するところ神人なる身分が結局は農民的性格のものであることを物語るものであろう。

右に「神人層」なる言葉で、神人らが領主化の可能性をもつ側面を主として説明したが、しかしたびたび注意してきたように、神人とは身分呼称であって本来そのような階級的規定を含む概念ではない。ということは、領主化の可能性など客観的にもっていない農民もまた神人身分たりえたということである。そして、このような身分としての意味では、農民にとっては神人身分の獲得は、被支配身分として可能なかぎりの権利の伸張を意味したはずであって、これを在地領主の家父長制的な主従制に比べて「古代的」「停滞的」なものとみることは、正当を欠くものとおもう。神人身分が被支配人民にとって非封建的権利の伸張と生産活動の自由の足がかりになったことは、商工業の神人の座の例をみただけでも明白であると思うが、それでもなおそれらに伴う宗教的観念や貴族的権威の呪縛を気にする学説のために、つぎの事実をのべておきたい。いま問題の薪・大住の事件のなかで、石清水別当宗清はその筆録に「神人を宥むれば死す」ということをしきりにのべて、その「例証」をいくつも列挙している。かれがいう意味は、祠官にして神人を慰撫しその要求を抑える者は死に見舞われるということであって、かれによれば、八幡大菩薩の託宣に「他国よりは吾国、他人より吾人」とあり、社務(別当)は神に代って沙汰申すべき者であるから、他人を恐れて神人つまり大菩薩の意志を疵付け奉れば、当然罰を蒙る、というのである。[22] こういう宗教的信念は、別当宗清にとってときには政治的にも好都合なものであったにちがいないが、かれがそれを正真正銘信じていたことも事実である。それでは神人らにとって、この旧くさい信仰は、どんな意味をもったであろうか。かれらがそれを素直に信じていたか、それとも術策として信奉していたかは、このさいどうでもよい。ただ確かなことは、かれらはこれを(客観的には)最大限に利用して嗷訴の威力を発揮したことである。旧くさく「古代的」なるゆえに行動を束縛したのでなく、反対にそのような権威や信仰をも一つの要素として構成されていた荘園制社会＝権門体制なりの矛盾の表現という意義をもち、そのまま闘争の手段となったのである。

ただしかし、このことも含めて神人としての農民の闘争には、むろん限界はある。その限界をこえようとするとき、それは当然体制にたいする反逆となろう。それを具体的に示すのが、かの貞弘・宗知・宗胤らの「悪党」的性格であり、それが広範に各地に発生したのが、一四世紀・鎌倉時代末期であったのである。

(1) 大住荘春日神人等申状(『中臣祐定記』嘉禎二年正月十五日条)。
(2) 嘉禎二年九月十二日春日執行正預・神主申状案(『中臣祐定記』同日条)。
(3) 大治四年六月廿二日官宣旨(『大日本古文書』石清水文書之一、一五四号)。
(4) 黒田「中世の村落と座」(『神戸大学教育学部研究集録』第二〇集、『日本中世封建制論』〈一九七四年〉)。なお、神人が預所・名主などと近似の階級であったことを示唆するものとして、正応二年七月十五日菩薩戒会頭差定書(『榊葉集』〈『続群書類従』第二輯上、五ページ〉)を挙げることができる。
(5) 興福寺僧綱大法師等解状(『史料』三九八ページ)、大住荘春日神人等申状(註1)。
(6) 宗清の筆録に「貞宗々胤等去宝前、迯下河内宅」とある(『大日本古文書』石清水文書之一、一〇〇ページ)。なお『古今著聞集』巻十二に、「後鳥羽院強盗の張本交野八郎を召取らるる事」という説話があるが(『日本古典文学大系』84、三四七ページ)、貞宗と関係ある者かもしれない。
(7) 嘉禎元年十二月廿九日関東御教書所収石清水所司等解(『中臣祐定記』嘉禎二年正月十五日条)。
(8) 同右および春日神人等申状(註1)。
(9)(10)(11) 十二月廿九日関東御教書(註7)。
(12) 興福寺僧綱大法師等解状(註5)、興福寺返牒(『中臣祐定記』嘉禎二年正月十五日条)。

(13)　註(1)におなじ。
(14)(15)　註(7)におなじ。
(16)　石母田正『中世的世界の形成』(一九四六年)、同『古代末期政治史序説』(一九五六年)。
(17)　『年中用抄』上(『石清水八幡宮史』第四輯、六三七ページ)。
(18)　『宮寺式条抄』永仁四年九月諸奉行の条(『石清水八幡宮史』第六輯、六六〇ページ以下)。
(19)　永原慶二「荘園領主経済の構造」(日本経済史大系2、一九六五年)第二節参照。
(20)　一般に、封建的大土地所有にもとづく支配は、初期の段階では、人格的隷属と恣意的な収取が顕著であり、後の段階においては、地代の定額化その他農民の権利の一定枠内での承認がみられると考えられる。私は、一一世紀以後の荘園支配は基本的に封建的大土地所有としての本質をもつものと考えるが、ここで「封建的進化」というのは、右のような封建支配のなかでの進歩を意味する。
(21)　井上頼寿『京都古習志』(一九四三年)一一九ページ。
(22)　宗清の筆録(前掲書、九五―九六ページ)。

3　紛争の経過(Ⅱ)

十二月二日の貞弘殺害を契機に、紛争は第二の段階へはいるが、この段階では興福寺衆徒の強訴が中心の動きである。したがって、事件の本筋は形通りの単純な駆け引きとして推移するにすぎないのであるが、ただ、紛争が長期化してきた上に、強訴というものが本来の敵方(石清水)にたいしてではなく朝廷に向けられるものであるため、いやおうなしに、摂関家をはじめとする貴族や諸大寺社さらに幕府の、政治的解決のための動きが目立ってくるようになる。本稿にとっては、この権力者間の政治的折衝とそれぞれの役割を具体的に明らかにして、当時の国家権力の性格と構造を追究することが必要なのであるが、この節では、第二段階の主役をなした興福寺衆徒の動きや要求を中心に経過を簡単にのべ、次節でかれらの行動の本質を考察してみたい。

石清水別当・権別当の配流と下手人の断罪を要求して蜂起した興福寺衆徒は、七大寺の衆徒にも上洛を呼びかけながら、[1]二十一日には春日神木を奉じて木津に到着した。[2]朝廷側では、衆徒の上洛を阻止するため、六波羅の武士を宇治と八幡の二方へ差し向けるとともに、[3]鎌倉へも摂政道家の御教書を送って幕府の見解をただし、[4]また公卿の議定を行ない、[5]奈良へは連日使者を下向させて衆徒の説得につとめた。[6]しかし二十五日には衆徒は宇治の平等院まで進み、宇治川をはさんで武士と対陣した。[7]

衆徒は、石清水別当宗清の配流以外にはいかなる条件を示されても妥協できないと主張して、紛争は膠着状態になってきた。そのため、朝廷の歳末の京官除目・定考、年初の礼拝・節会などはすべて停止され、[8]奈良の諸寺社の仏神事も一切とどめられて、[9]その年も暮れた。

明けて嘉禎二年の正月の二日、宇治平等院では興福寺の衆徒および春日社司らが、ついに神木を平等院に遺棄して退散する挙に出た。これは、平等院旅所での衆徒の衆議によるもので、春日神主親泰の証言によれば、社司らは遺棄の意志がなかったが、衆徒の強要によって泣く泣く退散した、という。[10]神木にはわずか一三人の春日の神人が「宇治残留神人」として供奉したにすぎなかった。[11]

それから半月ほどのあいだは、表面はなんの目立った動きもなく、事態はすこしも進展しなかったが、興福寺側内部では、春日の祠官や神人にたいする衆徒の強圧的な統制がつづけられていた。三日、摂政道家が氏長者としての立場から春日社司らに神木に附随すべきことを命じた長者宣がとどけられたが、衆徒はその長者宣使を捕えて髻を切らんとした。[12]翌日も、同趣旨の使庁頭資職の書状がとどいたが、神主と正預は、「衆徒が社頭を立ち去るべからずと制禁して、制禁に従わなければ射殺すべしと通告してきた」と返事している。[13]また衆徒は、宇治残留神人の替番・粮料なども指図し、木津・相楽などに関を構えて防禦の準備もしたが[14]、六日には宇治の神人が京都へ内通した疑いによって交替させるよう神主に指令している[15]。また衆徒は、八日京都での御斎会の講師に指名されていた玄良なる僧を「衆勘」に処して出京させず、その上、催促に来た鎰取を打擲し[16]、十日にはさらに、社司・氏人らは一人のこらず社頭を守護すべきこと、春日山の樵取を禁じ、社家の下知ではなく衆徒の沙汰として強力の冠者原に兵杖を帯びさせて守護し、犯す者は射殺すこと、藤原氏の公卿が武士を相具し神木を本所へ渡御せんとするときは神人らは承引してはならない、しからざる神人は今後衆徒に服事せしめないこと、などを布告した[17]。ふつういわゆる「僧兵」の蜂起について語られるとき、衆徒・神人(国民)と一括され、ときには学侶・六方・祠官なども同勢力とみなされることとさえあるが、少くともこのばあいは内実はこのように衆徒の恐怖支配によって維持されていたことに、注目すべきであろうとおもう。それはとりもなおさず、興福寺内部に複雑な矛盾が存在することを意味するからである。

ところでこの間にも石清水の神人や祠官らは、目立った動きこそみせなかったが、これまた強硬な態度をもちつづけ、あらためて大住荘の張本的な存在たる宗知その他「悪党等」を断罪し、薪山に牓示を打ち、大住の新山守を停止するよう要求していた[18]。けれども別当宗清は、自身に災いのふりかかるのを恐れたのか、いち早く「下手人宗胤を奈良へ送ること、さきに寄進をうけた因幡国を辞退すること」を、朝廷へ申し入れていた[19]。しかし神人らは、京都へ出頭しようとした宗胤を奪い返し、やがて河内の自宅へ逃亡させた。宗胤はその後、六波羅の手によって逮捕されたようである[20]。

別当宗清は興福寺衆徒が糾弾する当の中心人物であるが、かれは時々出京して朝廷の要路者や六波羅探題重時などと会見して、意見をのべた。そのうちで、西園寺公経方の長衡入道と会見したとき、長衡が「衆徒は宗清を断罪しなければ神木を帰座せずと主張しているがどう思うか」と問うたのにたいし、宗清は「訴訟に随ひて社務を止められば、一向土民の進止たるべし、向後落居すべからず[21]」と答えているのが注意される。「土民」というのが興福寺衆徒を指すのか大住荘住民を指すのか明確ではないが、紛争全般についての一つの見解を示したものといってよい。

さてこうして日数を経た十九日、ようやく解決の方向が出た。この日、興福寺側に長者宣が出され、「石清水別当宗清は無理であるがあえて『解職』される、また下手人宗胤はすでに禁獄された、そして石清水の因幡国務は幕府の意向もあって停止された、この上は神木帰座・寺社開門せよ」と伝えられた。[22] その後二十二日、二十五日、二十七日と重ねて同じ意向の長者宣が出され、[23] ついに二月二日衆徒らは群議の末、若干の不満を列挙しながらも「衆徒何ぞ国家を乱さん、進退ただ氏長者の一言にあり[24]」ともっともらしい言葉をならべた。十四日にはさらに幕府から評定衆後藤基綱が宇治に派遣されて翌日五師・三綱ら六名と会見し、ついに衆徒らは説得に応ずることになった。神木は二十一日宇治を発し帰座した。[25] ただ、不満分子の暴走を警戒してであろう、六波羅は二十日摂津国内の地頭御家人らに石清水を守護するよう指令し、[26] 翌三月七日には、前年石清水別当の要請によって男山守護に補任されながら赴任しなかった源保茂を、重ねて男山守護に補任した。[27]

こうして紛争の第二段階をなした興福寺衆徒の蜂起は鎮撫された。三月十九日道家は事後の策として春日社において臨時神楽を行い、その翌日近衛家実も恒例神楽を行い、氏神に謝意を表明した。[28] 石清水別当宗清は配流されたであろうか。否である。衆徒との約束——曖昧ではあったが——にもかかわらず、むしろ予定の行動として、配流問題はその後うやむやにされてしまったのである。

(1) 嘉禎元年十二月十三日東大寺返牒、十二月十九日元興寺返牒、(以上、『春日神社文書』第二、一一七九ページ、第三、二二三—二二四ページ)、『二月堂修中練行衆日記』(『史料』四〇三ページ)。
(2) 『百錬抄』十二月廿一日条、『明月記』同廿一・廿二日条。

(3)『明月記』同廿二日条。
(4)関東初度御教書および関東御教書第二度(『中臣祐定記』嘉禎二年正月十五日条)。
(5)『明月記』十二月廿三日条。
(6)同右、廿四・廿五・廿六・廿七・廿八・廿九・卅日条。
(7)同右、廿六日条。
(8)『史料』十二月廿四日条、同嘉禎二年正月一・五・七・八日条。
(9)『二月堂修中練行衆日記』(『史料』四〇三ページ)。
(10)『中臣祐定記』正月一・二・四日条その他。『史料』正月二日条。
(11)同右、二日条。
(12)同右、三日条。
(13)同右、四日条。
(14)同右、五日条。
(15)同右、六日条。
(16)『百錬抄』八日条。『東寺長者続紙』三、『古事部類』秋(『史料』五四三—五四五ページ)。
(17)『中臣祐定記』十日条。
(18)嘉禎元年十二月廿日石清水八幡宮寺所司等解(『史料』四〇〇ページ)。
(19)『明月記』十二月廿一日条。
(20)同右、廿五日条。宗清の筆録(『大日本古文書』石清水文書之一、一〇〇ページおよび九八ページ)。
(21)宗清の筆録(前掲書、九四—九五ページ)。
(22)『中臣祐定記』嘉禎二年正月十五日条。
(23)同右、廿二日条、二月二日条。
(24)興福寺衆徒請文(同右、二月二日条)。

(25) 『吾妻鏡』二月廿八日条、『中臣祐定記』二月十四・十五・廿一日条。
(26) 嘉禎二年二月廿日六波羅下知状(『深堀記録証文』一)。
(27) 『吾妻鏡』三月七日条。
(28) 『史料』三月十九日条。

4 興福寺衆徒

以上が紛争の第二段階のあらましであるが、ここでこの段階の主役を演じた衆徒の行動を、諸階級の複雑な関係のなかに位置づけて理解してみる必要があるとおもう。そうでなければ、かれらの行動に対する摂関家・幕府等々の権力側の対応の意味が明確にならず、つまりは国家機構のこの時代独特の特色も把握しがたいからである。

それについて注目すべき一つの手がかりは、さきに指摘しておいた衆徒の強圧的な統制力である。衆徒の強訴であり「僧兵」の蜂起といわれる事態の真直中なのであるから、衆徒が「横暴」をきわめたのをことさら問題にしなくてよいようにもみえるが、「横暴」が恒常的に可能であったことには、当然問題があるはずである。衆徒は、周知のように寺門・社頭および大和国中の検断にたずさわってはいたが、興福寺を構成する身分秩序のなかでは下﨟の僧徒であるにすぎない。(1) しかるに、かの紛争のさなかにおいては、衆徒は実際は氏長者や興福寺別当の意向を拒否し、春日社の神主・祠官に強圧を加え、興福寺・春日社全体を暴力的に支配するだけの統制力をもち、また春日の神人を戦闘のための労力=兵士として駆使し、「衆徒に服事」すべきものとして取扱ったのである。室町時代には神人の一部の者は「国民」といわれて衆徒とほとんどかわらない武士的存在になったが、神人一般は、少くともこの時期には、そうではなかった。私はこうした「横暴」の実体を分析することによって、一般的に衆徒が領主的であり神人が農民的であるといえるほどの階級的差異が、一括して「僧兵」「僧徒・神人等」といわれる勢力のなかに存在したことに注意したいのであるが、同時にその衆徒の強圧的支配が単に恣意的権力として行使されているのではないこと、換言すれば衆徒がつねに寺内の規式にしたがって衆議によって集団的に行動していることに、注目したいのである。

まず、衆徒と神人との階級的差異についてみると、衆徒が大和国内に散在して荘官職などをもつ武士的なものであることはすでに指摘されているところであって、いまここでそれ以上に網羅的にかつ詳細に衆徒の社会的・経済的な基盤を論ずる用意はない。(2) ただ当面問題にしている事件に関連してのみ一つの事実を示せば、つぎの第三段階の紛争で衆徒の内部が分裂したとき、夜討をかけた者の所領が没収されて神領となったことがあるが、その寄進状によれば仏地院律師は田井庄・針庄・山田庄・源原庄の「領主」、宰相公信舜は吉田庄・懸橋庄の「領主」と呼ばれている。(3) この「領主」職の内容は明らかでないが、荘官職の一種か加地子領主職・地主職などの類であっただろう。衆徒のこのような性格にたいして、神人が農民的な性格のつよいものであったことは、一般にかれらが課役として神人役を奉仕したことからも明らかであって、なおその上かれらが村落住民の上層とみられることなども前節でのべた石清水の神人と同じとみてよい。正月十六日神木が宇治に遺棄されてあったころ、興福寺衆徒と大住荘神人はそれぞれ自分らの主張を返牒や申状のなかでのべているが、衆徒のそれがもっぱら石清水別当宗清の非を並べて「宗清遠流の本訴を達せずば、永く門戸を開かず」といっているのにたいし、大住荘神人らは薪荘と相論の山の境の問題や去夏の用水相論のことおよび貞弘が神人となった事情など、もっぱら村落としての観点と関心から主張をくりかえしているのが、まことに対照的でさえある。(4)

それでは、衆徒と神人が劃然と階級的に区分できるようなものであったかというと、これまたそうではない。少くとも現象的にはそうでない点に、問題となるべき特色があった。というのは、前節で神人についてみたように、衆徒というのもまた一つの身分であって、その意味で機械的に区分できないばかりでなく、実際は前節でみた交野左兵衛尉宗胤や松井蔵人の孫宗知と、石清水神人の子の貞弘との関係のように、両者は社会的行動の面でも階級的性格の面でも近接した関係にあったとおもう。衆徒は右の宗胤や宗知とは同じ階級に属するとみて大過ないであろうし、その行動に多分に無頼の徒にもひとしい狼藉ぶりがみられるのも、宗知ら浮浪的な地侍の「悪党」的性格に通ずるものがあるが、それゆえに「領主的」とはいっても、個々に自立的に自己の封建的土地所有を確立しえない弱点をもつのである。

さてこのことと、さきの衆徒の行動が衆議による集団的なものであることとは、緊密に関連しているとおもう。ただしそれは、かれらが個々には自立できない弱点をもつために集団化してその力を強めるようになった、という意味ではない。もともと衆徒が衆議や年預などの手続きによって集団的に行動するのは、寺院管理の公的な組織や運営の慣習に基づくものであり、系譜上の淵源からいえばインドの僧伽に発するところの幾世紀をも経た寺院管理方式を踏襲するものだからである。ところが、この方式が真に公的な意味をもって運営されていたといえるのは、せいぜい古代寺院においてのことであって、いま問題の中世の現実においては、そのように単純な理念的理解ではすまされない複雑な役割のものになっていた。ただしその変化の過程を具体的に説明することは、すでに幾分かは試みられてはいるが、(5)なおそれ自体今後の特別な研究課題に属するといっても決して過言でないほど困難な問題である。だがここではそういってまったく避けて通ることもできないから、私なりに概略の展望を試みるならば、その変化とは、本来寺院の公的運営組織そのものであった各種の集団的管理運営方式が、その形態を維持したままでその内部に私的な権門・院家・社家等々の支配を伸長させ、ついに公的組織は生きた人格関係の意味を失っていく、という変化であるとおもう。もう少し興福寺に即していえば、集団的な管理運営方式は、はじめは摂関家の氏寺という意味である程度は国家的な意義さえも付与されていた寺院を管理運営する公的な制度であり、寺僧の私的・個人的な権利のためのものではなかった。けれどもやがて、国衙領における私領の発生のばあいなどと同様、公的な地位・権限としての「職」と付属の房舎・田畠・地利などが相対的に自立化した私領となると、それに応じて寺院の公的組織もまた、いちおうは公的機能を果たしながらも、実質は私領化した「職」を集団または個人として維持するための組織になり、私的な権利の集合ないし組織の一形態に転換していく。平安中期以降の寺僧の地主職・公文職・預所職などは、ほぼそのような組織につらなることによっていちおうは公的に意味づけられていたのであるが、しかし、いったん個々の公的な「職」が私的な権利として確立してしまうと、その私的な権利を保証するために、公的なものを左右しうるだけの強力な権威に私的に結びつこうとするようになる。ここに、摂関家＝氏長者の半公的な門閥支配組織の内部にさらに一乗院・大乗院のような院家が成立し、興福寺で直接的に権威をもつ宗教的な権門となってくるのであって、私領＝「職」をもつ個々人は人格的には院家に属し、公的組織と全く異なった次元で「被官」として組織されることになるのである。

中世における寺院の組織の意義と変化の方向は、基本的には右のように把握できるとおもうが、しかしながらこの変化は一方から他方への単純な転換ではない。組織形態の変化の根底に、解体する旧い支配と新たな私領支配との対抗がある以上、変化の過程は当然ながら種々の矛盾と葛藤を新旧各層相互間に複雑に発生させずにはおかないのである。ことに、たとい小規模で下級の「職」であっても、相対的に自立性をもった私領であるからには、その領主はそれなりに自立性を志向するのが当然であって、必要もないのに権門の下に被官として従属をもとめるはずがないのである。こういうとき、公的な役割を掲げる既成の組織・機構、ことに寺院のような集団組織や衆議機関は、かえってかれらにとって好都合な拠点となりうる。実質は私的な権利の集合体にすぎず、都合によっていつでもその公的役割を弱め無視しながらも、なおそのようなものとして維持しつづけるのである。中世寺院の管理・運営機構はどこでも何度か改編を重ねられたようであるが、なおいわゆる「古代的」機構が緩慢に徐々にしか解体しない理由としては、こうした事情が基本的かつ重要な一つであったとおもう。神人・寄人・供御人などの集団の「座」的権利もこの点では同じことがいえよう。

私は、衆徒の衆議に基づく集団行動がまさにそのようなものであったとおもう。衆徒は紛争の第二段階においては、山や水ではなくもっぱら「神人殺害」という一点のみに敵方への非難を集中し、その責任者として石清水別当宗清の配流を要求して「宗清の遠流こそ今度の本懐[6]」とまで断言した。この要求のかぎりかれらは直接利己的なことをなに一ついっておらず、また殺された「神人」(貞弘)個人の利益擁護のためでもないのであり、ただ興福寺の権威だけを主張しているのである。だが、それはそうにはちがいないが、そのことをとりわけ仰々しくわめき立てるのには、もちろんかれらなりのもくろみがあったとみなければなるまい。それは、寺門の権威を擁護する行動の先頭に立ちもっとも果敢に闘争してみせることにより、またそれによって政局を抜きさしならぬ状況に追い込むことによって、氏長者・別当らにたいしてかれら自身の存在を主張し、興福寺・春日社の権威を護るものはかれらをおいて他にないとするためであろう。そこにはいうまでもなく氏長者・別当らにたいする反撥がある。そしてそれによって、強訴慰撫の代償としておそらく得られるであろうところの荘園等々の諸々の利益の配分にも、より潤沢にありつくことを期待することもできたであろう。春日の神木の宗教的な絶対的権威だけが衆徒の万能を保証したのでなく、その基盤に弱小領主層としてのかれらの拠点ともなりえた集団組織があったのである。ただしかし、当然ながらそれは無制限に有効な拠点たりえず、最後には「進退ただ氏長者の一言にあり[7]」として鉾をおさめざるをえない限界をもつ。そしてこれこそがまさに権門体制の体制的制約であり、それをこえる行動の展開は、さきに神人についてのべたように、かれらが公然と「悪党」化する一四世紀をまたなければならないのである。

以上、衆徒の行動の性格について、下級の支配者、弱小領主としての側面を中心にのべた。そして、さきにも指摘したように、私は衆徒の階級的性格を基本的には「領主」として把握したのであるから、衆徒についていうべきことは、いちおうは以上でつきるのであるが、それでは強訴事件をただ単に領主層内部の矛盾対立とだけ規定してすますことができるだろうか。ここでいまいちど、さきの神人との関係を想起しなければならない。

それは、もともとこの事件が大住荘神人の村落的要求を基盤としたものだからである。衆徒は神人を先述のように駆使したがまた他面「服事」させていたのであり、そこには身分の制約をこえた連合または主従関係が醸成されつつあって、のちの「悪党」集団への方向がすでに胚胎していたようにみえる。神人殺害をとりあげて強訴へもちこむ衆徒の行動の背後には、たしかに大住荘民の――これはこれでまた「悪党」的傾向をはらんだところの――動きがあり、そのかぎりで衆徒の行動には荘民の動きが反映していた面があった、といえるだろう。衆徒は、巨大な権門の機構の末端に位置してそれによって領主としての私的権限を保持してはいるが、かれらは結局はその機構の組織者ではない。反対にかれらは、荘民の動きをとらえ利用して、体制＝機構の主導権をおびやかそうとしているのである。石清水別当宗清が、「訴訟に随って社務を止めらるれば、一向土民の進止たるべし。向後落居すべからず」とのべたのは、事件が単なる無頼の徒の騒擾でも領主相互の覇権争いでもなく、このようにまさに体制への下からの脅威を内包していることをのべたものといえるのではなかろうか。

(1)(2)　こうしたことについては、永島福太郎『奈良文化の伝流』(一九五一年)、平田俊春『平安時代の研究』(一九四三年)第一部などを参照。

(3)　『中臣祐定記』嘉禎二年九月十七日条。

（4） 興福寺返牒および大住荘春日神人等申状（『中臣祐定記』嘉禎二年正月十五日条）。
（5） 永島福太郎、前掲書、竹内理三『寺領荘園の研究』（一九四二年）、上島有「東寺寺院経済に関する一考察」（京大読史会『国史論集』一九五九年）、網野善彦「東寺供僧供料荘の成立と発展」（『歴史学研究』二八一号、一九六三年）、同「鎌倉後期における東寺供僧供料荘の拡大」（『日本史研究』六九号、一九六三年）、同「東寺供僧供料荘における年貢収取体系の発展と停滞」（『史林』四七巻三号、一九六四年）、赤松俊秀「東大寺領大和国春日荘について」（『仏教史学』一一巻二号、一九六三年）など。
（6） 正月十八日興福寺返牒（『中臣祐定記』正月十五日条）。
（7） 二月二日興福寺衆徒請文（同右、二月二日条）。

三　権門政治の機構

1　権門・寺社および朝廷

この事件は、このあともうひと揺れして第三段階の紛争がおこるのであるが、その経過をのべるまえに、いままであまり説明しなかった摂政九条道家・石清水別当・興福寺別当など事件の当事者のうちの最高級の権力者側の動きや立場などについて、ここで考察しておきたいとおもう。前節まで主として問題にした神人や衆徒とちがい、この層こそが、当時の国家権力を構成する権門・勢家に属し、国家機構と国政との特色をつくり上げていたのである。諸々の権門・勢家の抗争や取引によって展開される政治を私は権門政治と呼びたいが、ここで権門政治の全般についてまで論述することはできないから、かれらの発給する文書を政治の手続きを示すものとして留意しながら、そのことを説明したいとおもう。

この事件の関係者のうちで、九条道家ほど複雑な立場にたたされた者はあるまい。もともとこの事件は、石清水領荘園と興福寺領荘園とのあいだに発生したものであるから、九条家の家産支配という道家個人の立場からは直接にはかれに責任のない事件であった。けれどもかれは、藤原氏の氏長者という地位にあるため、氏寺である興福寺の利害の最高の代弁者として振舞うことを余儀なくされ、事件の是非善悪や個人的な興味・関心に関係なく一定の慣例に従わざるをえず、他からもそのように見做されたのである。藤原氏の氏長者が氏寺・氏社の事務を取扱うところは勧学院政所であるが、十二月十九日、春日神木発進を告げる興福寺牒状にたいして勧学院政所請文が出されて奉迎の準備を了承する旨を返信しているのは、このような関係からである。(1)

しかし、道家と興福寺との関係は、このような一般的・形式的なことにとどまらなかった。というのは、このときの興福寺別当円実は、道家の実子であって、事件発生の年の三月に補任されたばかりであり、(2)そのころ絶頂にあった九条家の政治的権勢の一翼を形成していたものでもあったのである。(3)

このように、九条家の家産支配ということよりはむしろその政治的権勢と氏長者の地位という私的な立場から、道家は明らかに興福寺に加担すべき——当人の意向にかかわりなく——立場にあったといわなければならないが、これとは反対に、第三に公的な地位としての摂政の立場——権勢ではなく職務としての——からは、事情が異る。石清水八幡は「公家宗廟神」(天皇家の祖神)であるから天皇の大権の代行者としての摂政は、些かも石清水の権威を傷つけることがあってはならず、むしろ積極的にその利益を擁護しなければならない。その上さらに第四の立場として摂政は廟堂の最高責任者であり、為政者なのであるから、諸々の権門・勢家・寺社の勢力を適当に操作しその均衡を保持しながら是非の断を下さなければならない。それが「朝廷」といわれるもののたてまえであり、その限りではかれは不偏不党の態度をとることを要求されているのである。しかしながらこういう対立的な立場を同時に満足させるような処置が、果たして誰に可能であるだろうか。道家が石清水別当宗清に弁解がましく語ったというつぎの言葉は、かれのジレンマに追いこまれた苦悩をはっきり示すものであろう。

凡そ宗廟門戸を閉ざさば、公家門戸を閉ざすべし、宗廟神事を行わずば、公家公事を行うべからず、……春日大明神は摂籙の氏の御神なり、八幡は公家の宗廟なり、われ一向に公家の御事重く思い奉るの間、御賢木(春日神木)宇治に御坐の間、氏公卿以下公事に随わずと雖も、争《いかで》か宗廟を疵付け奉るべき哉(4)

かれは、かれらみずからの支配体制の維持のためにつくり出された一種の虚偽意識に呪縛されて窮地に陥っているのである。その虚偽意識の産物である石清水や興福寺は、現実には最高権力者の意志通りに操作できない「私領」としてそれぞれが独り歩きしているのであって、道家の苦悩はこの矛盾に発しているのである。

ところで、問題が右の道家の言葉のような宗教的権威の軽重についての判断の適否ということにとどまるのならば、それはまだしも容易であったといわねばならない。もっと重大なことは、この処置の如何が神仏の冥罰よりは政敵の攻撃材料となって、かれの政治的運命を左右しかねないことである。ただこの当時は、道家の生涯のうちでもその権勢が絶頂に達しつつあったもっとも安定した時期で、近衛家・西園寺家などや幕府との折り合いもよく、さしたる政敵もなかったからよかったものの、わずかでも処置を誤ればその非を衝かれて思わざる代償を支払わされたり、ときには失脚に追いこまれたりするのが、この世界での政治であった。だからかれ自身は、当初この事件のために病臥するほどの心労に陥り、ともかくも双方を傷つけることなく穏便な処置によって強訴を慰撫しようとした。そのためにさきに自腹を切ることを考え、閏六月二十一日、「政所下文」(5)でもって九条家領伊賀国大内荘を石清水へ寄進した。これはおそらく「摂政家政所下文」であって、一権門としての九条家の家産管理事務を執行する処置であることを示す文書である。九条家の家司でありかつてその大内東荘に俸禄として小所領を与えられていたこともあった藤原定家[6]は、このとき「喧嘩闘諍ある毎に、人領、社領となる。末世の習なり[7]」と評して暗にうらみ言をのべているが、ほかにも九条家内部にもっと当惑した者が多かったはずである。またそのころ、石清水へ知行国を寄進することになったこともさきにのべたが、このとき参議権中納言の藤原頼資は、「国(知行国寄進)の事、(八幡は)御納受あるべからず……言ふ莫れ言ふ莫れ[8]」と日記に感想をもらし、公領に犠牲をしわ寄せして原因そのもの――このさいは興福寺衆徒の薪荘放火――への処置が手ぬるいことを批判している。頼資は、道家が興福寺に気兼ねして優柔な態度をとりつづけていることに内心不満を感じていたわけであって、他にもそういう意見は当然あった。朝議は道家を真に窮地に陥れるほどにはならなかったが、多少難航の気配のあったことは、『頼資卿記』に記載された公卿の議定の有様にもうかがうことができるのである。

道家ほど複雑な立場ではなかったが、深刻に苦慮しなければならなかったことでは、興福寺別当円実や石清水別当宗清もまた同様であった。先述のように円実はこの年の三月二日にわずか二二歳の若年[9]で、それこそ親の威光で別当に補任されたばかりであったが、道家を困惑させたこの事件が、はじめからかれにとっても難題であったことは明らかである。ところが六月二十二日以後紛争がこじれてきて興福寺衆徒の蜂起の気配が濃厚になると、寺内にかえって衆徒を煽動する者さえ現われ、統制不能になった円実は七月上表して辞職する羽目に追いこまれた[10]。同月公文権寺主範厳が「上の仰に背くにより」解官されたのも、おそらくこのことに関係があるであろう。しかもこの辞職は、かれ自身や九条家にとって芳しくない事態――かれにはただ慣例に従った行動ないし逃避であったかもしれないが――であったばかりでなく、かれが属する大乗院にたいして他の興福寺の院家たる一乗院・東北院などの勢力との関係ということもあって、そのままでは興福寺内外の権門的諸勢力の矛盾をかきたてることにさえなりかねないのである。そのためでもあろう、円実が辞職を上表したにもかかわらず、興福寺別当職は改補されることもないままで[11]、第二段階の紛争が落着をみせた翌年二月十九日に円実は還補されて[12]、ことなきを得たのであった。

つぎに、石清水別当宗清についてみれば、さきに指摘しておいたように、このころ石清水の祠官内部に私的・門閥的な矛盾・対立が胚胎していたことが、宗清の立場の背景として注意されなければならないのである。紛争の第一段階のとき、石清水神人らを抑止した別当幸清が死んで宗清が別当となるや、かれは神人の行動をあまり慰撫しなかったようである。それについて「神人を宥むれば死す」という妄信的な信仰心とも政略的な口実ともとれることをいって、幸清の死去も神人を抑止したことによるとして、暗に幸清への批判をほのめかすともみえる態度をとった[13]。ところが第二段階になって、興福寺衆徒が別当宗清と権別当棟清の流罪を要求して荒れたとき、宗清はほんとうに配流されるかもしれない脅威にさらされた。そこでかれは、いままでの自身の処置が妥当であるとして「神人を宥むれば死す」を強調するとともに、ずいぶん身勝手ないい分であるが春日神人・興福寺衆徒らの強要に屈すれば「一向に土民の進止たるべし、向後落居すべからず」といい切ったのである。かれの地位は、九条道家や興福寺別当円実などの権勢とは比較にならぬ小さなものでしかないが、それでも「公家宗廟」の社の別当たりうる祠官家の一つとして、やはり権門・勢家の一端としてその支配体制につらなっていることを、はっきり意識していたのである。

このようにみてくると、薪・大住の荘民ないし神人・衆徒によって惹き起こされたこの事件は、いわゆる歴史上の大事件ではないにしても、支配体制の諸矛盾の結節点を、意想外に鋭く衝いていたことがわかる。これにたいし、権力者側は事態の本質を何とみていたであろうか。いままでの記述からもわかるように、かれらははじめ、過去にも何十回と繰りかえされてきた単なる騒動とみ、ただ解決に苦慮しただけであったが、紛争が第二段階にすすむやいなや、事態の容易でないのを感じたようである。藤原定家は「これただ国家滅亡の期か」と嘆き[14]、また道家が衆徒を慰撫する三ヵ条の条件を示したとき「この上承伏せずば、別しての謀叛か」[15]と記しているが、さきの宗清の「一向に土民の進止」という指摘とあわせ考えると、必ずしもかれの実感をはなれた誇張の語句とはいい切れないものがある。

問題の打開のために道家が結局は焦点にならざるをえないことはさきにものべたが、しかし事態が右のように深刻であればなおさらのことながら、解決の方途は道家一人に委ねらるべきものではない。かれは摂政という地位にある以上、形式的には最終決定の権限と責務をもってはいたが、その決定にいたるまでに権門・寺社各方面の意見を徴することが実際上必要であり、それが当時の慣例でもあった。

その各方面の意見が表明される方法には、一つには右にふれた廟堂の議定があり、もう一つには御教書など奉書様式で作製される権門の私的な消息があった。そして、律令官制的な議定だけで実質が決定されるのでなく、議定に参画する官職にあるなしにかかわらず表明される御教書のような私文書が、発給者の政治的権勢に応じて実質的に大きな効果をもつところに権門政治の本領があった。[16]道家は十二月十九日紛争解決の方途について幕府へ御教書を送り、幕府からはまた同二十九・三十の両日、将軍家御教書をもって返信しているが、[17]このように、諸権門・寺社相互の係争のような国家的次元での政治的判断を必要とするような事項に関して、権門・勢家の一人としての見解を他の権門に伝達したりまた意見を求めたりするときには、御教書が発せられたのである。それが上皇・法皇であるときは院宣、天皇であるときは綸旨となるわけで、いずれも奉書様式の私文書であることに、権門体制下の政治形態と権力のあり方がみられるのである。なお道家は、興福寺権別当定玄や前別当円玄に宛てて長者宣を下しているが、[18]これは文書の形式や性格としては権門内部の下達文書であって、いずれも藤原氏の氏長者としての意向を氏寺たる興福寺へ伝えたものである。[19]それがとくに長者宣という形式をとるのは慣例によるものであって、別当・権別当が氏長者の任命でなく官の宣下によるものではあっても、興福寺は氏寺であるから直接命令・下達の形式の文書が発せられるわけである。

このように、当時の朝廷の政治は、個々の権門・勢家や大寺社のあいだの関係を調整し、それぞれの勢力の隆替に応じてそれにふさわしい形の均衡をつくり上げることを、究極の課題としていたといえる。だがそれは政治の最高の集中点ではあるが、人民支配のための諸々の政策が直接そこから発せられるところの集権的権力の府ではない。人民支配のための直接の施策は、基本的には権門・大寺社を本所とする門閥的支配機構のなかでそれぞれに処理されていたので、その意味で権力は分散的であったといわねばならない。ただしかし、単に分散的なままでは、それら諸権門相互のなまの力関係の摩擦・衝突はさけられないから——石清水＝薪荘と興福寺＝大住荘とのように——、それを調整するために慣例と評議によって適宜に処理することが必要である。もちろん実際は諸権門の権謀術数による勢力角逐の舞台となることが多いのであるが、ともかくもそれが朝廷の政務の中心的任務であって、それ以上のものではなかった。この時代の政治を朝廷の内部に限ってみたばあい、論議がいつも極端に慣例に依存し、政治的事件や社会的変動にたいしてつねに受動的にしか対策を出しえず、ほとんど儀礼に明け暮れていたのは、基本的にはこのためであって、もしかりに朝廷の実権者が人民支配の新しい施策をつぎつぎと積極的に発令するようなことがあったとすれば、権門・大寺社等々から、先例無視の専横としてはげしい非難を招いたであろう。平安中期から室町時代までのながい期間を、いわれるほどに守旧的・受動的・消極的で無為な朝廷なる権力の府が存続しえたのは、支配権力にとってもっとも重要で基本的な部分たる人民支配の方式が、個々の権門ないしは荘園の支配組織のなかで、それなりにいくどか変動・改編を経ていたからであるといえるのである。

ところで、朝廷がこのように個々の権門を超える役割を——そのように機能する形式を——もたねばならぬとしたら、どのような名目と機構が要求されるだろうか。私は、ここに天皇から官人にいたる超権門的な権威と国政執行機関が存在した意味があったとおもう。ほとんど残骸となった古代天皇制の権威と官僚組織がそういう必要を充足するのにもっともふさわしく、そのようなものに変質したのである。とはいえ、現実の天皇は、個人としては超権門的であるどころか反対に最大の権門である天皇家の家長(惣領)またはその候補者であった。ただかれは、在位の天皇としては国王という超権門的にみえる座でそれらしく厳かに振舞うことが必要であり、かつそれだけでよかったのであって、政治そのものは、実際には慣例と諸権門の力関係——武力抗争も含めて——によって決められ、それが天皇の名のもとに布告され、官人・官兵によって執行されるのである。この事件のころのように四条天皇が数え年五歳という幼少であれば摂政道家がその地位を代行したと、形式的にはいえるが、ただしそれは実はほとんど無意味な論理であって、事実は、道家は摂政として最高決定の形式的責任者である以前に、最大の権門の一人であったがゆえに摂政という顕職たりえたのである。摂政ということ自体が、天皇と同様、本来の意味を失っているのである。

さて、このような超権門的な国政的次元の決定を伝える文書が、宣旨であった。宣旨は天皇の公的な決定を伝えるものであるが、天皇の「決定」なるものが以上のごとくであれば、それは実は慣例や諸権門の力関係によってきまったものである。しかし、権門はあくまで私的な存在であって他の権門に対して独立的であるから、宣旨によってのみ他の権門の事件に介入し得、また相互の関係の変更を公的に確定できる。いまの事件のばあい、石清水領と興福寺領との問題に幕府が軍兵をもって介入したのは、五月二十三日六波羅を通じて宣旨が届けられたからであった[20]。そしてこれによって、鎌倉殿という一権門の郎従である御家人が「官兵」[21]となったのである。なお、幕府が国政のなかで占める位置については、あとでさらに検討することにしたい。

(1)　嘉禎元年十二月十九日勧学院政所請文および資頼牒状請文(『史料』四〇四ページ)。
(2)　『興福寺三綱補任』(『続群書類従』第四輯下、七一五ページ)。
(3)　『増鏡』藤衣、三浦周行『鎌倉時代史』(訂正増補大日本時代史、一九一六年)二八九ページ。

（4） 宗清の筆録（『大日本古文書』石清水文書之一、九二ページ）。
（5） 『頼資卿記』嘉禎元年閏六月廿八日条。
（6） 永原慶二「公家領荘園における領主権の構造」（『日本封建制成立過程の研究』一九六一年）。
（7） 『明月記』嘉禎元年閏六月廿三日条。
（8） 『頼資卿記』同廿六日条。
（9） 註（2）におなじ。
（10） このような辞職は、慣例であったようである。同じくこの年に、併行して起った延暦寺衆徒と佐々木高信との抗争事件でも、天台座主尊性法親王は辞職している（『史料』嘉禎元年閏六月廿六日条）。
（11） この点も、いかなる場合でも同じ事情があるので、延暦寺衆徒蜂起による尊性法親王の辞職も、綸旨を下して停めている（『史料』同七月八日条）。なおこのばあいは、同じく摂政道家の意向が綸旨という天皇の私文書の様式で表明されていることに注意。
（12） 『史料』同二月十九日条。
（13） 宗清の筆録（前掲書、九五―九六ページ）。
（14） 『明月記』同十二月十七日条。
（15） 同右、廿七日条。
（16） このような奉書形式の文書は、さきの下文形式の文書ときわだった対照をなしながら、権門の発給する文書の二つの型をなしていた。下文形式の文書は、あくまで権門の家産的ないし門閥的組織内部の事項に関するもので、奉書形式のものと機能を異にする。そして、この二つの型は、権門の二つの側面を示すものであったとおもわれる（黒田「中世の国家と天皇」〈本書三ページ以下〉参照）。
（17） 関東初度御教書および関東御教書第二度（『中臣祐定記』嘉禎二年正月十五日条）。
（18） 正月十九日長者宣（『中臣祐定記』同十五日条）および正月廿五日長者宣（同二月二日条）。
（19） 延暦寺のばあいは、天皇家との関係から綸旨となる（註11および16参照）。

(20)『吾妻鏡』文暦二年五月廿三日条。なお『吾妻鏡』は「院宣」としているが、当時は院政でなかったからもちろん院宣ではない。『大日本史料』の編者が宣旨と傍註している(六五ページ)のが正しいとおもわれる。
(21)『百錬抄』文暦二年六月三日条。

2　紛争の経過(Ⅲ)

以上、紛争の処置をめぐる朝廷を中心とした権門・寺社の動きから、権門政治のメカニズムについてのべたのであるが、ここでつぎの問題として解明しておかなければならないのは、基本的にはやはり権門の一つである幕府が、権門政治に関与する具体的な状況である。はじめにものべたように、この時代の国家権力機構の歴史的評価をめぐる論点の一つは、この点にあるわけであるが、そのためには、われわれは紛争の第三段階の経過をみておく必要がある。

第二段階の紛争は、石清水別当宗清が必ず処分されるだろうと、長者宣も宣し幕府評定衆後藤基綱も約束したので、二月下旬興福寺衆徒が神木を帰座したことでおさまったのであった。ところが、別当宗清の処分はその後いつになっても行われる気配がなかった。もちろん道家にも幕府にも、処分するつもりがなかったからである。宗清にもそれは二月末にすでにわかっていた(1)し、その後五月にも道家の御教書は宗清を石清水別当としている(2)。衆徒は明らかにだまされたのである。事態がしだいにはっきりしてくると、憤激した衆徒は、ついに七月一日、再び興福寺の寺門と春日社の社門を閉じ、寺内・社頭を支配下において蜂起の態勢をとった。そのため興福寺の「寺僧」(学侶であろう)は逐電し、春日社司神人らは衆徒の支配下に入れられた(3)。そして翌々日、六波羅の書状を持参してきた使者も追い返されてしまう有様となった(4)。

ところが、今度の蜂起に特徴的なことは、興福寺の内部に分裂・抗争が現われたことである。内部の事情によるものか外部からの働きかけによるものかは明らかでないが、その十五日、政所以下僧綱が大衆を動かして実力で開門するという風聞があり、これにたいし衆徒は対抗措置として金堂を焼失させる構えをとったのである。[5]

二十二日夜のこと、寺内を占拠している衆徒にたいして、(おそらく外部から侵入して)夜討をしかけた者どもがあり、寺中の大衆は東西両金堂衆とともにこれと合戦し、追い落したが、双方数名の死傷者を出した。[6] 夜討の者どもは、さきに寺内を逐電した「寺僧」あるいは開門を企てたという僧綱と同じ勢力かともみえるが、関係は明確でない。その後の動きからみると、夜討方の「最張本」は隆信房という者で仏地院を「本房」としており、[7] 宰相禅師信舜という自房の外に「縁舎」二ヵ所をもつ者がこれに加わり、[8] 長谷河(おそらく俗人)の手の者もこれに動員されていたらしい。[9] また仏地院律師良盛は夜討には加わらなかったが、ともに画策していたという。[10] 衆徒は、この夜討方を処罰するため、神人を三〇人あるいは五〇人動員して、その住宅・縁舎などをつぎつぎと破却または焼却して跡に神木を立てて点封し、その所領を没収した。[11] そして、それをつづけながら、二十八日に春日神木を金堂に移し、[12] 強訴への第一歩を踏み出した。その日、春日の一の鳥居には、「夜討の輩に神人を附けらるべきなり」と神託があったという意味の夢想状の落書なるものまでが、貼られてあった。[13]

衆徒の行動は、このように興福寺内部にも反撥を生んでおり、衆徒はそれを暴力と神威で弾圧していたが、春日社司らもまた衆徒にたいして批判的であった。住宅を破却して神木で点封したり春日神木を動座したりするのは神人の手で行われるが、神人を直接掌握しているのは公的には春日社司である。したがって、氏長者道家からは社司らに対してたびたび長者宣を下し、社司らを難詰さえしたが、社司らは自分らの意志ではなく衆徒の厳命・脅迫によるものだと返事して、衆徒を支持することはできず自分らの行動に責任ももてないという態度を表明していた。[14]

こうして衆徒は、すでに分裂と孤立の様相をふかめていたが、その上さらにこの第三段階で特徴的なことは、幕府が強圧の構えをみせたことである。

幕府は衆徒の蜂起が伝えられたころ、いちはやく在京人および近国の御家人にたいし、一族を相催して出動できるよう指令していたが、家督の統制に服しない者があるとの訴えがあったので、七月二十四日とくに一族の者が家督の指揮下に大番役などの課役に従うよう、重ねて通達を発した(15)。さらにその二十八日春日神木の動座があり、その報が鎌倉へ伝えられると、八月二十日ふたたび評定衆後藤基綱を奈良へ派遣することに決し、翌朝出発するよう命じた(16)。

九月に入ると、この幕府の強圧の気配は、興福寺へも伝わったとみえて、春日社司あたりから武士が乱入するという情報が流された(17)。これはあるいは社司ら自身の希望的観測から起ったことかもしれない。ところがこれにたいして衆徒は、五日、もし然らば六方衆徒・社司・氏人・神人はすべて金堂前に参籠して焼死すべしと衆議して、決戦の恐怖をもって統制を強めた(18)。

だが衆徒はそうしながらも、他方では社司・神人などの脱落・裏切りを警戒しなければならなかった。まもなく社司らは、控え目ながらも瀬踏みするかのように、衆徒の処置について何かと異論を出すようになっていた(19)。そのためであろうか、十七日になって衆徒らは、社司二人・神人二十人の外は金堂の神木に祗候せしめず、余人の寺内参入を許さずと布告し(20)、その翌日はさらに神人を十人に減少することにした(21)。社司らは、これは去る五日の全員焼死の決定の趣旨に相違すると、氏長者に報告しているが(22)、それは決して衆徒に協力するという意味ではない。衆徒はいよいよ孤立を深めつつあったのである。

そのころから、武士が奈良へ乱入するだろうとの風聞が、連日伝えられるようになった(23)。実際、武士は奈良を包囲し、通路に関を構えて物資と人員の通行を遮断しつつあった(24)。そのため九月末になると、各地の荘園からの御供米・供祭物なども抑留され、春日の恒例臨時の神事も欠如する有様となり、その上、関々守護の武士が、神人を刃傷ある

いは逮捕し、郷内へ乱入して追捕するような狼藉が発生した。(25)

十月五日、ついに幕府は衆徒鎮圧のため、大和国に守護を置き、衆徒の知行する荘園を没収して地頭を設置すること、さらに畿内・近国の御家人を動員して奈良への道路を塞ぐため、印東八郎・佐原七郎など屈強の武士を派遣することを決めた。(26) 大和に守護・地頭を設置したということは、幕府の従来の方針からすればきわめて注目すべきことであるが、それとともに、地頭設置にあたって興福寺領荘園の目録を武蔵得業隆円なる興福寺寺僧から秘かに入手して地頭を新補したことにも注意されるのである。(27)

幕府のこの未曾有の強硬措置に、やがて衆徒は屈服を余儀なくされた。その十七日、ついに衆徒は興福寺から退散し防備を撤去した。(28)『吾妻鏡』の説明では、所領に地頭をおかれ関で塞がれたので、兵糧と人勢に窮したからだという。だがかれらは退去にさいして春日社司に通告して、「退散はするが、要求が通らないのに神木を帰座したならば社司を死罪に処する」と捨て台詞をのこしていった。

その二十八日と二十九日、春日社ついで興福寺は開門した。そして興福寺から権別当定玄をはじめ僧綱や衆徒の使者が、「理訴を以て先とし、問答を以て詮となす」(29)ため上洛した。もちろんその結果は、興福寺として何の得るところもなかったが。

春日神木は翌十一月二日帰座した。(30) 十四日幕府は、大和の守護・地頭をいちおう停止し、もとのように興福寺の所管に返すことにし、翌日その旨の御教書を送った。(31) ただ、衆徒の張本については衾宣旨を申請して追捕し、その跡は地頭を設置することとした。石清水別当宗清の罪については、軽罪である上に衆徒が薪荘を焼き神人を殺した責任を放置してあるのだから、処罰がなくても不公平でもなかろうという解釈を示した。幕府の御教書は同月二十九日、同趣旨の長者宣とともに興福寺へ伝達され、同日後藤基綱も京都から鎌倉へ帰った。(32) かれは幕府への報告に、衆徒の鎮圧には武蔵得業隆円の功績が大きかったことを、とくに強調したという。

第三段階の紛争はこうして結末をとげ、この嘉禎年間の薪・大住の争乱もおわった。しかし薪・大住の争乱はこれでおわったのではない。私たちの知りうる大きな紛争としては、この後弘安四―五年(一二八一―八二)またもや境争論から発して神木入洛の騒動がくりかえされたのであった。(33) 紛争の発生原因とそれが拡大するような社会的・政治的条件とがすこしも除去されていない以上、同じことは何回でも起るのである。

(1)　二月廿二日、石清水行幸を告げた摂政道家御教書には、宗清への宛名を八幡別当とし(『史料』六〇〇ページ)、宗清に停任の宣下も還任の宣下もないことも明らかにされた(『史料』五八二ページ)。
(2)　五月七日摂政道家御教書(『雑々日次抜書』(『史料』六九〇ページ))。
(3)　『中臣祐定記』嘉禎二年七月一日条。
(4)　同右、七月三日条。
(5)　同右、七月十五日条。
(6)　同右、七月廿三日条。
(7)　同右、八月十五日条。
(8)　同右、七月廿三日条、九月十七日条。
(9)　同右、七月廿三日条、八月七日条。
(10)　同右、九月十七日条。
(11)　同右、七月廿三日条、八月十五日条、九月十七日条。
(12)(13)　同右、七月廿八日条。
(14)　同右、七月廿八日条、八月五・六日条。
(15)　『吾妻鏡』七月廿四日条。

(16) 同右、八月廿日条。
(17)(18) 『中臣祐定記』九月五日条。
(19) 同右、九月九・十二日条。
(20) 同右、九月十七日条。
(21) 同右、九月十八日条。
(22) 同右、九月十七・十八日条。
(23) 同右、九月廿日―廿八日条。
(24) 同右、九月廿四・廿八日条。
(25) 同右、十月四日条。
(26) 『吾妻鏡』十月五日条。
(27) 同右。なお、隆円は幕府とのこの関係により、暦仁元年東大寺別院別当となった(『吾妻鏡』同年十月四日条)。これについては、上横手雅敬『北条泰時』(一九五八年)一六五ページ参照。
(28) 『中臣祐定記』十月十七日条、『吾妻鏡』十一月一日条。
(29) 同右、十月廿八・廿九日条。
(30) 同右、十一月二日条その他。『史料』同日条参照。
(31) 『吾妻鏡』十一月十四日条、『中臣祐定記』十一月廿九日条。
(32) 『中臣祐定記』十一月廿九日条、『吾妻鏡』十一月廿九日条。
(33) 『祐春記抄』(『続南行雑録』(『続々群書類従』第三))。

3　幕府の役割

第三段階の紛争において、とりわけ注目される特色は、衆徒が興福寺・春日社内部で孤立したことと、幕府が鎮圧に積極的な役割を果たしたことであろう。

衆徒が孤立した理由については、分裂・抗争や張本などの内部事情を詳細に追究するための資料が充分でないので、遺憾ながら断定的なことはいえない。ただ、大局的にみれば、もはやこの段階では薪・大住の山水争論という実際的な意味のある問題は放置されて、石清水別当の配流というような事件の本来の原因から遊離した要求だけで蜂起したのであるから、無意味な体面や意地にだけこだわってただことを好む無頼の行動ともみえることを繰り返すことには、さすがに大部分の者がいや気がさしたともみえる。けれども、反面そうまでしなければならなかったところに、前節でものべたように、住民を自己の力で組織することができずに興福寺の機構によりかかって「領主」的欲望を伸張しなければならなかった衆徒の性格が、確認できるとおもう。かれらは、権門体制の根深い矛盾をとらえ、体制の弱点にくさびを打ち込み、つぎにみるような体制に従順な武士よりもはるかに体制側の秩序にたいして叛逆的でありながら、しかも、農民の高い自立性に規制されて個々に領主としての独自な基盤と支配を形成できず、結局は体制の枠を拠りどころに独善的横暴とも叛逆ともみさかいのつかぬ矮小化された行動に走らざるをえないのである。衆徒の行動がこのように矮小化し孤立化していくことについては、「古代的」権力機構内部の頽廃とみる有力な見解があることは周知のところである。しかし以上のような点から、まず第一に、かれら自身の問題としてむしろ封建領主階級の支配に内在する独善的・頽廃的な性向をいちはやく露呈したものというべきであろう。けれども、このばあいさらに全般の状況からの判断が必要であって、この際は結局体制と秩序にとって叛逆的であるとみなされていたことに、権門体制という歴史的・具体的な支配における矛盾の現われ方を見る必要があるとおもう。それは、「僧兵の蜂起」という平安後期以来の騒擾の形態をひきつぎながら前述のように「悪党蜂起」にまで展望をもつものである点に、事件の当事者の個々の主観的意図や評価をこえた体制的な意義が、客観的に指摘されなければならないからである。

衆徒についてはすでに前節にものべたので、ここでは以上のことを再確認するかたちにとどめたいが、これにたいしこの節で新しく検討を加えたいのは、この体制への叛逆事件における幕府の役割である。

この事件のはじめからあらためて見なおしてみると、幕府がそのはじめからさまざまな形で関与していたことが、このさい想起されなければならない。すでに事件が発生する直前の五月十六日に、幕府は源保茂を「男山守護」に任命した。(1) これは事件そのものに直接の関係はなかったかもしれないが、やがて第一段階において薪荘が焼かれたときには六波羅の軍兵数百騎が急遽現地に出陣して張本の逮捕や治安の維持にあたった。また興福寺の訴えにより、石清水方の平康助・秋光預所七郎などを逮捕した。第二段階では、興福寺衆徒が春日神木を宇治まで進めたが、このとき六波羅の軍兵は宇治と八幡で衆徒と対陣した。そして摂津国内の地頭・御家人等を石清水の守護に動員した。また二度の将軍家御教書をもって見解をのべ、最後には評定衆後藤基綱を派遣して慰諭させた。そして第三段階では、さらに大規模に、あらたに関東から「勇士」を派遣してまで、奈良を包囲・圧迫し、ついに守護・地頭を設置するというまったく異例の措置をとり、最後に事件落着後も衾宣旨により悪僧の張本の追捕にあたったのである。いったい幕府は何のためにこれだけのことをしなければならなかったのか、またこれによって幕府自体何か得るところがあったのであろうか。

そもそもこの事件の発端たる薪・大住両荘は、もとより幕府または御家人の所領ではなく、地頭や御家人が紛争に関係していたわけでもなかった。また相論・喧嘩の一方または双方が事件を幕府に提訴したわけでも、神人や衆徒が「強訴」の鉾先を幕府へ向けたわけでもなかった。さらにまた、この事件を手がかりにして幕府がその所領の拡大をとくに意図したわけでもなかった。要するにこの事件は、寺社ないし権門貴族の世界、通説のいわゆる「公家政権」「王朝国家」の範囲内で起った紛争であった。それゆえ、幕府が「公家政権」「王朝国家」にたいし異質的・敵対的な独自の国家権力であるならば、紛争に関与したり、まして鎮圧に出兵したりしたことは、了解し難いことといわなければならない。つまりそれは、幕府が権門貴族・寺社に敵対的な独自の国家権力であったのでなく、まさに権門体制の国家権力の一部としての役割を果たしていたことを示すものではなかろうか。そのことの充分な説明のためには、幕府のあらゆる側面からの考察が必要になるが、ここでは事件の展開のなかでの幕府側の主要な行動を逐次検討することからはじめて、日本中世国家における幕府の位置と役割について概略をのべたいとおもう。

　幕府側の行動は、大別して三つに区分できる。第一は六波羅ないしは関東から差遣の「武士」による保安・鎮圧行動であり、第二は守護・地頭の設置であり、第三は将軍の御教書による見解の披瀝である。

　まず第一の保安・鎮圧行動については、その出兵の根拠は、幕府の独自の判断に基づくのでなく、宣旨によるものとみるべきことは、紛争のつど諸記録が「武士に仰せて」と記していることから推察しうるし、他の傍例からみてもまず間違いあるまい。[2] もともと、このような刑事事件に関しては検非違使庁があるわけであるが、この時代には、その他に六波羅を通じて「武士」つまり幕府の軍兵に出動を命ずるのが例であった。[3] その軍兵がどのようにして組織されるか、たとえば在京武士・大番役との関係や「官兵」の意味などについてここで詳説する用意はないが、いずれにしても「鎌倉殿御家人」が宣旨によって朝廷の治安維持兵力となり「官軍」「官兵」と呼ばれて、[4] 直接には幕府となんのかかわりもない事件に勇躍して出動している点に注意したい。つまりこの点では、鎌倉幕府創立以前に源平の武士が官兵となって衆徒に対抗したのと、なんの相違もないのである。

　つぎに、第二の守護・地頭については、源保茂が補任された男山守護と、大和の守護・地頭との二つについて考察する必要がある。男山守護は、石清水別当の申請により宮寺領山城国今福・薪の悪党禁制のため嘉禎元年（一二三五）五月に設置されたものであるが、『吾妻鏡』が「就譜代之寄《ママ》、可令守護之旨」[5] と記している以上に、詳細な性格を徴すべき資料がない。しかし、諸国守護人のほかに守護人を置くことは他に例がなく、やや似ているのは鹿島惣追捕使だけであって、一般に寺社の守護のために設けられるものは「奉行人」と称せられている。[6]「奉行人」については『吾妻鏡』に「御願寺社定められ、奉行人を置き訖ぬ」という説明があるが、[7]前掲の「譜代之寄」とあわせ考えると、男山守護も、はじめは幕府という一権門の御願寺社としての譜代の関係から奉行人の一つとして置かれた私的なものといえよう。そしてそのような儀礼的・形式的なものであったために、源保茂もはじめ赴任しなかったのであろう。ところが、この事件が起って、この「守護」の意味は一変したはずである。翌年三月重ねて保茂に守護が命ぜられついに赴任することになったが、ここで守護の意味は実質的なものに転換した。そして、その八月には東大寺からさえも「保茂は当国(山城国)悪党等の事、沙汰致すの仁たり」[8]と認められて同寺領山城国玉井荘下司職に補任されることになった。東大寺のばあいは対興福寺という政治的配慮がとくに意識的にはたらいていたとおもわれるが、石清水についても東大寺についても、ここに幕府の勢力が権門として譜代の御願寺社を守護する私的なものから権門一般を守護する軍事力へと発展する契機をみることができよう。しかしそれは幕府勢力の伸張にはちがいないが、権門・寺社によって構成されている秩序全体を維持するための軍事力という役割をいっそう明確にするような限界内の伸張である点に、注意しなければならない。

大和に守護・地頭を設置したことについては、それが「日本国総守護職・総地頭職」としての将軍の権限に基づくことは明らかであるが、問題は、紛争が終結するとともに停止されてしまった点にある。周知のように中世を通じて、大和では興福寺が一国の検断権を掌握していたが、従来説かれてきたところでは興福寺は幕府が守護人を設置するのを拒んでおり、幕府もまた守護人の設置をのぞみながらできなかったもののごとくいわれている。だがもしそうであるならば、幕府はこの事件を契機に守護の恒常的な設置をどうして強行しなかったのであろうか。そもそもこの事件において守護が設置されたとはいうものの、『吾妻鏡』の記事以外に確証を欠き、(9)いつだれが任命されまたいつ廃止されたかも明瞭でないので、はたして本気に守護の設置を考えていたのか、それとも政治的ポーズにすぎなかったものか、あるいは『吾妻鏡』の創作であったのか疑わしい点があるが、設置が不可能でなかったことだけは明らかである。もっとも、あえて強行すれば、かえって後々までの紛争の種となることも疑いなく、まともに維持することもできたかどうか、おそらく守護人になることを希望する者もいなかったのでないかと私は考えるが、それを押しても設置をつづけようとせず、一時の鎮圧の手段たるにとどまったところに、守護の意味と幕府の「王朝国家」への態度を窺うことができるとおもう。したがって、かの御成敗式目に規定された諸国守護人の大犯三ヵ条の条項も、幕府を独自の国家権力とみた上でそのなかでの権限の分掌と解すべきでなく、あくまで権門体制国家全体のなかで規定される権限――このばあいは権門体制秩序にたいする謀叛についての検断権――であると理解すべきものであろう。

地頭については、いったんは広範に設置しながら最終的には僉宣旨をもって追捕された張本の所領にだけ設置されたことが明らかであるが、これが犯科人跡に地頭を置くという慣例によることは説明を要しない。そして、この地頭設置の態度も、守護のばあいと同様、幕府が独自の国家権力の伸張をはかったのでなく、権門体制の秩序維持の枠内での勢力伸張にすぎなかったことを示している。

第三の将軍の御教書による幕府の見解の表明については、形式的には総じてさきの摂政道家の御教書と同じことである。幕府の御教書は、この事件を通じてたびたび発せられ、いずれも政治的処置の決定に重要な役割を果したが、御教書がそのまま決定の文書ではなく、あくまで幕府という権門の見解を表明した私的な文書であり、官兵の出動、犯科人の指名などはいずれも宣旨によってはじめて公的に決定されたのである。御教書が事実上の決定になったということはもちろんいえるが、それは権門政治のなかでの幕府の政治的実力によることであって、御教書そのものに決定の権限が備わっているのではない。つまりこのこともまた、幕府が独自の国家権力をなしていたのでなく、権門体制国家のなかの最有力な権門の一つにすぎなかったことを、示すものであろう。(10)

以上、この事件のなかでの幕府の主要な行動について、その制度的な根拠・権限・役割などをみてきたが、要するに幕府は、権門政治において最有力な発言をするだけの政治勢力ではあったが、国家体制内における役割としては、軍事＝暴力機構の最重要な部分として位置づけられる存在にすぎない、ということである。幕府の勢力が他の権門・寺社にたいして対立的側面をもっていたことはもとより否定できないが、そういう相互対立は、他の権門・寺社相互間にもみられることであって、そのかぎりでは同じである。ただ幕府が他と異なる所以は、主として在地領主層だけをいちおう自立的な領主として保護しそれを御家人として私的に組織していること、(11)「公家」「摂籙家」「寺家」「院家」「社家」等々にたいして「武家」つまり武士の棟梁という権門となり、そのゆえをもって国家の軍事暴力機構を分掌していることである。寛喜三年（一二三一）十一月三日の宣旨（新制）(12)はいう、

一、諸国に仰せて海陸盗賊を追討せしむべき事
仰す、風聞の如くんば、海に白波あり山に緑林あり、(中略)諸国司幷びに左近衛権中将藤原頼経朝臣(将軍)の郎従等に仰せて、殊に尋捜し、宜しく禁遏せしむべし

と。この規定は、諸衛の警巡がそれぞれ衛門尉・兵衛尉・内舎人などの任務であること、京中の取締りが坊長や幕府の在京武士の任務であることなどを規定した条項とならぶ条項であって、国家全体の守護・検断の担当と配置に関する総括的な規定である。したがって、悪僧追捕の宣旨もこれをうけて、「五畿七道国々の司および民部卿藤原朝臣郎従等に仰せて」(13)というような語句をもって書かれていたらしいが、これは決して形式だけの虚飾の文字でなかったことを、私は強調したいのである。

この点に関して、幕府が第一段階で道家に送った御教書には、注目すべき文言がある。(14)

凡そ武士の法、仰せを奉じて諸方へ向ふの日、鉾に誅敵を懸くるを以て本懐となし候、而して大衆蜂起の時、会稽を遂げしむるの族、罪なくして咎を蒙るの例、近きにあり、これに依り衆徒いよいよ勝に乗ず、武士定めて思惟を貽すか、これ必ず一片の儀たるべからず、今より以後に於いては、武士手を過ごすといへども別の罪科に及ぶべからざるの由、召し仰さるべき也

本稿のはじめにのべたように、当時の執権は北条泰時であり、この御教書の言葉も泰時の考えをのべたものといってよい。そこで従来泰時を論ずる人々はみなこの言葉を引用し、朝廷が衆徒の鬱憤をしずめるために不合理な処置をつづけていたのにたいして、泰時が武士の立場から毅然とした態度を示して幕府の権威をたかめたものとして賞讃したのであって、私もそのかぎりでは同感である。だが、それとともに見落してはならないとおもわれるのは、泰時がそのことを大いにいわなければならなかったほど現実にそのような不合理な処分が武士になされていたこと、武士に過度な行動があっても処罰しないことを、泰時の権限としてでなく朝廷の権限として言明してほしいと要望しなければならなかったことである。すなわちそれは、武士なるものがまったく朝廷の走狗にすぎず、まことにみじめな地位と役割しか与えられていなかったことの証左である。泰時はなにか堂々と主張しているようにみえて、あたりまえのことをはじめていったにすぎない。右の引用のはじめの部分の「凡そ武士の法、仰せを奉じて諸方へ向ふの日、鉾に誅敵を懸くるを以て本懐となし候」という言葉も、武士のひたむきな勇武をのべたものではあろうが、反面には、武士が主体的な政治的判断能力を欠如し、ただ「勅命」の走狗となって得意然としている存在にすぎないことを、泰時自身認めていることになろう。興福寺という巨大な組織に巣喰い「頽廃的」な叛逆をくりかえしながらも容易に死せざる狡兎ともいうべき衆徒と、この無知・無権利でわけもわからずに煮られてしまう走狗と、いずれをみじめだとみ

るかは、ここでは論外とするが、泰時が古来、貴族階級からもひどく評判がよかった理由は、根本的にはこの点にあったのである。北畠親房はいう、

大方泰時心たゞしく政すなほにして、人をはぐゝみ物におごらず、公家の御ことをおもくし、本所のわずらひをとゞめしかば、風の前に塵なくして、天の下すなはちしづまりき(15)

親房のこの観点は、慈円の頼朝にたいする賞讃や将軍頼経下向への期待の論法(16)とまったく同じであって、いずれも、幕府が武士を忠実な走狗のままで制御する権力機構であったかどうかが、評価の基準となっているのである。そしてそれは、いままでにみたように、決して当っていないわけではないのである。

私は、泰時が中心となって制定したかの御成敗式目やそれに関して六波羅の重時に宛てた泰時書状も、以上のような観点から理解さるべきもので、武家の「道理」を主張したとだけ過大に賞揚するのは正しくないと考えるのであるが、それをいま詳論する余裕はないから、ここでは本稿に関係ある僧徒の兵杖禁止の幕府法についてだけ簡単にのべておきたい。

鎌倉幕府法のなかに、諸人ことに僧徒の兵杖を禁止する法令、山僧・神人の横暴を禁止する法令、神人と号しての横暴を禁止する法令が、多数散見することは周知の通りであり、また当然ながらこれが追加法である以上、貞永以後の制であることも、いうまでもない。ところで、それではかかる禁止は、頼朝以来頻繁にあったのだが追加法に現われたかぎりで列挙するから貞永以後つまり泰時以後に現われるのかというと、そうではない。寛喜三年四月の追加法(17)では、諸社の祭の時、非職の輩や武勇を好む類が飛礫(印地打)のついでに刃傷殺害するのを禁じて「泰時在京の時、殊に制を加うと雖も」といっており、文暦二年正月の僧徒の兵杖を禁遏せしむべき事を令した法令(18)には「就中、山僧の武勇に至っては、承久兵乱の後、殊に停止され畢ぬ」とあって、泰時の代になってとくに頻発されるようになった

ものであることがわかる。けだしそれは、承久の乱によって幕府の勢力が西国へ伸張した結果、この畿内・西国に特徴的な現象に直面して泰時がしきりに禁遏を加えはじめたものであって、それなりに幕府の勢力の伸長を意味するともいえるものである。けれども、それではかかる法令の発布がまったく幕府の独自の判断と意志にだけよるものかというとそうではない。非職の輩の兵仗禁止は古く天延三年(九七五)・長保三年(一〇〇一)などの新制にみえ、神人・悪僧の乱行停止は保元元年(一一五六)・治承二年(一一七八)以降たびたびの新制[19]にくりかえされているところであり、幕府追加法ではじめて山僧・神人の横暴禁止を布告した寛喜三年(一二三一)の条文[20]も実は宣旨をそのまま布告したものにすぎないのである。つまりこのことは、僧徒の兵仗禁止や神人の横暴禁止に泰時が熱心になりはじめたのは事実だが、布告の根拠は古くからのたびたびの新制または宣旨にあったのであり、この幕府法そのものは独自の立法ではなくいわば遵行のための条令であったといえるのである。もちろんそれにしても幕府から公布されたのであるから、いちおう「鎌倉幕府法」と呼ぶことには差支えないとおもうが、武士社会の慣習に従って御家人にだけ適用される相続法や幕府の機構改革や事務処理の法などのような、いわば純然たる幕府内部に関する立法と、このように宣旨を承けて公布される法令とは、法の性格上区別さるべきものであろう。そして幕府法と総称されるものに大別してこのような二種があることは、法令発布の主体たる幕府の性格の二面性――権門の私的な機構と国政の公的分掌者と――を示すものではなかろうか。

以上は、兵仗禁止令の発布手続上の問題であるが、内容的にはどのような意義をもつものということができるだろうか。

さきに指摘しておいたように、これらの法令は単なる兵仗禁止や横暴禁止でなく、具体的には僧徒や神人または神人と称する者の兵仗や横暴を念頭においてそれを禁止したものであって、その点で法として一連の関連をもつものである。さしあたり本稿でのべた嘉禎年間の衆徒・神人の蜂起もその特殊な一例として理解しうるであろうが、そうだとすれば、泰時がこうした問題に強く関心を向けるようになったということは、朝廷が古くからくりかえしながら実際には効果をあげえなかった禁止令を、承久以後「勢力を伸張した」幕府が強力に実行しはじめたことにほかならない。権門体制のもとでは人民の自立性への要求と支配権力にたいする抵抗がしばしば神人・寄人・供御人等々のかたちをとって現われ、さらには衆徒の反逆というかたちで体制的矛盾を激化させたことは、前節でもくりかえしのべたところであるが、兵仗禁止・僧徒神人横暴禁止などの法令は、そのためのものであった。それは後年の「刀狩り」にも通ずるところの被支配人民の武装解除のための政策であり、しかも貴族・寺社の諸権門にとって果たすべくして果たしえなかった永年の課題であったが、実に幕府の西国への進出によって実現されようとしているのである。泰時が貴族・寺社の側からも賞讃された理由は、こうした面からも知りうるのであって、いわばかれはまことにすぐれた「権門体制」主義の政治家であったのである。

私が泰時についてこのようにいうのは、いうまでもなくかれが、御成敗式目を制定し、頼朝とともに鎌倉幕府(ひいては室町幕府までも)の性格を代表する重要な存在であったからであるが、それにしてもいままでのべたことだけで、権門体制国家における幕府の位置ないしは中世国家における権力=暴力機構の配置を、割り切ってしまうつもりはない。幕府に独自の国家権力として発展する可能性がなかったわけでないこと、また幕府の以上のような「武家」権門としての役割が東国という地方的条件を背景とした歴史的なものであること、御成敗式目の律令法との関係や適用範囲は幕府を一権門としてみることによってはじめて正当に理解されうるものであること——これらのことは、別稿[(21)]でものべたのでここでは説明を省きたい。ただ、嘉禎年間の薪・大住両荘の紛争について指摘できることとして、幕府が中世の権門体制国家の主要な軍事=暴力機構であって、幕府なしには「貴族政権」は内部矛盾を鎮圧できずその支配と権力を存続できないこと、また幕府も独自の国家権力を構成したのではなく「武家」権門としての存在以上のものでなかったこと――このことが確認されればよいのである。

(1)『吾妻鏡』文暦二年五月十六日条。
(2) 延暦寺衆徒と佐々木高信との紛争のさいにも、幕府軍が出動しているが、『吾妻鏡』は「勅旨を承るに依り」と記している(嘉禎元年七月廿七日条)。
(3) 同じく延暦寺のばあいについて「台岳衆徒蜂起、日吉神輿入洛之時、仰使庁幷武士、被宥禦者、中古以来為流例」といわれている(七月廿四日前左大臣良平意見書(『史料』一八六ページ))。
(4)「官兵」が六波羅指揮下の幕府軍をも指すことは、『百錬抄』文暦二年六月三日条その他に明らかである。正安元年十二月廿三日『六波羅御下知』(『群書類従』第二三輯)が「官兵幷大番」を御家人役として論じていることからすれば、丹波などでは、大番役のほかに必要に応じて「官兵」という軍役が課せられたかとおもわれる。
(5)『吾妻鏡』文暦二年五月十六日条。
(6)『武家名目抄』職名部。
(7)『吾妻鏡』建久五年十二月二日条。
(8) 東大寺文書(『史料』嘉禎二年八月是月条〈八五二―八五三ページ〉)。
(9)『中臣祐定記』嘉禎二年十一月廿九日条に載せる長者宣ならびに関東御教書は、いずれも地頭を立てることについてだけであり、守護には言及していない。
(10) 延暦寺衆徒の処分についても関東御教書は同様な役割を果している。嘉禎元年七月廿九日関東御教書(『史料』二〇一―二〇二ページ)および『吾妻鏡』嘉禎二年七月十七日条参照。
(11) 幕府の御家人制がレーン制に近似した形をとったのは、これによる。
(12)『三代制符』(『続々群書類従』第七)。
(13)『百錬抄』嘉禎三年六月三十日条。

(14) 十二月卅日関東御教書(『中臣祐定記』嘉禎二年正月十五日条)。
(15) 『神皇正統記』(岩波文庫版)一五四—一五五ページ。
(16) 『愚管抄』(岩波文庫版)二四二・二七一・三一二—三一三ページ。
(17) 佐藤進一・池内義資『中世法制史料集』第一巻鎌倉幕府法のうち、追加法二八。
(18) 鎌倉幕府追加法(佐藤・池内前掲書)七〇。
(19) 水戸部正男『公家新制の研究』(一九六一年)。
(20) 鎌倉幕府追加法(佐藤・池内前掲書)三三。
(21) 黒田「鎌倉幕府論覚書」(本書四七ページ以下)。

むすび

本稿のはじめに、私は本稿で課題とすべき問題を、三点にわたって掲げておいた。すなわち、第一にはこの時代の階級関係の総体とくに荘園制支配の特殊具体的な階級矛盾の展開のしかたであり、第二には朝廷をめぐる権門貴族・寺社・幕府などの相互補完関係の具体的内容をとくに軍事・暴力装置について検討することであり、第三にはそのことを政治的展開のなかでの権力発動の過程によって考察することであった。そして、嘉禎年間の薪・大住の争論にはじまった三次にわたる事件の展開をみてきたのであるが、いちおうは所期の課題についてのべてはいるものの追究が不充分で、課題について粗雑なスケッチを提供したにすぎないことになった。もっとも、弁解がましいいい方ではあるが、さきのような課題を真に果たすためには、叙述の対象をはるかに拡大してもっと多面的な考察を加える必要があることも、いうまでもないことである。それは、今日のわれわれの研究段階の状況からしても必然的である。したがって、本稿でのべたことに関連して説明しておきたいとおもうことも多々あるが、それは際限のないことであるから、ここではスケッチのままにしておきたいとおもう。

私は、権門政治と呼ぶところの政治形態は一一世紀院庁政権の成立によって確立し、国家も権門体制と呼ぶべき権力機構としてその体制を整えるにいたったとみている。そしてこの体制は、鎌倉幕府の成立および室町幕府の成立を境にしておおむね三段階の変化をとげながらも、実質的には応仁の乱ごろまで体制としての生命を持続していたと考える。本稿で考察した事件は、その第二段階の典型的な時点にあたるといえるが、すでに第三段階への移行の萌芽を見出しうるという意味で、神人・衆徒の「悪党」的傾向をも指摘しておいた。もちろんそれを国家権力機構の次元であとづけるためには、まったく別の作業が必要である。それらについては別の機会をまちたいとおもう。

なお私は本稿で、平安中期以降の社会発展の基本的動向を、農民層が比較的高い自立性を拠り所にして、内部から在地領主が成長するのを制約し、荘園領主に対しては田堵以来の農民的諸権利を承認させつつ究極は領主階級を単なる固定地代の取得者たらしめようとする闘争に求めた。もとよりこれは、古代から中世への進展の基軸を在地領主制の発展にもとめた従来の視点と、まったく相違するものである。論証もなしにそうした観点を粗雑な形で提示したことは、性急にすぎたかともおもうが、これも通説の中世国家論に対する疑問から出発した私にとっては、やむをえないことであった。というのは、従来の在地領主制の理論そのものが、もとはといえば通説の日本中世国家像への展望のための政治史的観点から提起されたものであったからである。このことをとくに記して、大方の御批判をえたいとおもう。

Ⅳ　延暦寺衆徒と佐々木氏

——鎌倉時代政治史の断章——

はじめに

本稿で考察するのは、建久年間と嘉禎年間との両度にわたる、延暦寺衆徒と近江国守護佐々木氏との紛争である。この両度の紛争については、すでに『大日本史料』にその関係史料が一通り網羅されており、また『滋賀県史』その他にその経過の大略が説明されているので、比較的周知の事件であるが、それらによって説かれているように、事件は単に衆徒と佐々木氏との私闘たるにとどまらず、朝廷・公家・幕府をも動かした政治的性格をもつものであった。しかし近年の鎌倉時代政治史の叙述には、これについてほとんどふれられるところがない。あとで関説するように、そのような軽視ないしは無視がみられるのは、近年までの鎌倉時代政治史への一般の視角が特定の傾向をもっていたことの必然的結果と考えられるのであるが、それはさておき、すでに事件としては周知のものであるにもかかわらずあえてここでとりあげる理由を、はじめに述べておきたいとおもう。

この両度の紛争の一つの特徴は、その主役が延暦寺の衆徒いわゆる「僧兵」である点にある。ところでその「僧兵」については、かつて松本新八郎氏が寺院勢力内部の新たな矛盾の展開として積極的に評価し分析する視角を提示された(1)にもかかわらず、近年は研究に乏しく、わずかに寺院制度史の一部として論じたもの(2)以外はおおむねこれを「暴徒」

視してすませる傾向が強く、[3] また「寺社勢力」という語によって寺院内部の諸勢力をいきなり一括してとらえる見方とあいまって衆徒を結局は「古代勢力」として片付けてしまい、あたかもそれが「暴徒」であり頽廃的であることの理由でもあるかのような見方が常識化していた。[4] だが事実をみれば、「寺社勢力」の語のもとに座主から衆徒・堂衆・神人までを一括するのは無意味であり、「古代勢力」とみることにも疑問があり、まして「暴徒」視するだけでは事態の真実を見失うおそれがあると私はおもう。このことについて、私は先年若干の考察を加えたことがあるが、[5] いわゆる僧兵の歴史の全般にわたる考察はここでも展開することはできないものの、いますこし旧稿を補いたいと考えるのである。

改めてのべるまでもなく衆徒の行動の一つの特色は、当時「大衆」という語で呼ばれたように同輩としての結束にもとづく集団行動であり、かつしばしば下層からの叛逆的傾向を濃厚にもつことであった。私はこのことから、ただちに衆徒の行動のすべてを下からの叛逆的闘争そのものであるというのではないが、そこにはかつて民衆の階級闘争として注目すべき意義をもった組織や行動の諸形態が複雑な曲折をへて伝えられており、鎌倉初期の段階でもなお一定の新たな積極的意義をもっていたと考える。[6] 歴史上、人民的な闘争を問題にするさい、たとえ幻想的願望であろうと一時的な解放におわろうと、闘争の過程にはつねに平等の原理にもとづく人民解放の自治組織への志向があることに注目されるのであるが、衆徒＝「大衆」の行動と組織についてもそのような見地から分析を加えてみる必要があるとおもう。そしてそのような見地を脱落させて新しいヒエラルヒーの形成にのみ注目しているならば、政治史が結局は上層部の支配者間のかけひきやその上からの政策の一方的考察におわってしまうおそれがあることは、明らかである。もっとも衆徒の行動や組織については、事態と史料の性質上、荘園その他社会的経済的事実との関連を精細に全面的に追究し実証することが概して困難である。意味上で関連づけて論ずることはできても、具体的な関連において衆徒＝大衆の行動や組織に人民的な闘争の展開を指摘することは容易でない。そして本稿もまたそうした困難を克服しえたわけではないが、こうした視角に立つことだけは決して無意味でないとおもう。

さてここで右のようなことをとり立ててのべるのは、決して政治史への視角について型通りの一般論をいうためではない。そうではなく、当面対象にしている鎌倉時代の政治史研究のあり方に、概して右のような視角から再検討すべき問題点があると考えるからである。今日までの鎌倉時代政治史は、永年の数々のすぐれた業績にもかかわらず、また社会の深部の矛盾の追究と複雑微妙な政治情勢への細心の配慮にもかかわらず、帰するところは武家政治の発展史を基軸として構成されているといって差支えないとおもう。それは、この時代の政治史の基本問題が在地領主層を基盤とした封建的ヒエラルヒーの形成・発展にあるとみる観点に不可分に関連している。だが、そうしたことに社会発展のための人民の闘争の成果をみる限り、「大衆」の組織と行動を分析する視角を積極的に生み出しえなかったのは当然でなかろうか。かりに社会発展の自然史的・必然的法則性が在地領主制の発展とその封建的ヒエラルヒーの展開にあったとする見解が正当であるとしても、なおそこでの人民的な諸闘争が自治的な組織と行動をとって現われることの必然性とその積極的意義を見つめていくことは、どうしても必要であるとおもう。したがって、衆徒を主役とする政治的事件をとりあげることは、二重・三重の意味において、諸階級の矛盾・闘争を基礎とする真の政治的核心を軸にした鎌倉時代政治史を再構築する契機となりうるものであるとおもう。

なお、また、衆徒を主役とするこの二つの事件については、不可避的に中世国家と宗教との関係が問題にならざるをえない。この二つの事件がその点で特別に注目に価するわけではないが、政治的葛藤の過程において公武諸権門と山門およびその宗教との関係、国家の権威と宗教とのかかわりなどが生きた姿で現われ、それがまたこの時代の政治史にとって無視できない要素をなしていたものだからである。もとよりこれまたここでその全面について論及することはできないが、その結節点の一つを示すことにはなるであろう。

以上のべたことは、事実をまず分析してからあとで論議すべきことであったかもしれないが、すでに周知の事件と史料をことさらに新しくとりあげた意図であり、はじめに了解をうるためあえてのべた。以下、二つの紛争を順を追って考察していきたい。

(1) 松本新八郎「玉葉にみる治承四年」(『文学』一七巻一〇号、一九四九年)。ただし松本氏は治承・寿永の乱を「封建革命」の一つの段階としてとらえ、その時期に古代寺社内部に起った革命的な勢力として延暦寺の堂衆の蜂起をとらえるのであって、そうした位置づけに関するかぎりは、本稿の視角と著しく異なる。

(2) 最近のものでは和田昭夫「中世高野山教団の組織と伝道」(日本宗教史研究会編『日本宗教史研究』I、一九六七年)、平岡定海「僧兵について」(宝月圭吾先生還暦記念会編『日本社会経済史研究』古代中世編、一九六七年)などが挙げられよう。

(3) 平田俊春『平安時代の研究』第一部(一九四三年)所収の各論文およびこれを基礎にした同氏『僧兵と武士』(日本人のための国史、一九六五年)は、そのような観点を示す代表的なものである。

(4) いちいち例をあげないが、これが戦後の通史の一般的な傾向であった。

(5) 黒田「鎌倉時代の国家機構——薪大住両荘の争乱を中心に——」(本書七三ページ以下)。

(6) 黒田『荘園制社会』(体系日本歴史2、一九六七年)。

一　建久年間の紛争

まず、建久年間の紛争の経過の概略をのべよう。

紛争の発端は、建久二年(一一九一)三月の末、近江国佐々木荘において、延暦寺から差遣された日吉七社の宮仕が千僧供の未進を責めたことにある。佐々木荘は延暦寺の千僧供備進の荘園であり、また頼朝の家人として重きをなした佐々木一族の本拠であって、当時近江国総追捕使(守護)[1]であった佐々木定綱はそこの下司であった[2]。延暦寺衆徒がそのころ未進米などを譴責したのは佐々木荘だけに限らず、近江一帯で「無道沙汰」があったというが、佐々木荘においては定綱宅あたりで定綱の子息や郎従らと激突し、放火・刃傷の闘諍となり、はては宮仕側に死人が出、また日吉社の「神鏡」を破損するにいたったというのである[3]。

この事件に激昂した衆徒は、定綱の断罪を要求して活発な動きを開始した。四月二日、衆徒が当時在京中の定綱の住宅を襲撃するという風聞があり、摂政兼実は事態を憂えて延暦寺座主顕真に衆徒を制止するよう命じた。他方、衆徒らも当時熊野路にあった後白河法皇および関東へ延暦寺所司・三綱らを使者として派遣し、また三綱らとしても衆徒に同調して兼実に申状および奏状を送って定綱と子息らを衆徒に引渡すべきことなどを訴えた。また幕府側では一条能保および在京の大江広元から関東へ飛脚を送り、憂慮した頼朝が事態解決のため十六日梶原景時ついで後藤基清を使者として上洛させた。この間、定綱は逐電して行方をくらました。

四月二十六日、衆徒等は突如下洛し、日吉・祇園・北野などの神輿を奉じて内裏に強訴し、定綱およびその子息等の死罪を要求し、警固の武士と闘諍し、やがて神輿を捨てて分散した。この間、宮廷の警固は手薄で、禁裏守護の武士も敢て衆徒に抗せず、左衛門陣から南庭へと雑人が充満する有様であった。禁中の議定では座主に定綱等の流罪・禁獄の線で衆徒をまとめるように説得させようとし、座主はまた衆徒の意向を汲んで定綱追捕の宣旨を請うという状況で、宮廷はこの日一日混乱した。

神輿は翌二十七日夜いちおう北野および祇園へ移されたが、二十八日には摂政兼実の御教書および院宣をうけて座主や僧綱が衆徒を諭し、また定綱を召進むべき僉宣旨が使庁へ下された。そして三十日、定綱を薩摩に、子息広綱を隠岐に、定重を対馬に、定高を土佐にそれぞれ配流し、郎従五人を禁獄にすることが定められた。翌五月一日、朝廷は日吉・祇園・北野三社に奉幣して神輿動座のことを謝し、延暦寺衆徒もまた三社神輿を迎え帰座させて事態はようやく落着した。

紛争勃発以来、幕府の態度は極めて慎重で、宮廷警固の武士も衆徒と衝突することを避けた。頼朝は関東へ下向した叡山側の使者を歓待して丁重な種々の引出物までした。彼は、定綱を衆徒へ引渡せという要求だけは拒絶したが、上洛中の景時には佐々木荘以下定綱の知行所の半分を山門へ寄附する条件までを申し含めて交渉させようとさえした。これは定綱・定重らが斬罪になることを恐れてのことであったから(4)、それだけに定綱が死一等を減じられたという報は、幕府にとってこの上なく悦ばしいものであった(5)。頼朝は五月三日京都へ奏状を送ってこの事件についての彼の立場と所信をのべているが(6)、あとで指摘するようにこの奏状には若干注目すべき問題点を含んでいる。

なお、衆徒のうちの張本を処罰することもいちおうは問題になった。座主顕真がことにその点強硬な意見をもっていたようにみえるが(7)、法皇もまたそうした意向をもらしていた。張本の悪僧と目すべきものは、東塔西谷ならびに無動寺の大衆であったというが、しかしこの処分はやがて「暫く沙汰あるべからず」との院宣によってうやむやになってしまったようである(8)。

配流の宣旨をうけた定綱等が憤懣やる方ない気持であったのは当然である。彼は五月十七日、数多の甲兵を率いて配所へ赴かんとし、また子息三人同船して海路より向うと主張したという。だが、事態はそれどころか、その二十日に、佐々木荘で直接宮仕を絶命させた張本として子息定重が、流刑を改めて近江国で斬に処せられたのである(9)。

定綱は翌々建久四年三月、前年なくなった後白河法皇の一周忌によって恩赦され、十月鎌倉へ帰着した。頼朝は大いに喜び、ただちに彼を近江国守護職に復し、さらに本知行地を悉く返給しその上に加増して与えたのであった(10)。

以上が、今日知りうる紛争のあらましであるが、この限りではこの事件は衆徒の蜂起そのものとしては特別に注目される内容を含んでいるとはいえない。しかしわれわれは、この紛争において衆徒の敵方となったのがほかならぬ佐々木氏であったということ、また事件が建久二年という時点——すなわち前年頼朝が第一回の上洛をして右近衛大将に任ぜられ、この年の正月政所以下諸職をととのえ、翌年には後白河法皇が死去して頼朝が征夷大将軍になるというその時点——であったこと、さらにこれが今日知りうる限りでは鎌倉幕府成立後はじめての「僧兵」蜂起事件であったこと、などに留意して、二、三の点に注目しておかなければならないのである。

その第一は、衆徒の行動の社会的ないし政治的性格であるが、それを示唆する一つは佐々木氏との闘諍をもたらした事情であろう。その事情について詳細を知ることはできないが、座主顕真が兼実への請文で「凡そ近日山上飢饉の間、近江国中無道の沙汰充満云々、仍て頻りに禁制を加うと雖も、敢て承引せず」(11)とのべているように、衆徒の譴責は佐々木荘だけでなく近江国中に及んでいたのであるが、佐々木荘にとくにこうした紛争が勃発したのは、一面では幕府側も認めるように(12)明白な未進がありながら宮仕と抗争した佐々木氏の在地領主としての立場が推測されるとともに、より大きくは、衆徒側が今を時めく近江国総追捕使佐々木氏をねらい撃ちしたものとその意図を推察することができるとおもう。(13)それは単に一個の在地領主としての下司佐々木氏への憎悪でなく、関東御家人の雄たる佐々木氏への攻撃であり、いわば反武家的なものである。それは、在京の定綱の宅が襲撃されるという噂のあったあと、衆徒が定綱をさしおき一条能保を人質にするだろうという風聞があって能保がおびえた事実からも(14)、状況を推測することができるのである。

衆徒のこのような反武家的な立場は、どのような社会的基盤をもつものであろうか。この点については一般的な状況から理解するよりほかないが、それが「荘園領主としての延暦寺」というような立場でないことだけははっきりしている。この事件では、延暦寺の所司・三綱らはおおむね衆徒に同調していたが、一貫して主導権をとっていたのは衆徒であり、ことに東塔西谷ならびに無動寺の大衆であったらしい。(15) まして座主顕真——彼は葉室家流の美作守藤原顕能の子で梶井門跡明雲の弟子であり、法然との大原問答で知られる真摯な学僧ではあったが、当時の梶井・青蓮院両門跡およびその背景の公家社会内部の対立のなかで重要な位置を占めた老練の人物であったのだが(16)——は、衆徒と朝廷との間に立って苦慮せねばならず、衆徒を制止するのに終始摂政兼実の御教書や院宣を請い、それをもって臨んだのである。このすでに統制困難に陥っていた延暦寺という巨大な組織のなかでの「悪僧」と呼ばれた一部衆徒の行動は、決して延暦寺一般の立場ではない。延暦寺なるものは、一方は悪僧を他方は座主を極とする相反する両極への方向をはらんでいたのである。そしてこの両極の政治的性格こそが問題の核心であるが、「悪僧」については嘉禎の事件とともに考察することにして、ここでは以上の指摘にとどめたい。

つぎに、右の座主の立場に関連して、衆徒の蜂起に対する宮廷内外の動きに注意したい。四月二十六日、衆徒が神輿を奉じて強訴すると、摂政兼実・延暦寺座主顕真それに熊野御幸中の後白河法皇の間に緊密な連絡がとられたことは改めて指摘するまでもないが、幕府側というべき一条能保、在京中の大江広元、それに大内守護安田義定などもまた、朝廷側と一体となってその対策を講じた。(17) それは、衆徒の敵とするものが関東御家人であるからというようなことでなく、この年に頼朝が整備した京都守護などの諸職と内裏大番役などの性格に関連する問題である。すなわち院・摂政・延暦寺座主それに幕府など当時の国家の上層部が、国家の秩序をみだす逆徒としての衆徒に対処するために協議したこと、また安田義定の郎従が「官兵」となって私情を排して宮廷を警固したことがここでの問題なのであって、そのような公武諸権門の相互補完の体制が、この建久二年の時点ですでに成立していることを注意しておきたいのである。『吾妻鏡』の編者は一条能保を「二品(頼朝)の御耳目として在京」したと説明しているが、(19) こうした説明を単純に受けとって幕府と宮廷との対立関係のみを想定して幕府の在京諸職の性格を規定するのは、不正確といわねばならないのである。

最後に注目されるのは、頼朝の態度である。前述のように頼朝は事件の報せをうけたときから事態を憂慮し、ひたすら事が穏便にすむよう努力していたが、しかも一貫して定綱が有罪であることを承認する態度があった。彼の立場は五月三日の院奏[20]に集約してあらわされている。この奏状では終始衆徒の強訴そのものへの非難に重点がおかれ、定綱を引渡すべしとする衆徒の要求に勅許あってはならないとしている。だが、そのことをいうのに、定綱の罪は明白であるからもし衆徒がはじめから直接頼朝に定綱の身柄を要求したのなら然るべく処置もしたであろうが、彼等がすでに朝廷へ言上した以上自分が定綱を召渡すのは聖断を軽んずることになると論じている。しかしこれはもとより詭弁にすぎない。『吾妻鏡』の記載を信ずるとすれば彼は山門の所司弁勝・義範等が鎌倉へ交渉にきたとき「その身を仇敵に渡すの例なし」と再三主張していた[21]のであって、彼がはじめから策を尽して定綱の身柄を衆徒から守る決意をもっていたことは充分推測できる。では、定綱が有罪であるという点については、彼は本心そう考えていたであろうか。けだし彼が定綱の行動を失態と認めていたにしても、倫理的ないし信仰的意味で自己の信念から有罪とは考えていなかったことは、事件の過程での定綱への思いやりや後年恩赦後の定綱への優遇などに窺うことができる。してみれば、頼朝が定綱の有罪を終始認める態度をとったのは一種の政治的配慮という他ないが、彼がこのような形で配慮せざるをえなかった事情およびその結果は、建久二年というこの時点を考えるとき、きわめて重要な意味をもつとおもう。その全政治過程での評価は多岐にわたるからここでは保留せざるをえないが、この事件自体に内在する点については、ここでもう少し考察しておきたい。

頼朝はこの奏状において、定綱の処罰は「明時の彝範」であるとする一方、勅裁に背いて群参強訴した衆徒については頼朝に任されたら斬罪に行うだろうといい、是非を弁えざるの性、宛ら木石に異らずと憎悪をこめて罵倒し「凡そ逆徒というべし」といい切っている。しかも彼はここで「抑も頼朝、天台のため法相のため忠節ありと雖も更に疎略なし」と挙兵以来の南都北嶺への「忠節」を強調しているが、これは彼自身あくまで南都北嶺と悪僧とを区別していることをいうものであるとともに、定綱の「罪科」に喰いさがって執拗に乱逆をつづける衆徒の行動に反武家的な本質を充分に感じとっていたからこその言葉であろう。だが彼はあからさまにそうとはいわず、一貫して「聖断」への叛逆、つまりは国家への叛逆だと主張し、定綱を直接衆徒へ渡すことこそが「私ある」ことだというのである。そしてそれが定綱を救う彼の精いっぱいの努力であり政治的配慮なのであった。しかもそうしてさえなお、定綱の流罪、定重の斬罪以下の重刑に対して衆徒の処分は何一つなかったという極端な差が生まれたのである。

ここには兼実あたりも奇怪に感じたような後白河法皇の術策や頼朝の政治的打算が葛藤しているため、経過は複雑微妙でかえって極端にさえなっているが、しかしそれが現実の政治上の力関係であった。頼朝は「悪僧」を国家秩序への「逆徒」と指摘することによりひたすらみずからを「聖断」の忠実な実行者と規定し、私情を抑えて国家に忠誠を示したのである。この書状の追而書に安田義定の郎従が「官兵」となって宮廷を警固し「神威を仰ぎ綸言を守り」、屈辱に耐えて負傷したことをわざわざ書き添えたのもそのためであった。彼がすでに確保していた「日本国総追捕使」の地位、さらに翌年の「征夷大将軍」の称号とは、そのようなものであったのである。

われわれは、頼朝のこのような苦渋にみちた態度が、単にこの時点での政治史の一こまであったばかりでなく、つぎの嘉禎年間の紛争を検討することによって、鎌倉幕府の政治史上の性格の基本を形成するものとなっていくのをみることになるのである。

(1) このころ佐々木氏が「惣追捕使」と称したか「守護」と称したかは、制度史上問題になりうるが、『玉葉』建久二年四月二日条は総追捕使と記し、また同五月一日条は守護と記している。

（2）『華頂要略』百二十一（『大日本史料』第四編之三、四七三ページ）。なお本稿の史料はほとんどが『大日本史料』に含まれているので、以下『史料』と略記したい。また、事件の経過を示す史料でも、『大日本史料』その他既往の諸書に明白な事実や表現にとくに注意しなければならないもの以外は、煩雑をさけてなるべく註記を省くことにしたい。

（3）これについては延暦寺所司の主張と幕府側の見解とに多少差がある。『玉葉』建久二年四月六日条および『吾妻鏡』同年四月五日条参照。

（4）『吾妻鏡』四月廿六日条。

（5）『吾妻鏡』五月二日条。

（6）『吾妻鏡』五月三日条。

（7）『玉葉』五月一日条。

（8）『玉葉』五月十二・十三日条。

（9）これについて諸書の記載に相違がある。『吾妻鏡』は辛崎辺と記し「幕下賢慮を廻らさるといえども……」とのべ、『牒状類聚』は愛智川原と記し、『華頂要略』は犬上河原として「鎌倉右大将の命により……」としている（『史料』第四編之三、五八七―五八八ページ）。

（10）『吾妻鏡』建久四年四月廿九日条、十月廿八日条、十二月廿日条。

（11）『玉葉』建久二年四月三日条。

（12）『吾妻鏡』四月五日条。

（13）佐々木氏が頼朝に特別に恩顧をうけるにいたった事情については『吾妻鏡』治承四年六月九日条、十七日条などにより知ることができる。

（14）『玉葉』四月八日条。

（15）『玉葉』五月一日条。

（16）菊地勇次郎「西山派の成立」（『歴史地理』第八五巻第三・四号、一九五五年）四ページ。

(17) 『玉葉』四月廿六日条。
(18) 『吾妻鏡』建久二年五月二・三日条。
(19) 『吾妻鏡』文治三年正月十九日条。
(20) 『吾妻鏡』建久二年五月三日条。
(21) 『吾妻鏡』四月卅日条。
(22) 『玉葉』五月一日条。
(23) 前掲の五月三日付頼朝奏状を参照せよ。なお『渋柿』(『群書類従』第二七輯)所収の、頼朝から佐々木定綱への書状(盛時奏書)に「武士といふ者は、僧などの仏の戒を守るなるがごとくに有が本にて有べき也。大方の世のかためにて、帝王を護まいらするうつはもの也。」とのべていることにも、注目される。

二　嘉禎年間の紛争

つぎに嘉禎年間の紛争の考察にうつろう。

この事件は、文暦二年(嘉禎元年・一二三五)六月二十八日、近江国高島郡田中郷において、地頭佐々木高信(守護佐々木信綱の子)の代官(1)が日吉社神人に所役を課したことで日吉社宮仕法師と闘諍し、宮仕あるいは神人を刃傷したとも殺害したともいうことに、端を発した。

報告をうけた延暦寺衆徒は翌閏六月の下旬、高信の断罪を要求して蜂起し、山上は騒然たる有様になり、二十六日には延暦寺座主尊性法親王が座主職を辞職するにいたった。衆徒はこの辞職には反対し奏達したので、七月初旬朝廷は尊性の辞職をとどめる綸旨を出したが、肝心の高信の処罰がないため、七月二十三日衆徒は日吉七社の神輿を動座、うち三基は直ちに入洛した。そこで勅命により武士が出動しこれを防いだので宮仕数人が落命し、衆徒は神輿を捨てて帰山、翌日延暦寺三塔の諸堂および日吉社、ならびに祇園・北野以下の末寺末社を閉門するにいたった。

この過程で注目に価することは、衆徒の内部に意見の対立があったことである。詳しくはあとで考察するが、ために「連日蜂起、僉議変々」という有様であったというし、ことに二十三日当日のごときは、三塔同心して神輿を振ろうとしたところ、高信に親昵の者が二宮楼門で神輿動座を防ぎ、ために合戦となり二人命をおとしたという(2)。衆徒のこうした分裂傾向は、この事件の根底を一貫して特色づけていた。

しかしこの事態に朝廷は驚愕した。なかでも宮仕が刃傷され、ために八王子の神輿が血で穢されたことが、重大視された。朝議はそこで早急に佐々木高信等を遠流に処することに決定し、二十六日にその旨の綸旨(藤原道家の摂政宣)が延暦寺に下された。これが「関東いまだ左右を申さざる間」のことであったことに注意しておきたい。

幕府の意見は二十九日付で北条泰時・時房連署奉書の将軍家御教書の形式で表明された(3)。幕府の意見は、双方の処罰を主張したもので、高信を鎮西へ配流し警護の右衛門尉遠政も同じく流刑とするとともに、衆徒の張本を召出して後昆を誡めるというものであった。しかし、さし当っては高信の処罰だけが決定した形になったので、八月四日衆徒は諸堂を開き、日吉神輿は山上から本社へ帰座し、七日に改めて綸旨が出て高信・遠政の遠流が伝えられ、翌日流人宣下があって高信は豊後に遠政は備後に流された。そして十月には、穢された八王子の神輿が摂政道家の沙汰として新造されて本社に帰座し、事件はこれで収束へ向ったかにみえたのである。

ところが十二月になって、幕府は六波羅に指令を発し、延暦寺に衆徒の強訴の張本の交名を注進させ関東に召下させようとしたのである。張本とみられた者は一二人であったが、衆徒は一人も出さないと反抗の構えをみせたと伝えられた。しかしこのころ座主尊性は再三にわたり辞意を表明して印鎰を送るまでになっていたし、梨本(梶井)・妙法院・青蓮院三門跡のあいだに何か裏面での葛藤もあったようである。(4)それがどのようなものかは不明であるが、その結果であろう翌嘉禎二年二月下旬ごろ強訴の張本の一部の者がついに鎌倉へ下向した。事態は、強訴張本の処罰は免れえない状況になっていたものとおもわれる。

その六月、延暦寺の大衆の僉議は、強訴張本の寛宥を幕府へ愁訴することを決議し、その施行のため所司等が鎌倉へ下向した。さきに寛宥を朝奏したところ、それは関東の沙汰であるとの返答があったからで、下向の旅具・旅粮等は末寺荘園への賦課によった。しかし幕府は強硬態度をかえず、八月四日所司らは空しく帰洛した。そしてその直後の六日、六波羅は二人の使者を坂本へ派遣して強訴張本の利玄等を逮捕しようとした。衆徒等は坂本は追捕停止の地と称してこれを防ぎ、八日には再び日吉七社の神輿を根本中堂に移し、門戸を閉じ、張本五人は根本中堂に、従類・与党は食堂に群居し放火焼死の構えをみせた。記録によれば、一二人の張本のなかでも暹尋・定兼・利玄・静聖がことに対捍してこの企てに及んだという。このためやがて朝廷はまた張本を寛宥する旨の綸旨を下し、十月には日吉神輿が本社に帰座した。だが幕府は態度をゆるめず、さきに利玄をかくまった日吉社禰宜成茂を関東に召喚したりした。翌嘉禎三年六月末、さきの四人に経禅を加えた五人につき衾宣旨が出されているが、これは幕府の意向によるものであったと推察される。

以上が嘉禎年間の紛争である。この事件については、これとまったく同時期に併行して山城国大住荘と薪荘をめぐる興福寺衆徒と石清水神人の強訴事件(5)があったこと、そしてこれが御成敗式目制定直後の北条泰時執権の盛期であること、またこの事件の進行中にもいくつかの幕府法が出されていることなどを念頭において、考察をすすめる必要がある。

まず、事件の発端となった佐々木氏との紛争の原因についてここでも注目しておく必要があろう。延暦寺衆徒と佐々木氏とが対立せざるをえない事情としては建久年間のばあいと基本的には共通したものがあり、建久の事件以後も守護に復した佐々木定綱は建仁三年から翌元久元年にかけての延暦寺学生(衆徒)と堂衆との合戦に、堂衆鎮圧の「官軍」として出陣しているのである。(6) しかしこの事件ではそのような宿命的なまでの対立の根底に、在地の農民との関係がからんでいることが指摘できる。『吾妻鏡』の記載によれば、高島郡にはもと散在駕輿丁神人が六六人いたが、近年山門はこのうち七人を改替し「公役勤仕の百姓」を宛てた。そこで地頭佐々木信綱が山門側に新儀を停止し旧に復するよう交渉した。しかしそれがまだ決着していないときに、高信が勢多橋行事として所役を催促したので新神人等が対捍し、やがて高信の使者と日吉社宮仕法師との闘諍になったという。(7) してみれば、公郷の百姓が神人になることによって公役――このばあいは勢多橋に関する所役という幕府守護の宿駅事務職権にもとづく課役(8)――を免れえたという事情があり――山門側の史料は高信が神人に新儀役を宛課したとしている(9)――、百姓は、幕府＝守護が支配の拠りどころとする国衙領＝公郷の住民たる身分よりは、叡山＝日吉社の神人という身分をえらんだのである。佐々木氏との対立が、このように単なる在地領主＝地頭であることよりも守護であることにもとづく支配に対する在地の農民の対応と関係している点に、対立の社会的な根深さと政治的性格が窺われるのである。

ところで、衆徒の立場に右のような事情がみられる一方、さきに指摘しておいたように蜂起をめぐって種々の立場が現われて、はじめから紛糾していた点が問題である。『天台座主記』によれば、蜂起にあたって、(1)「神人の方人の大衆」は重盛(現地で争った地頭代)の断罪をもって本懐となし、(2)「横川一類の大衆」は窺窬の謀をめぐらし擾乱の企あり、(3)「三塔有心の輩」は貫主(座主)の辞退を歎き、(4)「観厳・定賀の親族」は高信の方人となった、という。(10) すなわち衆徒は(1)在地農民派、(2)悪僧派、(3)「良識」派＝座主派、(4)武家加担派という想定しうるすべての方向に分裂する傾向をみせたのであった。周知のように延暦寺では治承年間に学生(衆徒)と堂衆との深刻激烈な抗争があり、また前述のように建仁三年以降約十年にわたって学生と堂衆の闘諍がつづいたことがあった。嘉禎のそれは、そのような上下の対立を含んではいなかったらしいが、いわゆる「山徒」「延暦寺僧兵」のなかに進行していたこれら縦・横の分裂傾向のなかに、彼等のもつ社会的ないし政治的な矛盾の諸側面をみることができるようにおもう。

衆徒のこの矛盾の歴史的性格を把握するためには、ここで衆徒なる勢力についてその成立以来の社会的役割をおおまかにあとづけておく必要があろう。一般に「僧兵の出現」は一〇世紀といわれるが、これが九世紀以来の郡司・百姓等の愁訴・強訴から百姓を主体にした群参・強訴へと下部からの闘争が発展するその社会史的動向のなかで、その同じ社会階層を主体にして成立したものであることはいうまでもない。(11) その限り、衆徒なる身分層の成立が、種々の要素を複合しているにせよ基本的には人民的な自治組織への願望の一つの反映であることは否定できないのであって、そうしたものとして自治的な大衆集会の制度(12)も現実に実現したのであった。(13) だが、一一世紀後半以後に荘園支配が名体制として確立し在地領主層が成長してくると、同時にそれらの封建的支配の伸張に抵抗する農民の諸々の闘争も展開し、それと揆を一にして衆徒(学生)に隷属奉仕していた堂衆(行人)層も自立的な階層としてその独自の組織を形成するにいたり、ここに衆徒と堂衆との矛盾が顕然化してくる。堂衆は一般に、在地で座を結成した神人・寄人・農民的名主などの身分とおなじ階層だからである。鎌倉初期の衆徒のなかには、このようにして人民的な下からの共同体的・自治的な歴史的伝統がともかくも流れてはいたものの、しかし同時に彼等みずからは荘園制的な所職による集団所有=支配の一員であるという性格をもち、なかには寺院組織と別の一類・一党をなしている者さえあった。(14) この嘉禎の事件でいえば、幕府の強圧の前に張本の寛宥を愁訴することを大衆集会で自治的に決議しつつも、他方、その旅粮・旅具を末寺荘園に賦課しなければならぬという両側面をもっていた。すなわち一面での自治的・叛逆的性格ともう一面での寄生的・特権的性格とが、この段階の衆徒の本質をなすのであって、具体的な個々人または集団の行動としては、山にとどまる限りは、堂衆・神人・名主層とともに下からの勢力の一部となるか、あるいはわずかな寄生的・特権的地位の上に頽廃的な叛逆をこととする悪僧としての途を辿るか、さらには公家・寺家・武家などの諸々の権門の側についてその忠実な被官として世俗的な地歩をえらぶか、おおまかにはこの三つの途があったはずである。さきの衆徒の意向が四つに分裂した姿は、まさにそれを示すものに他ならないが、それだけにまた嘉禎事件における衆徒は、この段階の荘園制社会の社会的政治的諸矛盾の集中的表現でもあったといえるのである。そしてそれが、そのまま分裂してしまうのでなく、ともかくも叛逆的・反権力的方向にまとまっていったところに、建久年間の段階よりはより矛盾が明確化しているとはいえ、なお衆徒の行動に下からの人民的な闘争の表現を追究しうる理由があるのである。

(1) 『吾妻鏡』文暦二年七月廿七日条は佐々木信綱(虚仮)を地頭とし、『天台座主記』(『史料』第五編之一〇、一一三ページ)では高信を地頭とし、地頭代を田右兵衛尉重盛としている。
(2) 『天台座主記』(『史料』第五編之一〇、一八五ページ)。
(3) 『天台座主記』(『史料』第五編之一〇、二〇一―二〇二ページ)。
(4) 『明月記』十二月廿二日条。
(5) 黒田「鎌倉時代の国家機構――薪・大住両荘の争乱を中心に――」(本書七三ページ以下)参照。
(6) 勝野隆信『僧兵』(一九五五年)附録「僧兵年表」参照。「官軍」の語は『校訂増補天台座主記』による。
(7) 『吾妻鏡』七月廿七日条。
(8) 佐藤進一『鎌倉幕府守護制度の研究』(一九四八年)参照。
(9)(10) 同右。『天台座主記』(『史料』第五編之一〇、一一三ページ)。
(11) 黒田『荘園制社会』(体系日本歴史2)に、このことについての概略の展望をのべた。

(12) 牧健二「我が中世の寺院法に於ける僧侶集会」(『法学論叢』一七巻四・六号、一九二七年)。
(13) 大衆集会の制度が仏教僧団の僧伽の精神に関連あるのは事実であるが、それが現実に日本中世の特定の時点においてはじめて出現したことには、その特殊な現実的根拠があったと考えねばならないとおもう。
(14) 前述の衆徒の意見が分裂したときの記載に「観厳・定賀の親族」という表現があり、六波羅の使者が強訴の張本を尋糺するために坂本へ向ったときの記載に張本の一人利玄が日吉禰宜成茂の妻の弟とあるなど、血縁的な集団がみられる。鎌倉末期の悪党の構成へと連なる性格を示すものであろう。

三　幕府・権門・寺社の相互関係

衆徒の行動が、以上のようにこの段階の社会的政治的矛盾を表現するものであるとしたら、他方公家・幕府などの動きについてはどのようなことがいえるであろうか。さきに建久年間の紛争について、国家の上層部をなす諸権門・諸機関の協議・協力体制がすでに成立していたことに注意したが、嘉禎年間の紛争では、それをうけて承久以後の執権政治期にいわゆる公武関係がどのような方向をたどりつつあったかに注目しなければならない。

嘉禎の事件において一見特徴的なことは、公家・座主・幕府間において建久年間のときのように相互の意向を打診し協議する動きがほとんど窺われないかにみえることであろう。まず座主尊性法親王は、事件が起るやいちはやく座主職辞退を表明し、その後も再三にわたって辞意を示しただけであって、建久のときの顕真のように事態解決のために実務的に奔走した気配はまったくない。後高倉院第一皇子として生まれ、安貞元年三四歳の若さで天台座主となり治山二年、貞永元年また還補されて[1]当時四二歳であった彼は、顕貴の出自の座主らしく、建久の顕真とはまるで異る身の処し方を示した。彼の辞任は、そこに諸門跡間の複雑な葛藤が推測されないこともないにせよ、客観的には権威をふりかざし辞任の重大さで衆徒を鎮圧しようとする態度でしかなかったことは明らかで、そのような態度は同じ年の薪・大住両荘の紛争における興福寺別当円実の辞任のさいにもみられたものである。

廟堂貴族の意向をもっとも端的に表現し、かつ朝議の主導的見解となったのは前左大臣藤原良平の意見書(2)である。彼は、神輿入洛にさいしては使庁並に武士に仰せて防ぐは中古以来の流例ではあるが、このたびのように神輿を穢すのは先規なく常篇をこえることだとし、山門と国家との尊厳な関係を論じたのち、高信を速に処断すべきだとし、しかもそれは一部の人々の意見のように関東の成敗を待つべきではないとした。彼によれば衆徒をたしなめようとするのはかえって「武家巨難の基」であり、関東の成敗を待たず裁断するのは建久二年の先例――その当時は情勢に押されて止むなく宣旨を出したのであり、関東の意向をかなり気にしていたのだが――があるという。そして彼は「国家の大事、ただ賞と罰とに在り」と強調するのである。

ここにみられる山門の宗教的権威に対する公家側の態度についてはあとでまた触れるとして、さし当って、幕府の意向に対する公家側の態度に注意したい。ここでは、「武家巨難の基」という理由によって――実際に「巨難」になりえたかどうかは問題だがここには衆徒蜂起の反武家的な性格が意識されている――実は幕府の意向に先立って公家側だけで独自に裁断することに大きな意味があると考えられていたのである。実際それは、良平の信念のあり方の如何とは別に、叡山側でも「関東いまだ左右を申さざるの間なり」(3)ということが、京都側の大決断による権限確保という意味で重視されて受取られたようである。そしてこのような決定に当って、建久二年の頼朝のあの苦渋にみちた政治的交渉のあとが先例とされていることは、頗る興味あることといわねばならぬ。つまり、嘉禎の段階では、いわゆる朝幕関係はそのような先例の確認があれば改めて相互に意向を打診する要がないほどに、諸権門相互間の権限がかえって安定・定着の傾向をみせており、そうした上に「国家」は超権門的権威をもって賞罰を明確に実行するものとみられているのである。

けれどもこの結着にいたるまでの過程で、京都側には一方的に裁定することを危惧する空気が廟堂内にあったのも事実であり、承久の乱以後の政治的力関係においてはそれは当然のなりゆきであった。それでは幕府は、これについていかなる態度をとったのであろうか。

結論からいえば、幕府もまた決して京都側を政治的軍事的に支配して国政を専断しようとはしていなかった。諸記録から知られる限りでは、幕府は一貫して高信と衆徒の張本との双方の処罰を主張したのであるが、それはきわめて事務的であった。近江の現地で紛争が起って叡山で衆徒が連日蜂起し僉議変々としていたころ、幕府は佐々木信綱に尾張国長岡荘地頭職を与えたが、これは承久の乱の宇治川先登の賞たる豊浦荘の替地としてであって、とくに山門との関係を意識して佐々木氏を激励するためのものではなかったようである。(4) 高信を遠流にするという幕府の見解を提示するについても、建久のとき頼朝が苦慮したような御家人への恩情的な配慮のあとは検出することができない。それどころか、衆徒が入洛強訴したその七月二十三日には、幕府は殺傷強盗などの処刑その他数ヵ条の法令を定め、そのなかで武士を交えざる京都の刃傷殺害人は使庁の沙汰とするという前年の決定を確認し、(5) また翌々年六月二十五日には神社仏寺ならびに国司領家の訴えは関東の式目に依らざることを定めるなど、(6) あたかもこの期間に、幕府の権限と京都側のそれとの明確な限定と整理に努めている。泰時は、人が道理ということを語るのを聞くと涙を流して感じ入ったと伝えられるが、しかし頼朝のように家人個々人への恩情と政治的な腐心を示すことはしなかったのであり、もっぱら権門体制国家における公武諸権門の権限と秩序の法的確定に関心をみせたのである。それがこの嘉禎の事件に対する幕府の態度であり、鎌倉殿親裁でない執権政治の本領であるとともに関東御成敗式目制定の「道理」の精神でもあったのである。

このようにみてくると、さきに指摘しておいたようにこの嘉禎年間の事件で摂政・座主・幕府などが一見相互の連絡折衝を欠いているようにみえることの真実の意味は、それら諸権門それぞれの権限と相互の関係がむしろ明確になり相対的な安定に到達していたことを示すものと理解することができよう。しかもそれは、建久の頼朝の時期にくらべても体制上の原則に質的な変動がない状態、つまり幕府がその点で専権的な地位を獲得したとかそのために積極的・攻撃的な姿勢を示したとかいうことでない状態においてであり、また叛逆的な悪僧にたいしても公武の対策に寛厳の差はあっても、支配秩序にかかわる本質的な点での認識では異るものでなかったとみられるのである。

さて中世国家における比叡山延暦寺の権威に関しては、廟堂貴族も幕府もそれを不可欠の厳粛な存在と考えており、悪僧の張本が不埒な存在であり処罰に価することについても両者の見解は基本的に一致していたが、しかしながら叡山の権威と悪僧とが一つに結びついて現われたとき、両者の対策に歴然たる差がみられたのは事実である。武力鎮圧に自信をもたない貴族は、悪僧張本の処罰には終始消極的であって処罰がまた蜂起を誘発することを恐れていた。そのためかえって穢に触れた八王子神輿を摂政道家の沙汰として新造したばかりでなく、他の六基についても後日、大宮神輿は座主尊性法親王の生母北白川院、十禅師神輿は相国禅門(西園寺公経)、残り四基は蔵人方の沙汰として新造し(7)、日吉祭を行って神慮を慰めた。そこには叡山の権威に象徴される国家秩序の動揺を恐れる態度があり、衆徒自体が帯びる宗教的権威への恐怖さえあった。では幕府はどうであったか。幕府は悪僧の張本の処罰を強硬に主張し、強圧を加えた。嘉禎三年になってなお追捕の衾宣旨が出されたのは幕府の主張によるものであろうと三浦周行博士は推測しているが(8)、この点は建久の事件の処理にくらべてきわ立ってみえる事実の一つである(9)。けれども事件の当初田中郷での紛争で宮仕を傷つけたことに関しては佐々木高信の配流を妥当としているし、悪僧の処分も宮闕への強訴に関してでありかつ勅命を奉じての強硬態度であってみれば、幕府もまた叡山が帯びる国家的・宗教的権威はもとより宮仕のそれさえも承認しているわけであり、したがってその強硬な態度は国家機構における支配の暴力装置としての幕府の地位にもとづく側面がきわめて大きいといえるのである。すなわち良平の意見書に「国家の大事、ただ賞と罰とにあり」というその罰を執行することに幕府の権力としての存立理由があったといえるのであって、この点を、単なる形式的な制度・機構の問題として無視するならば、鎌倉時代の政治史・国家史は成立しないとおもうのである。

　ここにもみられるような日本中世の国家と宗教的権威との結合は、ふつう「王法仏法は車の両輪、鳥の双翼」等の言葉で理解されているが、このことについては別に検討を要する問題が多々あるから、深く立ち入ることはさしひかえたい。ただ、この嘉禎の事件で注目される一つに、座主職辞退を止める七月八日の綸旨[10]および高信流刑決定についての八月七日の綸旨[11]に「仏法人法之興隆」という語が用いられている事実がある。「人法興隆」という語の意味については、先年丸山幸彦氏が鎌倉末期の比叡山の衆徒のなかに「仏法興隆」に対する荘民生活の新しいあり方を表現する語として用いられていた事実を指摘され[12]、私もそれを少々敷衍したことがある[13]。しかし「人法」の語は鎌倉末期の延暦寺衆徒のなかだけでなく高野山文書にもみられ[14]、叡山関係では鎌倉中末期にこの嘉禎の事件に関する綸旨をはじめ『天台座主記』『牒状類聚』『拾珠鈔』その他若干の記録類に現われて、いずれも「仏法人法之興隆」「仏法人法之繁昌」というふうに使われている。このような人法なる語は仏教では一般に用いられない語であって、いうところの意味は「世のいとなみ」あるいは「社会の秩序」というほどのことであろう。つまり「仏法王法」というときの王法が政治権力ないし権威を指すのにくらべれば、むしろ世俗社会の生活秩序を指すものと解せられる。ところでその八月七日の綸旨には「仏法人法之興隆、専可依神之助也」と日吉社の神徳を讃えて大宮に三十講を永年定めおくことをのべたのち「法者依人弘、人者依法兮安」と記している。中世の教義書に慣用の対句形式であるが、これが仏法と人法との関係を示すものであることは明らかである。そしてまたこれが「神者依人之敬増威、人者依神之徳添運」という御成敗式目第一条の有名な句とおなじ論理であることも説明を要しないであろう。「人法」なる語の初見がどこまでさかのぼりうるか確かめてはいないが、また「王法」なる語がこの後もさかんに用いられたことはもちろんであるが、このようにみれば、貴族社会に「人法」という形での新しい社会認識の方向が現われていること、幕府の神仏への態度もそれと一致する性格のものであり、神と人との一体感というような素朴な信仰にとどまるものでなかったことは、明らかである。「人法興隆」とは、この段階では公武寺社の諸権門が荘園制社会なる秩序のもとに人民支配の姿勢を維持する余裕を失っていないことを表現する言葉であったともいえるのでなかろうか。

（1）『校訂増補天台座主記』による。
（2）『延暦寺護国縁起』（『史料』五編之一〇、一八六ページ）。
（3）『天台座主記』（『史料』五編之一〇、一九七ページ）。
（4）『吾妻鏡』七月七日条。
（5）『中世法制史料集』第一巻、鎌倉幕府追加法八五。
（6）『吾妻鏡』嘉禎三年六月廿五日条。
（7）『祇園執行日記』九、社家条々記録（『史料』五編之一〇、六八五ページ）。
（8）三浦周行『鎌倉時代史』（訂正増補大日本時代史、一九一六年）三〇七ページ。
（9）『滋賀県史』は、悪僧の張本が嘉禎二年八月廿八日の綸旨で赦免されたことをもってこの事件も衆徒の主張が無理に通されたとしているが（第二巻、三七八ページ）、これは誤りである。
（10）『天台座主記』（『史料』五編之一〇、一八一ページ）。
（11）『天台座主記』（『史料』五編之一〇、二〇八ページ）。
（12）丸山幸彦「庄園領主的支配の構造と変質」（『日本史研究』七四号、一九六四年）。

(13) 黒田『蒙古襲来』(日本の歴史8、一九六五年)四〇二ページ以下。
(14) 正安元年六月天野社恒例八講学頭世事式条(『大日本古文書』高野山文書之一、二三五号)、元弘二年十二月廿五日護良親王願文(同、四五七号)など。

むすび

——衆徒の行動の歴史的役割——

最後にこの二つの事件が、以上のような中世国家の支配体制に対する下からの人民諸階層の闘争の歴史のなかでどのような位置を占めるかについて簡単にふれて、この稿をおわりたいとおもう。

はじめに一言しておいたように、私は、一〇世紀ごろの衆徒の大衆的行動には屈折した形態とはいえ人民的な闘争として重要な意義があったが一二世紀後半以後のそれはすでにその役割に大きな変化があったと考えている。それは本稿でも指摘し考察したように衆徒(学生)が堂衆と対立し、また衆徒自身のなかに分裂と孤立頽廃が現われたことに端的に表現されている。衆徒の集団はもはや人民的な抵抗の組織というよりは寄生的特権的な側面をあらわにし、公武ことに武家権力と結ぶ者や、いたずらに争乱をこととする頽廃分子を発生させるにいたった。これは数百年にわたる「僧兵」の歴史において第二の新しい段階を示すものであった。だが、それでは衆徒はまったく反人民的な存在になりきったであろうか。そうではない。本稿でさきに指摘したように、また別稿で嘉禎年間の大住・薪両荘の事件に関してのべたように、それでも衆徒の反権力的な行動には荘園制社会特有の矛盾の発現としての意義があり人民的な基盤があったのである。私は、このことを決して見落してはならないとおもう。

人民闘争の歴史におけるそのような衆徒の役割の変化は、この段階にはいってこれと併行して現われ一三世紀前半にくりかえし禁制された「念仏者の横行」の事実との対比においても、指摘することができる。法然の専修念仏の創唱によって都鄙に念仏者が充満しそのなかからしばしば反権力的な者を輩出した状況については、あらためてのべるまでもないが、これに対して顕密諸宗の側からの非難はもとより、朝廷もまたこれを禁圧したことはよく知られている。専修念仏をいきなり反権力的なものとのみ規定したり単純に顕密諸宗と対立的にとらえたりすることには熟慮を要する問題があり、私はむしろ正統的な地位をもつ密教的仏教に対する改革運動として把握するのが正当で、その意味で反権力的反体制的な諸要素を反映していると考えているが、(1)こうした事態は、人民諸階層の要求の宗教的発現形態が、南都北嶺をはじめとする諸大寺の僧徒たることよりは、「山」を下り体制を離脱した念仏者=聖《ひじり》の新しい活動へ移行しつつあったことを示すものであろう。社会的矛盾の発現の形態は、こうして新しい局面へ転換しつつあり、孤立的・暴発的な悪僧の叛逆よりは無抵抗のしかも大波のごとき念仏者の群の「横行」という形で、統御し難い新たな社会的矛盾として具体的に現われるにいたったのである。これに対して幕府はどのような態度をとったか。幕府は念仏者に嫌疑の眼を向け幾度も禁圧の法令を発した。頼朝以来の寺社崇敬と御家人の在地領主としての信仰の一般的あり方からみてもこれは当然であるが、偶然とはいえ嘉禎の事件の最中の七月二十四日にも昨年の宣旨の再下を要請して念仏者の横行を禁圧し、しかもそれを、同年併行して起っていた大住・薪両荘紛争の石清水神人の強訴の禁止とともに、評定している。(2)幕府にとっては、衆徒・神人と念仏者との両者は、新旧主従の質的な区別を見定めることなく、ともに危険な反体制的・反権力的な本質をもつものとみなされたのである。

繰り返しいうが、実際衆徒の人民的・反権力的な性格はこの段階でまだ失われてしまったわけではなかった。かの人法興隆という国家上層部が人民支配への自信を示した言葉が、その後一四世紀はじめに叛逆的な悪僧によって荘園の農民や悪党との結合のなかで逆手に利用されるようになるが、このことは衆徒と神人・名主層とのつながりが、したがって衆徒の自治的集団が、反権力的・反体制的な存在として重要な意味をなおもちつづけたことを物語るものである。三善清行が「天下人民三分之二、皆是禿首也」といったときから宋希璟が「良人男女半為僧」と誌したときまでの都鄙に充満する驚くべき比率の「僧形」の存在は、そうした点から見直される必要がある。それが日本中世の荘園制社会であり、またアジアの封建国家の一形態としての特色を示す一面でもある。日本の中世社会は、決して単純に「武士の世の中」ではなかったのである。そこには支配の側からそうなった根拠があるとともに、人民の側からそうなった根拠もあったのである。しかしその深部の秘密を追究する課題については、他日を期したいとおもう。

（1）このことは中世の思想史の流れ全体に関する大きな問題であり、他日私見をのべたいとおもう（本書第三部参照）。

（2）『吾妻鏡』嘉禎元年七月廿四日条。『中世法制史料集』鎌倉幕府追加法九〇。

V　建武政権の所領安堵政策

——一同の法および徳政令の解釈を中心に——

はじめに

元弘三年(一三三三)七月下旬に発布され、当時「諸国一同安堵の宣旨」「一同の法」などと呼ばれた宣旨は、士民の所領安堵に関する法令の一つであるにとどまらず、建武政権の基本的性格を示す法令として注目されている。しかしその内容の解釈と歴史的評価について今日なお大きな見解の相違がみられることは、建武政権を評価する際の重要な論点の一つとして、周知のところである。

この法令の重要さを指摘した佐藤進一氏は、この法令に先立って所領当知行を否定する「所領個別安堵法」ともいうべき法令が発布されていたと推定し、天皇権力の絶対的優越を主張するその非現実的な方針が行きづまって、その修正のため七月にこの「一同の法」(佐藤氏はこれを「諸国平均知行安堵法」と呼ぶ)が出たものと説明された。[1]しかるに赤松俊秀氏は、「所領個別安堵法」の存在を承認しながらもその実体が明確でないために残る疑問点を建武元年の徳政令の検討によって推測しようとされ、その結果、佐藤氏と反対に建武政権が当知行を重視していたとされた。[2]また私自身もこの間に、佐藤氏の推定に依拠して「所領個別安堵法」にふれながら、その位置づけについて佐藤説と異る考えをのべたことがある。[3]しかも佐藤氏はその後の著作で、さきの「所領個別安堵法」を「旧領回復令」と説明し直し、それを六月十五日の発布とされたが[4]、位置づけは基本的に以前と同じであり、かつまた徳政令について赤松氏と異る見解を示された。したがって、現段階では元弘三年六月および七月の法令と建武元年の徳政令との内容ないし解釈を正確にすることが、建武政権の歴史的評価のためにもどうしても必要な一階梯であるといわなければならない。むろん、建武政権の所領政策だけでも、それを系統的に検討するには、そのほか七月の宣旨の直後に設置された雑訴決断所に関する条規やその活動をはじめ、いくつかの法令について考察しなければならないのであるから、本稿の対象はまことに限られたものでしかないが、以上のようにその重要性を考えてとりあげる次第である。

(1) 佐藤進一「守護領国制の展開」(『新日本史大系』第三巻「中世社会」、一九五四年、第二章)九〇—九一ページ。
(2) 赤松俊秀「建武の新政」(体系日本史叢書『政治史I』、一九六五年、第六章第一節)三一二—三一八ページ。
(3) 黒田「中世の国家と天皇」(本書三八—三九ページ)。
(4) 佐藤進一『南北朝の動乱』(日本の歴史9、一九六五年)一七—二二ページ。

一 「一同の法」解釈の視点

はじめに、いままですべての論議の前提になっている「所領個別安堵法」(「旧領回復令」)[1]なるものの実体を問題にしなければならないが、そもそも佐藤氏がその発布を推定された根拠は七月下旬の官宣旨の文言である。それゆえ、説明の便宜上まずその官宣旨の一例を掲げよう。

左弁官下　能登国
応令士卒民庶当時知行地不可有依違事

右、大納言藤原朝臣宣房宣、奉勅、兵革之後、士卒民庶未安堵、仍降糸綸、被救窂籠、而万機事繁、施行有煩、加之、諸国之輩、不論遠近、悉以京上、徒妨農業之条、還背撫民之義、自今以後、所被閣此法也、然而高時法師党類以下朝敵与同輩之外、当時知行之地、不可有依違之由、宜仰五畿七道諸国、聊勿違失、但於臨時勅断者、非此限者、国宣承知、依宣行之

元弘三年七月二十三日　　大史小槻宿禰

少弁藤原朝臣

佐藤氏はこの文書から、士卒民庶が安堵していないので糸綸(綸旨)を降して窂籠を救うことを規定した法令(「此法」)がこれ以前に出されていたけれども、遠近を論ぜず悉くもって京上する有様となったので七月二十三日に「此法」を閣《さしお》くことになった、と説明された。そしてはじめは「此法」の内容を「所領個別安堵法」と定義され、それは「京都還幸(六月五日)より僅か一ヵ月そこそこ」に発布されたものと、説かれたのである。

さてここでまず問題にしなければならないのは、右の官宣旨の文言から、佐藤氏が説かれたような法令の発布を推定できるか否かである。「仍降糸綸、被救窂籠」という箇所は過去の事実をのべただけの文章であるから、法令の発布を推測させるのはあとの「此法」という字句であり、それにすべてがかかっている。そして、かつて久米邦武博士もこれから「諸国輩安堵のため京上する法」の発布を推定された[2]ように、「此法」という字句から法令の存在を推論したくなるのは無理からぬことであり、たしかに可能ではある。けれどもまた、「此法」を宣旨など成文法の形で発布された法令の意味ではなく、過日の便宜的ないし慣例的な方式を意味する語と解することも可能である。したがってわれわれは、この両方の可能性を念頭において検討をすすめなければならないとおもう。

ところで前述のように、佐藤氏はその後その法令は旧領回復令であって六月十五日に発布されたと説明された。こ

の月日の根拠については明示されていないが、それは実に左に掲げる口宣案にもとづく見解であるようである。[3]

（端裏書）「元弘三年六月十五日　出方」

元弘参年六月十五日　宣旨

近日凶悪輩寄綷於兵革濫妨、民庶多愁、爰軍旅已平、聖化普及、自今以後、不帯綸旨者、莫致自由之妨、若有違犯法全《マヽ》族者、国司及守護人等、不待勅断、召捕其身、宣経奏聞

蔵人右衛門権佐　藤原《高倉》光守奉

この文書は『大日本古文書』家わけ第七「金剛寺文書」に収められ、[4]現に金剛寺に所蔵されているものである。文中一ヵ所に誤字とみられる文字があり、端裏書の意味も明瞭でない。また金剛寺の原本をみるに、筆致もすぐれず伝来の理由も不明であって、信憑性においてやや心もとない感をいだかせる。『大日本史料』がこの文書を収載しなかったのが、そうした理由からかどうかは知らないが、しかし口宣案として整った様式をもち、職事の高倉光守についても明証があるから、[5]疑いをさしはさむ決定的な理由はないといってよい。むしろ『大日本史料』に収載されなかったことが、今日までとかく見過されてきた理由であったかとおもわれる。

この文書の文言のうち佐藤説に関連して問題になるのは「自今以後、不帯綸旨者、莫致自由之妨」という部分である。佐藤氏は七月下旬の官宣旨(以下「七月令」と略す)の「安堵」を「失った所領を回復すること」と解し、右の六月十五日宣旨(以下「六月令」と略す)の「自由之妨」をその回復のための実力行使を指すとみなし、所領安堵=旧領回復のために「個別」に綸旨=「糸綸」を発給することを規定したのが六月令、つまり七月令にいう「此法」である、換言すれば、綸旨をもたないものは安堵できないと規定する法令が六月十五日に発布されたとされたのである。

けれども、さきに指摘したように、七月令の「此法」とは法令でなく慣例を指す語であるかもしれないし、たとい

法令を意味するとしてもそれが「金剛寺文書」所収の六月十五日口宣案の内容(六月令)をいうのかどうかは、にわかに断言するわけにはいかない。また佐藤氏が示された「安堵」という語の解釈にも問題がある。氏はこのばあいの安堵を「いままで持っているものを改めて承認する」(当知行の確認・保証)と解するのではなく「いったん失ったものを返還する」(旧領回復)と読むべきだとされる。[6] なるほど安堵の語にそういう意味をもたせることも可能ではあるが、氏がこのばあいあえて旧領回復の意味に限定して読みとるべきだとされるのは、七月令の「此法」を六月令に関連づけて解釈しようとされたからである。両者を関連づけない場合には安堵の語に旧領回復の意味だけでなく当知行の確認・保証の意味もある(むしろ基本)ことはいうまでもないのである。佐藤説のうがった視角にくらべると平凡な常識的な理解へ引き戻すようではあるが、そのことを確認して論をすすめたい。

(1)『大日本史料』第六編之一、元弘三年七月二十三日条。
(2) 久米邦武『南北朝時代史』(訂正増補大日本時代史、一九一六年)三〇四ページ。
(3) 座談会「〝南北朝時代〟について」(『日本歴史』第二三七号、一九六八年)で、佐藤氏は私の質問に対して、そのように応答されている。
(4)『大日本古文書』金剛寺文書、一二九　後醍醐天皇宣旨案。
(5)『職事補任』(『群書類従』第四輯、一五五ページ)。
(6) 註(3)の座談会における説明による。

二　「一同の法」の真義

そこではじめに六月令を七月令の「此法」と別のものと仮定して、二つの法令の意味を考えてみると、まず六月令は、この文言だけからいえば、所領問題にかぎらず何ごとについても「濫妨」「自由之妨」を行なうこと、とくに綸旨をもたずに行なうことを禁じたものといわねばならぬ。むろん所領問題が実質的に中心問題であったことは当時の状況からみて明瞭であるから、とくに所領について考えてみれば、「濫妨」や「自由之妨」とは当知行を主張する行為を意味するよりはむしろ旧領回復の行動を指すことになろう。けれどもだからといって佐藤説のように旧領回復にのみ限定されるものではなく、たとえば新恩補任を主張して乱入するような行動をも指したであろうことは、この年の十月五日に陸奥国が下した左の検断の事書[1]によっても窺い知ることができる。

一、所々濫妨事、閣是非、先可沙汰居本知行之仁、有違犯輩者、永可断訴訟事

一、不帯綸旨、致自由妨輩事

去六月十六日、被下宣旨了、近日或帯宮之令旨、或称国司守護被官、或又地下沙汰人以下、任雅意、有濫妨事、如此輩任(下文欠)

この事書がさきの六月令をうけたものであることは文中の語句からも恐らく疑いないところであって、六月令の意味はむしろこうした当時の実際の施行例から解釈するのが妥当であろう。これからすれば、六月令が禁じているのは護良親王の令旨による濫妨等々のことを指すのであって、綸旨があれば「自由」の行動が承認されたのはむろんだとしても主たる意味はむしろ当知行保護にあるとしなければなるまい。陸奥国の制条が当知行安堵をひろく布告した七月令以後に出された事書であることは考慮にいれておかなければならないが、しかし、また七月二十三日以後も六月令が「閣《さしお》」かれ(撤廃され)ていないことにこそもっと注意しなければならない。つまり当知行安堵という立場は六月も七月以後も一貫していることになる。六月令が出されなければならなかったのはそういうことでなく、すでに早くから護良親王や足利尊氏が宛行状や証判をさかんに発給しており、そしてすでに佐藤氏も指摘されているように[2]この

直前の六月十三日に護良親王と天皇とのあいだに話合いがついて親王が入京し征夷大将軍に補せられて、天皇中心の妥協体制が成立したという政治的状況にあったのであって、六月令はむしろそういう天皇中心＝綸旨至高の体制の成立を宣言することに最大の眼目があり、所領知行の手続きをとくに規定するためのものではなかったとみられる。またここで国司・守護に任務・権限を与えていることにも注意しておきたいのである。

しからばその場合、七月令はどのような意味のものとみるべきであろうか。当面の問題点についていえば、私は、「士卒民庶」へ綸旨を降すことはやめて、一律に当知行安堵を布告し、今後問題があれば国ごとに処置させるという点に、法令の眼目があったとおもう。「万機事繁、施行有煩」といい、国ごとの処置を命じ、またこの宣旨をうけて国宣や国司の証判が各地で出されている実例をみても、これは明らかである。このさいその「安堵」とは、当知行の確認・保証と旧領回復とをともに含むと解してさしつかえないが、「士卒民庶当時知行地不可有依違」という事書をはじめ全体からみれば、「此法」においても七月令においても一貫して当知行の確認・保証の方式をいっているとするのが自然であろう。七月段階ではじめて当知行安堵の線が出たとみるのは、「此法」の内容にあたる士卒民庶へ安堵の綸旨を出す方式(法令)ということのうちの安堵という点だけに眼を奪われて、それが「閣かるる」以上それは新しく出た「当知行不可有依違」と対立する意味の安堵であったはずだと考えるからである。安堵の内容は基本的、原則的に当知行保証で一貫しており、ただ士卒民庶へまでわざわざ綸旨を出すという方式(法令)こそがさしおかれたと読めば、無理な推定はなんら必要でなくなるのである。

以上、六月令を七月令にいう「此法」と別のものとみてそれぞれの法令の意味を考えたのであるが、つぎに両者を同じものとみればどうなるか。つまり、「此法」とあるのは必ずや法令を意味し、しかもそれが「金剛寺文書」所収の六月十五日口宣案の宣旨であると考えてみたばあいにはどうなるか。私見では、どうしてもそのようにみなさねばならぬだけの理由はなく、むしろ十月になお陸奥国の条制が六月令を引用している事実と不整合を感じさせる点からやや困難であるとおもうのであるが、いちおうの検討をしておこう。

この場合には、六月令の「自由之妨」とは七月令に「未安堵」=「窂籠」とある状態のもとでの行為であるとしなければならぬから、六月令は旧領回復には必ず綸旨を要するという意味が主たるものとなる。けれども、綸旨がなければ当知行を否認するとか、すべての者は改めて知行を確認する綸旨をもらい直せとかいう意味があるとはいえない。綸旨がない限り旧領回復ができず、したがって当知行は損われないことになるから、結果的にはむしろ当知行を保護する効果をもっている。ただそれにしても、「士卒民庶」の所領知行について綸旨が最高の権威をもつと宣言したのであるから、その結果として当知行について不安がおこり「京上」がはげしくなったのは事実であろう。けれどもそれは政権交替のときには当然の現象であって、久米邦武博士のように「諸国輩安堵のため京上する法」と解釈するのも――久米博士は七月令からそれを推定したのであって六月令をそう呼んだのではないが――惹起された社会現象を法令の本旨とみなす誤りといわねばならず、七月令の文脈の軽視でもあろう。

そこで七月令の意味を考えてみれば、六月令で士卒民庶の旧領回復には綸旨を要するとしてかなり積極的に旧領回復の綸旨を出していたのをやめて、原則的には(高時与党以外は)一律に当知行安堵を布告して旧領回復をなるべく認めないことにした、ということになろう。けれどもこの場合も、当知行安堵の原則ははじめてのものでなく六月令では自明のこととして前提されていたものが正面に打出されただけであって、否認から承認へと原則が変ったわけではない。また士卒民庶へ直接的に綸旨を出すことはやめて諸国に処置させることにした点に大きな意味があるとみられることは、さきの場合と同様である。七月令の「此法」が六月令を意味すると強いて仮定してともかくもつじつまを合わせて解釈すれば、以上のようになる。

ここで、これまでの煩雑な推論の結果を、いちおう整理しておこう。

第一に、元弘三年六、七月ごろの士卒民庶の所領安堵に関する法令には、一応つぎの三つがみとめられる。すなわち、(1)綸旨以外の権威による行為を否定した六月十五日令、(2)所領安堵のため、旧来ならば権門や寺社に宛ててしか出さなかった綸旨を「士卒民庶」に与えることを布告した法令で、七月下旬の官宣旨にいう「此法」(ただし法令ではなく単なる慣行の方式を指すとも考えられる)、(3)右の(2)をやめて朝敵以外は諸国一同に当知行安堵の原則を布告した七月下旬(二十三日など)令である。(1)と(2)とを同一のものとみることもできるが、別のものとみる方が無理がないとおもわれる。

第二に、右の諸法令についてつぎの諸点を指摘することができる。(1)これはすべて「士卒民庶」の所領に関するものである。いままでの諸説はこのことの意味をあまり考えていない。(2)当知行安堵を原則的に承認する立場をとっている。綸旨がなければ当知行を認めないとか、すべての者が改めて綸旨の交付をうけよとかの規定はない。(3)諸国(国司・守護)に、一貫して問題処理の任務権限を付与している。(4)綸旨・勅断を至高とするたてまえは当初から一貫しており、ただその発給の範囲や手続きを変更したとみるべきである。

(1)　「結城文書」有造館本(『大日本史料』第六編之一、二三三—二三四ページ)。
(2)　佐藤進一『南北朝の動乱』(日本の歴史9、一九六五年)二二ページ。

三　「徳政令」の解釈

つぎに建武元年(一三三四)五月の徳政令の考察にうつりたいが、この徳政令の条文もまたきわめて簡略な文言であって、解釈に多大の困難がある。そのため、すでに佐藤三郎・赤松俊秀・佐藤進一の諸氏が条文の考証や解釈を試みられ(1)、後学の研究のためにもきわめて貴重な手がかりを示されたのであった。けれども私にはなお検討の余地が多いようにおもわれるので、まずその条文の復元からはじめたい。

この建武元年の徳政令の条文としては、同年八月下総の香取社領において徳政令にもとづいて沽却地を回復しようとした事件があり、多分それに関連して写された東洋文庫現蔵の一連の関係文書のなかに(2)、条文の写しが二通り伝えられているものがあるだけである。その一つは海上の竹本殿子息が京都の記録所壁書を伝えてきたものの写し(海上本)で、もう一つは神崎別当の所持本からの写し(神崎本)である。全体に海上本の方が粗略であるが、神崎本も完全ではない。そこで両者を対照してたがいの欠字を補ってみると、つぎのようになる(ただし、いま知られている史料による限りでは、内容の理解と別に字句と形式だけを先に確定することは困難であるから、これはあとでのべる文言の解釈と併せ考えながら判断したものであることを、断っておきたい)。

検非違使廳　牒諸国衙

当国住人等申、負物幷本物返質券田畠事

右、於国任格制、令計成敗、有子細者、可被注進之者、以牒

建武元年五月三日　　右衛門尉中原在判

負物半倍、本銭返半倍、依為其結解、過半倍者、非取返田畠、所過(課)用途本主可返之、質券沽却年記沽却同前、買主雖不取得分、過十ヶ年者、非沙汰之限

沽却地事

承久以来沽却、不可依(海上本ナシ)御下文、買主滅亡者、本主可進退之、両方共参御方、致軍忠者、且可有其沙汰、元徳(元弘元)三年

以後、殊以本主可進退之

可停止諸国狼藉事

諸国事、被委任國司守護人等之上(下略)

従来の諸説では右の「負物半倍」以下と「沽却地事」の条とを徳政令の条文とみなし、前の検非違使庁牒からあとの「可停止諸国狼藉事」の条にいたるまでの全体の構成については、あまり考えられていなかったようである。けれども、単に徳政の内容とおもわれる部分の字句だけでなく、発布された形式全体にも留意することが、この徳政令の場合とくに必要であると考える。その理由はあとで詳説するとして、ここでは「負物半倍」以下の条についての検討からはじめよう。

この条についてまず問題になるのは、「非取返田畠、所過(課)用途本主可返之」の部分である。赤松氏はこの「非取返」を全体の意味からみて「可取返」と訂正すべきだとし、「所過用途」をここだけは海上本の文字を採って「所課用途」とし、抵当になっていた田畠への公課は本主が債権者に支払うべきものと解された。たしかに「非取返」の部分は、全体から考えても、また八月十三日付千葉貞胤書状[3]に「年記沽却地事、如使廳之法者、遂結解、買主及半倍令所務者、沽主返領不可有子細候」としていることからも、意味としては「可取返」でなければならぬ。けれども両本ともに「非取返」とあるのも動かし難い事実である。また田畠への年貢などを所課用途というかどうか、いささか疑問におもわれる。そこで、この文章が問注記などにしばしばみられる一種の変体漢字であること、また右の千葉貞胤書状に売主が取り返すことを「沽主返領」と表現していることなどを考慮して、つぎのように解読したい。「その結解をなすによって半倍を過ぐれば、田畠を取返すのみに非ず、過ぐる所の用途は、本主これを返す(取り返す)べし」、つまり結解してみて返却分(「所務」による得分なども含む)が半倍を超過しているならば、田畠を取り返すだけでなく超

過した分の用途も本主が取り返すべきである、と読むことができるとおもう。(4)

つぎに難解なのは、後半の「買主雖不取得分」以下の意味である。末尾の「非沙汰之限」は、永仁の徳政令の「利銭出挙事」の条にも「非沙汰之限」とあるのと同様、(5)「訴訟を受理しない」という意味に解すべきであろうから、要するにこの「買主」以下は負物・本銭返・質券沽却・年紀沽却のすべてについて、すでに契約から十ヵ年を過ぎているなら、債権者は半倍の債権を主張することも認められずにその権利を失う、と規定したようにも解せられる。あるいはそれでよいかもしれないが、すこし気になるのは、ここにとくに「買主」といっていることと「得分」という語の意味とであって、これはいままでの諸説でも明瞭にされていない点である。この「買主」を厳密に読めば、文意からしてこれ以下の文は文脈としてはその直前の質券沽却・年紀沽却だけにかかるものとしなければならないだろう。質券沽却・年紀沽却とは、おそらく本来的に沽却であることに重点のあるもので単なる質流れではなく、代金の返済または特定期間の知行という一定条件の充足によって物件を返却することを付帯条件とした沽却であろうから、そうだとすれば、ここでいう「得分」とはその一定条件にもとづく得分(売主が返済する元利等や、田畠知行による収益など)を指すものとせねばならぬ。前掲の千葉貞胤書状に、年紀沽却地について「結解を遂げ買主半倍に及び所務せしめば」とあるのを直訳すれば、「計算してみて、買主がすでに買値の半倍に達するまで所務による収益をえていることがわかれば」となるが、これは以上の解釈の支証となるとおもう。そこで、このような文脈のとらえ方が正しいとすれば、「買主」以下の部分の文意は「ただしそれら条件つき売買の場合、買主が何らかの事情で得分をとっていなくても、すでに売買から十ヵ年を過ぎておれば、買主は物件の返却にさいして半倍の債権さえも主張することはできない」ということになる。

ただ、この解釈の難点は、なぜ質券沽却と年紀沽却についてだけこのような規定があるのかその理由がわからないことである。それは、もともとそういう文脈のとらえ方が誤っているからかもしれないが、いまのところ私には的確な説明ができないので、大方の御教示を待つ次第である。しかし、ここで大切なことは、右の読み方をどちらにしてみても、この部分は、買主または債権者の権利を制限する趣旨のものであるから、永仁の徳政令のときの例外規定のように徳政令の適用を免除して買主または債権者の側を保護する意味での、適用範囲の規定条文でないことである。それでは、適用範囲は実際にどうであったかというに、当然それは現に継続中の貸借関係だけが対象であったはずで、すでに決済のすんだ過去の貸借関係や永代沽却地などは含まれていないのである。したがって適用範囲はそれなりにはっきりしていて、永仁のときに起こった際限のない取り戻しの連続というような混乱を生ずる余地はなかったといえるのである。

ところで、右の未決済の貸借関係ということに関して、鎌倉幕府法に利銭・負物・質物・雑人などについて「無其沙汰過十ケ年者、不論是非、不及改沙汰」「不経訴訟過十ケ年者、任式目、不及沙汰」などとあること、[6]また室町幕府法に政所雑務の法として諸人借物事について十ヵ年(のち二十ヵ年)の年紀を定めそれを過ぎたものは「非制之限」としていることに注意しておきたい。[7]建武の徳政令とこれら幕府法との関連について論ずるだけの準備は私にはないが、十ヵ年をもって債権債務の是非を法的に論じない慣習が当時あって、建武の徳政令はそれを考慮したかとおもわれる。もしそういう意味であるなら、この十ヵ年を当知行年紀法の二十ヵ年と比較して建武政権の政策の特質を論ずるのは、どのような結論であれ、正しくないとおもうのである。

（1）　佐藤三郎「建武元年の徳政について」(『歴史学研究』五〇号、一九三八年)。赤松俊秀「建武の新政」(体系日本史叢書『政治史I』、一九六五年)。佐藤進一『南北朝の動乱』(日本の歴史9、一九六五年)五九—六〇ページ。

（2）　東洋文庫所蔵の「岩崎文庫」に収める「香取田所文書」五軸は、目録では江戸時代以後の写本として扱われ『千葉県史料』

中世篇にも収載されていないが、いずれも中世書写の文書である。建武元年の徳政令の史料はこのなかの「一」にあり、『大日本史料』建武元年五月三日条所収のものや『香取文書纂』所収のものの原本である。これをみると表装にさいして錯簡のあることがわかり、これを正せば『大日本史料』等が切り離して掲げている文書の相互の関連がわかる。

(3) 「香取田所文書」。『大日本史料』建武元年八月十三日条参照。

(4) 「のみに非ず」と読むことについて、この時代の傍例を求めてみると、『拾珠鈔』(『天台宗全書』)に「我后非二正法之政令《ノミニ》一、又弘二《御ス》仏法之奥旨《ヲ》一」(第一、一三二ページ)、「非レ顕二《ルノミニ》仕レ神仕レ君益外《ノ》一、有レ感二《スル》帰レ仏帰レ法誠内《ノ》一」(第八、二四二ページ)とする例などがある。最適の類例とはいえないが、当初から送り仮名を付した変体漢文はこの種のもの以外では多くないので、さしあたりこれを参考として掲げておきたい。

〔補註〕『楠木合戦注文』所収の関東御事書の第二条に「一人被疵之刻、従類退散之条、非失虎夫之名、可招悪徒之嘲歟」とあるのも、「失ふのみに非ず」と読むべき例であろう。

(5) 『中世法制史料集』第一巻、鎌倉幕府法、追加法六六〇条、六六三条。

(6) 同右、御成敗式目四一条、追加法五五九条、七二〇条。

(7) 同右、第二巻室町幕府法、追加法二〇二条、二〇五条、二一〇条。

四　沽却地条項の意味

つぎに、「沽却地事」の条は、建武政権の所領政策に直接にかかわる内容をもつが、これまた難解である。まず全体を、(イ)「承久以来」以下、(ロ)「買主滅亡」以下、(ハ)「元徳三年」以下の三段にわけよう。このうち(イ)について、赤松氏は「承久年間以後の売却はこの御下文(新政側が発した格例。おそらく「負物半倍」以下の条項)の規定によらない」と解釈され、佐藤進一氏は「承久以後の分は将軍の下文(売買確認証)をもっていても無効」つまり永仁の徳政令で除外例の一つであった将軍の下文の権威を建武の徳政令では承久以後の売買については認めないのであるとされた。ここの中心問題は「御下文」が何を指すかであるが、「負物半倍」以下の条項は負物・本銭返の類についての規定であって沽却地に適用されないのはわかり切っていること、またそれは下文ではなく牒ないしは「格制」であること、さらに伝写した者の常識や感覚が入りこんでいるかもしれない不完全な写しであるから「御下文」の文字だけで論ずるのは危険であること、などから、赤松説には従いがたい。やはり私は鎌倉幕府の下文とみるのが正しいとおもうが、しかしその理由は佐藤説と趣旨を異にする。それは、そもそもこの条項が、単なる徳政令の一項というよりはむしろ北条氏の権威を否定して天皇方の軍忠の者を優遇するための政治的措置であることを本旨とすると考えるからである。そのことは、この条項が発表された形式からも考えられることであって、前掲のように、前には検非違使庁牒とそこにいう「格制」にあたる「負物半倍」以下の徳政の条文があり、後には「可停止諸国狼藉事」という政治的内容の布告があって、この三者を併記して記録所に壁書で貼り出されたとみられることに注意すべきである。沽却地を本主に返すという点では徳政令的な内容をもち、検非違使庁牒による徳政の施行と政策的に関連をもつことは確かではあるが、経済的「救済」はいわば手段であって発想の本旨は政治的権威を明確にし論功行賞をすることにあったとおもう。赤松説・佐藤説ともに、一般的な沽却地の無償取り戻しが前提にあったことは自明であるかのように論をすすめているけれども、諸国衙宛の検非違使庁牒は「負物并本物返質券田畠事」のみをいい、「沽却地事」にはふれていない。そして少くともいま伝存する史料には一般的な沽却地無償取り戻しを規定した条文は、知られていないのである。建武の当時、徳政といわれていたのは事実であるが、(1)そのことからいきなり永仁の徳政令の「質券売買地事」の条を想起して沽却地一般の徳政を考えるのは、正しくない。したがって、文字通りに単純に「承久以降の沽却地に関しては、鎌倉幕府の下文(売買確認証)は保証効力をもたない」とすること、そのことにより一種徳政的な効果が生じうること、これが(イ)の部分の意味であるとすべきであろう。

つぎの(ロ)の部分については、沽却地一般の無償取り戻しの規定が存在したという仮定は、いっそう無理であるとおもう。もしそうだとすれば、買主が滅亡した場合とか、売主買主両方が軍忠あった場合とかを論ずること自体が、おかしなことだからである。だからやはり(イ)を「承久以降の沽却地に関しては鎌倉幕府の下文は保証効力をもたない」という意味に解し、(ロ)はこれをうけて「その結果、沽却地の所有者が不確定になった場合は、買主が北条氏に属して滅亡したのであれば売主が進退し、両方ともに天皇方に軍忠あれば然るべく決裁する」という一種の闕所地給与の処置法を規定したものとみたい。またそう考えれば、この(ロ)の部分こそがこの条項の重点であり、(イ)はそのための前提であることがわかる。

(ハ)の部分については、いちおう二通りの読み方ができる。その一つは、(イ)から(ロ)にいたるまでの処置と併列して、元徳三年すなわち元弘の乱勃発以後の沽却すべてについて売主への返却を規定したものとする理解であって、いままでのすべての説はこれに近い。もう一つは、(ロ)と同じく承久以後の下文の効力否認を承けての条文とみて、元徳三年以後はことに北条氏が朝敵であったからそういう下文をもつ買主の立場を認めず一律に本主を優遇しようとしたものとみる理解である。確実な傍証もないのでいずれとも断定的なことはいえないが、前者のような広範な徳政の実施を物語る徴証はいまのところ見出すことができず、むしろ後者とすべきではなかろうか。そうだとすれば、この沽却地事の条の徳政的意味はかなり限られたものであったとしなければならない。

以上によって建武の徳政令といわれるものの内容がほぼ明らかになったとおもうが、ここからいえることは、この徳政令は永仁の徳政令とは異って、基本的には「負物幷本物返質券田畠」に限られており、沽却地については一部特定条件のものに結果として徳政的効果を生む処置があったにすぎないことである。したがって鎌倉幕府の所領知行に関する処置をすべて否定するものでないことはいうまでもなく、年紀の期間などそれまでの知行慣習を全般的に軽視するものでもなかったとおもう。むろん高時法師等ないしは承久以後の北条氏の権威を否定し元弘以来の軍忠を重視した結果、一部とはいえ元弘の乱で朝敵でなかった者も二十ヵ年当知行年紀にかかわりなく所領を失うことになったはずであるから、その点は頼朝にも義時にもみられなかった厳しい措置であったといえる。しかしそういう厳しさは、王権が強化されてやがて統一政権が出現する歴史的展望からみれば、いわば不可避的な趨勢だったのでなかろうか。

（1）「香取田所文書」所収、香取大神宮神官衆徒等言上状、沙弥蓮一施行状など。

むすび

一般に建武政権の成立した前後の時期において、所領安堵の問題が重大な関心を呼んでいたことはよく知られているが、そういう社会情勢が生じた基本的な理由は、究極は多様な農民闘争の高揚によって領主層内部に深刻な抗争が展開したことにあったとおもわれる。領主層とくに地頭御家人程度の在地領主層は、農民勢力との直接的な対抗や権門寺社＝荘園領主との紛争のほかに、在地領主相互間の抗争も避けられず、むしろそれが主要な側面となって各地に合戦がおこり、それらがかの六月令にいう「自由之妨」となったのであった。そして在地領主層の支配をこのように不安定にした根底に農民勢力の多様な動きがあったことは、例えば若狭国太良荘のような狭小な地においてさえも明瞭に指摘されているところである。(1) 地頭・御家人層にとくに深刻に現われたこの動揺を、建武政権の諸法令は「士卒民庶」の問題としてとらえているが、「所領個別安堵法なるものは、新政当事者の理想から直接に公布されたというよりは、新政の出現に協力したものの欲求に直接の動機があった」と赤松氏が指摘されているように、むしろ「士卒民庶」こそが所領の個別安堵を求めていたのである（ただし、「所領個別安堵法」なるものが存在しなかったであろうことはすでにのべた）。幕府をはじめとする個々の権門の支配と権威が動揺・凋落してきたこの段階では、天皇の恣意からではなく「士卒民庶」の側から、所領の安堵に奔走する必然性があったのである。

「士卒民庶」とは、建武政権にしてはじめて用いることのできた概念である。それは「士卒」と「民庶」とからなるが、たとえば鎌倉幕府法であれば侍と凡下とすべきところを、そのような個々の権門の人格的服従・隷属関係（家司・御家人や荘民・寄人等々）を否定し超越した次元で把握しようとする立場を反映しているとおもう。その語源や発想が宋学等々にあったかどうかはともかくとして、客観的には、すべての所領知行の保証を王権に集中する封建王政的な権力構造への方向が基調になっているとみられる点が重要である。かつて私は、「所領個別安堵法」を封建王政への傾斜を示すものと論じたことがあるが、(2)そういう法や政策の存在を前提していた点は訂正しなければならないが、その視角だけは以上のことから改めて確認したい。

さて建武政権はそうした士卒民庶の所領安堵の要求を天皇親政の理念のもとに政治的に組織しようとして、綸旨のみならず、記録所・決断所などの中央の機構や国衙・守護所など地方統治機構に重要な役割を付与した。天皇はこれを延喜天暦の治の復活と理念づけたが、客観的にはその内容は中世的な所領知行を前提とする所務沙汰にほかならない。しかもここには、佐藤氏が室町幕府について幕府政治の二元性として論じられた問題(3)や守護領国制に通ずる政治的機能(4)までが、すでに現われている。また、かの徳政令もそうした士卒民庶の要求を組織する努力の一環であった。だがもはやこれは、決断所などにおける所務沙汰の混乱や恩賞の行きづまりなどが鬱積しはじめた段階での、しかもまだ破局を予想せず新政策を乱発しつつあった状況のもとでの、空疎な宣言にすぎなかったであろう。しかしそれが空疎であったことを、単にそれ自体が荒唐無稽であったからだといってすませておくわけにはいかない。建武政権の全体を論ずることは本稿の課題をこえることであるが、あえて一言でいうならば、建武政権が破綻せざるをえなかった根本のものは、権門的利害にもとづく支配組織と権威とによって権門体制克服の課題を遂行せざるをえなかった矛盾にあったのであって、天皇や貴族たちの思い上った時代錯誤による混乱として戯画化してすむような単純なものではなかったとおもう。政権にとって基本政策の一つというべき所領知行安堵の政策についてもそのような観点から掘り下げることが必要であり、また現に史料はそのことを物語っているとおもうのである。

（1）　網野善彦『中世荘園の様相』（一九六六年）。
（2）　黒田「中世の国家と天皇」（本書三ページ以下）。
（3）　佐藤進一「室町幕府開創期の官制体系」（石母田正・佐藤進一編『中世の法と国家』一九六〇年）。
（4）　これについてはすでに早く清水三男「建武中興と村落」（『日本中世の村落』一九四三年）が、別の角度から注意している。

第二部

VI　鎌倉仏教における一向専修と本地垂迹

一　革新の原理としての「一向専修」

親鸞の思想が生まれた歴史的背景と社会的基盤はどのようなものかという問題は、数年来諸方面で論じられている重要問題である。それは一つには彼の思想が日本の思想史上最高の系列に位する鋭い自覚と論理とをもっているからであるが、最近はそれが彼のいかなる社会的実践の中で展開したのかという点にまで浮彫りにされてきている。ところで思想史の場合、その自覚や論理の展開を、政治的・階級的な抗争の単純な反映としてではなく、宗教的真理に具現された次元において解き明かすことこそ究極の課題であろう。しかし私は、その検討に入るまえに、かの自然法爾消息が「神祇不拝」「余仏不信」の問題についての悲痛な克服の論理として成立していること、すなわちそれが絶対他力の論理のうるわしさとしてよりも、「神祇不拝・余仏不信の本質とされる変革的原理が正当に評価され実践される条件がつねに充分な成熟をみなかった」[1]といわれていることに、注意を惹きつけられるのである。つまり、このことを追究しなければ親鸞ないし彼以降の人々の宗教思想の真実の苦悩を説明し得ないのみならず、他の一切の日本宗教思想の発展を規定する基本問題をも見逃すことになると考えられるのである。

本稿はこの問題を追究するために、いわゆる一向専修の論理ないし実践がいかなる基盤をもちどのような敵対的諸条件に直面していたかを明らかにし、ひいてはそれが鎌倉仏教史を通ずる最も基本的な問題であったことを、のべたいとおもう。そのためここであらかじめ、一向専修という言葉によって鎌倉仏教史を通じて相対立していた一方の極を把握する理由を説明しておきたい。

第一に、一向専修はふつう念仏による往生についていわれるが、それはおおまかな意味では念仏以外についてもいい得ることに注意したい。たとえば『沙石集』の著者無住の考えによれば、帰依の対象は観音であっても弥陀であってもまた地蔵・薬師なんでもよく、単に「専修の本意は一心不乱のためなり」という意味で雑行と区別されるのであり、彼はそういう実例を挙げて専修をすすめているのである。(2) 勿論これだけでは粗雑な常識的な意味のものでしかないが、しかしこの広さは重要であって、こうした素地の上に浄土宗が「最も一次的根源的なもの」として発展し、(3) それを母胎に親鸞・日蓮・道元などの余行を排する純粋にして激しい宗教思想が成立したのである。この意味で一向専修ということは、鎌倉新仏教の核心をなす一側面であったのである。

第二にもっと大切なことは、一向専修というのは、多神観を前提としてそれを克服する論理の形式を意味することである。そもそも専修念仏者が弥陀一仏に帰依したというのは、弥陀のみに絶対者としての「神格」を認めて他の神仏の存在を否定していたのではない。老年の親鸞が最も深刻に苦悩しなければならなかった善鸞の義絶問題の際にも「三宝を本として三界の諸天善神、四海の竜神八部、閻魔王界の神祇冥道の罰を親鸞か身にことことくかふり候へし」(4) といっているように、旧仏教諸宗と同じく一向専修は多神観の上に成立していた。しかし大切なのは、むしろそれからさきの自覚と実践の論理において、すなわちそうした多数の神仏冥道の充満した世界の中に自己を処する態度において、一向専修は雑行兼修の諸宗と対立することである。すなわち雑行兼修の場合は数多の仏菩薩はもちろん、ときには我国の諸神から貴人・怨霊を含む神霊までを拝礼するのであるが、法然は「選択」によってただ念仏のみが凡夫往生の正因であると説き、親鸞は『教行信証』において信の証果の内容として真仏土と化身土とを明確に弁別したのであって、ことに神祇冥道については化身土巻末や『愚禿悲歎述懐和讃』の中ではげしい句を連ねて排撃した(5)。つまり一向専修は、多神観の中でのたたかいとしてのみ最も見事な実践の論理として成立し得たのである。「念仏者は無碍の一道なり、そのいはれいかんとならば、信心の行者には天神地祇も敬伏し、魔界外道も障碍することなし」という『歎異鈔』の文章は、「善人なをもちて往生をとぐ、いはんや悪人をや」という内省的自覚的な表現よりも、はるかに実践的な核心を打出した言葉としてこの場合重要である。

一向専修という形を問題にする第三の理由は、事実当時では一向専修という形で仏教界の新傾向がとくに社会的に問題になっており、決して悪人往生とか在家往生とかその他の面でそのように論議されたのでなかったことである。鎌倉時代を通じての念仏諸宗に対する弾圧にはいつも「一向衆」とか「専修念仏の輩」とかいう言葉が用いられており、また『沙石集』は「近代」の特質として「一向専修の余を隔ちて嫌ふ風情」を指摘してその一部として「悪人往生」を把握している(6)。おもうに当時新仏教とくに念仏諸派のもつ様々な内容は、世間には一向専修という面に集約して理解されたのであり、最も社会問題化し易い神祇不拝・余仏不信も一向専修の直接的内容に他ならなかったのである。

以上のような事情から、一向専修はこの時代の宗教思想における基本的な、しかも社会的な結節点として、思想界における相対立する一方の極として問題になってくるのであって、「神祇不拝・余仏不信の本質とされる変革的原理」とはすなわちこれに他ならないのである。そこで以下、これが「正当に評価され実践化される条件」がどうであったかを、京都および東国の地域的特質との関連のもとに追究してみたい。

(1)　森龍吉「自然法爾消息の成立について」(『史学雑誌』第六〇編第七号、一九五一年)三八ページ。なおこの問題は服部之総『親鸞ノート』(正・続、一九五〇年)、赤松俊秀「親鸞の消息について」(『史学雑誌』第五九編第一二号、一九五〇年、『鎌倉仏教の研究』一九五七年)などに密接な関係がある。

(2)『沙石集』一の十、八の七。

(3)家永三郎『中世仏教思想史研究』(一九四七年)六三ページ。

(4)『血脈文集』第二通(『真宗聖教全書』祖師部、七一八ページ)。

(5)『真宗聖教全書』宗祖部、一七五ページ以下、および五二八ページなど。

(6)『沙石集』前掲箇所。なおイギリスにおける「ピューリタン」という言葉もかつてはこれと同じ性格をもっていたといわれるのは興味深い。越智武臣「清教主義の一姿態」(『西洋史学』IX、一九五一年)参照。なお悪人正機の政治的階級的意味については、田村円澄『悪人正機説の成立』(『史学雑誌』第六一編第一一号、一九五二年)に詳しい。

二　都市の宗教意識

都市という場合、古代末期的都市としての性格をもつ京都・奈良・鎌倉のすべてを問題にする必要があるが、ここではとくに宗教思想の上で重要な役割を果たした京都について考えてみたい。

古代末期から中世初頭にかけての京都の特質の一つは、やや極言すれば行きづまりと頽廃とが支配していた点に求められよう。平安末期の京都は、過差・風流・殺人・強盗・怨霊・天災・火災など激情と頽廃と混乱の末世的風潮にあったが、このことは鎌倉時代に入っても変ることなく、一層粗野さえ加わったといわれる。しかもとくに注意されるのは、それら諸々の事件の張本人が、悉くといってよいほど貴族・官人・受領らの郎等・家人・下人や院付属の細工師以下の職人などであったことである。(1)つまり当時の京都には、貴族・受領・高僧や若干の富裕な商人とその家父長制的支配下にある郎等・下人および本来律令制の品部・雑戸から発した諸寮の工人の他に都市人口なるものはなく、しかもその経済的基礎たる地方の公領・荘園が次第に侵略されて年々貴族的な経済基盤が窮迫しつつあり、それゆえに治安が乱れ古代家族的な統制力も崩れていたが、それにもかかわらず、本来生産的基礎をもたない京都では積極的に新しい秩序を生み出すこともないままに、全体として窮迫し弛緩し頽廃していく他に途がなかったのである。こういう所では、たとい没落と解体と反抗と頽廃とが繰返されていたとしても、所詮下人・郎等などは古代家族的な形式の中に身を定める以外にいかなる方途も見出されぬという著しく停滞的な状況におかれており、ただ祭礼などを機に集団的行動に狂躁的に加わるかあるいは群盗に身を投ずるしかなかったのである。

このような都市民衆の状態に比べて、貴族層の大部分も実質的にはそれほど異ったものではなかった。もちろん貴族層といってもその内実は複雑であるが、中下層の貴族の中には庶民の集団行動や群盗の先頭に立ってさわぎ廻る者があった事が、数多く指摘されているからである。(2) しかし彼等がもつもう一つの特質は、「貴族としての権威と階級的拠り所とを喪った」結果、「公的共同的意識を欠如した」自由で孤独な個人であるという一面である。(3) これは他方には貴族であることをかなぐり捨てて群衆の中へ飛びこませるような「自由」ではあるけれども、基本的には彼等は孤独で反省的な魂の持主であったのであり、この後者の側面こそが狂躁的な都市民衆に対比される貴族の特徴であったとみられるのである。(4)

さてこのような非生産的で「末法」的な腐朽しつつある京都の状態に対応する宗教意識の特質をなすものは、呪術的な現世利益、幻想的激情的な浄土思想および哲学的思索であったとみられる。つぎにこのことを中下層貴族の場合と民衆の場合とに分けて考えてみたい。

周知のように、専修念仏が貴族的な発想に由来するものか庶民信仰の系譜に属するものかは、親鸞の出自の問題にもからんで先年来論争のあったところであった。(5) 私は「法然・親鸞の深刻な否定的精神はやはり平安貴族の深い有限性の自覚を前提とせざればその由来を把握し難い[6]」とする家永氏の見解を妥当と考えるが、しかしそのさいとくに法然・親鸞が庶民のそれを「母胎」としつつ両者のそれを「綜合」したものと指摘されていること[7]の具体的内容が、明らかにされなければならないとおもう。この「母胎」という指摘は曖昧だが必ずしも不当ではない。それはさきに指摘したような中下層の貴族がいよいよ古代末期的都市住民一般の中に埋没しなければならなかった実情をみてもそうであるし、さらに単に彼等自身の逼迫のためばかりでなく、たとえば法然が大乗円頓戒を相承しみずから持戒の生活をしながらもその立場から遊女非人の往生や専修念仏を説いたように、貴族的立場から庶民の往生のためのものとしての専修念仏の運動が創唱されうることを考えるからである。従って親鸞の場合にしても、彼が民衆の側に立っていたことを強調するためには貴族の末裔であってはならないかのようにいう論説は、必ずしも正当とはいえないのである。「俗姓は藤原氏天児屋根尊二十一世の苗裔大織冠の玄孫近衛大将右大臣従一位内麿公六代の後胤弼宰相有国卿五代の孫皇太后宮大進有範の子[8]」であったかどうかは中沢見明氏以来の論争点[9]であり、それはそれでさらに研究されて然るべきであろうけれども、いずれにしても覚如がいうように「しかあれば朝廷につかへて霜雪をもいただき、射山にわしりて栄華をひらくべかりし人[10]」であったかどうかは、鎌倉初期の実情を考えれば甚だ疑わしいのであって、『御伝鈔』を承認したところで親鸞が高貴の身であることにもならないとおもう。すなわち、親鸞が貴族の末裔であったとしても以上の意味でそのまま諒解できるのである。

なお親鸞の思想についてはその他に、当時の都市民衆層がさきにのべた理由から親鸞のような反省的な思想を生み出す社会的基礎をもたないこと、親鸞の思想は明らかに関東在住中に成立したもので[11]農村的条件を多分にもつこと、また帰洛後の親鸞ひいては覚信・覚如などが「親鸞上人の田舎の門弟」以外にほとんど京都に支持者も門弟ももたなかったこと[12]、などを考慮しなければなるまい。それゆえ親鸞は少くとも都市庶民層を代表するものではなく、むしろ平安貴族の最後の華であったという方が適切でないかとおもう。『興福寺奏状』が「洛辺近国猶以尋常、至于北陸東海等諸国者、専修僧尼盛以此旨云々[13]」といっているのは、はじめから専修念仏が農村を基盤にしていたことを示すものであり、この点にこそ本当の「綜合」の意味がある。法然の宗教が「狂躁的・呪術的」な念仏をもその教説のなかに導入し止揚するほどのものであった以上、都市民衆の中に専修念仏者が存在したにしても当然ではあるが、総じて厳密な意味での専修念仏が都市にひろい基盤をもち得たのは室町時代へ入ってからでなかろうか[14]。

このような貴族の場合に比べて民衆の場合はどうであったかというと、そこにみられる特徴は、祭礼の風流や種々の講および念仏会などにみられる狂躁的・呪術的な、かつ群衆的なものであったとおもう。そうした状態については、すでにすぐれた研究[15]があるが、はたしてそこに、一向専修へ発展する萌芽が含まれていたであろうか。

その一つの例として、この時代に盛んに行われた太子講、すなわち聖徳太子を讃仰する講について考察してみたい。おおよそ聖徳太子が讃仰せられるのは、救世観音の化身として太子が日本に垂迹して日本仏教の始祖となったという信仰によるが、その場合この信仰が末法思想と結合して現われていること、また新旧仏教各派ほとんどが同様な太子観をもっていたことに注意すべきであろう。そもそも末法思想ほど当時の末期的な都市民衆に共通して受取られたものはなく、かつ前述の都市の現実から当然首肯されるところでもあるが、ただ問題は、太子信仰が末法思想以上のものを生み出す形で行われたかどうかである。この点、親鸞や日蓮もまた太子を讃仰していることに注意されるが[16]、それは彼らが末法思想を前提にしながらそれを切開く論理を創造していったと同じことで、広範な大衆的基盤に立っていたということに他ならず[17]、その思想体系からみれば副次的な側面にすぎなかったのである。ところが旧仏教側によってつくられたとみられる諸種の太子講式では、太子の生涯の神秘不可思議を強調し、太子の恩徳に廻向発願すべきを説くだけであって[18]、所詮現世利益を願う呪術ないしエクスタシーの域を出ないものであった。換言すれば、末法思想に対応するだけで、それを克服する契機を含まないものなのである。しかもかかる利益本位の呪術性は、当時彼らの一部から荘園制支配に寄生して成長しつゝあった商人層の願望にも応ずるものであった。ここに鎌倉後期以後都市商人に帰依された日蓮宗の本質的性格と社会的基盤の問題(19)が関連しておりさらに検討が必要であるが、さしずめおおまかにみて富裕な商人も貧窮な都市下層民も結局同じものを礼拝していたといえるのである(20)。

こういった事情から、都市民衆は当然旧仏教の最適の温床になっていたが、それればかりでなく旧仏教は意識的にこの民衆の心情を組織した。旧仏教の復興・民衆化といわれるものがそれであって、単に観音・地蔵・弥勒など雑多な仏菩薩の信仰の方向へ組織したばかりでなく、大小神祇や自然の精霊さらに怨霊に至るまですべての祈禱を取扱うことになったのである。たとえば『長講仁王経般若経会式』というものでは、天神地祇や「水陸原沢一切ノ精」は勿論、上宮太子御霊から伊予親王の怨霊、「結恨横死古今ノ霊、乃至一切ノ精霊等」までも挙げて「我等至心《ニ》弘誓」すべしとされる(21)。また『神道集』では、平安時代の最も有名な怨霊たる菅原道真が、「本朝《ノ》不思議、和光垂迹《ノ》力」といわれる才の持主となって、その和歌は「常《ニ》詠《セハ》必守護《セン》」とされるのである(22)。更に複雑な例として稲荷大明神についてみると、「爰内証《ニ》功《ノ》外用徳有《リ》、先外用徳者、一者諸病除《キ》、二者令レ得ニ福徳《ヲ》一……(中略)此《ノ》如《ノ》十九種《ノ》一切《ノ》霊験何《レカ》一切衆生《ノ》願《ニ》非《ル》」、「憑《ム》処《ハ》本尊《ノ》願海、勝利既《ニ》莫大也」と説きながら、他方では稲荷大明神と辰狐との本地仏を挙げその功徳を説いて「而《レトモ》此法《ヲ》知《サルカ》故《ニ》六道《ニ》流転《ス》、(中略)歎《クヘシ》歎《クヘシ》悲《ムヘシ》悲《ムヘシ》今度生死《ヲ》厭《ハスンハ》何《ノ》時《カ》仏世《ト》期《スヘキ》」といい、さらに「浄土不《ス》レ遠《ニアラ》心王《ノ》遍照也、聖衆近《ニ》在《リ》心数《ノ》曼陀也」と密教的即身成仏の浄土欣求も書きつらねる(23)。この現世利益と浄土礼讃の他に、本来の田の神の信仰と狐についての神秘観が含まれていることもいうまでもない。そして結局は「惣《シテ》此明神、応用无窮《ニシテ》亦力用无量也《ト》云々」という形で総括するより他ない一切を含めた没論理的な呪術と祈禱の神になるのである。つまり、こうして俗信とからまりながら生まれてくる救済の要求を結局現世利益の段階に低迷させ、専修念仏が徹底的に天神地祇を排し克服の論理によって一神教的な方向へ民衆の意識をたかめるように努力したのと反対に、呪術の衣をまとって現われる素朴な願望を神秘的な雑信仰に導いて自己の勢力の温存をはかったのである。

けれども基本的な問題はやはり都市民衆にある。繰返しいえば、彼ら自身荘園制社会の中心としてのゆきづまった古代都市のなかで腐朽し苦悶しながらも、それとたたかい打倒する論理を成長させる物質的基礎をもたず、いかに群衆的な動きを展開しても所詮「奴隷の反乱」の域を出ない低俗と混迷に陥るだけで、かえって古代政権と不離一体の旧仏教の側に組織されその存続の新たな基盤となったのである。

(1)　村山修一『鎌倉時代の庶民生活』(一九四九年)所収の第二論文、第四節および第六節。なお本節は村山氏の同書に負う所が多い。

(2)　村山修一、前掲書。

(3)　石母田正「宇津保物語についての覚書」(『歴史学研究』一一五・一一六号、一九四三年)。

(4)　〔補註〕以上の中世の京都についての説明は、都市の歴史的規定としては、まったく不充分である。ここでは、古代律令制の帝都としての性格の側面のみがすべてであるかのように扱われており、荘園制社会の中枢としての側面も古代都市の延長線上でしかとらえられていない。したがって都市住民の性格も、そのような一面だけが、過大に強調されているが、しかしこのような一面に注目することがこのさい有効ではある。

(5)　井上光貞「藤原時代の浄土教」(『歴史学研究』一三一号、一九四八年)、家永三郎「井上氏の『藤原時代の浄土教』に答う」(同、一三三号、一九四八年)、服部之総『親鸞ノート』(正・続、一九五〇年)、赤松俊秀「親鸞の消息について」(『史学雑誌』第五九編第一二号、一九五〇年)等。井上・家永両氏の間の問題は、意志的な「信」を基調とする法然・親鸞の思想が静的・情緒的な貴族社会の念仏からくるか、狂躁的・呪術的な庶民社会のそれからくるかという点である。

(6)(7)　家永三郎、前掲論文。

(8)　『御伝鈔』(『真宗聖教全書』列祖部、六三九ページ)。

（9）中沢見明『史上の親鸞』（一九二二年）及び前掲服部・赤松両氏の論争など。
（10）『御伝鈔』（註8参照）。
（11）『教行信証』の「元仁元年」が三願転入の年を示すものかどうかは論議されていることであるが、恵信尼文書にみえる千部読経の発願と中止、十七年後の病臥の話などを考えても、彼の思想が関東在住中に鍛えられていったことがわかる（家永三郎『親鸞聖人行実』（一九四八年）一六・二一・二五・三一ページ）。
（12）辻善之助『日本仏教史』（一九四七年）中世篇之一、四〇〇ページ以下。
（13）『興福寺奏状』第八損釈衆失の条。
（14）従来専修念仏は都鄙民衆に受容せられたと漠然と説かれていたが、このことを積極的に論証しようとしたのは、田村円澄氏だけであり（「専修念仏の受容過程」〈『歴史学研究』一五四号、一九五一年〉）、専修念仏の階級的政治的意義を追究された点で貴重な業績である。けれども、専修念仏が貴族に排斥され都市庶民に受容されたという点には些か疑問を感ずる。それは第一に、田村氏が貴族が専修念仏を排したことの例証として挙げられたのはほとんど極く上流の貴族であるが、かかる上流貴族の行動が当時の貴族層全体の標準となり得ないのみならず、兼実の第三子良輔が四天王寺の念仏に結縁せんとして反対された例は、反って貴族層内部に微妙な矛盾をはらみ、とくに中下層の貴族ならば専修念仏に接近することもありえたことを物語っている。第二に、都市庶民のたたかいと専修念仏とが結合する形で受容されたといわれるが、その例証として挙げられた嘉禄三年の専修念仏弾圧事件の記事からは積極的な徴証は見当らない。『明月記』にみえる念仏者が群盗を支持した嫌疑という理由は根拠曖昧で、支配者が常に陥る幻覚でありまた常套的な弾圧の口実でしかないともみられる。また祇園領内において専修念仏者の住宅が破却検封を受けたという八坂神社の記録についていえば、この康永二年三月の注進状は「祇園社内犯科人跡不及使庁綺、社家致其沙汰勘例」を承久以後暦応までの間五八件を列挙したものであるが、鎌倉中期以降微細な犯科五八件もの多数を挙げながら専修念仏については嘉禄三年のこの条だけであることから考えると、群衆的狂躁的な念仏集会でなしに専修念仏が、どれほどまでに都市庶民の間に受容されたか疑わしいとせねばならない。浄土宗の在京諸派もほとんど宮廷との接近によって存続を保っていたのでなかろうか。
なお豊田武氏は浄土宗・真宗の「信者に多数の商工業者があった」とされるがしかし「充分な史料を探すことが出来なかっ

た」と記しておられる(同氏『日本商人史』中世篇、一九四九年、二三一ページ)。念仏者が都鄙に充満する(新編追加)という様な表現は当時の記録に散見するが、念仏勧進などの群集的狂躁的なものを専修念仏と区別して考えねばならないことはいうまでもない。

(15) 村山修一、前掲書、第一論文。

(16) 辻善之助、前掲書、一二八ページ以下。

(17) 〔補註〕聖徳太子信仰は、単純に庶民的信仰の一つであったという以上に、鎌倉時代において日本仏教の教主として讃仰されそれゆえに仏教革新運動を発展させる積極的意義をもったことに注意すべきである(本書第三部「中世における顕密体制の展開」三、仏教革新運動、参照)。

(18) 村山修一、前掲書、三五—三八ページ。

(19) 家永三郎「日蓮の宗教の成立に関する思想史的考察」(『中世仏教思想史研究』一九四七年)には、祈禱教的性格や本地垂迹説の継承等々の弱点を残しながらしかも浄土宗を裏返した性格をもっていることが鮮やかに指摘されている。しかしこの事を浄土宗に対抗する側面からばかりでなく、日像以降の京都の日蓮宗の商人との結合の事実との関連のもとにとらえることが必要である。

(20) 〔補註〕ここでの京都の商人の性格の説明は、京都を本質的に古代的都市とみる観点だけで割切っており、訂正されねばならない。中世の京都についての私の見解としては、ごく概略ながら本書一八ページおよび『日本仏教史』Ⅱ、中世篇(赤松俊秀監修、一九六七年)三九七—四〇四ページを参照。

(21) 村山修一、前掲書、二四—二七ページ。

(22) 横山重編『神道集』(彰考館本写真版、一九三四年)三八〇ページ、四二四ページ。〔補註〕以下『神道集』は同書によるが、『赤木文庫本神道集』(貴重古典籍叢刊1、一九六八年)により補訂した箇所がある。

(23) 同右、一一二ページ以下。

三　東国社会の宗教意識（一）
――本地垂迹説について――

古代末期の都市としての京都が、上述のような社会的特質とそれに対応した宗教意識並びに形態とをもっていたのに対し、辺境地帯とされる東国においてはどうであろうか。いま京都における現世利益を『神道集』によって例示したが、同じく『神道集』を素材に東国の場合を検討し(1)、旧仏教特に本地垂迹説についてのべてみたい(2)。

『神道集』に収録されたこの地方の縁起の特色をなすものは、豊富な民間説話である。ことに著名な甲賀三郎の物語(3)をはじめ赤城・伊香保・那波大明神等々の民間説話は、稲荷・祇園・北野など畿内の諸社が多く「利益」の内容について記されているのと顕著な対照をなしている。また、後にのべるように本書は神々の本地を説くことにとりわけ努力しているが、畿内の場合は比較的に無理がないけれども、東国の場合はあからさまな付会が目立ち、しかも神々が説話の全面に出てしまって本地仏のことは申しわけ程度にしか記されていない。つまり在地的な民間説話が中央貴族のイデオロギーや煩瑣な教説によって分解され脚色されること少く自然成長的に発達していたのが、東国の説話の全般的特質であったとみられるのである。

かかる東国の説話の神々について第一に指摘できる特色は、いわば惣領制の型にはまった表現である。たとえば

郡《(群)》馬郡《ノ》地頭《ヲハ》、郡《(群)》馬《ノ》大夫満行《トツ》申《ケル》（中略）満行墓无成《ク》下《テハ》後、郡馬郡《ノヲハ》八分知行《ニテ》、其中《セリノ》八郎満胤《ニ》容顔美麗《ハ》……故都出仕《ニノ》又《ヲシテノ》代官、故満行《タリ》此子《ニハ》惣領《ヲ》立《ニテ》舎兄七人《ヲハ》腋《トセリ》(4)

とあるように、典型的な惣領制理念の上に話が展開するのであって、古来の末子成功譚の形式も惣領制に則って適用

されるのである。さらにもっと大切なのは、表現形式だけでなく説話の内容そのものに、神々が一族であることが説かれていることである。たとえば伊香保大明神の眷属は、高光中納言の北の方、乳母の大夫、その女房、御妹、御姉、姫君などが神々と顕れたものである。(5) また「抑伊香保《ノ》大明神《ト》申《スハ》赤城大明神《ノ》御妹、高野辺《ノ》大将殿《ノ》第三《ノ》姫《ナリ》」(6) とあるように諸所の神々には血縁関係がみられる。血縁関係ばかりでなく説話の筋にも相互の関連がある。ながくなるから内容は挙げないが、赤城三所明神(7)相互のような場合はもちろん、赤城大明神―鉾大明神―諏訪大明神というように(8)信濃・上野一帯の説話が連続し、また諏訪大明神の縁起(9)が大和・近江・信濃などにまたがっているのである。こういう関連が成立した事情については、伝承の混合や伝播の経路など複雑な問題を考慮にいれなければならないであろうが、当時この地方にこういう一連の説話群が存在したのは事実とみてよく、かつそれが惣領制的な族的理念によって表現されている点に注意される。

このような惣領制的社会関係を反映した説話群がこの地方に発展したことは、もちろん偶然ではない。上野は新田・足利など巨大豪族の発祥地であり、信濃は北条氏の最後の拠点であり、また東山道一帯とくに上野・信濃両国は交通上にも密接な関係にあった。(10) しかも鎌倉後半期には次節にのべるように惣領制は崩壊はしないが内部の諸階層の動きが活潑化して旧来の枠をこえるような横の交渉が拡大されるというような諸事情を考えれば、それはきわめて自然なこととして納得できるのである。

東国の神々について第二に指摘できる特質は、これらの神々が抽象的な理念や絶対者の意味での神格ではなくて素朴な心情をもった人間的な神々であることである。人間的というよりは本来人間であって神となってからも人間的なのである。たとえば大昔のさる一族(11)が全部神になってあの山この沼の守護神となるが、しかし神になってからも嫉妬したり争ったりする上に、人間の社会へ入りこんできて人間と戦ったり住民を守ったりあるいは恐れさせたりする。(12)

それは一種の精霊であり、仏法聴聞のために集まったりもするもので、[13]決して仏菩薩と同格のものではない。ここでは神は人間の現実界から分離されず、神話は伝説(ないし歴史)と未分化である。すなわちかかる神話は、人間社会についての文学的創作であり、呪術と生産と生活に根ざした奔放な空想である。だからこれ自体からは仏教的なペシミズムなど展開する余地はないのであるが、『神道集』では、こういう神々も山に鎮まる段になると急に世をはかなんで五十六億七千万歳の未来での救済を願って、仏になるまでの仮の姿になるというような話になる。だがこうした運び方が生まれるのも、もともと神が人間の文学的投影像に他ならないからである。[14]

ところがこういう素朴な神々についても、『神道集』は、祇園社や熊野権現と同じくその霊験を説き、「夫以神明神道本地尋《ヲレハ》諸仏菩薩也、々々々《(諸仏菩薩)ノハ》迹化但神明神道也、当レ知神者仏《モ》神《モ》同《クシテ》譬《ハ》眼目《ノ》異名《ナリ》而已[15]」ということを説明する必要があったから、これにひどく異質的な種々の脚色を施さねばならなかった。

その一つは、すべての神々に例外なく本地仏を配置して利益莫大を説いたことである。これはすべてが『神道集』の作意ではないであろうが、ともかくなぜ能登石動権現が本地虚空蔵であり上野国惣社の本地が普賢であるのかなどについては、まったく理由が示されない。二つにはすべての説話に天皇家の歴史との関連を付加したこと、これとともに全体が王朝文学的手法で表現されることである。たとえば「人王第三代帝《ノ》安寧天皇《ヲ》申《トツケル》、此帝《ヨリ》五代《ノ》御孫子甲賀権守諏胤《トハ》申甲賀郡《ノ》地頭《ニテ》[16]……」という類で、ほとんどの場合左大将・中納言等々の官位をもち、郡地頭か国司かであり、惣領であるという具合の紋切型で、かつその地頭なるものが、加若次郎和理と子持御前との恋物語[17]のように安直な涙にくれる王朝貴族的な人間であり、当時の地頭の気風とはおおよそかけはなれたものである。それではなぜおしなべてこういう形にされなければならぬかといえば、本来の形では仏教的ペシミズムが成立たないからであって、所詮このような手法は客観的には垂迹を説くための文学的操作という役割を果たすものに他ならなかったのである。

ところでこうした操作により話の筋はともかくつけることができたにしても、異質的なものをつなぎ合わせた結果、『神道集』は最も大切な本地垂迹の原理について不可避的に矛盾に陥らざるを得なかった。その一つは、説話における人・神・仏の関係と垂迹説のそれとの矛盾である。筆者は「和光同塵は結縁の始」という当時の垂迹説の根本原理に則り、「神明ノ御本地定テ仏菩薩ニテ諸仏世界ヲ利益シ給ンカ為ニ、必神明ト顕下」ということを『悲華経』なるものから「我滅度後、於二末法中一現二大明神一、利二益衆生二」という文言を引いて典拠を示し、仏が神と顕われることをのべ、(18) さらに「諸仏菩薩ノ我国ニ遊下ニハス必人胎ヲ借リテ衆生ノ身ト成ツ、身ニ苦悩ヲ受テ善悪ヲ試テ後、神明ノ身ト成テ悪世ノ衆生ヲ利益下御事也(19)」と仏が神どころか人間にまで垂迹すると解説したのである。これは明らかに人間的な説話を吸収するための論に他ならないのであるが(印度の狗留吠国の長者玉芳大臣の娘好美人や秦者大王がはるばる日本へやってきて神と顕われたという話(20)は、垂迹ということを在地説話的に物語ったものである)、しかしここまでくると、さきに述べた、人間が法を悟って神となり、神が仏法をきいて仏になるという順序と逆であることがわかる。つまり『神道集』では、神が本来人間であるのか仏であるのかはっきりしないのであり、論理的に矛盾を含んでいるのである。

けれども『神道集』の作者は、最終的には神が仏の垂迹であることを信じて疑わなかったから、さらに教理的にもこのことを論証すべく努力する。だいたい仏教と神道は教理・儀礼にいろいろ矛盾相違があるが、これはどう理解したらよいのか——『神道集』は自問自答してそれを一々曲りなりにも説明する。(21) けれども「問、大小権実明神ノ、本地仏菩薩ト云ヘリ、以レ何ヲ可レ知ル耶」という根本問題に逢着する。「答、実ニ此条不思議、指タル修多羅(聖教)ノ明文不レ見、又菩薩ノ論蔵不レ判」、そこで「只本朝辺洲故ニ無二仏説一、無二論判二」ということにしておく。(22) また「ある人が毘吠論に『一度神ヲ礼セバ、五百生蛇身ヲ受クレ身ニ』とあるといっているがどうするか」という問に答えて、「神には実社、権社の別がある。『悪霊悪蛇ノ物ニ取付テ人ヲ悩乱スル、実者ハ皆蛇鬼等ナリ　権者ノ神ハ往古如来深位大士教化六道ノ約束ニテ利益衆生ノ為和光垂迹シ玉フナリ、八相成道ノ終リヲ論ス、尤可帰依』である。しかしいずれにしても『日本自《ハ》レ本神国《ナリ》惣《シテ》可ニ敬礼一、国《ノ》風俗凡愚《ハ》権実《ヲハ》難レ弁、只神随《ニテ》敬礼《ス》、何《レノ》失《カ》有《ラン》、況《ヤ》設《ヒ》始実《タル》者《ナリト》云《トモ》終《ニハ》権者眷属成《ト》』。だからともかくも神には敬礼を尽くせばよい」というのである。(23)

このように『神道集』は、神仏の資格を蛇鬼の線まで引下げることによって神仏両者の属性の矛盾からのがれようとしたから、結局宗教の論理としては甚だ低俗なものに堕してしまった。つまり説話を吸収しようとしたために、神格と人格、神話と伝説(ないし歴史)とが縫合され、呪術と精霊とがそのまま宗教的に神秘化される。従って観念が現実から独立せず、高度な宗教の特質たる彼岸の世界が展開しないのである。

さてかかる事情は、以上のことから明らかなように、本地垂迹説の適用に伴う必然的なものであるという点に注意しなければならない。そもそも神仏習合は、はじめ神も衆生の一として仏法を喜ぶという形で概して神よりも仏を優位におき、ついで平安中期から本格的な本地垂迹説が展開して神を仏と同一のものとみたのである。この段階までは、神の種々な性格を捨象し、権実を区別しながらもむしろ神を仏の地位に引上げようとしたのであって、本地垂迹説はこの意味で一種の指導的役割を果していたと思う。しかるに、鎌倉初期、地方的農村的勢力のより広範な興隆とともにその生活と結合していた説話や神祇信仰がもはや抑え難い勢で表面化すると、本地垂迹説は単に旧仏教側が神仏を自己の側に組織する方便としてだけの低俗な論法となり、従ってそういう形で形成された教説は、もと天台または真言の教学に発しながらも、以上『神道集』についてみたようにまったく雑然たる没論理的なものに堕落せざるを得なかったのである。それはいわば荘園において在地領主層の勃興にたいし貴族らが古代国家の権威にすがりつつあくまで本所としてその生命を保とうとした各段階に照応する現象といえよう。さきに示したように、地方の説話の主人公をことごとく天皇家の末裔とし、官位を付したのもこのことを物語るものであろう。本地垂迹説はいまやイデオロギー闘争における反動理論の最後の論法となったのである。

（1）『神道集』は一応全国の神々の縁起譚を収録しているような体裁をとっているが、一読してわかるようにかなり地方的な偏りがある。すなわち一〇巻五〇篇の説話を地域的に分類すると東山道その他東国地方（近江・信濃・上野・下野・常陸・武蔵）と畿内のものが特別に多いことがわかる。しかも東国一九のうち一〇が上野・信濃両国によって占められており、また本書の最後に長文の「諏訪縁起」をのせているのをみると作者が畿内の諸社と同様にこの地方を重視していたことがわかる。それがどういう事情によるかはわからないが、本節で分析の手がかりとするのはこのためである。

（2）〔補註〕『神道集』だけを素材に東国社会の宗教意識を論ずるのは、いうまでもなくまったく不充分である。したがってこの本文の叙述は、東国社会についての一般的説明としては著しい欠陥を伴うことになりはじめから限界をもつが、中央の寺社勢力が地方へ教線を伸張するさいの問題に関する限りは、なお一応の意味をもちうると考える。なお『神道集』の文学史上の評価は、ここでの評価とは当然別の問題である。

（3）柳田国男「甲賀三郎の物語」（『物語と語り物』）に、この物語の広範な基盤とそれについての分析が示されている。

（4）『神道集』（彰考館本写真版、一九三四年）三六一ページ。

（5）同右、三二四ページ。

（6）同右、三一八ページ。

（7）同右、巻八の四十三。

（8）同右、巻七の卅七と巻十の五十。

（9）同右、巻十の五十。

（10）新城常三「中世の信濃」（『史学雑誌』第五七編第五号、一九四九年）。

（11）諏訪明神と下の宮および鉾大明神の三角関係（『神道集』二九四ページ）、日光権現と赤城明神とが沼を争った話（同右、一九七ページ）など。

（12）伊香保の明神は山神たちを召集して国司や目代と戦い（同右、三二七ページ）、諏訪明神と北の方の争いに近くの人間は肝を冷した（同右、二九五ページ）。

（13）同右、三四〇ページ。

(14) 同右、三一六ページなど。伝説の縁起化の問題については村山修一「鎌倉時代における神話及び伝説の発展」(『史林』二五巻二号、一九四〇年)に詳しい。
(15) 同右、一三ページ。
(16) 同右、四二七ページ。
(17) 同右、巻六の卅四(同右、二八二ページ)。なお、このようにしてお伽草子の本地物が出てくるが、もちろんその文学史的評価は別の角度からなされることである。
(18) 同右、九八ページ。なお、津田左右吉『日本の神道』(一九四九年)五三—五四ページ参照。
(19) 同右、二八二ページ。
(20) 同右、巻七の卅七・卅八。
(21) 同右、二一五ページ以下。
(22) 同右、一八ページ。
(23) 同右、一七—一八ページ。なおこの「五百生蛇身受身」というのは、当時ひろく一般にいわれていた言葉で、『諸神本懐集』などにもみえるが、『諸神本懐集』では「優婆夷経」としている。どちらにしても、この語は神祇不拝の立場の典拠になっていたらしい。

四　東国社会の宗教意識(二)

——異安心について——

けれども、農村の宗教意識を低俗な論理で旧仏教に結びつけようとする試みは、単に旧仏教の唱導家や都市貴族的な立場から本地垂迹説を適用する場合だけではなく、在地の社会機構の、とくに領主・名主層のもつ宗教意識の問題でもあった。それは、少くとも最上級の支配者——中央・地方を通じて——には決して受容されなかった専修念仏が東国社会に伝播された場合を考察することによって明らかになる。

当時の東国社会の基本的支配構造が、いわゆる惣領制の形態をとった領主制であったこと、すなわち惣領(領主)—庶子(名主)—在家農民という支配関係が基本的なものであったことは、今日までの諸研究によって明らかにされているところである。ただここに問題は、中間層たる庶子(名主)層の性格であって、一見彼らは惣領の一族として在家農民を支配する支配者層であるかにみえるけれども、家父長制が原理である惣領制においては彼らは本質的には被支配者なのであり、惣領制の基本的矛盾対立関係は惣領対庶子・在家農民にあった。(1)鎌倉時代の東国社会はこういう形で出発したのである。(2)

親鸞の門弟が名主・領主層であったか耕作農民であったかという問題は、先年来論争されたことであるが、(3)彼の宗教思想が被支配人民のためのものであったという一般的な規定を前提にするかぎりは、庶子＝名主層が在家農民や最下層の下人と同じく親鸞の門弟になったとしても別に怪しむに足りない。(4)まして一向専修が一つのたたかいの論理である以上、血醒い戦闘や所領争いそのものさえもが、他力の念仏と結びつくこともあり得たであろう。(5)従って一向専修にとって真に重要な問題は、かかる親鸞門弟の階級比定論ではなくて、専修念仏がいよいよ生活に溶け入るのと併行して進むところの、惣領と庶子・在家農民との矛盾の展開の方向にあったと考えられるのである。

勿論その方向は、全般的には惣領制の解体、庶子層の独立化の方向である。けれども注意しなければならないのは、総じてかかる現象が一般化するのは南北朝期から室町初期にかけてであること、(6)鎌倉中末期においては庶子＝名主層の独立は強大な惣領支配に抑圧されてほとんど成立せず単なる内紛の程度を出ないこと、むしろこの段階では彼らの独立(自らの新たな支配確立)への努力は惣領制を打倒する方向においてではなくて、自ら支配機構の一部となり惣領を巨大な軍事ヒエラルヒーの中心たらしめる方向において行われることである。(7) 従って、彼らの独立の方向は彼らの反動化に他ならず、これに応じて自己の直接支配下にある農民との関係においても決して古い家父長的関係を止揚せず新たな族的結合によって抑圧し、外部に対しては「氏族」「宗徒」「党」「一揆」等々の関係をつくってゆくことが、(8)特質であったとみられるのである。

さてこのような方向が一般的であったとすれば、東国では一向専修の展開はどうなるであろうか。このことは東国でとくに知られているいわゆる異安心の問題に密接な関係があるとおもわれる。ここでは『一宗行儀鈔』(9)によって、親鸞の教説が東国で伝えられた時の問題を簡単に検討してみたいと思う。

本書は親鸞に仮託した偽書であるが、文中に「此一宗ノ行儀ハ信州戸隠ノ権現ト箱根ノ権現トノ御示現ニヨテ定オキ候」と記されているように、とくに神祇との結合を強調する偏向をもっているのであるが、「当家(本願寺)ノ行儀法式、蓮如上人ノコロマデハ六時ノ行法ニテ六役ノ衆トテ清僧六人ヅヽ、代テ勤メラル、大カタ行儀鈔ノヤウナルヤウスナリツルニ……(10)」と伝えられ、鎌倉末期から南北朝期にかけて本願寺派内でも公然と流布していたと考えられるものである。

さて『一宗行儀鈔』は、親鸞門流の念仏者の守るべき行儀を二十ヵ条にわたり並べているが、注意されるのはいたるところで長蓮房なる異端者の例を挙げて、戒めていることである。まずこの長蓮房なる人物についての説明が注目されるのであるが、

去ヌル正治年中越後国頸城ノ郡、岡□郷ニ長蓮房トテ立川流ノ外法ノ学匠アリ、此人ハ出羽国ニ高市ト云里ノ者ト聞伝タリ、彼長蓮カ外法ヲ世間ニ流布シテ伝ル人、皆仏前ニ詣シテ仏ヲ曾テ拝ムヘカラスト謂《イワセ》シケル

とあり、彼の弟子の住蓮・善綽(11)は法然の教をうけながら承引せず、遂に死罪に行われたとしている。さらに、

長蓮カ人ニ示ス様ハ、極楽ニハ弥陀ヨリ外ニ仏ナシ、故ニ一仏ニ帰スレバ往生スト教テ化仏菩薩ヲ努々目ニモミジ、神慮ハ権実二社ヲ見レバ蛇トナルトイヒキカセ、先祖ノ形像ヲバ輪廻ノ業ナリ、神祇冥道ハケガレモノ也ト示

とあるように、長蓮は徹底的に神祇余仏を排斥し、『宮讃嘆』という書物を作って「神ハ汚レ物ゾ、神祇冥道ハ迷ノ者カ近ツク也、地獄へ落ル」などといい、社参物参を禁じ、その上「仏前ノ火ニテ魚ヲヤキ挽《(ママ)》ミ食テ身モ心モトモニ不浄ニ成テ恭敬礼拝ヲ止テ礼拝ハ雑行ヨト申弘」め、あるいは「仏所ニテ魚鳥猪肉ヲ焼テ狐ニ食ハスル」という状態だったという。単に神祇不拝・余仏誹謗であったばかりでなくいわゆる造悪無碍であり、『歎異鈔』にいう「本願ぼこり」であったというのである。

さてこの長蓮なる者が実在の人物かどうか、また『一宗行儀鈔』が果してどれだけ真実を伝えているかは知らないが、『一宗行儀鈔』は、このような鎌倉初期の造悪無碍・本願ぼこりにたいする誡めという形で成立しているのが特色であって、「長蓮流のやり方をして他宗からとやかくいわれるな」「本願ぼこりは地獄へ落る」と始終繰返している。そもそも親鸞教団においては鎌倉初中期に主として造悪無碍と専修賢善とが、末期には知識帰名が異安心の主流をなしたといわれるが[12]、森龍吉氏は関東教団では建長四年から七年にかけて造悪無碍から専修賢善へと異解(異安心)の質的転換があったことを明らかにされた[13]。鎌倉後期に成立したとみられる[14]この『一宗行儀鈔』も、疑いもなく「(造悪無碍の)異解を口実として古い勢力に新しい宗教思想とその集団を侮告する対蹠的な偏向[15]」、もっとはっきりいえば、客観的には古い勢力との妥協を積極的にすすめる意図を以て書かれた専修賢善の異義書なのである。

それではなぜ異安心がこの時期にこういう形で転換するのか。森氏は「承久の変を転機とする新旧両政権の妥協による秩序の固定化への動向」に伴う弾圧の強化とそれへの追従という政治情勢を指摘された[16]。全体的な動向としては

おそらくその通りであろうが、ではなぜそのまま弾圧に屈し追従したのか。――それには当然信徒ら自身の立場が問題になってくるが、それは神祇の問題と不可分であった。すなわち、さきにのべたように庶子＝名主層の独立が内部に古代的な諸関係を温存し惣領の側へつく反動化の性格のものであったことから、宗教の面では伝統的・呪術的な宗教意識が温存されざるをえず、これによって労働的生産的な基盤に立つ素朴な呪術は旧仏教諸宗の論理の枠内に拘束され、そのため反動＝神祇崇拝の形となるからである。神祇余仏の問題が専修賢善という自力修善の方向への岐路となり、具体的には『一宗行儀鈔』にみるようにその主要な内容となったのは、このためである。(17)

このようにみてくると、神祇にたいする態度の問題は単純に階級的・政治的に色分けされるようなものでないことが、あらためてわかってくる。実際、民衆的な呪術に伴う限りの神祇崇拝は、本来浄土教的ペシミズムとは無縁であり、垂迹説でも専修思想でもない。ただそれが宗教家たちの説教によって一向専修への方向もとり得るし、また垂迹説に組織されることにもなるのである。長蓮のやり方が神祇を排するといいながら甚だ奇怪な行状であること、また長蓮がその一例であるように一般に造悪無碍が真言立川流と緊密な関係をもっていたのは、(18)呪術性を克服しないままでの神秘主義的な一向専修であったからであり、親鸞教団を混乱させた異解の善鸞が「神子・巫女の主領」であり大殿と呼ばれて国中から帰伏され、しかも「かかる時も他の本尊をばもちいず、無碍光如来の名号ばかりをかけて一心に念仏せられけるとぞ」(19)というのもそれである。ただ善鸞のように神子・巫女の代表になったときには明らかに在地の政治的反動に連なる傾向が現われてくるのであり、それが顕著になったときに『一宗行儀鈔』のように積極的に神祇崇拝をおしすすめるのである。しかも

「抑日本国ハ神国也」「仏法神祇ノ二法車輪ノ如シ、其内ノ村里ニ生ヲ受、氏子トナッテ垂迹ヲ兎角ゾト申サンハ彼長蓮カ末流ナルベシ」「天ノ二十八宿、地ノ三十六禽、国土ノ神祇冥道ハ人界ノ守ゾカシ」「仏法ハ来世ノ為、

王法ハ今世ノ祈ゾカシ」「寺ヲ建立セバ三尊ノ如来并ニ熊野権現ヲ勧請申べシ、本地弥陀ノ垂迹ニテ在ユヘ也ト
空《(源空)》上人仰アリ」

というように、反動に伴う偏向がおこるやいなや必ず本地垂迹説がしのびよる。垂迹説とはこういうものである。しかし同じ偏向でも、造悪無碍には垂迹説は絶対に不要であった。

以上、東国の場合を要約すると、ここでは生産的生活的基礎をもつ素朴な精霊信仰や呪術が比較的自然な形で説話の中にみられたが、この上に旧仏教的・中央貴族的な支配体制がおおいかかり本地垂迹説でもってこれを組織し従属させた。他方、惣領制の矛盾の展開の特殊性から、鎌倉中期以降社会的に反動的風潮があらわれ、そのためはじめ成立の可能性をもっていた一向専修が遂に存立の基盤を失い、専修念仏は妥協的な神秘主義にすりかえられてその克服の論理を失うのである。鎌倉末期に全国的に拡がった時宗の基盤もこうしたすべての事情が相俟って、成立したものとみられる。すなわち一遍の時宗においては、有名な熊野の「十劫往生」の神勅や踊念仏にみられるように、その「信」は内省的且意志的な契機を欠いた没論理的神秘的なものであり、鎌倉末期社会の全体の矛盾からくる大衆的なエネルギーをふまえながらも、克服の論理をもたないためにそれを単なるエクスタシーにすりかえるものでしかなかった。また本願寺の存覚が『諸神本懐集』において神祇の崇拝が所詮弥陀一仏に帰することを垂迹説に則って論じた低俗さも、以上の事情を背景にしてはじめて思想史上に位置づけられると思うのである。

（1）　鎌倉期の家父長的奴隷制の本質とその解体の一般的な問題については、安良城盛昭「太閤検地の歴史的前提」(『歴史学研究』一六三・一六四号、一九五三年)、特に「結びにかえて——日本における封建的進化の二つの途」を参照せよ。

（2）〔補註〕ここでは旧稿成立当時の研究水準に影響されて、東国の政治的社会を基本的に在地領主制の惣領制的編成としてとらえ、しかもそこに家父長的奴隷制や古代家族的意識の濃厚な存続をみようとしている。今日の研究水準からすれば、惣

領と庶子との矛盾対立がたとい基本的な重要性をもつ場合でも、このような単純な図式の説明ではまったく不充分であることはいうまでもない。

(3) 服部之総『親鸞ノート』(正・続、一九五〇年)、家永三郎「親鸞の宗教の社会的基盤」(『大法輪』一九五〇年八月号)。

(4) 家永三郎、前掲論文。服部氏は異安心を発生さすのが中間層であるといわれるが、しかし中間層だからというだけで正信をもち得ないという根拠は理解し難い。

(5) 橡川一朗「ヒストリア＝フランコールムについて」(『歴史学研究』一三一号、一九四八年)に、六世紀の西欧蛮族の中へキリスト教が入ったとき、いかに異教的な要素が媒介となっていたかが指摘されている。

(6) 永原慶二「東国における惣領制の解体過程」(『史学雑誌』第六一編第三号、一九五二年)。

(7) 百瀬今朝雄「下総国における香取氏と千葉氏の対抗」(『歴史学研究』一五三号、一九五一年)は、このことをあとづけている。

(8) 永原・百瀬、前掲論文。なお、「氏族」等々の語は『太平記』などでも数多く散見する。

(9) 『異義集』(『真宗大系』第三六巻、一三一―一五六ページ)。以下引用はすべてこれによる。

(10) 『御伝照蒙記』(同右、一三〇ページの註記に引用)。

(11) 建永二年法然・親鸞らが配流されたときに死罪になった四人のうちの二人の名(『歎異鈔』奥書・『拾遺古徳伝』)である。

(12) 石田充之『異安心』(一九五一年)。

(13) 森龍吉「自然法爾消息の成立について」(『史学雑誌』第六〇編第七号、一九五一年)。

(14) 同書末尾には承元四年八月とあるが勿論偽である。

(15)(16) 森龍吉、前掲論文。

(17) 前掲『異義集』に専修賢善計として収められているものは、大部分神祇余仏の問題にふれて「誹謗」を禁じている。

(18) 石田充之、前掲書。

(19) 『慕帰絵詞』巻四第一段。

五　二つの論理の基本的性格

以上のべた所を総括し、なお二、三の点について指摘したい。

第一に、この時代の宗教思想において基本的な対立関係にある論理は、一向専修と本地垂迹との両者であって、この対立こそが荘園制の変質解体期における宗教的イデオロギー闘争の基調をなすと考えられる。一向専修の典型である親鸞の思想について、それがいかに穏健なものであったと説明する人でも、彼の思想の本質に極めて鋭い社会的な対決がひそんでいたことは否定できまい。それは彼の思想が荘園制支配とたたかう人々に、いわば教義の「誤解」に基づくものとはいえ有力な論拠と確信とを与え、「本願ぼこり」を発生させた諸事実に明らかである。しかるに他方、いわゆる旧仏教は本来荘園制と結合しておりしかも当時一向専修に攻撃される立場にあったから、民衆獲得のために新たな態勢を必要としていたが、そのための究極の論理的支柱が本地垂迹説であった。すなわち一つには、当時の社会的特質に制約された民衆の呪術的観念や素朴な説話を本・迹という系譜論で自己の側に組織して自己の民衆化をはかるとともに、他方、本質的に家父長制ないし荘園制によりかかっている領主・名主級の中間層の神祇信仰を、そのおくれたかつ反動的な側面を利用して組織した。従ってかかる民衆的ないし在地領主的なものが昂揚するとともに、旧仏教はいよいよ本地垂迹説を前面に押出しつつ一向専修と対立せざるを得なかったのである。

第二に、いわゆる神国思想について注意しておきたい。鎌倉時代にはいり荘園制の矛盾が激化し変革的な気運が高まるにつれて「日本は神国なり」という思想が広範に現われるが、こういう時期に神国という観念が擡頭するということからこれを農村的基盤に立つ進歩的な思想であるかに説く人もあるけれども、私にはそのように評価できない。

すなわち、この時代の常識的な世界像を考えると、日本は神国というのは本来一般的には単に神が垂迹した国という地域的特殊性の意味でしかない。ただそれが、ときとして支配層の思い上った空威張りであったり反対に卑屈さであったりしたのであって、たとえば先に引用した『神道集』では、「帝思食《ケルハ》閻浮提《ノ》賢王《ナリトモ》是程《ノ》笛《ヲハ》争《テカ》持《チ玉ソト》喜《ケル》何事《モ》日本国世超《玉フト》思食《ケル》」というかと思うと、垂迹について「只本朝辺州故《ニ》無二仏説一無二論判一」と書く、という具合である。これは要するに、地方的在地的勢力の擡頭とともに神祇信仰や説話が世上の関心をひくようになるため、神の垂迹した国をかれこれ考えてみているだけのものである。つまり神国思想は、垂迹説的組織化によってのみはじめて概念化され成立するもので、思想そのものとしては進歩性などなくむしろ本質的に反動理論であるという方が適切である。このことは日蓮や元寇のさいの敵国降伏祈願の場合についても基本的に同じである。(1)

これに関連して神道説にも触れておきたい。それそも本地垂迹説は、奈良時代の「神は仏法を喜ぶ」から平安中期以降の「神は仏と同じ」を経て、鎌倉後半期には神の和光同塵の教説として仏教の前面に押出されるようになるが、この段階では垂迹説の役割は各地の神祇にまつわる説話と仏教教理との縫合を強行して「縁起」を説くためのものでしかなく、その努力のなかで数多の口伝を生み不可避的に神代紀を発掘しさらに神道説を増大させてゆくのである。従ってこういう神道説が、まったく思いつきの解釈や知識のよせ集めにしかならなかったのは当然であった。(2)

以上要するに、鎌倉時代における一向専修の「克服の論理」に対立する本地垂迹の基本的性格は、民衆のもつ奔放な願望としての没論理性を、思考を放棄する低俗な没論理性へ導くところの付会的な系譜論であり、もってあらゆる要素を支配秩序に組入れる荘園制反動勢力の論理であったということができる。こういう論理は当然権力と一体である。親鸞が「主上臣下背レ法違レ義、成レ忿結レ怨」(3)と書いたのもこのことを指しているといっても、あながち言い過ぎではあるまい。それゆえ従来繰返し指摘されてきた中世における仏教の日本化、神道説における歴史的精神、神代以来の共同体的特質等々(4)も、決して民衆の性格そのものではなく、客観的にはかかる権力の論理がもたらした思想的・文化的効果であったといえよう。

以上一知半解の知識をも顧みず、時代思想全般にわたる問題に、あえて粗雑な見解を披瀝した。ことに思想史の場合には微妙な個人的な差異も充分考えねばならないのに、永年丹念に探究されてきた複雑な問題をこのような乱暴なやり方で取上げたのは、多くの誤りも残すもとであることは充分承知しているが、それらの点は大方の叱正をまつことにして、いちおう本稿を終えることにする。

(1)　永原慶二氏は「中世の世界観」(『日本歴史講座』第三巻、一九五一年)において、「神国思想は、幕府の新しき支配のための思想としての一定の条件のもとでは革命的役割を担いえた」(一四〇ページ)とされるが、幕府が貴族に対して革命的意味をもっていたときでも、神国思想そのものは貴族を打倒する論理ではなく武士農民を統制し支配するためのものであったと考えられる。

また林屋辰三郎氏は「民族意識の萠芽的形態」(『思想』三四四号、一九五三年)で「封建的権力と軍役の強化に対して、民衆の抵抗が漸く伊勢信仰と結合してくる」(三二ページ)といわれるが、しかし、鎌倉以降の伊勢の御師の普及した信仰そのものが「抵抗」を生み出すような要素を内在していたわけではないし、また応仁頃の民衆の抵抗が伊勢信仰の内容をどう変えたわけでもない。むしろ、こういう事態になるのは、信仰内容が余りにも宗教的要素に乏しく、無内容であるからである。そして私見によれば、この段階での問題は、郷村制における宮座・一向一揆、町衆における法華一揆などが鎌倉時代の親鸞・日蓮と同じに論ぜられないように、鎌倉時代の神国思想がおこった政治的条件とは異なるのである。

〔補註〕本稿は執筆当時の問題意識から、神国思想が進歩的か反動的かという設定で論旨を展開しているが、神国思想の本質に宗教性をみるというのであれば、その本質について進歩・反動を論ずるのは余程慎重でなければならないだろう。思想や宗教は、社会のかれこれの状況のなかで進歩的あるいは反動的なものとして成立してくるが、それだけでなく、そうして成立した思惟の形式は、また新たな政治情勢との結合のなかで進歩的あるいは反動的役割をその時その時に演ずるものだからである。ことに基本的に旧い形式の論理であっても状況によっては政治的に一定の変革的役割を担いうるという、宗教と政治との微妙な関係を、ここではとくに熟慮する必要がある。したがって、本稿のようにその本質に横たわる限界を指摘するに急なあまりに、その新しい可能性や一定の役割を丹念に追究しないままで評価するのは、一面的にすぎる欠陥をもつといわねばならない。

（2） 津田左右吉『日本の神道』(一九四九年)第四・五章。

（3） 『教行信証』化身土巻(末)後序。なお戦時中『真宗聖教全書』がこの宗祖の聖教の語から「主上」の二字を敢て削除しなければならなかったことに注意せよ(同書・宗祖部二〇一ページ)。

（4） 西田直二郎『日本文化史序説』三五八ページ、柴田実「神道の基本的性格」(『史林』二三巻三号、一九三八年)など。

Ⅶ　愚管抄と神皇正統記
——中世の歴史観——

一　歴史叙述の基底

1　年代記

『愚管抄』は、現行本でそのはじめの二巻を「漢家年代」と「皇帝年代記」とにあてている。そして第三巻のはじめに、本論に入るにさきだち、

　皇代年代記アレバヒキアハセツ、ミテ、フカクコ、ロウベキナリ

といっている。

『神皇正統記』はまた、奥書(流布本)でつぎのように誌している。

　此記者、去延元四年秋為レ示二或童蒙一、所レ馳二老筆一也、旅宿之間、不レ蓄二一巻之文書一、纔尋二得最略之皇代記一任二彼篇目一粗勒二子細一畢

すなわちここでは「皇代記」が本文の基礎になっている。

この「皇代記」がどのような内容であったかは、知る由もないが、今日同様の名称でのこっているものは、だいたい『愚管抄』の「皇帝年代記」に似通ったものである[1]。つまり、歴代の天皇・父母・即位年月・崩御年月・在位年

数・皇都・陵などを簡単に記したものである。『愚管抄』のばあいは、これにかならず大臣ないし摂籙の名が附されているが、これは『愚管抄』の独特の主張によるのである。

さてこの二つの著作が、「皇帝年代記」あるいは「皇代記」などといわれる年代記的記述をふまえていることは、歴史書として一つの資格をそなえていることを示す。というのは、そこでは、古今の説話や寺社の縁起類や、また個人の伝記などをこえて、国の、あるいは世の歴史を統一的にとらえる準備がなされているからである。こうしたことは形式論からいえば、きわめて当然なことであるが、しかし日常生活が説話や縁起や伝記など太古の神話とあまり変らぬ発想につつまれていた中世にあっては、実際には高度な知識と思考を必要とするものであった。だがさらに重要なのは、『愚管抄』や『神皇正統記』が、年代記的記述をふまえているだけでなくそれをこえてなにごとかを主張しようとしたことである。実際、この二つの著作にとっては、年代記はわれわれが現に使う歴史年表のような意味のものでしかなかった。しかもかかる年表にひとしい年代記は、当時、知識階級の備要として多数つくられていた。また、そのような備要としてではなしにしかも年代記風の単純な形式の史書も、多数存在した。その一つにはたとえば、『百錬抄』をあげることができる。ここでは、さきにのべた皇代記風の各段のあとにその在位年間の出来事が無味乾燥な編年体で列挙されており、帝王の治世記録が「史」であった古代国家の遺風をおもわせるものである。いま一つのばあいは、『吾妻鏡』である。鎌倉幕府の日記の形式をとるとはいえ、じつは後年編纂されたものであるが、かかる編纂形式には、事実以上になんの説明も必要としない一種の自信ともいうべき歴史意識が表明されているわけである。

このような歴史事実を綴っただけの単純な形式のものは、その編著者が歴史書のつもりでつくったかもしれないにもかかわらず、われわれは「記録」の名で呼ぶにふさわしいと感ずるのである。しかしながら、中世の歴史観の本領は、このような「記録」、したがって古代的な形式の帝王の治世の歴史をこえて、なにものかを記述するところに、成立しているのである。

中世の歴史記述を、帝王の治世記録をこえた高みへ結晶させる根源的な衝動については、しばしば宗教的な信念や情熱のみによって説明されている。けれどもこの問題は、中世の歴史観についての基本問題をなすものであるから、しばらくその点にたちいって考察してみよう。

(1) 平田俊春『吉野時代の研究』(一九四三年)。なお平田氏はその後『神皇正統記』が拠った「皇代記」について詳細に論じている(『日本古典成立の研究』一九五九年、「神皇正統記所拠の皇代記」(『防衛大学校紀要』一三・一四、一九六六年))。

2　未来記と軍記

嘉禄三年(一二二七)春、河内国の聖徳太子墓所附近で、瑪瑙石に刻んだ「聖徳太子御記文」なるものが発掘された。その記文は、

人王八十六代時東夷来、泥王取国、七年丁亥歳三月、可有閏月、四月廿三日、西戎来従国、世間可為豊饒、賢王治世卅年、而後自空獼猴狗、可喰人類

といった調子のもので、藤原定家はそれを四月十二日に実見した。ただし彼は、その日の日記につぎのように感想をのべている。

末代毎㆑掘㆑土、御記文出現(中略)遂ニ時代ニ而頻出現、其事毎度有㆑実哉如何

右の記文は、その文言からみても承久の乱後の畿内の人心の不安につけこんだ偽作であることはいうまでもない。だが定家がいうように、かかる未来を予言した太子の記文(未来記)は、このころしきりに出現した。定家は「末代土

を掘る毎に」といっているが、実際にはおおよそ一一世紀の初頭ごろから一七世紀の初頭にいたるまで、きわめて長期にわたって「発掘」されるのである。(1) つまり聖徳太子未来記は、中世を通ずる中世特有の現象であったのである。

未来記は、その製作の直接的動機からいえば僧徒らのためにする作為にすぎないが、それがかくも長期にわたって可能であったことの背景には、時代の特有な意識が存在した。中世の社会史は、ひとくちにいえば、名主とよばれる階級からたえず新しい階層が分化上昇する歴史である。はじめは東国の豪族が、ついで地頭級の領主が、後半期には国人・地侍の階層が、多少は異った性格をもちながらも間隙をおくことなく上昇しつづけた。彼らが上昇とともにより新しい生産関係を発展させてゆくことは、同時に旧い生産関係が衰退しかつての支配階級が没落することであり、ここに中世は貴族と武士がそのところを替える時代となったのであるが、(2) 重要なことはこのような変動が、過渡期としてではなくて社会構成そのものの本質として、時代全般を特質づけていた点である。いわば不安定そのものが、時代的特質であったことである。この不安定性は封建制度の階層性や割拠性がもつ一般的な不安定性ではなく、意識を超えたところにおこる新旧多様な生産関係の相剋と興廃が公武の諸勢力の不断の対立と交替となってはじめて眼にみえてくるという、日本中世社会の構成的特質にもとづくのである。もとより客観的にみれば、概して武士は個々の物質的基礎を拡大する条件にめぐまれていたし、農民もまた奴隷から農奴へ、小百姓から本百姓へと、緩慢にも上昇しつづけてはいたが、それらはすべて伝統と慣習の意識のなかで、過去を主張するなかで、結果的に認識しうるものでしかなかった。しかもやがては、彼等の眼にみえぬ連鎖のなかでそれらが総体として政治的作用をよび、嵐となり、超越的な力となって、伝統も権威もまた昨日までの勇士をも無常に消滅させてゆく。だから中世のひとびとは、変動する昨今と明日についてのさだめを知ろうと欲するのである。そして未来記は、このような中世の本質に発するのである。

だから未来記の内容は、実際の効果という点からみれば、今日までとごく近い将来との世のなりゆきに一つの説明を与えるものであった。未来記ははじめは『荒陵寺《天王寺》御手印縁起』[3]のように主として仏教の将来に関する内容のものであったが、のちになると政治的な内容をもつものが多くなり、結局未来記の名でつぎつぎに中世の歴史が書きつがれていったのである。『吉口伝』[4]によれば、南北朝内乱当時でも『聖徳太子未来記』五十巻という大部のものが存在したという。未来記は、結局一種の歴史叙述を形成したのである。

しかし未来記がもつ問題は、叙述された歴史としてよりも、歴史を摸索するしかたにある。そもそも未来記は、不可解な昨今と予想もできない明日の歴史を摸索する人心を、当時ひろく日本仏教の教主と仰がれていた聖徳太子の予言の名目で、利用しようとするものであったから、ほとんど例外なしに奇々怪々で神秘的な言葉で表現されていた。またそこには、歴史が宗教的権者の予言のままに動くという考えもあった。だから未来記に迷わされる人々のこころには、神秘主義的な宗教的歴史観を生み出す条件が内在していたといえよう。事実、中世天台の学徒のなかには、叡山の開創の歴史を『聖徳太子未来記』によって説明することが行われていたのである。[5]

未来記についてこのようにみてくると、神秘主義的な宗教的歴史観は、没落する階級はいうまでもなく中世のどの階級にも共通した、典型的な中世の歴史観であることがわかる。だが中世の歴史観はそれのみにつきるのでない。というのは、歴史文学としての「軍記」が、いま一つの厖大なかつ中世に特有な歴史叙述の類型として存在しているからである。そしてそのなかにこそ、宗教のみが中世の歴史叙述をしてかの年代記的記録をこえさせる根源的衝動でないことが、示されているのである。

「軍記」とよばれる一系列の歴史文学は、戦乱の経過とそのなかでの戦士の行動を叙述することを本来の内容としている。そこでは戦士たちの英雄的形象を通じて、戦乱の顚末をえがきだすという、文学的衝動が叙述の基調になっている。かかる本質から軍記は、対象(素材)としての為朝または清盛・義仲・義経等々の人物と、それに基づく文学的モティーフとの、相互的な限定によって、叙述の範囲を保元の乱とか治承寿永の乱とかの一定の時期に局限せざるをえない。しかしながら、『将門記』からはじまり『平家物語』『太平記』の二大作品をへて戦国時代の諸実録戦記類まで通観するとき、ひろい意味での軍記は、中世全般をおおうに足る厖大な歴史叙述をのこしているのである。しかもこのように中世を通じて軍記がつくられたのは、ただ偶然戦乱がつづいたからではなくて、さきにのべたような領主層ないし名主層の必然的な継起的上昇という中世全般の歴史的特質によるものであるとともに、そのような時代におけるひとびとの特殊な関心に基づくものとみなければならない。軍記の世界は、世の変転についての神秘や無常の教説を耳にしながらも現実にみずから社会の変革の主体として躍動するひとびとが、そのいぶきを直接に表現する世界である。それは、彼らの歴史的意識よりはむしろ彼らの歴史的存在にうらづけられているのである。

『平家物語』は軍記の最高傑作と目されながらも、宗教的無常観が全篇を色濃くおおっていることは、たれもが注意することである。このばあい、ながい軍記の系列にてらして、作者や製作の時点の特殊性を捨象するならば、『平家物語』のこの特色を軍記の根本的性格とみなしえないことはあきらかであるが、なおのこる問題は、本来の英雄叙事詩としての文学的発想と、無常観にあらわされる宗教的要素とのかかわりあいである。ひとびとに流布される状態が「語りもの」というかたちであり、原『平家物語』が『保元・平治物語』と同様比較的に抒情的な哀話の少いものであったと推定されていることからみても(6)、『平家物語』を形成する基本的要素がなんであったかは疑う余地がない。だが、「灌頂巻」にみられるように、浄土教的無常観は、全篇の構想をなしているのである。かくてここにも、眼にみえぬ超越的な力が、宗教的理法が、英雄たちの運命を支配しているのをみることができる。

しかしそれにしても、軍記はその本来の叙事詩的要素のゆえに、歴史の一齣々々をまことにリアルにえがきだしたのである。それは、固定しがちな理念をこえてつねに変革しつづける中世社会の構造のゆえに、素朴ながらも必然的におこる認識の反映である。またそれは、未来記にみられた神秘主義的な歴史観とは、うらはらの性格をもつものである。というのは、『平家物語』に、「聖徳太子の未来記にも、今日の事こそ床しけれ」としるし(7)、『太平記』に「正成披㆓見天王寺未来記㆒事」をのべているにしても(8)、ここでは未来記によって構想が展開するのではなく、反対に英雄の叙事詩的形姿が未来記の暗示する運命をうらづけているからである。すなわち、たとえそこに全体を支配する宗教的理法が存在するにしても、軍記における叙事詩的英雄は、それにたすけられ、またみずからがそれを体現する主体であったのである。

このように、未来記に反映される予言的神秘主義の歴史観と、軍記における英雄叙事詩的な歴史観は、中世社会の構成的特性に基づく対蹠的な関係をもっている。もとより両者は、単純に作品の上で区別できたり、また一方を没落階級の歴史観、他方を新興階級のそれという具合に割切ったりできるものでもない。右の『平家物語』の引用の箇所は、帝都が主なき里となったという開闢以来ためしない王朝の運命についてのべた言葉であり、かかる宿命が英雄的行動とともに一つに織りなされて『平家物語』を文学としても歴史叙述としても成立させているのである。また『太平記』のばあいは、正成の不敵な行動が変革の「不思議」を荷うものであることに、未来記の神秘的性格が結び合わされているのである(9)。

中世の歴史叙述の歴史は、いわば両者の葛藤として展開するといえる。

(1)　和田英松「聖徳太子未来記の研究」(『皇室御撰の研究』一九三三年)。

(2)　〔補註〕中世の社会史全般についてのこのような定式による把握は、いまとなっては訂正されなければならないが、ただ「不安定そのものが時代的特質であった」ことについて一面の真実をのべているものであるから、もとのままにしておく。

(3)『続群書類従』第二七輯下。寛弘四年(一〇〇七)ごろの製作とみられている(赤松俊秀「南北朝内乱と未来記について」〈『鎌倉仏教の研究』一九五七年〉)。
(4)『続群書類従』第一一輯下。
(5)『渓嵐拾葉集』巻第百七(『大正新修大蔵経』第七六巻)。
(6) 永積安明『中世文学の展望』(一九五六年)。
(7)『平家物語』巻八。
(8)『太平記』巻六。
(9) 黒田「太平記の人間形象」(『文学』二二巻一一号、一九五四年)。

二 愚管抄

1 愚管抄

こういう二つの葛藤を、これとは別の形であらわしているのは、『平家物語』と『愚管抄』との関係であろうとおもわれる。『徒然草』第二二六段は、『平家物語』の作者を信濃前司行長として伝えている有名な箇所であるが、このなかに、この行長が、『愚管抄』の著者である慈円に「扶持」されたと伝えている。二人の関係をこれ以上に具体的に知ることはできないが、そこには、両者がともに「稽古の誉」「一芸ある者」のある一つの集団から生れていることが暗示されているのである。ところが、『平家物語』が中世初頭の変革期にさいしての叙事詩的精神の結晶であるのにたいし、『愚管抄』はそれに対応する位置にある神秘主義的な宗教的歴史観を本質とするとおもわれるのである。

『愚管抄』について以下のべることも、この関係を念頭において理解していただきたい。

さて『愚管抄』を検討するにさいしては、著者慈円の生涯とこの書物の書誌学的研究とを、とくに重視する必要があるが、いまそれを論ずる余裕はないから、二、三の重点だけにふれておきたいとおもう。

慈円は、久寿二年(一一五五)関白藤原忠通の子として生れた。九条兼実は慈円の同母兄である。これは保元の乱の前年に当るが、歿したのは嘉禄元年(一二二五)で、承久の乱後数年をへている。つまり、慈円の七十年の生涯は、中世初頭の激動期に相当しているのであって、このことは晩年慈円みずからが回顧してのべている(1)印象深い事実である。さて一一歳のとき比叡山に登り一四歳で出家受戒し、建久三年(一一九二)以後、異例にも四度天台座主となり、後鳥羽天皇の護持僧にもなった。慈円の天台座主就任は、兄の兼実の政治勢力と一体をなすもので、その盛衰が慈円の進退をきめていた。このように、貴族の名門に生まれ、兼実の政治勢力の一翼として、天台座主を重任したが、これもまた、慈円自身深い意味を考えていたようである。(2)この慈円が『愚管抄』を著したのであるが、それが書かれたのがまた、承久二年という大乱の前年、後鳥羽上皇が挙兵の計画をすすめていたときである。もっともこの著作年代については、承久の乱以後とする説もあるが、今日では、承久二年に一応完成したのを、後年巻二の末尾だけ書継いだと断定して差支えないだけの説明はなされているとおもう。(3)承久の乱を目前にして、慈円が『愚管抄』にのべたような考えをもっていたことは他の史料によっても推測できるが、(4)このことは本書の成立と内容の緊迫性を知る上に、きわめて重要である。

『愚管抄』は、三つの部分に大別できる。すなわち現行本の巻一・二は年代記であり、「漢家年代」と題するごくみじかいものと「皇帝年代記」と題するものとからなる。巻三から巻六までは、いわば本文であって、神武天皇にはじまり承久元年(一二一九)におよぶ日本の歴史をのべる。そして最後に、「附録」あるいは巻七とよばれる一巻があり、ここでは歴史をつらぬく法則としての「道理」が総括的に説かれ、またそれと不可分の形で当時の政治情勢についての見解が披瀝されている。

この最後の巻は「附録」といわれてはいるが、たんに余論として附加されたものではない。巻三から巻六まででも一つの歴史叙述として完結してはいるが、慈円の目的はただ回顧的に歴史書を書いてみることにあったのではなく、もともとが歴史の、つまりは政治の「道理」を説くことにあったのである。そのことは巻三のはじめに、保元の乱以後乱世となった「道理」があるのに、ひとがこの道理を考えずいよいよ世がみだれるのを憂慮するあまりに、歴史を書くよしが記されているのでもわかる。つまり慈円は、乱世ことに承久の乱前夜の緊迫した政治情勢を凝視しその警告として歴史の「道理」を力説しているのであって、歴史の形而上学を思弁して「道理」を概念的に操作しようというのではなかった。

さてこのことは、本書がほとんど仮名で書かれていることにも、密接な関係がある。慈円は仮名書きの理由として、いまの世は僧も俗も智解が失せ学問をしないこと、真名であらわせぬ普通語こそ「日本国ノコトバノ本躰」であり、したがって仮名書きこそ漢家の三道や菩薩の四十二位にも似ていまの世にかなった文体であることを、指摘している。つまり読者の智解をかんがえると、学僧の思惟にはかえって不馴れな日常語の世界に降り立たねばならなかったのである。これは、本書のような歴史についての哲理的解釈が、既成の漢語・仏語や物語的和文の思考範疇からはなれて、日常語によって思索されるにいたったという意味で、劃期的なことであるといってよい。軍記におけるいわゆる和漢混淆文の成立とともに、新しい時代の歴史叙述が切実な姿で登場するさまをうかがうことができよう。『増鏡』がひたすら『源氏物語』の模倣につとめていることとくらべても興味深いところである。(5)

慈円が、このようにして力説しようとする「道理」とは、もうすこしくわしくいえば、「ヒトスヂニ世ノウツリカハリ、オトロエタルコトハリヒトスヂ」ということである。つまり、正法から末法へと移りかわった必然性である。では、正法から末法へ移るというとき、なにが基準であったかといえば、それは、日本国の「王法」の衰退であった。慈円によれば、

人代ノハジメ成務マデハ、サハ〳〵ト皇子〳〵ツガセ給ヒテ、正法トミヘタリ

と、皇位が順調に皇子に継承されていたことに象徴される皇位と治世の安泰が、正法なのである。そしてこの王法は、

応神天皇イデヲハシマシテ、「今ハ吾国ハ神代ノ気分モアルマジ、ヒトヘニ人心タヾアシニテヲトロエンズラン」トヲボシメシテ、「仏法ノワタランマデ」トマモラセ給ケレドモ、代々ノ聖運ホドナクテ、允恭、雄略ナド王孫モツヾカズ

というように、まもなく「一期一段ノヲトロフルツギメ」をむかえて、次第に末法への傾斜を示しはじめるのである。このように『愚管抄』は、まず王法中心の歴史である。

それでは、王法は、正法から末法へとただおとろえるだけかというに、そうではない。仲哀から神功皇后・応神の代に、

「国王御子ナクバ孫子ヲモチイルベシト云道理」「男女ニヨラズ天性ノ器量ヲサキトスベキ道理」「母ノ后ノヲハシマサンホド、タヾソレニマカセテ御孝養アルベキ道理」「臣下出クベキ道リ」

などが、事実の上に示現した。それは、

コレラノ道理ヲ末代ノ人ニシラセントテ、カヽル因縁ハ和合スル

のである。正法から末法への移行は不可避的なものであるから、それに対処して王法をまもる「道理」があらわれてくるのである。しかしこの種の道理のうちでも、もっとも大切なのは、仏法の渡来と臣家の成立である。慈円はこれ

を、聖徳太子と大織冠鎌足の出現に見て、今日までの歴史の根幹とかんがえる。

タヾ国王ノ威勢バカリニテコノ日本国ノアルマジ、タヾミダレニミダレナンズ、臣下ノハカライニ、仏法ノ力ヲアハセテト、(大神宮の)ヲボシメシケルコトノハジメハ、アラハニ心ヘラレタリ、サレバソノヲモムキノマヽニテ、ケフマデモ侍ルニコソ

すなわち日本国の歴史は、王法が、しだいに末法へとおちくだる世をさまざまの道理を顕しつつたどる苦難の歴史であったのである。国王と臣家と仏法とは、王法をまもりつづけるために、水魚のおもいをなしながら、もろもろの障碍をこえて今日にいたった、また神や仏がつねに王法を見守り、怨霊や野干天狗など邪悪とのたたかいに、擁護を示し給うたのである、と。——摂関家に生まれ、四たび天台座主となった慈円の面目躍如たるものをみることができよう。だから『愚管抄』は、王法の苦難と神仏の擁護の歴史でもあったのである。

慈円はこのように日本の歴史をみて、

寛平マデハ上古正法ノスヘトヲボユ、延喜天暦ハソノスヱ、中古ノハジメニテ、メデタクテシカモ又ケダカクモアリケリ

と、時代の区分を指摘する。御堂関白道長のときも「中古」であるが、それは「トニモカクニモ、ヨキコトノミ侍リケル世」であっても、真実は「御堂トイフ誠ノ賢臣ソノ世ニヲハセズバ、アヤフカリケル世」なのである。

「中古」ののちさらに、ほとんど絶望すべき時代がくる。

保元々年七月二日鳥羽院ウセサセ給ヒテ後、日本国ノ乱逆ト云コトハヲコリテ後、ムサ《武者》ノ世ニナリニケル也ケリ、コノ次第ノコトハリヲコレハセン《詮》ニ思テ書置侍ルナリ

スナハチ天下日本国ノ運ノツキハテヽ、大乱ノイデキテ、ヒシト武士ノ世ニナリニシ也、ソノ後、摂籙ノ臣ト云

者ノ、世ノ中ニトリテ三四番ニクダリタル威勢ニテキラモナク成ニシ也

武士の世の出現は、末法の不可避性とおなじ意味の必然をあらわすものであり、日本国の末法はここに到来する。「附録」の巻では、慈円はこれと別に、道理のうつりかわりによって、七つの段階をかんがえているが、いずれにしても、このように、日本歴史の具体的分析にもとづいて正法から末法への必然的道程をあとづけている点が注意されよう。慈円の末法史観は、仏滅後の年数計算から正像末の時代を劃定する一般の末法思想とは同列にあつかえない独自の創造によって、再生されているのである。

けれども慈円は、末法の必然性に全面的に屈服して悲歎の筆をつづることをしなかった。彼は、本能的に武士を敵視していたが、しかし後鳥羽院などのように盲目的に敵視しようとはせず、武士の挙動と公武の関係を克明に追究した。それはたとえば、筑後前司重定や畠山重忠の武勇の描写にもおよんで、われわれをして慈円が真に武士を賞揚しているかとおもわせるほどである。保元の乱に源義朝が宣旨をえて悦んだ話なども、貴族にとっての虎を野に放つような危惧感と、同時に当時の武士のもつ卑屈さという、両面を活写したものといえる。また頼朝が官職を辞退したことや、上総権介広常を朝家に謀叛心のうたがいで殺したことについて、頼朝を高く賞揚しているが、これは頼朝のみならず武士の意識の限界を、鋭く把握したものといえよう。武士についてだけにはかぎらないが、慈円のこのような観察の細かさは、もっぱら切迫した事実のなかに道理の貫徹を見出そうとするその政治的態度に基づくもので、『愚管抄』が独特の生彩ある叙述をもつ所以をなすのである。

（1）　貞応元年十二月金剛仏子願文(『大日本史料』第五編之一、五二九ページ以下)。
（2）　『愚管抄』巻二。以下、引用は岩波文庫版による。
（3）　塩見薫「愚管抄の研究」(『史学雑誌』第六四編第一〇号、一九五五年)など。

（4）承久二年西園寺公経宛書状（『門葉記』寺院三、『大日本史料』第四編之十五、七二〇ページ以下および一四八ページ以下）。
（5）荒木良雄『中世文学の形成と発展』（一九五七年）。

2 道理

『愚管抄』は、以上にみたようにいくつかの特色ある歴史叙述をしているのであるが、さきにも注意したように、それは当面の政治問題への関心と緊密な関係をもちながら成立したものであった。そこでつぎにこの点をもうすこし検討して、慈円が歴史へ接近した根本の態度を追究してみたいとおもう。

慈円によれば、当面する政治問題の根本は武士の動向であったから、彼は武士が絶対に王法と調和する余地のないものか否かを、末法時代の歴史のなかに観察した。そしてその結果、武士を制御して王法の扶翼とする可能性があることを発見するのであるが、それはすでに、故兼実派の政策の主張になっていたものである。けれども慈円は、あくまでこれを王法の道理という立場から強調する。そしてとりわけこの見解に確信を与えたのは、承久の乱直前の最大の政治問題となった摂家将軍頼経の東下であった。

イマ左大臣（道家）ノ子（頼経）ヲ武士ノ大将軍ニ、一定八幡大菩薩ノナサセ給ヒヌ、人ノスル事ニアラズ、一定神々ノシイダサセ給ヒヌルヨトミユル、不可思議ノ事ノイデキ侍リヌル也

サレバ、摂籙家ト武士家トヲヒトツニナシテ、文武兼行シテ世ヲマモリ、君ヲウシロミマイラスベキニナリヌルカトミユルナリ

慈円の発想法はおそろしく神秘主義的であるけれども、しかしここに末法におけるただひとすじの活路が説かれているのである。

トヲクハ伊勢大神宮ト鹿嶋ノ大明神ト、チカクハ八幡大菩薩ト春日ノ大明神ト、昔今ヒシト議定シテ世ヲバモタセ給フ也

遠い神代に国王の祖神と摂関家の祖神とのあいだで交された約諾が、いま末法の世の道理にかなって結びなおされる、と慈円は感得し、それをさとらぬ者のおろかさを非難する。が、はたとわれにかえり、

コハ以《テ》ノ外ノ事ドモカキツケ侍リヌル物カナ、コレカク人ノ身ナガラモ、ワガスル事トハ少シモヲボヘ侍ラヌナリ、申バカリナシ〱、アハレ神仏モノ、給フ世ナラバ、トイマイラセテマシ

と。慈円がつねづね神仏の夢告をあつく信じたことは、別にのこされたいくつかの願文でしることができる。それらのなかで慈円は、無私で道理にかなった善願は冥感に符合するといい[1]、夢をもって未来を知り夢告を信じて歳を経たりともいっている[2]。つまり夢告によって歴史の道理(神々のはからい)をしり、それによって未来を予見するのであって、「道理」という語から印象づけられる理性的な思索からではなく、きわめて神秘的な霊感によって、歴史と未来に接近していったのである。なお最近紹介された史料(慈鎮和尚夢想記)によれば、慈円は『愚管抄』を書く一七年前(建仁三年)、神璽は玉であるという夢想をえ、それについて密教的な解釈をしたが、その後この夢想が『日本書紀』の記事や実見者の語と一致することがわかり、それから壇の浦での神剣紛失の意義や幕府の出現に考えおよんだのである[3]。もって慈円が歴史へ眼を向けた過程をうかがうことができよう。慈円は巻六の末につぎのようにのべている。

世ノナリマカランズルサマ、コノ廿年ヨリコノカタ、コトシ承久マデノ世ノ政、人ノ心バヘノ、ムクイユカンズル程ノ事ノアヤウサ、申カギリナシ、コマカニハ未来記ナレバ、申アテタランモ誠シカラズ、タヾ八幡大菩薩ノ照見ニアラハレマカランズラン

しかし以上のことからみれば、『愚管抄』はまさに承久の乱前夜における「未来記」的な歴史意識の所産であった

というべきである。右の文章も、慈円がそれを意識していたことを示すものにほかならないのである。

けれども、われわれはつぎに、『愚管抄』がいわゆる未来記一般と異なる特徴をもつことに、注意したいとおもう。というのは、継起する末法の危機的様相を神秘的な予言や宿命によって説明するかぎりでは、いずれもおなじであるが、いわゆる未来記のそれは、なんら論理的・思索的契機をもたぬ卑俗な内容のものでしかない。しかし『愚管抄』は、そこに「道理」という観念を媒介させることによって、質的な飛躍をかちえているからである。

慈円は壇の浦で宝剣が失せた歴史的意義を論じたのち、

大方ハ上下ノ人ノ運命モ、三世ノ時運モ、法爾自然ニウツリユク事ナレバ、イミジクカヤウニ思ヒアハスルモイハレズト思フ人モアルベケレド、三世ニ因果ノ道理ト云物ヲヒシトヲキツレバ、ソノ道理ト法爾ノ時運トノモトヨリヒシトツクリ合セラレテ、流レ下リモヱノボル事ニテ侍ル也、ソレヲ智フカキ人ハ、コノコトハリノアザヤカナルヲヒシト心ヘツレバ、他心智・未来智ナドヲエタランヤウニ、少シモタガハズカネテモ知ラル、也

といっている。「道理」をわきまえればこそ、「他心智・未来智」にもひとしくなるのである。

コノヤウニテ世ノ道理ノウツリユク事ヲタテムニハ、一切ノ法ハタヾ道理ト云二文字ガモツ也、其外ニハナニモナキ也(中略)コノ道理ノ道ヲ、劫初ヨリ劫末ヘアユミクダリ、劫末ヨリ劫初ヘアユミノボル也、コレヲ又大小ノ国〳〵ノ初ヨリヲハリザマヘクダリユク也

「道理」とはまず、劫初から劫末へ、劫末から劫初へという宇宙の永劫の輪廻の法則であり、このなかに国々の歴史も位置づけられる。日本国の王法もまたそのなかで、ついにはほろぶべき運命をさだめられているのであって、それは劫末へおちくだりながら末法のためのさまざまの「道理」をあらわしてゆくのである。かくて『愚管抄』は、歴史がたんなる偶発的事件の連続ではなくして(宗教的)法則の展開であり、歴史の全過程が統一ある進展であるという

ことを、日本の具体的な歴史に則して説くことに、ともかくも成功したのである。

ところで慈円の「道理」には、右のように、宇宙の法則としての道理と、日本の末法における道理との、次元の異る二つ以上の道理がある。日本の歴史にとっては、後者の道理こそが具体的事態を決するのであるが、これはすべて「冥」界の神仏のはからいにほかならぬ。したがって歴史は、現象界たる「顕」の世界の観察にとどまらず、眼にみえぬ「冥」の世界によって説明されねばならない。「冥ノ道理」が「顕」の世界を支配するのであり、歴史はかかる「道理」の顕現にほかならぬのである。だからひとはこの「冥ノ道理」をつねに認識する能力をもたねばならぬのであるが、末法になるとそれが不可能になるのがまた「道理」なのである、と慈円はいう。「道理」はかくて宗教的歴史観を成立させる基礎概念ともなっているのである。

「道理」とは、このように宗教的な必然の理法を意味する言葉であるが、しかし慈円が、歴史をただ一路末法へと低下する単調な過程だと考えたのでないことは、とくに注意しておく必要がある。彼は、

コレ又法爾ノヤウナレバチカラヲヨバネドモ、仏法ニミナ対治ノ法ヲトク事ナリ、又世間ハ一蔀ト申シテ、一蔀ガホドヲバ六十年ト申、支干ヲナジ年ニメグリカヘル程也、コノホドヲハカライテ次第ニヲトロヘテハ又ヲコリ〱シテ、ヲコルタビハヲトロヘタリツルヲ、スコシモテヲコシ〱シテノミコソ、ケフマデ世モ人モ侍メレ

と、「モテヲコシ〱」する神仏の利生方便やひとの努力を重視する。つまり、宇宙の理法としての道理は、冷酷な必然性をもってはいるが、それゆえにまた、末法の道理をこころえ、その軽重をしり、神仏の冥助をあおいで遮悪持善の努力を積むことによって、破滅を将来におしやることができるとするのである。百王説ということについても、とかく慈円が皇位は絶対に百代までしかつづかないと考えていたかのようにいわれるが、そうではない。慈円は、「百」を百帖の紙にたとえ、使用してしだいに減じたとき幾帖かを加え、さらに減じすでに尽きんとしてまた何枚か

でも加えるにひとしいといい、だから百王にあと十六代のこるうちに頼経が武士をうまく統御して王法を支えるようになることを念願するのである。慈円のこのような歴史観は、さきにのべたような叙述に独特の生彩をあたえた政治的観察と表裏をなすものであり、また劫初劫末の理法から当然みちびきだされる考えでもある。

さてこのようにみてくると、慈円の「道理」の観念にあらわされた歴史観は、宗教的且神秘主義的な歴史観ともいうべき本質をもつとともに、論理そのものが(結果的にはなおさら)きわめて政治主義的であることがわかる。だからわれわれは、『愚管抄』を一種の政治論あるいは政治論の混入とみることもできないではないが、むしろそれは王法鎮護の叡山の仏法そのものの政治性とみるべきものであろう。中世は歴史もまた神学の婢となるといわれるが、本来政治的な天台教学は、なまの政治的関心の混入と区別しがたい形で「宗教」的歴史観を成立させたと考えられるのである。『愚管抄』が、菅原道真その他について付会と強弁をおこなっていることはよく知られているが、それはあながち摂関家流の政治性とのみみなさるべきでなく、かえって本来的意味でのドグマというべきものである。だがそれだけにまた、中世の教理にふさわしい論理の普遍性のかがやきがよわめられ、むしろ階級的利害のせまさが露呈されていることを、みのがすことができない。それは慈円が政治的な関心をもっていたこと自体の問題ではない。政治に対する宗教者としての態度が人類の普遍性に媒介されることなく、貴族の階級的危機に直接に結びついていることが重要なのである。このことはおなじ時代の北条泰時および親鸞の言葉に対比してみれば、いっそうあきらかである。泰時は『貞永式目』制定の根拠にふれて「道理」を語り、またひとが「道理」ということを語れば涙を流してきいたといわれるが(4)、泰時のいう道理は鎌倉幕府の先例であり武家社会の現在の秩序であって、激動期において熱烈に社会秩序の理想をもとめる態度というかぎりは、慈円の「道理」とおなじことである。だが、その主張する実際の利害においては、両者は鋭く対立せざるをえない。つまりこれが、直接的階級性のもつ限界であり、慈円は宗教的真理を主張しながらこうした限界を脱却しえないのである。ところが親鸞のばあいには、慈円とおなじく「自然法爾」を「道理」として説くが、慈円のようにそれを王法の道理に帰結させるのでなく、久遠の絶対的真理としての弥陀の他力に結晶させるのである。(5)「出家の法は、国王に向つて礼拝せず」という経典の字句をとくに引用する親鸞は、歴史著述こそのこさなかったが、それゆえに、自己の生涯を略記したとき「主上臣下法に背き義に違し」と批判の語をかきとどめたのであった。(6)

かくてわれわれは、『愚管抄』のなかに、いわば日本型の中世的・宗教的歴史観の成立を読みとることができる。『愚管抄』が、神の歴史支配を説いていることにその中世的性格がみられることは、すぐれたかつまずなされねばならなかった先学の指摘ではあるが、しかしそれは聖なる静寂のなかで冥想されたのではなく、政治的階級的危機のただなかにおける「未来記」として、そして政治性と階級性を本来から濃厚にもつ宗教のその宗教的歴史観として成立したのであって、このことこそさらに重視されねばならないとおもうのである。

(1)　曼殊院蔵貞応元年願文(『曼殊院文書』四、『大日本史料』第五編之一、七三六ページ)。
(2)　青蓮院蔵慈円自筆四天王寺願文(赤松俊秀「愚管抄について」〈『鎌倉仏教の研究』一九五七年〉)。
(3)　赤松俊秀「南北朝内乱と未来記」(前掲書)。
(4)　『沙石集』巻三の二。
(5)　『自然法爾消息』。
(6)　『教行信証』化身土巻。

三　神皇正統記

1　神国

『愚管抄』が、日本の歴史のながれを神代紀の神々の誓約とはからいによるものとみたことは、日本における中世的歴史観の出現にさいしての重要な内容をなすもので、この点つぎにのべる『神皇正統記』との関連においても注目すべきことである。しかし、本稿ではそのことに移るまえに、かかる歴史観と不可分の関係にある「神国」の思想にふれておきたいとおもう。

「神国」の語は『日本書紀』以降ふるくからの諸書に散見するが、ひろく強調されるのは中世になってからで、そののち第二次世界大戦における敗戦のときまでも「神国」の思想はともかくもひきつがれていた。そのながい歴史には、それぞれの時代の背景があり、一様にはあつかえないが、ここでは中世についてだけ検討しておきたい。

中世の神国思想は、中世社会における伝統・慣習・先例などを尊重する意識と密接な関係をもっている。中世の社会を構成するもっとも主要な関係は、封建的な生産関係であるが、この生産関係は、さきにもふれたように、伝統・慣習等々として意識され、そこに一種の歴史的なかんがえが発達する素地があった。武士が合戦の場で祖先代々の武勲を名乗るのもその適例であるが、農民が村落の住人として生活をまもるばあいもやはりそうであった。若狭国太良荘の名主国友は名田の争論にさいし、「聖徳太子以来の家系」をのべているが[(1)]、もちろんその内容が荒唐無稽であるにしても、「本百姓」としての彼の意識をうかがうに足りるであろう。また近江国菅浦荘の農民たちは、永年にわたって隣の大浦荘と敵対していたが、文安六年(一四四九)と寛正二年(一四六一)の両度にわたって、合戦の有様や当時の情勢や経験などを「向後の心得のため」に惣荘として置文を残している。(2) また有名な『堅田本福寺旧記』も同様な性格のものである。ここでは彼らの伝統が、歴史的教訓として後世にのこされているのである。しかも、彼らのこの伝統・慣習・先例等々は、他面でながい自然とのたたかいに裏づけられているものであったから、その歴史は悪魔(自然)や敵(人間)とのたたかいの歴史であり、またそのたたかいにおける神仏の加護の歴史でもあったのである。

ところで、このような素朴な宗教的・歴史的意識は、ある程度までは中世のあらゆる階層に共通のものであったし、また本来的にはそのうえに多様な歴史観と叙述とが開花しうる性質のものであった。たとえば今日まで数多くのこされている寺社の「縁起」は、ある神または仏がそのような加護や霊験をあらわした数々の説話を含んでいるが、それらは、神仏の擁護という中世的歴史意識が寺社の歴史を介して表現されたものであった。だが他方では、多くの縁起説話が「お伽草子」を生み出したように、またさきの菅浦荘の置文が「軍記」的な叙述形式をとっているように、この素朴な歴史への志向は文学的な歴史叙述の母胎でもあった。

さて「神国」という観念も、一般的には、この素朴な可塑性にとんだ宗教的・歴史的意識を基盤とするものであった。「神国」の語には本来定義がなく、概していえば、古くから(仏だけでなく)神明の擁護したまう国という、日本の(仏教的世界における)地域性を意味するにすぎなかったのは、そうした理由による(「神国」の語に定義を与えている多くの書物も、なぜ日本は神国というかという設問からはじめて、これにさまざまな説を付会しているのである)。したがって、「神国」の意識は、中世的封建的な諸関係が伝統的なものにまで発展するとともに歴史意識としての意味を濃くしてゆくわけである。

しかしこれが神道説にみられる神国思想、すなわち粗雑ではあるが一つの体系的な形に組織づけられるためには、別の契機が必要であった。すなわち、たとえば『野守鏡』が、念仏と禅の両宗が、神国たることを考えないと非難し神国たるゆえに八宗(旧仏教)が擁護されねばならぬといっているように、新仏教に対する旧仏教側からのかかる対応が、当時における重要な契機となっていた(3)。ところでこのばあい、かかる旧仏教的立場からは、同じ神々でも郷村の神々とは歴史的に異る記紀神話の神々つまり護国の中央諸大社が究極中心におかれ、仏教理論をかりて組織されていたことに注意されよう。それは、『愚管抄』が貴族政権の歴史的宗教的根拠を伊勢・春日・八幡の神約にもとめたのと同様の、貴族＝旧仏教的立場からの必然的な傾向であった。理論としての神国思想は、かくてまず貴族的立場の主導によって鎌倉時代に盛大になったが、やがておこった元寇は、この教説の鼓吹にまことに好都合な条件となった。そして諸々の神道説は、このような諸契機によって発展を促進され、さきにのべた素朴な歴史的宗教的意識を土壌として展開した。伊勢神道が神職・御師の各地における活動を背景として成立してくること、また神道説も含めて中世の天台教学を集成した『渓嵐拾葉集』の著者光宗が、大嶋奥津島神社を中心に惣荘の結合を強め活潑な動きをみせた近江国奥嶋荘の阿弥陀寺(4)その他でその筆をすすめていたこと(5)などは、この点で興味深い。かかる関係で発達した神道説は、だからまず日本が神国であることを前提しておいてそれを説明するという形をとったのである。しかしもとより仏典にその説明の典拠をもとめることはできなかったから、ここにおのずから神代紀の記述を経典として発掘してくることとなった。諸派の神道説がいずれも雑多な知識を付会した註釈的なものにおわっていることも、こうした事情から当然帰結されたことである。しかしそれら神道説のなかでも伊勢神道はとくに、その信仰の対象のゆえにかかる「宗教的」探究が同時に「神代」についての一種の歴史解釈となる必然性をもっていた。『愚管抄』は歴史の探究のぎりぎりのところで神々をつかみ出してみせるが、伊勢神道は神々の探究から歴史記述の条件を生み出してくるのである。

『神皇正統記』は、そのような動向を背景にして生まれてきた。

（1）　正安二年五月五日太良荘百姓国友系図（『東寺百合文書』な三一―三九）。
（2）　文安六年二月十三日菅浦惣庄合戦注記、寛正二年十一月三日菅浦大浦両庄騒動記（『菅浦文書』上巻）。
（3）　黒田「鎌倉仏教における一向専修と本地垂迹」（本書一九一ページ以下）。
（4）　『大嶋奥津島神社文書』。
（5）　『渓嵐拾葉集』「山門東寺血脈同異」その他の奥書。

2　神皇正統記

『神皇正統記』の著者北畠親房が、南北朝内乱期はじめの、南朝の「忠臣」であることは、ひろく知られている。しかしそれとともに、親房が従一位大納言にまでなった有力有能な政治家であったことと、貴族にふさわしい高い教養をもった理論家であったことも、心にとめておくべきであろう。親房には『神皇正統記』のほかに『元元集』『職原抄』その他、有職や神道に関する著作があり、卓越した才人として当時から知られていたのである。

『神皇正統記』の初稿本は、延元四年（暦応二、一三三九）、後醍醐天皇の歿したその秋に、常陸の小田城で書かれた。奥書によれば、戦陣中のこととて、わずかに「最略の皇代記」を参考にするほかなかったとあるが、しかしそのほかに『元元集』が準備されていたことが、今日ではあきらかにされている。そしてこの『元元集』がまた、『瑚璉集』『類聚神祇本源』を主としてほかに『日本書紀』『旧事本紀』『古語拾遺』など多数の書物によって編纂された親房の著作であり、結局『神皇正統記』が伊勢神道と密接な関係をもつことも証明されている。(1)

親房は、この書物の意図するところを、つぎのように説明している。

抑《そもそも》、神道のことはたやすくあらはさずと云ことあれど、根元をしらざれば、猥《みだりがは》しき始ともなりぬべし、其つひえをすくはんために聊《いささか》勒《しる》し侍り、神代より正理にてうけ伝へつるいはれを述べむことを志して常に聞ゆる事をばのせず、しかれば神皇の正統記とや名け侍べき(2)

皇統が正理に基づいて伝えられたことをのべるのが本書の意図であったが、親房は、それが神代からの「神道」に関係することだと考えたのである。だから目的は、歴史そのものでも神道そのものでもなかった。それではなぜ、不便な戦陣にありながら、このようにとくに皇統に関して著述したかといえば、それは、時勢のなかで孤立をふかめてゆく南朝の正統性を主張せんがためであったことも、いうまでもない。

『神皇正統記』は、冒頭に

大日本は神国なり、天祖はじめて基をひらき、日神ながく統を伝給ふ、我国のみ此事あり、異朝には其たぐひなし、此故に神国と云なり

と記し、ついで日本の国号や国家の始源が異国にことなる所以を論ずる。いわば序説である。つぎに、国常立尊以下天神七代と天照大神以下地神五代の「神代」についてのべ、それから人皇第一代神武天皇以下歴代の治世について記述し、後村上天皇の即位にいたるのである。その間、政治上の主要な事件をのべるとともに、中国史との比較、将軍・大臣・太上天皇・親王などの号の始、また政治批判、道徳論、時世批判、仏教に関する略説など、多方面に論及しているが、もとよりそれらを貫く中心は、皇統の伝えられて今日にいたった経過とその「正理」である。その他のことは、皇統連綿たる神国の顕現として記述されているのであり、またそれゆえになされる批判なのである。

親房には、皇統連綿たる神国という考えは、歴史の探究からえられた結論ではなくて、あらかじめ定められていた真理であった。そのことは、さきに引用した「大日本は神国なり」云々の言葉を冒頭にかかげていることに端的にあ

らわされているが、われわれには親房がどこからこのような思想をひきだしてきたかが問題である。というのは、それが『神皇正統記』の構想を成立たせている基本的な思想だからである。

敗戦以前の『神皇正統記』についての定説では、皇統の連綿かつ無窮なることをもって「神国」の内容とした親房の思想は、「神明の擁護したまう国」という在来の神国思想をはるかにこえた「国体学の史上空前の境地を開拓せしもの[3]」とされていた。「空前の境地を開拓せしもの」とされることは、そのこと自体、論者の信念に反して、親房の思想がかつてみられなかった新しい思想であることを意味しているが、しかし在来の神国思想なしには親房の思想は成立しえなかったのである。『元元集』の「神器伝受篇」は親房の神国概念の典拠とされるものである[4]が、そこには、

凡我国之所ニ以殊ニ諸方一者、以ニ神国一也、神国之所ニ以有ニ霊異一者、以ニ宝器一也
然則三種見在為ニ国家之鎮衛一、神皇九十余代一百七十九万四千五百余載之間、君臣有レ序、継体无レ差、惣是吾国地勢之令レ然也、抑又三種神器之所レ護也

とあり、また『神皇正統記』瓊々杵尊条に、三種神器が「神勅」とともに授けられたことをのべて、

(神器が)此国の神霊として、皇統一種たゞしくましまします事、まことにこれらの勅にみえたり、三種の神器世に伝こと日月星の天にあるにおなじ
此三種につきたる神勅は、正《まさし》く国をたもちますべき道なるべし

と記しているのをみると、親房が皇統の連綿性をもって神国というのは、神勅と神器による国の擁護に根拠があるわけである。したがってその神国の意味も「神明の擁護したまう国」という一般の神国思想の基盤をはなれたものでないことがわかる。道鏡が追放されたことをのべて、

件のころまでは神威もかくいちじるしきことなりき

といい、また蒙古襲来にさいして、

神明威をあらはし、形を現じてふせがれけり(中略)末世といへども神明の威徳不可思議なり、誓約のかはらざること、これにておしはかるべし

とするのもその意味からである。だから、皇統そのものも神明の擁護する対象であって、

我国は神国なれば、天照大神の御計にまかせられたるにや、されどそのなかに御あやまりあれば暦数も久しからず(中略)これみなみづからなさせ給御とがなり、冥助のむなしきにあらず

とされるのである。

このように親房の神国は、当時一般の神国思想の範囲を決してはなれたものではないが、しかも神明の擁護をとくに皇統の一点に帰着させたのは、南朝を正統な統治者と主張する親房のまったく政治的動機によるものといえよう。そしてそのためには、皇室中心的な神代紀を「神書」としてせんさくしていた伊勢神道がまことに好都合な準備をしていたわけで、『神皇正統記』が、『愚管抄』のように神武天皇から書きはじめるのでなく、「天地未分」のなかから「陰陽の元初未分の一気」が生じて「神代」がはじまることを説き、神勅や神器に道徳的な意義づけをしたのも、この伊勢神道の説に基づくところが多いであろう。だが伊勢神道だけでは、皇位の正統を歴史的にあとづけることはできず、またこれなくして南朝の正統性も主張できないのである。したがって親房は神国の理論について、宗教的本質においてはなにものも付加する必要はなかったが、歴史的解釈においては多くの独創を必要としたのである。

皇統を歴史的に論ずるにあたり、親房は皇位継承についてつぎのようにいう。

大祖神武より第十二代景行までは、代のまゝに継体し給、(中略)(成務のとき)代《だい》と世《せい》とかはれる初なり、これよりは世を本とするし奉べきなり代と世とは常の義差別なし、然ど凡の承運とまことの継体とを分別せん為に書分たり

「代」は皇位の歴代であり「世」は父子の世代であって、「世」こそが「まことの継体」として重視される。なぜこのような区別が必要なのか、あまり明確な説明はみあたらないが、『元元集』神皇紹運篇をみると、

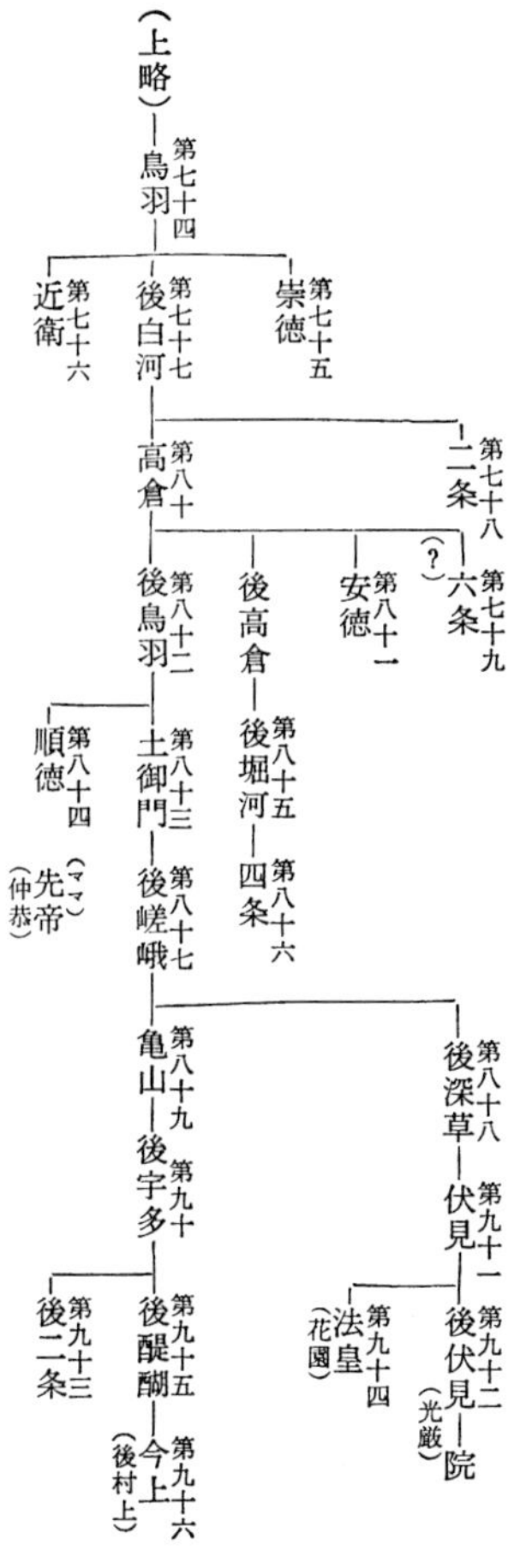

とあり、今上にいたる「世」を溯って書くと、歴代のなかにも正系と傍系とがあることになる。大覚寺統が正系、持明院統が傍系とされていることはいうまでもなく、かくて皇位がかならず正統へ帰る姿ができあがるのである。

唯我国のみ天地ひらけし初より今の世の今日に至るまで、日嗣をうけ給ことよこしまならず、一種姓の中におきてもおのづから傍より伝給しすら猶正にかへる道ありてぞ、たもちまし／＼ける、是併《しかしながら》、神明の御誓あらたにして、余国にことなるべきいはれなり

しかもここには、その根拠として「神明の御誓」を説いているのが注意される。

ところで親房は、これを単純に結果論的にすませることなく、なぜこのような正と傍とが生ずるのかを考える。

天日嗣は御譲にまかせ、正統にかへらせ給にとりて、用意あるべきことの侍なり、神は人をやすくするを本誓と

す、天下の万民は皆神物なり、君は尊くましませど、一人をたのしましめ、万民をくるしむる事は、天もゆるさず、神もさいはいせぬいはれなれば、政の可否にしたがひて、御運の通塞あるべしとおぼえ侍る

天皇の徳によって、その流れがつづいたりつづかなかったりするのを親房は皇統の「正理」とよんでおり、その説明のためにいろいろの道徳的評価もさしはさまれてくるのであるが、しかし歴史を純粋に道徳的立場からみているわけではない。

我国は神明の誓いちじるくして、上下の分さだまれり、しかも善悪の報あきらかに、果因のことわりむなしからず

ともいっているように、親房の道徳論は、「神明の誓」のあらわれとして宗教的世界観に付加されたものにすぎない。儒教や老荘の思想や陰陽思想を文字の上で付会し潤色することは、すでに伊勢神道でも行われていたことで[5]、親房の皇統の「正理」もそれにならったのである。したがって、たとえば菅原道真の左遷について、「此君(醍醐天皇)の御一失と申伝はべり」といいながら、「但、菅氏権化の御事なれば末世のためにやありけん、はかりがたし」とする曖昧さがあらわれざるをえない。また、承久の変における後鳥羽院に対する批判に、「かゝれば、時のいたらず、天のゆるさぬことはうたがひなし」といい、平治の乱で通憲の殺されたのを、「これも天意にたがふ所ありと云ことは疑なし」というばあいの「天」は、儒教などでいう天の観念をかりた表現であるけれども、親房はそれも神国たることの一部にかんがえていたのである。それはあたかも、応神天皇・聖徳太子・行基・道真などを「権化の神聖」とみる仏教的なみかたが他方にとりいれられているのと同様である。

親房は、このようにして皇統が「正理」にしたがうことを説くために結局一種の歴史叙述に到達したのであるが、なお親房は皇統が「無窮」であることも説かねばならなかった。その基本的根拠には「天壌無窮」の神勅があると説

明されているが、歴史的現実は神契のままにすなおには展開せず、さまざまの「末世」的事態がおこり「人心のあしく」なることは、無視できない。親房は、だからいよいよ帝徳と人臣の道を説く必要に駆られるのであるが、それとともに末法思想や百王説などにも新解釈を加えた。

代くだれりとて自ら賤むべからず、天地の始は今日を始とする理あり

百王ましますべしと申める、十々の百には非るべし、窮なきを百とも云へり

というのがそれである。親房が『愚管抄』を読んだと推定してもおそらく誤りないであろうが、この点ではかなり見解を異にしている。しかし『愚管抄』もまた、さきにのべたように、末法や百王の克服の道を追究したものであった以上、『神皇正統記』が『愚管抄』の遺志をつぐものであったということも可能である。だいたい親房の所説に『愚管抄』と酷似した見解が多いことは注目してよいが、ことに天皇と摂関家との関係や、武士を本質的に敵とみることなどには、両者が中世の第一の危機と第二の危機における、おなじ貴族的立場からの所産であることが、率直に表明されているようにおもう。両者は以上にのべたいろいろの特色にもかかわらず、やはり中世的歴史観の一つの系列をなしているのである。

(1)　平田俊春『元元集の研究』(一九四四年)。

〔補註〕『神皇正統記』の成立については、かつて、延元四年に『皇代記』や『元元集』をもとに初稿本が成り、興国五年(一三四四)に修訂が行われ、それは幼年の後村上天皇の「君徳涵養」と臣民の「忠孝の道」のために著作されたものとする学説があった(平泉澄「神皇正統記の成立」〈『武士道の復活』一九三三年〉、および平田俊春「神皇正統記の成立」〈『吉野時代の研究』一九四三年〉など)。けれども、この著作目的についてはその当時から異説もあり(山田孝雄『神皇正統記述義』一九三二年、中村直勝『北畠親房公景伝』一九四三年など)、戦後には新資料の紹介もあって、いまでは、延元四年の初稿本は、『元元集』でなくそれによって親房が作った『紹運篇』と題するものと『皇代記』とによって、「ヲロカナラン類」のために

著作され(阿刀本)、それが興国五年に流布本の形に修訂されたものと、推定されている(永井行蔵「神皇正統記阿刀氏本に就いて」〈『文学』一九号、一九三三年〉、宮地治邦「神皇正統記初稿本の発見」〈『国学院大学日本文化研究所紀要』第二輯、一九五八年〉、岩佐正「神皇正統記伝本考」〈『国文学攷』三五号、一九六四年〉、平田俊春「神皇正統記の成立過程の研究」〈『防衛大学校紀要』第一六輯、一九六八年〉など参照)。これによって、かつての「君徳涵養」「忠孝の道」の古典とみる皇国史観的理解は重要な根拠を失ったが、こうして明らかになった成立過程の諸文献すなわち『元元集』『紹運篇』『阿刀本神皇正統記』などを系統的にみれば、『神皇正統記』の基礎に濃厚な宗教性があることが、いよいよ明らかであるようにおもわれる。

(2) 『神皇正統記』(岩波文庫版)二六ページ。以下、引用は岩波文庫版による。

(3) 山田孝雄『神皇正統記述義』附録。

(4) 平田俊春『元元集の研究』。

(5) 津田左右吉「いはゆる伊勢神道に於いて」(『日本の神道』一九四九年)。

3 中世的歴史観

『神皇正統記』を、その成立の事情から追究してみると、以上のように主として政治的契機によってさまざまの説を立てたことがわかるが、にもかかわらずその結果は、むしろ新たな宗教的歴史叙述の形をつくり上げていることが認められる。すなわち教理《ドグマ》に照らして歴史を把握するという形態である。

すでにのべたように、『愚管抄』にあっても、歴史と教理は切りはなせないものであった。が、『愚管抄』では教理(=「道理」)は歴史そのものとしてもとめられるものであり、歴史がすべて教理の顕現であることが説かれたのである。そこでは批判さるべき悪もまた必然のなすところであったから、したがって、宗教的規範や徳目が登場する余地はなかったのである。(1) けれども『神皇正統記』においては、教理が歴史に先立って存在した。歴史は神の支配するところであるが、それは人間の悪が裁かれることによって証明された。したがって規範や徳目が、教理の貫徹する各断面に登場せざるをえなかったのである。この点で『神皇正統記』は、『愚管抄』にくらべて、宗教的歴史観の確立した形態をもつといえよう。

もとより、教理といい、宗教的規範といっても、『神皇正統記』のそれはあまりに粗雑ではあった。それは、儒仏老荘などの教典の言葉を安直に縫合した伊勢神道から、しかも政治的必要によって、採用したものであった。それは伝統的教学の遺産を深化発展させたものでもなく、また実際の信仰を内省的に掘下げたものでもなかった。『神皇正統記』が形態の上で『愚管抄』の発展した姿をとりながら、教理の上でかならずしもその発展としてあらわれなかったのは、一つには仏教そのものの性格によるけれども、主としては、鎮護国家の仏教は中世宗教としての特徴が不充分であったことによるといえよう(2)。だがそれにもかかわらず、ともかくも宗教的規範がかかげられるようになるのは、まったく社会の封建化の進展によるのである。「神国」の教理や、正直・慈悲・決断などの規範は、さきにものべたようにすべて封建社会に適合する理念であり徳目である。親房はこれを自分なりの立場でまとめた宗教的歴史観を確立したのであった。その意味で『神皇正統記』は、『愚管抄』にはじまった歴史叙述の形態と、神国思想にみられた歴史意識との、双方の一応の完結を示すものであった。ただし、それが、あらゆる中世の歴史叙述の最高に位するという意味でないことは、もとよりであるが。

しかし『神皇正統記』は、教理《ドグマ》として歴史を叙述した反面として、叙述の平板さをさけることができなかった。「無窮」に炳焉たる教理をあらわす歴史には、当然発展や段階などの考えが稀薄となり、超歴史的となりひいては非歴史的となる。親房が百王説を「無窮」の意味に解したのは、慈円が百王を「モテヲコシ〳〵」してつづける区切りと解したのにくらべると、歴史のダイナミックな進展をとらえる態度としては後退であるといわざるをえない。教理が歴史を完全に支配するときは、歴史叙述は年代記に接近する。親房が一種の神道書たる『元元集』を基礎にし、「最略の皇代記」を傍にして、『神皇正統記』を著しえた所以でもある。

なお最後に、『神皇正統記』の歴史的役割にふれてこの稿をおえたいとおもう。親房の信念にもかかわらず、皇統を中核とする神国思想や旧仏教が、当時しだいに衰退に向ったことは歴史の示すところである。「宮方深重の者」の作とされる『太平記』でさえも、ついに、

三種ノ神器徒ニ微運ノ君ニ随テ空シク辺鄙外土ニ交リ給フ、是神明吾朝ヲ棄給ヒ王威残所ナク尽シ証拠ナリ

とのべたように、(3)王法や皇統を中心とする思想は実は南朝の老臣の悲壮な信念にすぎなかった。「神国」的発想はまだつづくにしても、時代はすでに、武家政権の発展史を坦々とのべた『梅松論』が成立するまでになっていた。中世の若々しい階級の躍動をうたいあげる軍記は、『太平記』を旋回点として『明徳記』『応仁記』などのいわゆる実録物にかわりつつあった。実録物にみられる叙述は、どちらかといえば領主層の支配者としての伝統意識にささえられた、教訓的・家伝的なものであるが、室町期の歴史観と歴史叙述の形態は、むしろこれらにこそ率直にあらわされているとみてよい。(4)そしてそのなかで、封建的な徳目が、神道的な性格のものから儒教的なそれへと移行してゆくのをみることができるであろう。もっとも『善隣国宝記』などに、『神皇正統記』の一部がひきつがれていることが注意されている(5)けれども、それは神国ということに関してであって、かならずしも親房の皇統論をとったものとみなし難いのである。

けだし日本の封建社会をつうじて、領主階級がその宗教的支柱とした思想は、「神国」の思想であった。それははじめ貴族階級の主導によって教理化されていたが、教理は貴族とともに衰滅しながらも、「神国」の観念だけは秀吉にも家康にも、さらに明治絶対主義にまでもひきつがれた。『神皇正統記』はこうしたなかで貴族的な教説の完結し

た形としてあらわれながらも、皇統(王位)を中心としたものであったために、封建社会が絶対主義に傾斜しはじめたとき、復活することとなった。『神皇正統記』が、室町期の実録的歴史叙述や江戸時代の朱子学的歴史観ののちに、なおも「日本精神」の真髄をのべたものとして「不朽の」生命をもつとされたのは、こうした理由からであった。

(1)〔補註〕『愚管抄』のこのような性格については、天台本覚思想の「法爾自然」「法爾道理」の概念とともに、あらためて検討を深める必要があろう。

(2)〔補註〕ここで「鎮護国家の仏教は中世宗教としての特徴が不充分であった」というのは、政治権力と一体化したままであって観念的透徹性が不充分だという意味であるが、このことを「中世宗教としての特徴が不充分」というべきかどうかは再考を要する。その点、本書所収の「中世における顕密体制の展開」を参照されたい。

(3)『太平記』巻二十七、雲景未来記事。

(4) 黒田「太平記の人間形象」(『文学』二二巻一一号、一九五四年)。

(5) 山田孝雄『神皇正統記述義』附録。

Ⅷ　中世国家と神国思想

はじめに

神国思想とはなにか？――この問いにたいして、常識的にかんたんに答えをすませるのは、さしてむずかしいことではないが、正確に説明するのは容易ではない。

ごくかんたんに常識的にいえば、神国思想とは、日本が神の国であるとする宗教思想ないし信仰である。それが政治的主張や対外的信念となってあらわれることも、しばしばある。このような思想や信仰は、日本では、古代にも中世にも近世にもまた近代になっても存在したし、いまでもそういう信念をもっているひとがないではない。そして、いうまでもなくこのあいだに、ひとくちに神国思想といわれるものも、さまざまにことなったすがたを示してきたのである。

さて、われわれはまず、神国思想の性格がこのように漠然としか規定されていないことから出発しなければならない。すなわち、今日の研究段階では、神国思想について、右の説明よりややくわしい規定は可能であるにしても、所詮漠然たる説明以上の学問的な解説は、すくなくとも定説としては存在しないからである。しかもまたわれわれは、神国思想に関するあらゆる問題を、すべてこの漠然たる性格に帰着させ、なんらかの解答をあたえなければならない。関連ある「研究」が、明治以後、汗牛充棟もただならぬほど存在したにもかかわらず、漠然たることが漠然たるままで国民的信念として強制されかつ通用し、それが破滅的な戦争への精神的支柱とされた体験が、とおい昔のことでもないからである。それどころか、いままたそれが復活の動きを示している——おなじ形に復活しうるとは信じられないが——のである。

もっとも、神国思想の性格規定について、いくらかの試みがあったことも事実である。明治以来もっともひろく普及し、常識とさえ目された見方は、神国思想を「日本的なもの」とする考えであった。これはいうまでもなく、国家神道や天皇制のイデオロギーに基礎をおくものであるが、国家神道や天皇制イデオロギーそのものが神国思想の末裔であり一形態であった以上、これは当然であった。けれども神国思想が本来日本に関する主張である以上、この「日本的」とする説明が、単純な自己主張のくり返しの域を出るものではなく、非学問的な信念の表白でしかないことは、あきらかである。

神国思想を神道の一部としてのみ説明する見解もまた、誤った見方である。いわゆる神道なるものは、喧伝されたほどに歴史的に不変なものではない。不変な要素があるとすれば神祇崇拝こそそれであるが、神祇崇拝は神国思想と同義ではないし、常に不可分の関係をもつものでもない。むしろまず両者を区別してみることが、事実を細密に分析してゆく手がかりとなる。神国思想が神道と不可分のものとされるのは、これまでの論者の立場が国家神道の立場にあったからこそなのである。

戦後、政治による学問統制から解放された歴史学では、右のような国家神道的な「神国思想」観に拘束されない科学的な性格規定も、若干試みられた。その結果、神国思想が、古代の神祇崇拝に発し律令国家と貴族政権にかたく結びついていることから、これを「古代的なもの」と歴史的に規定づけるのが、あたらしく学界の定説となったかにさえみえないでもない。しかし、系譜上の意味にかぎるならそうとしても、「古代的なもの」が、日本歴史の全過程を通じて存続したとは、どういうことか。中世以降には中世以降の各時代なりの存立の事情があり、それによって、神国思想の形態も機能も、歴史的意味＝本質もことなってくることが、ここでは見落される危険がある。古代的でない神国思想の性格こそが、重要な問題点なのでなかろうか。

神国思想は、日本の浮沈にも関係した重要なイデオロギーであったにもかかわらず、いまもなお、その学問的把握への設計図さえ提示されていない。中世国家と神国思想という本稿の課題にとりかかるにさいし、このことを、なによりもまず充分に確認しておかねばならないのである。

かかる現状をかんがえて、本稿では、つぎの三点の問題点を設定しておきたい。

第一には、神国とはなにか、なにが神国思想とよばれるべきか、をあきらかにするために、中世の範囲にかぎってではあるが、種々のばあいについてその内容を分析し、その歴史的・宗教的性格を規定することである。中世の神祇信仰や神道に関する考証的な貴重な基礎的作業は多数あるが、素朴な信仰から明確な政治思想までのいろいろ次元のことなった宗教現象を分析し、いくぶんなりとも論理的に整序する必要がある。それなしには、国家と宗教というような複雑な問題に接近することは、不可能である。

第二には、神国思想の政治的性格を検討することである。神国思想をはじめから政治的なものとみなしてその側面を検討するというのでなく、その本質が政治的なものとみなさるべきかどうか、政治的性格をもつとすれば宗教としてのいかなる特質において理解さるべきか、が問題である。かつての諸説は、研究の立場と意図そのものが直接政治的であったために、政治的な一側面をとらえてそこからすべてを政治的にのみ説明し、また政治的な側面をもつことを不当に強調した嫌いがある。だが、政治と交渉し政治に関与し介入することのなかった宗教は、かつてほとんどなかったし、宗教はいつでも政治に関係しうるものなのである。このことと、宗教としての特質が政治的であることとは、区別されねばならず、また宗教における素朴な信仰や意識と、政治的イデオロギーや思想とは、次元のことなるものとして扱われなければならないのである。

第三には、神国思想を日本の中世宗教史に位置づけて理解することである。神国思想に関する従来の諸説は、ほとんどの場合、いわゆる神道史の流れにだけ結びつけてゆこうとした。だが神国思想をふくめて当時の神道説なるものは、仏教の側の積極的な必要からおこったともいえる面が多分にあるから、これを神道の発展史としてのみとらえることは、問題を矮小化し歪曲する以外のなにものでもない。こうした今日までの誤りは、ひとり神道史だけのことではなく、日本の宗教史研究全体に共通する重大な欠陥である。日本の宗教史研究の現状では真宗史・禅宗史・神道史等々の研究分野が設定され、これが学問の体系的分野であるかの観を呈しているが、これは原理的にはまったく宗派的・護教的な分野区分であり、たとえていえば、封建時代史の全体を諸侯・諸藩の歴史の束でもって構成しようとするにひとしいといえる。これでは、中世宗教史の流れを真に科学的に全体的に理解することは、不可能にちかい。したがって、今日こそ、宗派的割拠状態を克服した全体的な宗教史研究の立場が確立されねばならぬことを痛感するのであるが、ことに神国思想こそはそのような中世宗教史の全体的矛盾=運動の所産であり、全般に関係しているのであるから、いっそうこのことが重要なのである。このためには、中世宗教史全般にわたる客観的・学問的な構想がどうしても必要になってくるが、それはこの小論でかんたんにできることではなく、個人的な微力のみではたしうるものでもない。ただここでは、そのことをつよく念頭におくことが、ぜひ必要なばかりでなく、それになにほどかでも寄与することを心がけなければ、本稿の課題にこたえることにもならないとおもうのである。

以上、はじめにあたって、包括的な問題点のうち主要な二、三をあげた。個々の問題点については、以下本論のなかで指摘していきたい。本論では、まず神国思想を社会史的および宗教史的背景から考察してその大要と分析の視角を明らかにすることによって、右の第一の問題点に当て、つぎに神国思想の論理構造の要点を分析して、右の第一および第三の問題点に当て、最後に政治権力との関係を若干のべて、右の第二の問題点に当てたい。ただし、これは大体のところのことで、それぞれがたがいに関連していることは、当然である。

一　神祇崇拝と神国思想

1　神　祇　不　拝

われわれが神国思想とよぶものは、特定のとき特定のひとによって論述され規定づけられた、明確な理論体系をさすわけではない。神国思想とは、たとえば「思潮」という語がもつ語感とおなじく、思想や信仰の一種漠然たる傾向や様式を意味する言葉である。だから、神国思想の内容を把握しようとするとき、特定の著作や教義書から、ただちに明確なこたえをひき出すことは、不可能である。そこでわれわれは、まず大づかみにその諸側面を限定していくことによって、神国思想の位置づけと分析視角とをもとめたい。

すでに先学によって指摘されているように、「神国」の語は、『日本書紀』以下の古代の諸文献・記録にも、散見する。(1)その一つ一つの「神国」の意味が、いかなる意味内容であるか、これはけっして自明のことではないが、その如何にかかわらず、これらを「神国思想」とよぶことは、あきらかに正当である。なぜなら、神国思想とは、ともかくも「神の国」という言葉を語ることとすべてをふくむほど曖昧なものだからである。が、そうはいっても、われわれの課題は中世の神国思想である。古代のそれについては、必要なかぎりで適宜ふれるとして、まず、中世の神国思想に全般的に特徴的とみられることから、論をすすめたいとおもう。

中世の初頭から中世の末期にいたるまで、日本の宗教史の上にきわだってみられた事態の一つは、「神祇不拝」「諸神軽侮」といわれた一連の運動であった。中世の神国思想は、はじめて理論的姿態をとって現われたことから興隆期にあったかのような印象をあたえるにもかかわらず、このように、他の時代にはみられぬ「神祇不拝」なる反神祇運動の存在する条件のなかで、主張されていたのであり、これがもっとも注意さるべき特色をなしている。

神祇不拝が公然たる問題になったのは、法然の専修念仏にはじまる。専修念仏を非難したものとして代表的な『興福寺奏状』(2)は、九ヵ条の過ちを指摘したなかの第五に「背㆓霊神㆒失」をあげ、

念仏之輩永別㆓神明㆒、不㆑論㆓権化実類㆒、不㆑憚㆓宗廟大社㆒、若恃㆓神明㆒、必堕㆓魔界㆒云々

の事実を指摘し、これにたいして、

於㆓実類鬼神㆒者、置而不㆑論、至㆓権化垂跡㆒者、既是大聖也、上代高僧皆以帰敬

という理由で反論を展開している。専修念仏は、あらためていうまでもなく、中世仏教の開始をつげる最重要な指標であるが、これが神祇不拝を伴いながら出現したことは、きわめて注目すべきことといわねばならない。なぜなら、仏教伝来このかた、かかる事態が公然の問題になったのは、これがはじめてだからである。

このさい、法然が、さらに親鸞が、みずから神祇不拝を説いていたかいなかが、一つの問題点であることは、当然である。かれらが、積極的に神祇不拝を主張したとすべき根拠はない。ただ、明白なことは、かれらは決して、神祇の崇拝を重視しなかったこと、むしろ神祇崇拝に関する弊風を指摘し強調していたことである(3)。そして、もっとも大切なことは、法然・親鸞らの教義や意図の如何にかかわらず、事実として専修念仏の徒のなかに、神祇不拝の傾きが濃厚にみられたことでなければならぬ。

当時の記録は、住蓮・安楽などの極端な行動派が、処刑されたことを伝えている。しかしこのことから、神祇不拝を一念義の急進派の個人的言説とみなしたり「無智蒙昧」な民衆の教義の誤解と説明したりするのは、絶対に正しくない。急進派の主張は論理において単純であり教義に照らせば欠陥があるにしても、それなりに社会的な要求を尖鋭に表現していたのであり、また民衆の「誤解」は広範な基盤をもつ一つの傾向であったからである。問題は、弥陀一仏のみにたより信を本質とする易行により往生浄土をもとめるかかる宗教的要求が、澎湃としておこっていることにある。神祇不拝はここでは異端や誤解の問題ではなく、あきらかな必然的現象であったのである。

神祇不拝が個人的・偶然的なものでなかったことは、むしろ法然以後の歴史が明瞭に示している。鎌倉時代に一向専修の徒のなかで神祇にたいする不拝・軽侮の風があとを絶たなかったことは、親鸞の消息[4]、『沙石集』[5]の記載、初期真宗教団の掟書[6]、『天狗草紙』[7]『野守鏡』[8]の指摘その他によって、断片的にしられるが、とくに注意しておきたいことは、鎌倉末期にもそれがかならずしもおとろえなかったと推測されることである。今日真宗史家のあいだでは、鎌倉初期に造悪無碍・神祇不拝の傾向がつよく、ついで中末期には専修賢善・知識帰命が反動的につよまり、したがって、神祇不拝は末期には主要な問題でなかったかのごとくみられている。しかしそれは教団のイデオローグたちについての問題であって、下部の民衆は依然その傾向をはらんでいた[9]。「専仰二神明威一、莫レ軽二本地徳一[10]」と制誡をさだめた一遍の教団にたいしてさえ、旧仏教側はいっそう神祇不拝のことで非難をつよめたが[11]、これはたんなる常套的言辞のくりかえしであったとはいいきれない。あとで説くように、この時期の真宗のほとんどの教義書は、教団への攻撃をおそれて、神祇の軽侮をいましめることに最大の留意を示しているのである。

室町時代になっても、やはり事情はおなじであった。蓮如の布教により、文明七年ごろから吉崎を中心に北陸の真宗教団が隆盛へおもむくのであるが、それとともにいちはやく出された禁制では、「神社をかろしむることあるべからず」が第一条に掲げられねばならなかった。(12) 一向専修のあるところ、教義上のかれこれの釈明や禁止にもかかわらず、神祇不拝は必然的に随伴し併発したのである。

この問題を、特定の宗派だけに関する局限された現象と考えることは、それを宗義の誤解・異端とみなすのとまったく同様な理由で正しくない。一向専修の風がかのあいつぐ弾圧にもかかわらず燎原の火のように拡大したことは、中世社会にとってあくまで必然的なものであったからであり、それだけに、神祇不拝は全社会的な問題であったのである。

中世の神国思想は、このような、神祇不拝をはらむ社会的・思潮的条件のなかにおかれたことによって、重要な規制をあたえられている。すなわち、一つにはかかる主張に反論する姿勢が必須であることにおいて、もう一つには——より根本的なことだが——社会のかかる性質の宗教的要求にともかくも応えうるものたらねばならないということにおいて、素朴に神々を信じた古代と同次元で「神国」を説くことは不可能であったのである。

この点で、『興福寺奏状』がさきにもあげたように、

於㆓実類鬼神㆒者、置而不㆑論、至㆓権化垂跡㆒者、既是大聖也

と本地垂迹説をもち出していることに注意したい。本地垂迹説はもちろんこのころあたらしく成立したものではないが、一向専修の教説にたいしては、このほかに対抗すべき理論はなかったのである。すなわち、本地垂迹説が、ここではじめて文字通り反動的立場からの意識で強調されるにいたる。そして、さらにたんに理論上の論争にとどまらず、国家の権威に関する問題とされる。『奏状』はいう、

神明若不㆑足㆑拝者、如何安㆓聖躰於法門之上㆒哉、末世沙門猶敬㆓君臣㆒、況於㆓霊神㆒哉

と。ここで、宗教理論上の反動は、政治に結合する。「神国」の語は用いられていないが、神国思想の重要な要素は、

ここに充分に出そろっているわけである。

したがって、中世では、神国思想はたんなる信仰のみにとどまることをゆるされず、理論化されることが必要になった。中世では仏教がさかんであったため神道が仏教的に潤色されたというのは、皮相しかみぬ俗説にすぎない。仏教の内部から神祇崇拝を理論化する必要がおこっていたし、諸大社も原始的な素朴な信仰のままでは存立しえず、みずからを仏教教理のなかにおいて理論化する必要にせまられていたのである。だから、中世の神国思想は、多かれ少なかれ、例外なしに仏教の理論で飾られ、むしろ仏教教理が主導的位置を占め、本・迹の論理の適用たる本地垂迹説によって体系づけられることとなった。

神国思想は、原始的な神意政治としての意味では古代以来のものであるが[13]、中世では、一向専修＝神祇不拝の風潮に規制されて、それへの対抗＝反動として展開することとなった。シャーマン的ないし律令制的神祇思想が神国思想の論議の担い手の地位からはずれ、むしろ他からあらたな説を導入してみずからを飾らねばならなくなった[14]ことも、この点に理由があったとおもわれるのである。

（1）　村山修一『神仏習合思潮』(一九五七年)、田村円澄「神国思想の系譜」(『史淵』七六輯、一九五七年)などが、最近の労作としてくわしい。
（2）　『大日本仏教全書』興福寺叢書第二、一〇三ページ以下。
（3）　『選択本願念仏集』二行章、『念仏往生義』、『教行信証』化身土巻・末、『正像末和讃』など。
（4）　『御消息集』第四通(『真宗聖教全書』二、七〇〇ページ)。
（5）　『沙石集』巻一の十に例話があるが、その他同書には随所にそのことをのべている。
（6）　『本願寺文書』四、弘安八年八月十三日善円制禁の第四条。
（7）　『天狗草紙』(「伝三井寺巻」(『美術研究』七四号))。

(8) 『野守鏡』下（『群書類従』第二七輯）。

(9) このことは、『本願寺文書』の制禁（註6参照）や、『一宗行儀抄』（『真宗大系』第三六巻「異義集」）などに、神祇不拝に対するいましめを、強くのべていることから推測される。

(10) 『一遍上人語録』上、時衆制誡。

(11) 註(7)(8)参照。

(12) 『帖外御文』文明五年十一月日（『真宗聖教全書』五、三二四ページ）、『帖内御文』三の一〇、文明七年七月十五日。

(13) 田村円澄、前掲論文。

(14) 『釈日本紀』は、平安時代以来の神祇官を中心にした書紀註釈の集大成であるとされるが、このなかには、仏教的立場の神国思想が、各所に付加されている。たとえば、巻五の「大日孁貴」、巻七の「草薙剣」などの「先師説」をみよ。伊勢神道にしても同様である。

2 神祇崇拝

中世の神国思想は、神祇不拝という社会的条件に規制されていた点に、重要な特色をもっていたが、その基盤はあくまでも神祇崇拝にあった。だがこのばあい、基盤としての神祇崇拝を、ただちに日本人の「固有の」あるいは「民俗的な」信仰とのみみなして、あたかも自明のことであるかのように考えるのは正しくない。中世の神祇崇拝のもつ、社会的・政治的な特殊性を具体的に検討することなしには、神国思想と中世国家との関係を把握することは不可能である。本節では、かかる意味から神祇崇拝について若干検討したいとおもう。

嘉禎元年（一二三五）十一月十二日、安芸国守護藤原親実は、同国三入荘地頭得分を、熊谷直時・祐直の二人に配分するため分文を作成した。その注文[1]によれば、三入荘地頭得分には、田代・畠・栗林・給田分浮免・狩蔵山などの他に、左の荘内諸社がふくまれていた。

一、庄内諸社

八幡宮　大歳宮

件二社者、於二庄官百姓等之経営一、恒例神事勤行之云々、守二御配分之旨一、両方寄合可レ令二勤行一之

崇道天皇

件社者、堀内鎮守云々、仍両方寄合、有レ限神事、任二御配分之旨一、可レ令二勤行一之

新宮　今宮　山田別所

件三ケ所、一向可レ為二時直(直時)沙汰一也者

若王子宮　一向可レ為二資直(祐直)沙汰一也者

この記載には、農民・領主それぞれと神社との関係が示されている。まず、八幡宮・大歳宮の二社は「庄官百姓等之経営」で恒例の神事を勤行するさだめであった。ここに荘官というなかに、地頭たる熊谷氏が含まれるかどうか速断しかねるが、熊谷氏は承久の乱後、新補地頭として当荘に入部したのである[2]から、在地の荘官と百姓に神事を経営する主体性があったことは、充分推測される。すなわちこの社は、いわゆる武士の氏神ではなく、農民の共同体的な村落の社であったのである。三入荘地頭職は、前述のように、この文書によって直時三分二、祐直三分一に両分されたが、おそらく荘内農民全体の社であった八幡・大歳の両社は、それによって影響をうけることはなかった。地頭職の得分は分割できても、共同体は分割できないからである。したがって地頭は「両方(直時、祐直)寄合」って神事を勧行することになったのであり、ここに農民の村落共同体的な祭祀の根強さの一端をみることができるのである。

しかしながら、つぎに、かかる社が領主たる地頭の「得分」のうちに加えられている事実に注意したい。「得分」

というのは、田畠栗林などのような直接の収益ある財産だけを意味するものではなく、狩蔵山がそうであるように、支配の対象であり、所領であるということにほかならぬ。八幡宮・大歳宮が農民の共同体的な祭祀の中核であることが明白であり、地頭もそれを充分にみとめていたにしても、それはそのまま領主の支配の対象たりうるものであったし、また一般に封建支配はかかる支配関係によって成立しえたのである(領主と農民の共同体とのこの関係は、山林、水利などにもみられるもので、両社の関係の原理をなすものである)(3)。新宮・今宮・山田別所・若王子宮の諸社と農民との関係はわからないが、これらも農民的な社でありながら、所在の地域により、両者に分属させたものとみることができる。

また、祭神についても、このことを指摘することができる。大歳宮は、この名のとおりに祭神の性格をあらわすとみてよいとおもうが、とすれば穀物の神であり田の神である。農民の共同体的祭祀にどこにでもみられる神であり、生産と守護を祈るための素朴な信仰を基礎とする。かかる信仰は、前近代的・共同体的な生産構造を基礎とする社会ではつねに成立し存続するもので、したがって、古代以来の農村の「固有信仰」的なものではある。けれども、農民が土地保有者として、生産の場においてより主体性をつよめた中世では、いちだんと重要な意味をもってくる。中世では、神祇崇拝が、古代とは質的にことなった社会的意義をもってくる最重要な原因がここにある。領主は、武神や氏神よりは、まず、かかる農民的信仰をこそ、掌握しなければならなかったのである。また大歳宮とならんで八幡宮があるが、これはおそらく三入荘がかつて石清水社領であった因縁によるもので(4)、領家によってあらたに勧請されたか、または在来の社にその名を冠したかいずれかであろうが、これが全農民的な社となっているところに、領家としての石清水社の支配の寺社的特色をうかがうことができる。

三入荘の社につきもう一つ、崇道天皇の社に注意したい。これには、「堀内鎮守」と記されている。すなわち地頭の堀内を守護する屋敷神ないしは氏神であって、当荘に地頭門田三町八反大が存在するという在地領主の直営形態に対応するものである。これも、さきの八幡・大歳両社と同様、「両方寄合」って神事を勤行するよう定められている[5]が、この両方寄合の意味は、さきのように百姓に祭祀の主体性があるからではない。この社は、一族の守護神たるべきもので、分割できないのはもちろん、一族内の一部の者のみが独占すべきものでもないからである。ここには、惣領制的な族的結合とその精神的紐帯としての守護神がみられるのであり、地頭にとって八幡・大歳両社の神事勤行と意義を異にする。熊谷氏は、武蔵国大里郡熊谷郷を本拠としたから[6]、この神を一族の氏神と呼ぶことは不適当ではあるが、信仰の性質においては、おなじということができる。

熊谷氏の三入荘の所領のばあいにつき、領主と農民それぞれの神祇崇拝と、その両者の関係をみてきたが、なお、さらに熊谷氏は、その祖直実が法然の教説に帰したことで著名であることを想起せねばならない。熊谷直実が法然に帰依した理由や彼の信仰の内容については、ここでは論外としたいが、神祇崇拝をめぐるこのような社会的諸関係の上に、専修念仏が成立していたことに注意したい。直実の子孫は、直実の信仰をつぎ、法然が自筆して直実にあたえたという「御本尊迎摂曼陀羅」を、「然已来選二信心強盛器量一、子々孫々中奉二代々相伝一」ったのであり、なおその本尊の堂宇を建立しようとしている[7]。神祇不拝をさえ伴った一向専修の念仏が、このように強固な農村的な神祇崇拝の社会を基盤とするものであることをおもえば、素朴な農村的な信仰をただちに神国思想の無条件的な基盤とみた従来の諸説の欠陥は、あきらかであるとおもう。もっとも、迎摂曼陀羅をつたえる当時の熊谷氏の信仰が、単純に「専修念仏」といえるものかどうかは問題であり、すでに一種の霊物崇拝化しているとみられないでもない。ただここでは、村落共同体および領主制と神祇崇拝との関係に留意し、中世になって神祇崇拝がより積極的な意味をもつべき必然性があったこと、しかも、(熊谷直実についてみれば)専修念仏はさらにその前提のうえに成立したものであることを、指摘したいのである。

ところで、本稿の主題たる神国思想もまた、かかる神祇崇拝を基盤に展開した。そして、神国思想を説いたもろもろの神道説は、実に領主制の成立・発展と歩調をそろえて発達した。

両部神道および山王神道は、それぞれ真言・天台系の神道説として、その原基形態はすでに平安末期に発生していたといわれる。[8] 当時からこれらの神道説では、高野山が山の「領主」[9]たる丹生狩場明神をまつり、比叡山がその「地主神」をまつるというように、その土地の守護神と習合し、且、守護神を「領主」「地主」とみて領主制に対応する観念形態をとっているが、この段階で発達したのは、本地垂迹説にほかならなかった。すなわち、「領主」「地主」である在地的・土着的な神々を、本迹の論により仏教的な普遍性をもつ神格として説明することに、主力をおいたのである。しかるに、鎌倉時代になると、あらたな力説がくわわる。両部神道の『三輪大明神縁起』は、「真言天台即身成仏之義、草木成仏之理」が三輪の「霊地」に表明せられているとし、天照大神を「色心不二、常寂光土」を具現する神とする。[10] さらに『耀天記』や『渓嵐拾葉集』にまとめられたところでは、山王神道では日吉地主権限は「日本国地主」であり、天照大神の父であるとし、大宮権現が天照大神であるとしていた。[11] これは、両部神道や伊勢神道が、天照大神を日本の国主としたことに符牒をあわせているものであるが、もってこれらの神道説が「日本は神国」なることをいう意味が、さきの「領主」「地主」的守護神を拡大した性格のものであることを知ることができよう。「神国」の概念は、あとでも説くようにまことに複雑であるが、ここにみられるように、神の支配する領域の神聖視をいうばあい、それは、あきらかに「領主」制に似せてつくられた観念であり、すくなくともその意味が加味されていたのである。鎌倉末期の作とみられる『耀天記』は、

昔ヨリ此日本国ヲ天神七代地神五代シロシメシテ後ニ、天照太神伊勢国ニアトタレ給テ、内宮ヲバ皇大神宮ト申、

外宮ヲバ豊受光ヲ並テ、遠ハ百王ヲマボリ、寛ハ万民ヲ助テ、其後ハヤウ〳〵賀茂、春日、松尾、住吉ヲ奉テㇾ始、四方ノ神ダチノ国々所々ヲトテ、王城ヲマボリ、民宅ヲハグヽミ給ヘルヲ、世ノ中ノ人、日本国ハ神国トナリケレバナドヲモヒナラハシテ侍ハ、尺迦如来ノ御本意ヲ不ㇾ知故也(12)

といっているが、かかる知識が当時の「世ノ中ノ人」全体のものであったとはいえないにしても、これが神国の通念であった。しかもこの賀茂その他の神々は、当時の観念ではやはり「地主」であった(13)のであるから、神国思想は所詮領主制ときりはなしては考えられないものであったのである。

神国思想が仏教ことに天台・真言の立場から理論化されたことは、かかる理論が、村落共同体と領主制支配の発展を眼前にした旧仏教によって、領主制に迎合する形で反動的に形成されたものであることを物語る。だから、神国思想は二重の意味で反動的位置をしめる。つまり、一つは神祇不拝にたいする守旧的反動として、もう一つは農村の素朴な神祇崇拝の表面化にたいする迎合的対応としてである。中世の顕密諸宗が極端に神道説の比重をまし、それにともなっていわゆる反本地垂迹説さえ発生したのは、このような社会史的かつ宗教史的な全体の関係からであった。

けれども、ここで付言しておかなければならないのは、顕密諸宗の神国の強調をたんに領主側への迎合とのみみることができないことである。『渓嵐拾葉集』は、鎌倉末期から南北朝期にかけての天台の口伝教学を集成した大著であるが、著者の道光上人光宗が、同書の各巻の奥書に記したところによれば、彼は近江・京都東山の諸寺院を転々しつつ同書を書き記していたことがわかる。そのなかに、

貞和二年丙戌八月十七日於二江州姨綺屋山一、為二興法属生一令二抄記一了、天台沙門光宗記(巻三二)

暦応四年辛巳十二月一日於二江州阿弥陀寺迎摂院一御本賜書写了(巻四六)

建武五年戊寅三月十六日於二江州姨綺屋山阿弥陀寺迎摂院一読之、天台沙門光宗記ㇾ之(巻四九)

などとあり[14]、彼の奥書のあとさらに、

永享十一年六月十七日於二江州姨綺屋山阿弥陀寺西谷中学房一為二弘通結縁一令二書写一畢　玄覚

とつづけたものもある。[15]この「江州姨綺屋山阿弥陀寺」というのは、近江国蒲生郡北津田荘にあり、中世の惣村と宮座の史料で知られる『大嶋奥津島神社文書』に現われるものである。[16]同神社文書によると、阿弥陀寺は荘内にかなりの名田をもつ寺で[17]、右の奥書の迎摂院や中学房もその子院として神社の御輿錦の勧進に応じていることが記録にのっている。[18]著者の光宗が、かかる寺院に住み、眼前に農民の惣村結合と宮座の祭祀をみつつ、煩瑣で奇怪な神道説を書きつづっていたことは、誠に興味あることといわねばならない。彼は学僧として農民の信仰に対処しつつ筆をすすめたばかりでなく、なかば農民のなかに生活する地代取得者の地位にいながら書きすすめたのである。当時の荘園を支配する寺社が、もはやたんなる貴族的立場でなく、なしくずしに封建領主化していたこと[19]とあわせかんがえるなら、かれらの神国思想が、領主制の展開にたいする傍観的な対応でなく、かれらなりの反動的領主化に即応するものということができるであろう。そして、貴族・寺社の反動的領主化が、南北朝内乱期に突如としてはじまったものでない[20]以上、神国思想のかかる性格については、すくなくとも中世初頭から注意されて当然である。その点、後段でさらに検討したいが、ここでは、「反動的」ということが、たんなる前代の遺制的観念たることを意味するのでなく、むしろ中世的基盤に対応しているがゆえに反動的といわねばならないことを、注意したいのである。

(1)　嘉禎元年十一月十二日、安芸国三入荘地頭得分田畠等配分注文(『大日本古文書』熊谷家文書一六号)。
(2)　承久三年九月六日、関東下知状(同右、七号)。
(3)　この点については、黒田「村落共同体の中世的特質」(『日本中世封建制論』一九七四年)参照。
(4)　熊田重邦「安芸国三入庄に関する覚書」(『広島女子短大研究紀要』第六集、一九五五年)。

（5）　安芸国三入荘地頭得分田畠等配分注文（前掲註1）。
（6）　建久二年三月一日、熊谷蓮生譲状（『大日本古文書』熊谷家文書一号）。
（7）　元徳三年三月五日、熊谷直勝譲状（『大日本古文書』熊谷家文書三二号）。
（8）　冨山房『国史辞典』山王一実神道の項（佐伯有義氏執筆）、村山修一『神仏習合思潮』二〇九ページなど参照。
（9）　寛弘元年九月廿五日太政官符案（『平安遺文』四三一号）に「吾等是此山領主丹生高野祖子両神也」とある。
（10）　『続群書類従』第二輯下、五四〇ページ。
（11）　これは『耀天記』には「家請人日記云」として、『渓嵐拾葉集』には「菅家清人記云」として載せている説である。その文については、本書二九〇ページ参照。
（12）　「山王事」（『続群書類従』第二輯下、六〇一―六〇二ページ）。
（13）　たとえば、賀茂社については『是害房絵詞』（『美術研究』四四号）は「愛宕郡の地主」としている。
（14）　『渓嵐拾葉集』（大正新修大蔵経、第七六巻）六一一・六五七・六六七ページ。
（15）　同右、六六七ページ。
（16）　この阿弥陀寺の所在地について、かつて平泉澄氏は不明とされたが（「渓嵐拾葉集と中世の宗教思想」（『国史学の骨髄』一九三二年））、阿弥陀寺は中世末退転して今日わずかに寺跡をのこすだけである。
（17）　嘉吉三年奥嶋荘名々帳に、阿弥陀寺名が三箇みえる。この「名」の意味は難解であるが、荘内で加地子を取得する有力な地位にあったことだけは推定してあやまりない。
（18）　康正三年十月十日大嶋社御輿錦勧進帳。
（19）　当時の寺社の荘園支配の形態ことに延暦寺関係のそれについては、西岡虎之助「中世荘園における本家領家の支配組織」（『荘園史の研究』下巻一、一九五六年）参照。
（20）　貴族階級の封建的対応については、今日いろいろ意見のわかれるところであるが、私の見解としては「荘園制の基本的性格と領主制」（日本史研究会史料研究部会編『中世社会の基本構造』一九五八年、および黒田『日本中世封建制論』一九七四年）を参照されたい。

3　異敵と神国

すでに神道史の研究にあきらかなように中世をつうじて神道説は多様な展開をしめし、諸派しだいにおこって時代とともに変遷と錯雑のあとがみられた。これは神国思想についてみても同様であるが、この間、その展開にとくに大きな意味をもった時期があった。蒙古襲来をめぐる前後の時期が、そういう時期であった。本稿では、神国思想を逐一年代順にたどることはやめて、とくに、ふるくから神国思想の昂揚したときとみなされているこの時期を、宗教史的側面からあきらかにしておきたいとおもう。

蒙古からの牒状到来以後、鎌倉末期まで、朝廷・幕府をはじめ寺社・諸人にいたるまで、大規模に「敵国降伏」の祈願が行われたことは、すでに先学の研究に委細がつくされている[1]。それによれば、これらの祈願は多くは諸社への奉幣、諸寺の読経・護摩などの修法であるが、これ自体ただちに神国思想たることを示すものとはいえない。けれども、永仁元年(一二九三)伊勢へ五度目の公卿勅使が発遣せられたときの宣命[2]をみても、

朕、忝くも苗胤を稟て、謬りて神器を守る、爰去年の冬比より異国忽に牒書を送りて……

とあって、天皇が天照皇大神の神孫であり神器を継受することをいい、外患・内憂のつづくことを、

是れ則ち朕が薄徳の然らしむる上に、日本久く其の柄を失ひて、国策朝典も衰微し、州県郷邑も凋弊して、賢人聖人も佐けず、宗廟社稷も興らざる故なり、然れども、自今以後に、廃れたるを興し、絶えたるをも継ぎて、風を移し俗を易へて、祖宗の道を道とし、帝王の徳を徳として、政令を守り行ふ可き義心を誓ひ、叡念を凝して祈り申さば、皇太神定めて霊瞻を垂れ、立どころに冥助を施し給ふべしと祈り念行《おもは》してなむ

とのべている。神威を負う天皇の宣命というより、儒教的帝徳思想をうかがわせるものではあるが、神の霊瞻と冥助

がやはり根底におかれている。さらに、

　掛けまくも畏き皇太神、此の状を平けく安らけく聞食して、形兆未だ見れざるに災孽を攘ひ、兵戈未だ起らざるに逆乱を撥め給ひて、天皇が朝廷を宝位《あまつひつぎ》動き無く、常磐堅磐に、夜の寄り日の守りに護り幸へ奉り給ひて、天下淳撲に、海内清平に護り恤み給へと、恐み恐みも申し賜はくと申す

というのも、皇位と国土が神の擁護のもとにあるとの信念に立つもので、「神国」の語こそはないが、内容からいえば明白な神国思想である。

　けれども、このなかには、神の擁護あるゆえに、必ず異敵が降伏するという信念はみられない。この点、正伝寺の東厳慧安が石清水八幡に祈願した開白文[3]は、それを表明したもっとも強烈なものであった。彼は、六十余州山川草木すべて神威にみちて他国に優越することをのべ、なかんずく神功皇后と八幡の功徳を賞揚したあと、

　何呪蒙古、譬如㆔師子敵㆓対猫子㆒矣

といい、蒙古が「神国」に対し和親をのぞむにいたるは必然だとしている。かかる信念がどうして出てくるかというと、

　八幡大士、六十余州一切神等、今日本国天神地祇、以㆓於正法㆒、治㆑国以来、部類眷属、充㆓満此間㆒、草木土地、山川叢沢、水陸虚空、無㆑非㆓垂迹和光之処㆒、各々現㆑徳、可㆑令㆑斫㆓伏他方怨賊㆒

という、ほかならぬ国土の神聖視の意識からにほかならぬ。神に祈請するのも、これをふまえてのことであって、

　切冀明神、入㆓於貴賤五体之中㆒、増㆑運益㆑勢、可㆑令㆑斫㆓伏蒙古怨敵㆒、重乞神道、成㆑雲成㆑風、成㆑雷成㆑雨、摧㆓破国敵㆒、天下泰平、諸人快楽、伏乞八幡、三所権現、百王鎮護、誓約無㆑廃、放㆓大光明㆒、加持護念

という言葉も、国土の神聖視のあらわれである。

このようにみてくれば、従来蒙古襲来によってはじめて自覚されたといわれている神国思想も、なんらあたらしいものでないことがわかる。それは、正しくは民族意識でも愛国心でもなく、国土の宗教的神聖視の強調にほかならない。しかもそれは、それ以外にたよるべき信念がないことからことさらに強調せざるをえなかったまでのことであって、その本質は、すでにのべたように中世の社会生活そのものに根ざした平和な日常的宗教意識にすぎない。自国優越の意識も、国土を神聖視する宗教的信念の熱狂的形態でしかないのである。このようにいうことを、われわれの祖先の艱難と苦闘とをみとめないかのように評するひともあるかとおもうが、真に中世のひとびとの意識に立って理解しようとせずに自己の国家主義的な眼だけで勝手な賞揚の言葉をならべることこそ、祖先の艱難と苦闘を見失うものというべきである。神国なる観念の内容さえほとんど分析することもなしに、ただ漠然と愛国心や民族意識を説いた旧い立場のあやまりは、この点にも明白である。

以上、蒙古襲来にさいしての神国思想について、従来からも代表的とみられているものについてのべたが、ここでさらにみておきたいのは、かかる朝廷や寺社側の思想でなく、防戦にあたった武士が、異敵の襲来・合戦にさいして神にいかなる態度をしめしたかである。その点で『蒙古来襲絵詞』(「竹崎五郎絵詞」)[4]は、好箇の資料であるといえる。

竹崎五郎季長は、文永の役に少貳景資の下に属して筑前博多近辺で防備にあたり奮戦した。しかるに戦功がみとめられなかったので、彼はその不満から関東へ上って直訴すべく決意した。中間二人をつれてゆく費用に馬鞍を売ったが、それも「今度上聞に不レ達は、出家してなかく立帰る事あるまし」という決意からで、このことをみれば、従来喧伝されたような「上方万民をあげて国難に当った」事態とはほどとおく、武士は自己の功名のためには「国難」もかえりみぬ心情であったことが察せられる。

八月十日、伊豆国三島大明神にまいりて、かたのことく御布施をまいらせ、一心にゆみやのいのりを申、同十一日、はこね《箱根》の権現にまいりて、御布施をまいらせて、信心をいたし、きせい《祈請》申、同十二日、かまくら《鎌倉》につく、三島のしやうしむ《精進》をとおして、ゆい《由比》のはまにてしほゆ《塩湯》かき、やど《宿》にもつかて、すくに八幡にまいりて、御布施をまいらせて、一心に弓箭のきせいを申す

季長の諸社への祈願は、徹頭徹尾「ゆみやのいのり」「弓箭のきせい」であり、神国の安泰などではなかった。武士にとっては、国内での合戦であれ、異敵との合戦であれ、いずれも弓箭の面目以外のものではありえなかった。季長は、鎌倉で上訴のとき、つぎのようにいっている。

ほんてう《本朝》のかせん《合戦》にても候はゝ、ひかけ《引懸》うけ給はて申あくへく候か、いこく《異国》かせんにつき候て、ひかけ候へしともおほえす候、ひかけ候はぬによて、御たつねをかうふらす候て、君のけんさん《見参》にまかりいらす候はん事、きうせんのいさみ、なにをもてか、つかまつり候へき

「本朝の合戦」と「異国合戦」と事情は若干異なるが、「弓箭の勇み」についておなじことである。弘安の役においても、武士たちが功名のため船をとり合う場合があるが、要するに武士の態度は、国内の合戦と異なることがなかったのであって、この意味で、西国御家人が幕府に武備などを上申した文書を、とくに対外的な敵愾心の充溢した証拠史料とみなす見解は、正しくないといわねばならぬ。神への祈請にしても、それは封建領主としての武運長久の祈願以外のなにものでもなかったのである。季長は、絵巻の奥に、関東へ上ったとき夢想の告があり、まさしくそのとおりに甲佐荘地頭職を賜って海東へ入部しえたことをのべている。この絵巻は、かかる「神のめでたき御事を申さんために」誌し奉納したものであり、神国のめでたき事や、将士の奮戦一般を記したものではなかったのである。管見の及ぶところでは、武士が神国の意識をもって合戦に臨んだとすべき資料は、存在しないといってよい。いわばかれらには聖地奪還の十字軍がもった宗教的情熱はなく、ただ、東方の富や香料をむさぼる十字軍の世俗的欲望が、素朴な

形で存在したにすぎないのである。

　このようにみてくれば、もはやあらためていうまでもなく、蒙古襲来にあたって、神国思想の二つの側面がきわめて端的にあらわされたことがわかるであろう。すなわち、朝廷や寺社のイデオローグこそが神国なる観念形態を昂揚させたのであって、武士＝「領主」はかれらの本質としての神祇信仰以上のなにものも示さなかったこと、しかもその所領の神聖と守護を信ずる神祇信仰が、神国思想の基盤となり教理的に組みこまれてゆく条件をもつこと、この二点である。

　さて、蒙古襲来が二度までもたまたまの大風によって事なきをえたことは、その後の神国思想の宣伝にまことに好都合となった。恐怖におののき肝胆をくだいて祈願しているときは、神の冥助がいかなる奇蹟としてあらわれるか、だれも予見してはいなかったし、折しもの大風もまずは「只事共覚ヌ在様哉トテ、泣笑色出、人心コソ付ニケレ」[5]と驚喜するのがせいぜいであった。しかしこの風がときとともに、「神風」と解釈されるようになったとして当然であり、それは何人の説にはじまるというよりは、多方面でいい出されたこととおもわれる。『八幡愚童訓』は、

　是、八幡ハツタト鳴タリシ時、大風吹シ時、同時也シカバ、栂尾御託宣風ヲフカセテ滅亡スルトゾ、西国早馬ヨリ先告玉シカバ、如何ナル不信輩モ、大菩薩吹セ給タル風也ト、仰悦バヌハ莫リケリ[6]

とのべ、『神皇正統記』『太平記』も「神明の威徳」「大小神祇宗廟ノ冥助」を力説している。[7]『野守鏡』[8]のごときは、末法の世には仏法の威をますために、神明の方便として異敵の難をおこし、神剣をふるい給うたものとして、神国であるから蒙古が来襲したという奇妙な論まで発展させている。

　かくて、蒙古襲来後、神国思想はたしかに以前よりはつよくあらわれるようになる。それが、どの程度まで各階層に浸透したかは、なお疑問ではあるが、以前にもまして説得的条件をえたことは事実であろう。けれども蒙古襲来後

の神国思想の普及傾向を、たんに偶然の事件の結果とのみみることは、正しくない。この時期が、社会構成の上でも重要な変動期であり、鎌倉幕府の滅亡がたんに蒙古襲来の善後策の失敗に起因するものではないといわれることを、このさい注意すべきであろう。一四世紀は、武士＝在地領主の社会的政治的覇権がいちだんと確立しかつ所領の郷村支配をととのえてゆく時期であること、貴族・寺社など荘園領主の反動的封建領主化がいっそう進展する時期であること、天皇の権威がいよいよ観念的なものとして武家＝幕府の政治権力に従属する転期であること、――これらは、別のことではなく社会構成の変革にともなう諸側面にほかならないのであるが、同時にいずれも神国思想の普及にとっての好条件であったのである。蒙古襲来は、異敵の難たることによって神国なる所以を現実に具象化して発揚させたが、神国思想そのものは、中世社会に根をおいたものであったから中世のふかまりとともに、いっそう進展と普及をみせることとなったのである。だから皮肉にも、旧仏教諸寺社や朝廷は、本来政治的には自己の敵対勢力たる領主制の進展のなかに、期せずして宗教的再生の基盤を見出すめぐりあわせとなったわけである。

（1）　相田二郎『蒙古襲来の研究』一九五八年、第三章。
（2）　同右、七五ページ。
（3）　宏覚禅師祈願開白文（『正伝寺文書』）。
（4）　池内宏『元寇の新研究』（一九三一年）二、および『続群書類従』第二〇輯上。
（5）　『八幡愚童訓』（『群書類従』第一輯）四〇九ページ。
（6）　同右、四一七ページ。
（7）　『神皇正統記』後宇多院条、『太平記』巻三十九。
（8）　『野守鏡』（『群書類従』第二七輯）五〇八ページ。

4　新仏教と神国思想

一四世紀、鎌倉末期から南北朝時代にかけて、神国思想は上にのべたように伸展のいきおいをみせていたが、これが社会発展の方向から必然的におこったものである以上、一向専修の念仏の諸派をはじめいわゆる鎌倉新仏教もまた、その影響をまぬがれなかった。

専修念仏では、現世を穢土として否定し、自力修善を去って弥陀一仏をのみ念じて、極楽浄土を欣求するのであるから、日本の神祇を本迹の論理によって裏づけ、神々の鎮護の地として現世を讃美する本地垂迹説や神国思想とは、基本的に相反している。「一向専修」と「本地垂迹」とは、ともに多神観に立ちながら論理の性格を異にし、前者は仏教でありながら極限まで一神教的傾向[1]をつよめ、後者は多神教のままで一神教的効果ももたせようとする。この点については、かつてのべたことがあるから、再論することは避けるが、このことは新仏教への神国思想の影響をかんがえるために依然重要である。

親鸞についてみれば、彼は本地垂迹説については全然語らなかった。大乗仏教の原則から、本迹の論理を弥陀と釈迦の関係や、聖徳太子・法然などに適用しはしたが、日本の神祇については仏法者擁護の善神としての普遍的性格をもたせただけで[2]、その利益を説くことはなかったのである。まして垂迹神としての説明はまったくみられず、むしろ神祇の礼拝にはげしい批判と悲歎の言葉を集中したのである。

真宗に本地垂迹説と神国思想がもちこまれたのは、一四世紀にはいって覚如・存覚のときから以後である。『六要鈔』は、『教行信証』の涅槃経の引文「帰二依於仏一者、終不三更帰二依其余諸天神二」を釈して、

是等皆誡《シム》下事《フル》二邪神《ニ》一者、有《テ》レ損無《コトヲ》上益、於二権社《ニ》一者非二此《ノ》限《ニ》一歟、就レ中我《ガ》朝《ハ》是《レ》神国也、王城鎮守諸国擁衛諸大明神、

尋《ヌレバ》二其《ノ》本地《ヲ》一、往古《ノ》如来法身《ノ》大士、不レ可三相《ヒ》二同《カル》異域《ノ》邪神《ニ》一、和光《ノ》素意本在《リ》二利物《ニ》一、且《ハ》酬《ヒ》二宿世値遇《ノ》善縁《ニ》一、且《ハ》依《テ》二垂迹多生《ノ》調熟《ニ》一、今帰《シテ》二正法《ニ》一、欲《ス》レ出《ント》二生死《ヲ》一、思《ニ》二其《ノ》神恩《ヲ》一、不レ可二忽緒《ス》一(3)

とのべ、はっきり神国思想=本地垂迹説へ踏み切っている。もっとも、これにつづけて、

雖《ヘ》レ然《リト》欲《スルニ》レ専《ニセント》二一心一行《ヲ》一、称念結縁《ノ》、猶且閣《クハ》レ之、一宗《ノ》廃立大師《ノ》定判《ナリ》、更《ニ》非《ズ》レ不《ルニ》レ信《ゼ》二彼《ノ》利生等《ヲ》一、只守《ル》二専念専修之儀《ヲ》一、依《テ》二此《ノ》専念《ニ》一生《ズレバ》二浄土《ニ》一者、諸上善人倶会《ニコト》二一処《ニ》一、其《ノ》説明《ナルガ》故《ニ》、聖衆倶会不レ可二疑惑《ス》一、一切《ノ》諸仏《ニ》共《ニ》所《ラル》二護念《セ》一、其《ノ》益不《ズ》レ空《カラ》、雖《ヘ》レ不《ト》二別《ニ》念《ゼ》一蒙《ル》二其《ノ》利益《ヲ》一、故《ニ》念《ズレバ》二弥陀《ヲ》一、必《ズ》得二諸仏菩薩《ノ》冥護《ヲ》一、為《タル》二其《ノ》垂迹《ニ》一天神地祇又不レ可レ違《ス》二本地《ノ》聖慮《ニ》一、故《ニ》専《ニシテ》二一心《ヲ》一唯念《ズル》二一仏《ヲ》一、以《テ》レ之《ヲ》為《スト》レ要(4)

とのべて、一心に一仏を念ずべきことを説いてはいる。しかしこれは論理的に問題をはらんでいる。まず、この論では、神祇の利益は弥陀を念ずる者への護念としてのみ意味づけられており、さきに往古如来の垂迹として意義づけた独自性がうしなわれ、その意味で弥陀に従属し一段ひくい地位におかれている。だから、このことから弥陀一仏を念ずることですべてがはたされうることと、権社の神を排斥し軽侮するのは正しくないこととの説明はともに成立するが、ここからは末代凡夫の自力作善や諸神諸仏への祈禱を否定する専修念仏の本質的契機は出てこない。出てこないばかりでなく作善や祈禱を否定することが正しくないことになろう。つまり、専修念仏はそれらのきびしい否定によってこそ専修たりうるにかかわらず、それを回避して、専修を手続き上の簡便化の方法であるかのごとくに説く論理を展開したのである。これは一向専修の卑俗化以外のなにものでもない。この性格は『諸神本懐集』や当時の教化本にも、おなじようにみられる。(5)

神国思想を採用した結果、かくして、専修念仏は多神教と妥協した一神教になった。それは、神国思想が一神教に似せた多神教であったことと表裏をなすものであったといってよい。

『六要鈔』その他、覚如・存覚時代の真宗の著作が、なぜこのように一向専修(専念)の論理を骨抜きにしてまで神国思想を採用しなければならなかったか——これが、前節にのべた時代全般の傾向と無関係でないことだけは、あきらかである。さきにものべたように、当時の記録によれば、専修念仏の徒の神祇不拝に対する非難はつねにくりかえされたし、客観的にみても専修念仏の発生基盤は依然存在した。しかしそれにもかかわらず、弾圧をさけるためには、まして教団を組織するためには、権力者の思想に屈従しなければならなかったし、神祇不拝の激発を防止するために、上述のような論理が必要であったのである。

権力への屈従は、権力による粉飾をよびおこす。覚如が『親鸞伝絵』(御伝鈔)(6)で、親鸞をどのようにえがいたかをみれば、これは一目瞭然たるものである。

夫聖人の俗姓は藤原氏天児屋根尊、二十一世の苗裔、大織冠の玄孫、近衛大将右大臣従一位内麿公六代の後胤弼宰相有国卿五代孫皇太后宮大進有範の子なり

事実の真偽はともかく、なにによって親鸞を権威づけようとしているかが、このさい重要である。

凡源空聖人在生のいにしへ、他力往生の旨をひろめたまひしに、世あまねくこれに挙り、人と〳〵くこれに帰しき。(中略)加之、戎狄の輩、黎民の類、これをあふきこれを貴ずとゆふことなし

「戎狄の輩、黎民の類」という言葉には、もはや親鸞の立場は失われている。親鸞が「愚禿」と称したことについても、

このとき、聖人右のごとく禿の字をかきて奏聞したまふに、陛下叡感をくだし、侍臣おほきに褒美すとさえいっている。その他、数えあげればいくらもあるが、われわれは、こうした真宗における「転換」をみるにつけても、一四世紀における神国思想の動向と影響を、はっきり知ることができるのである。

神祇不拝の拠点である専修念仏のなかでももっとも徹底した論理をもつ真宗にして、なおかつかくのごとくであるから、他の諸派においては、この影響はいっそう顕著であった。この時代、一向衆とよばれ専修念仏とみられた一遍の時宗が、神祇不拝の非難をしばしば蒙っているにかかわらず、はじめから神祇崇拝・本地垂迹説・神国思想と緊密に結合していたことは、あらためて詳説するまでもない。(7) また、おなじころの日蓮の神国思想も、(8) 周知のものである。いずれも専修・専念的傾向はあるが、それが神祇崇拝・神国思想と両立しえたのは、さきの『六要鈔』同様、一向専修の論理の透徹性を犠牲にし、多神教克服の論理にかわって卑俗な簡便化の論理に堕しているからである。禅宗では、曹洞宗において瑩山紹瑾が密教化と本地垂迹説の容認の方向をうちだし、(9)『元亨釈書』が神国論を展開するという事態が、(10) やはりこのころみられる。禅宗におけるこの論理転換の意味についてはまた別箇の考察が必要であるけれども、この事態そのものは、神国思想がすべての宗派に不可避的な力でおおいかぶさってきていた事情をしめすものである。新仏教への神国思想の導入は、たんに特殊個人的な性格や才能の問題ではなく、教団形成の野望のためでもなく、また庶民教化の善巧方便のみでもなく、あきらかに社会の封建化のいっそうの進展による時代思潮の変化と不可分の問題であった。

(1)　黒田「鎌倉仏教における一向専修と本地垂迹」(本書一九一ページ以下)。
(2)　『御消息集』四(『真宗聖教全書』二、七〇〇ページ)。
(3)　『六要鈔』第六巻(『真宗聖教全書』二、二一四ページ)。
(4)　同右。
(5)　教化本のばあいについては、北西弘「熊野教化集について」(『大谷史学』第四号、一九五五年)参照。
(6)　『真宗聖教全書』三、六三九ページ以下。
(7)　田村円澄「一遍と神祇」(『ヒストリア』第八号、一九五三年)。

（8）日蓮の神国思想については、独特の問題が多いので、本稿ではあまりふれないが、さしあたっては『諫暁八幡抄』『神国王御書』など参照。独特といっても、異質のものでないことだけは明瞭であろう。
（9）鈴木泰山『禅宗の地方発展』（一九四二年）。
（10）『元亨釈書』巻第十七願雑二、王臣、論。

二　神国思想の論理構造

1　呪　術

中世は第二の神話の時代である。そしてあらゆる宗教の理論体系は、呪術的信仰の上にそびえ立っていた(1)。神話や呪術がまさに全能の威力をもちえたのは、古代以前のことである。しかし、だからといって歴史上の神話的・呪術的現象をただちに古代的とみなす説は、まったく正しくない。のみならず、それは歴史の分析や評価を、あやまった方向へみちびく危険がある。中世の神国思想のばあいも、まさにそうであった。神国思想が貴族政権＝「古代権力」に親近性をもつという理由からこれを古代的とよぶ単純な説は論外としても、宗教的内容の呪術的性格を指摘して「古代的」であるとする説が多かった。しかしこれでは、ほとんど「古代的」ということの説明にならないといえる。またこれと反対に、歴史の伝統や「民族性」を主張するひとびとは、神話的・呪術的諸現象の連続を強調するが、このばあいは、神国思想にもみられる中世特有の理論的思索や教理を、社会の特殊的部分的な、したがって非本質的な現象としてしか評価できなかったのである。

神話的発想と呪術的信仰は、前近代的・共同体的社会に通有のものである。それは、合理的社会関係と科学的思考が成立する以前の時代には、どこでもつねに発生し存続する条件をもつ。日本の中世も、もとよりその例外ではない。むしろ封建社会では基本的に直接生産者が自立した保有者となるために、神話的発想や呪術的信仰は古代よりもはるかに広範な基盤をもつ、といえるのである。

『峰相記』(2)は南北朝時代に、播磨国の寺社の縁起や「当国故事」その他を誌したものであるが、かかる記録類には、右のような事実はいくらも見出すことができる。これは峰相山鶏足寺の僧の記述になるものと推定され、当地の所伝や説話にもとづくものとおもわれるが、神々の眷族部類の関係、遺恨や闘諍、降臨、嫉妬、歓楽などの物語が、興味ふかくかたられている。その点、おなじ時代の安居院の『神道集』と同様であって、このことからも、『神道集』などの説話が一個人の文学的創作ではなく、まさにそのような形でひとびとに語りつたえられていたものの定着であることを、あらためて知ることができる。『峰相記』や『神道集』の説話では、神々の行為が中心に語られるが、しばしばそのなかへ人間が登場する。(3)そのさい、神と人との懸隔をややつよく感じさせられることもあるが、それにしても、かかる説話の世界は、本質において神と人が交流する神話の世界となんらことなるものではない。

神話的な発想は、呪術的信仰とむすびついている。霊的なものが現世的・人間的心情をもつと思惟される段階では、森羅万象の霊的呪力も信じられるからである。『峰相記』によれば、正和二年(一三一三)六月ごろ、播磨国福井荘に旅人が薬師・観音の二像を捨てたのを、村人が草堂をつくって奉祀したところ、「自然ニ所求所望悉ク叶ヒ、祈所ムナシカラスト披露セリ、利生掲焉ニ賞罰厳重ナル間、国土ニ謳歌有テ上下万民参詣ス、目暗ハ眼前ニ眼ヲ開キ、腰折ハ即時ニ立馳ル、万病皆愈(癒)、福寿疑無キ由、掌ヲサイテ分明也トノ、シル」(4)とされた。かかる信仰は、もとよりたんなる呪術ではない。しかし、おそらく民衆が日常さまざまの呪術で達成しようとした現実的な欲求が、そのまま礼拝の形でここに集中しているのである。かれらは、神々のたたりをおそれつつ、しかもその霊験にすがらねばならなかった。神官や僧侶がいかに高遠な教理を説いても、民衆は現世の物質的な苦楽からまぬがれることはできず、したがって霊物崇拝や呪術はたえず生みだされざるをえなかったのである。

神祇崇拝の本質は、このような霊物崇拝や呪術的信仰にほかならないが、神国思想もまた、かかる霊物崇拝のすべてを「神」とみることから、脱却しなかった。『神号麗気記』は実に、つぎのごとく雑多なものを列挙している。

太元祖神、天大廟神、地宗廟神、社稷神、天神、地祇、垂迹、実迷神、実性神、事、理、智、躰、相、用、実相神、虚空神、霊、魂、魄、鬼、日、月、明、冥道、鬼道、道祖神、山狗神、山祇神、五行神、七星、九曜、三十六禽、十二大天、十二宮神、十二月将神、十二神将、十二土神、二十八宿、二十八部衆、二十八使者、二十八夜叉、二十八軍(5)

これらには、いちいち簡単な註釈があり、また全体に一種理論化され整理されている。しかし作者がここで、仏教・陰陽道・易・神道などのあらゆる知識を出しつくして、すべての神仏・精霊を「神」としたことだけは、容易にわかる。『唯一神道名法要集』が、

神者善悪邪正一切霊性之通号也(6)

と説き、「霊者何哉」の問に、

霊者、一切清神、有情非情之精霊之義也、故頌曰、器界生界、山河大地、森羅万像、一切神霊(7)

と答えているのも同様である。かかる神霊の概念は、中国の思想に媒介され理論化されて一種の汎神論哲学たる性格をもつまでになっているが、その根底に、素朴な霊物崇拝があったことはいうまでもない。

神国思想を説くすべての論が、現世擁護を強調していることも、右のこととの関連で考察すべきことである。浄土

教の弘通以来、仏教は往生浄土の教説であるかのような色彩をつよめたが、そのさいとくに専修念仏では、現実の物質的生活や安心、すなわち現世の規範と擁護とに関して、直接の教示をなんらあたえなかったことに注意しなければならない。しかも人間は、現世の生活と安心をはなれては存在できないから、熱烈な信仰者であればあるほど現世の規範と擁護とに宗教的信条をもとめる。現世擁護の神は、かくて必然に要求されてくる。たとえば兼倶本『八幡愚童訓』に、

往生ヲ期スルニハ、本地ノ名号ハ親ク、現世ノ事ヲ申スニハ、垂迹ノ名号シタシキ者ヲヤ[8]

と説いているのも、まさにこの浄土教の盲点をのべたものであって、こういう考え方はすでに鎌倉時代からみられた思想であった[9]。

だから、現世擁護を説くこと自体は、けっして古代的とだけいえないことである。親鸞が、

仏法をふかく信ずるひとをば、天地におはしますよろづのかみは、かげのかたちにそへるごとくしてまもらせたまふことにてさふらへは、念仏を信じたる身にて天地のかみをすてまふさんとおもふこと、ゆめ〳〵なきことなり[10]

といい、また『現世利益和讃』一五首を製作し、さらには『華厳経』を引文して、

聞㆓此法㆒歓㆓喜信心㆒、无㆑疑者、速成㆓无上道㆒、与㆓諸如来㆒等[11]

とのべているように、現世の保証については、このまったく中世的な教義においても、欠くことのできないものとして萌芽していたのである。『渓嵐拾葉集』が、

我国三千大千世界中央習也、如㆑此心王神明擁護之故、不㆘為㆓異国㆒被㆖襲也云々[12]

神明実是我等孫親也、加㆑之大自在天三界所有衆生悉是我子思、成㆓生者養者見㆒立㆓慈悲㆒給也、今天照大神又大自

在天也[13]

と護国と慈悲についてのべているのは、神国思想にありふれた一例である。親鸞が往生浄土のための弥陀一仏への信を第一義においてのべた諸神擁護にくらべると、多神教的な霊物崇拝である点で「擁護」の性質がことなることはいうまでもないが、現世の擁護を超越者にあおぐ中世の要求にこたえていることでは、おなじ時代的意義をになっているのである。

現世の擁護を強調するばあい、さきにのべた地主神・鎮守神の信仰は、まことに中世に適合した意味をもってくる。山王神道では、比叡の地主権現が三輪明神との関係からついに「日本国地主」にまでたかめられたことは、すでにのべた。天照大神を「日本国の主」とするにいたっては、枚挙にいとまがない。したがって、この現世擁護が、現実の世俗的「地主」による土地・人民の保護＝支配の封建的イデオロギーに直接根ざしたものであったことは、あまりにもあきらかである。

このように、神国思想では、現世的な呪術や霊物崇拝が否定的契機を経ないで、来世的な信仰と縫合されていた。それは、来世的な信仰の不徹底に照応するものであったが、反面、だからこそ中世的な宗教の役割を機能的にだけは果したものとして、位置づけできるのである。

ところで、呪術や神話など現世的性格をそのままに温存していたことが、神国思想に一種奇妙な「進歩的」役割をあたえることになった。すなわち、伊勢への参宮が集団的逃亡の名目となった事件[14]が紹介されているように宗教的敬虔とははなはだとおい世俗的争いを誘発することがあった。また、『神道集』が本地物の初期の形態として文学史上評価されているように、神話は——いつでもそうだが——宗教よりは文学として発展した。さらに神国思想はやがて仏教からはなれて朱子学と結合し、宗教的得悟でなしに政治的信念として展開した。いわば、社会的・歴史的には反動的位置をしめたことが、中世宗教としての不徹底さをのこし、そしてほかならぬこのことが、非宗教的なもろもろの運動のよりどころたらしめたわけである。

神話的な神々や霊物崇拝や呪術などは、宗教思想や理論より以前からのより広範な存在であり、神国思想は、専修念仏に対抗してこれらに迎合して成立したものであるから、これらを温存こそすれ、結局これから脱却しなかったのである。(15)

(1)　クロォチェ『歴史の理論と歴史』(羽仁五郎訳、岩波文庫版)は、中世的歴史叙述に関して「人は、あの古代歴史家があの通りすでに解決し去ったところのある神話的奇蹟的世界にまた改めて再会する」ことをのべ、「しかもそれは決してギリシア以前の世界のそれと歴史的に同一に立ち戻ったのでないことを、われわれは強調しなければならない」としている。「説話と奇蹟とは、キリスト教主義においてその力を強め、同時に古代の説話と奇蹟とは別のものとなった」とするクロォチェの観点に、われわれも学ぶべきである(同上、二二八―二三二ページ)。

(2)　魚澄惣五郎『斑鳩寺と峰相記』(一九四三年)に、古写本が単式写真版で全編収録されている。

(3)　たとえば『峰相記』の「三宮、酒見大明神」の条、『神道集』の「四十二、上野国第三宮伊香保大明神事」の条など。

(4)　「当国古事」の蓑寺条。

(5)　『神号麗気記』(『続群書類従』第三輯上、九六ページ以下)。

(6)　『唯一神道名法要集』(同右、六五八ページ)。

(7)　『唯一神道名法要集』(同右、六四〇ページ)。

(8)　『八幡愚童訓』(同右、第二輯、五六ページ)。

(9)　多賀宗隼「中世仏教と武士――神仏関係を中心として――」(『日本仏教史』3、一九五七年)。

(10)　『御消息集』四(『真宗聖教全書』二、七〇〇ページ)。

(11)　『教行信証』信巻(同右、六三ページ)。なお、親鸞における「諸仏等同」の思想については、松野純孝「如来等同思想の形成について――坂東本「教行信証」信巻の成立問題」(『宗教研究』一五一号、一九五七年)に詳しい。

(12) 『渓嵐拾葉集』巻第六(『大正新修大蔵経』第七六巻、五一八ページ)。

(13) 同右、五二一ページ。

(14) 林屋辰三郎「民族意識の萌芽的形態」(『中世文化の基調』一九五三年)。

(15) この点、後世『妙貞問答』において「去バトヨ、神道ノ内証ハ唯ハ此夫婦交懐ノ陰陽ノ道ニ極リサフラフゾ」(『日本古典全集』二五ページ)ときめつけられねばならなかったことに、中世に形成された諸宗派のなかでの特殊性が端的に示されているといえる。

2 神格

神国思想においては、以上のべたような特殊な呪術的性格から、「神」そのものの性格も、はなはだ複雑なものにならざるをえなかった。しかして、「和光同塵は結縁の始、八相成道は利物の終」とは、中世の本地垂迹説の常套語である。本来神国思想は、この本・迹の論に依拠して教理をたてていたから、「神」とは「和光同塵」の神、つまり本質において諸仏菩薩であるとして説明されていた。

ここに一つの問題は、蛇や狐を祀った邪神までも垂迹の神とすべきかどうかであった。単純に神祇崇拝の立場からでは、問題としておこりえないものだが、仏教の立場に発している以上、これは当然である。さてこれにたいしては、一般に神に権社・実社の区別をすることが、おこなわれていた。これは仏菩薩が権《かり》に現じた権社と、悪霊・鬼畜など実類のたたりをしずめるため祀った実社とを区別するのであって、習合にさいして仏教がその理念を保持してゆく保証であり、大乗仏教通有の思考様式であったのである。したがって、強固な一向専修を基本とする真宗などでは神国思想＝本地垂迹説と妥協をはかるにしても、さきにものべたようにこの権実の区別を強調した。(1) だが、神国思想＝本

地垂迹説の形成に中心的役割を果たした顕密諸派の神道説ではどうであったかというに、『渓嵐拾葉集』は、

一、神供教識(誡カ)事、口云、於二浄所一勧二請諸神一可二啓白一、今所二勧請一諸神等、若為二権者神一者、於二如来在世一、親《ク》承《テ》二如来教勅《ヲ》一為二護法善神一守二護我法《ヲ》一、若為二実者一神者、今受二法時一成二護法神一、可レ守二護我法一也、諸冥道諸神者、皆依二先世戒施之福力一為二其所領主一、其尋二根元一者、三宝之恩力也(2)

とのべている。ここではたしかに権実の別は考えられているが、それは形式上のことで、実質はすべて勧請して祀ることにかわりはない。「冥道諸神」なる類を別にたてているように読めて注意されるが、これが「其所領主」であるというのは、所詮、「神」の性格を、現実の神祇崇拝をそのまま正当視して理論化しようとする態度をあらわすもので、権実の区別の実質的解消も、これに通ずるものとみざるをえまい。これは山王神道のばあいであるが、両部神道では前節に引用したように、『神号麗気記』は「一切鬼神忿怒、先霊荒神、荒仁神」たる霊、「牛馬等六畜一切屍骨怨霊呪咀神」たる鬼、その他冥道・鬼道・道祖神・山狗神・山祇神などをすべて並べたてている。(3) これらの知識的空論的な説でなく、より実際の教化にちかいとみられる『神道集』についてみても、かえって事態はもっと露骨である。

問、或《ノ》人云、毘吠論云一度《ヒ》神祇《ヲ》礼《スレバ》、五百生蛇身《ノ》報《ヲ》受《ク》、若爾者、誰《カ》心有《ラン》人、神道《ヲ》可礼一耶

答、神道《(ニ)》有《(リ)》二権実一、問瑞《ノ》義《ナリ》、悪霊悪蛇《ノ》物《ニ》取付《テ》人《ヲ》悩乱《スル》、実者《ハ》皆蛇鬼等《ナリ》、権者《ノ》神《ハ》往古《ノ》如来深位《ノ》大士、教化六道《ノ》約束《ニテ》利益衆生為、和光垂迹《シ玉フナリ》八相成道《ノ》終《リヲ》論《ス(モ)》尤可二帰依一、但《(シ)》亦実者《ノ》神《ナリト》云《トモ》神《ト》顕《玉ヘリ》利益非《ス》レ無《ニ》、後生利益《ノ》契《(マこ)ノ》為《ニ》礼《ヲ》作者、不レ可レ有二其失一、日本《ハ》自レ本神国《ナリ》、惣《シテ》可二敬礼一国《ノ》風俗《ハ》凡愚《ハ》権実《ヲ》難レ弁、只神《ニ》随《テ》敬礼《ス》、何《レノ》失《カ》有《ラン》、況《ヤ》設《ヒ》始《タル》実者《ナリト》云《トモ》終《ニハ》権者眷属《ト》成(4)

要するに「日本は本より神国なり。惣じて敬礼すべし」ということにつきる。

権実の別が空論にすぎぬことが、いよいよはっきりしてくるころ、いわゆる神本仏迹説がおこってくる。これが、

当然の趨勢であったことは、右の理由からすぐわかるが、その萌芽は、さきにのべた『渓嵐拾葉集』がすでに「樹下和光」につき「二度ノ和光」を論じ、神本仏迹の思想を紹介していることに[5]、示されている。だから、神本仏迹説は、通説のように神祇崇拝の隆盛が直接にもたらしたものとみるべきでなく、それに対する大乗仏教的な対応にほかならないのである。念のため、仏本神迹思想を脱却しようとした唯一神道についてみるに、『唯一神道名法要集』は、「於二神国一崇二仏法一之由来」を説いて、つぎのようにいう。

第卅四代推古天皇御宇、上宮太子密奏言、吾日本生二種子一、震旦現二枝葉一、天竺開二花実一、故仏教者為二万法之花実一、儒教者為二万法之枝葉一、神道者為二万法之根本一、彼二教者皆是神道之分化也、以二枝葉花実一、顕二其根源一、花落帰レ根、故今此仏法東漸、吾国為レ明二三国之根本一也、自レ爾以来、仏法流二布于此一矣[6]

「根葉花実論」として著名な箇所であり、もちろん仏教中心の本地垂迹の論ではない。しかしその発想と思考形式が仏本神迹説にすこしもことならないことは、仏教を排撃し論破しようとせずむしろ本末の論に終始していることに、はっきりあらわれている。

けれども、本来の本地垂迹説にあった仏教的うらづけをはなれるようになれば、「神徳」ということが、仏菩薩の属性と別に論じられなければならなくなる。

仏本神迹説の段階では、神の徳はもっぱら「慈悲」として強調された。『沙石集』が、

されば愚癡のやからを利益する方便こそ、実に深き慈悲の色、こまやかなる善巧の形なれば、青きことは藍より出でて藍よりも青きがごとく、尊き事は仏より出でゝ仏よりもたときは、たゞ和光神明の慈悲利益の色なるをや、古徳の寺を建立し給ひ、必ず先勧請神をあがむるも、和光の方便をはなれて、仏法たちがたきにや[7]

といっているように、この慈悲とは、「和光同塵」という教説そのものを論拠にして説かれたものである[8]。浄土教に

対抗してとくに慈悲を強調すべき社会的事情にあったことはあきらかで、神祇崇拝のなかから自然に発生したものではない。

慈悲とともに、神による擁護(守護)もいわれた。擁護も慈悲に通ずる一面があることは事実で、その意味では「利益」「利生」ともいわれた。擁護の内容としては、現世守護・仏法守護・国家守護などがあるが、「神国」たるゆえんがこの擁護(守護)にあったことは、すでにのべたところである。

ところで、擁護という言葉は、融通無碍な内容の言葉である。神の性格としての慈悲・柔和や寿福長命の利益に通ずるとともに、抽象化・普遍化すれば、全能神の超越的な力の意味にもなる。さきに指摘したように、中世の浄土教には、本来現世を強力に擁護する神仏が欠如していたが、中世の人びとがつねにもとめざるをえなかったのは、この擁護であった。したがって、神は、「和光同塵結縁始」と仏教的に粉飾されていたにかかわらず、ひたすら擁護神・守護神という神格形成をすすめ、慈悲・寿福・長命等々の呪術的な性格は、擁護に内包される属性ないしは個々の神の個性としてかんがえられるにいたる。『神皇正統記』が、三種の神器について、鏡は正直を、玉は慈悲を、剣は知恵をあらわすと説いたのは[9]、神器の根元たる天照大神の本質をこの三者にかぎったのではなく「国をたもちますべき」[10]「神明の御誓」[11]の発現として説いたのであった。それは神の「おしえ」であり、諸々の霊験・利益も、擁護の本誓から発するのである。神国思想においては、だから、神はたんなる呪術的な神以上の神格となっているのである。ただしこのさい、その神に関する教義的なものがもと神祇崇拝では存在しなかったために、仏教や老荘儒陰陽五行などの書物から付会を重ねてつくりあげられたことは、すでに先学のあきらかにされたところであるから[12]、くりかえさない。

このような擁護神の観念のうえに、さらに神国思想では、いわば最高神ともいうべき神格が形成されていたことを

注意したい。『私聚百因縁集』が、天照大神を、

此即我朝ノ根源也、故ニ世ノ中ニ所レ有衆生皆此神ノ末也(13)

といい、『太平記』が、

天照太神此国ノ主ト成テ、伊勢国御裳濯川ノ辺、神瀬下津岩根ニ跡ヲ垂レ給フ、或時ハ垂迹ノ仏ト成テ、番々出世ノ化儀ヲ調ヘ、或時ハ本地ノ神ニ帰テ、塵々刹土ノ利生ヲナシ給フ、是則迹高本下ノ成道也(14)

と、いずれも天照大神を最高神の地位においている。『太平記』のばあいは、迹高本下であるから、仏菩薩のさらに上位となる。『神道集』もまた

一者天照太神ナリ（中略）今ノ代ニ伊勢大神宮トテ日本国ノ大棟梁御在ス(15)

といっているように、天照大神は日本の最高神として、きわめて民衆的な発想で、庶民にも唱導されたのである。山王神道では、鎮守山王の地主神が、三輪明神とともに大国主神すなわち「我国の地主神」とされたが、さらにそれが、「天照大神は日本国地主」という説と結合し飛躍して、『渓嵐拾葉集』は、

大宮二宮父母云事、菅家清人記云天神曾孫、日吉地主権現者、日本国地主也、即天照太神父也、大宮権現者、天照太神也、分二身於両国一、垂二迹於吾朝一(16)

と、天照大神の父として「日本国地主」とした。『耀天記』は、日本が神国であるのは、当時の常識のように、各地に神々が鎮座するからでなく、釈迦がまず日本のなかで日吉山王の神と垂迹して仏法をひろめ、神明繁昌の地としたからである、としている。(17) 詮議すれば矛盾はいくらでもでてくるが、天照大神なり山王権現なりが最高神として整備されてきていることがわかる。こうした趨勢は、やがて唯一神道において理論として完結されたのであって、『唯一神道名法要集』は、

国者是神国也、道者是神道也、国主者是神皇也、祖者是天照太神也、一神威光、遍照百億之世界、一神之附属、永伝万乗之王道、天無二日、国無二王、故日神在天之時、月星不双光、唯一天上証明是也[18]

といっている。神は、この瞬間には、もはや神話や呪術の神々でなく、汎神論的な霊物でもなく、唯一最高の絶対的造化神に昇華するいきおいをしめすのである。

（1）『六要鈔』『諸神本懐集』など。
（2）『渓嵐拾葉集』巻第六八（『大正新修大蔵経』第七六巻、七三一ページ）。
（3）『神号麗気記』（『続群書類従』第三輯上、九六ページ以下）。
（4）横山重編『神道集』（彰考館本写真版、一九三四年）巻第一「一、神道由来之事」一七―一八ページ。同書からの引用については、以下『赤木文庫本神道集』（貴重古典籍叢刊1、一九六八年）によって訂正したところがある。
（5）『渓嵐拾葉集』巻第六（前掲書、五一五ページ）。なお『太平記』にも迹高本下をいっている（註14参照）。
（6）『唯一神道名法要集』（『続群書類従』第三輯下、六四九ページ）。
（7）『沙石集』巻第一「三、出離を神明に祈る事」。
（8）同じく『沙石集』巻第一に「四、神明慈悲を貴び給ふ事」としていくつかの説話をのせ、「五、神明慈悲と智慧と有る人を貴び給ふ事」に「神明は内には智慧ほがらかに、外には慈悲妙なり」としているが、具体的説話がのべられることは個々の神の個性を意味するのでなく、没論理的な事実のみによる説得のためであるにすぎない。
（9）『神皇正統記』（岩波文庫版）四〇ページ。
（10）同右、三九ページ。
（11）同右、二六ページ。
（12）津田左右吉『日本の神道』（一九四九年）第四・五章参照。
（13）『私聚百因縁集』第七、和朝篇「我朝仏法王法縁起由来」。

(14)『太平記』巻第十六「日本朝敵事」(日本古典文学大系35『太平記』二、一六六ページ)。
(15)『神道集』巻第五「廿八、地神五代事」(前掲書、二二六ページ)。
(16)『渓嵐拾葉集』巻第八(『大正新修大蔵経』第七六巻、五二八ページ)。さきにも指摘したように(二六九ページ註11)、これは『耀天記』にもある(『続群書類従』第二輯下、六三三ページ)。
(17)『耀天記』(同右、六〇二ページ)。
(18)『唯一神道名法要集』(前掲書、六五八ページ)。

3 浄土

神格の成立とともに、神の常住し支配する国土の観念が形成される。

素朴な神祇崇拝では、現世の利益や守護を祈願の直接的目的とするのであるから、来世の浄土という観念は成立していない。仏教でもまた、戒定慧をたもって成道正覚をめざすかぎりは、来世の浄土という観念は、基本的なものではない。だから、これらを基礎にするかぎりでは神国思想は、来世の浄土という観念を、教説として準備する要素をもたなかったといえる。

しかるに、浄土教にあっては、おなじく仏教の名を称していたとはいえ、来世の浄土なる観念は、まったく基本的な構成原理をなしていた。あらためて説明するまでもないが、浄土教では穢土として厭離すべき現世に対立して、来世に浄土を欣求することが、定・散・雑修・専修をとわず結局帰着すべきすべてであった。だから、現世・来世などの語は、仏教的教説としては成住壊空、六道輪廻、随縁生起等々の哲理による無限運動の一こまであるにしても、浄土教が実際人びとの心に定着させたものは、「現当二世」でしかなく、現世・後世とは仏教的世界観をはなれてもだれにも理解できる「この世」「あの世」の意にほかならなかった。(1) さて、封建社会は、絶えざる紛乱と暗黒のゆえに、人びとが現世に絶望して来世に至福を求めざるをえない根拠をつねにはらんでおり、したがって洋の東西をとわず、来世に浄土を求める思想は、とくに強烈かつ一般的であった。日本でも、中世に浄土教がさまざまな宗派となって宗教思想と信仰の主流を形成したことは、周知のところである。

ここで、念のため指摘しておきたいことは、そのような浄土観念の具体的表象についてである。近代人の宗教感覚では、「浄土」は観念的存在として実存しうるにすぎないが、中世では、人が現に生存する大地の延長上またはそれと類比しうる土地として、まったく具体的な「土」を意味していた。浄土の荘厳を説いた仏教諸経典についてここであらためて紹介するにはおよばないであろうが、弥陀の極楽が西方十万億土の「仏国土」であり、弥勒の兜率天が天上の一部を占める空間的存在であり、あるいはまた観音の普陀落が熊野の南方と考えられ、四天王寺の西門が極楽の東門に通ずるとされたなどの例は、すべてそれを意味している。

さて、現世擁護を基調とする神国思想が、このような現世・後世の観念が一般化した条件のなかでいかなる意味をもつものであったかが、本節の問題となるが、そのためには、いままでふかく追究しなかった「神国」の語義についてのべなければならない。このうち「神国」の「神」については前節に考察したから、「国」がつぎの問題となる。

結論からいえば、神国の「国」は、国土の意味にほかならない。すなわち、近代的な主権国家ではなくして、山川草木よりなる土地であり地域である。『渓嵐拾葉集』は、

一、日域号二神国一事

天竺ハ仏生国也、震旦ハ弥仏国也、日本ハ神国也、故ニ国ハ神明化導盛也、悲花経云、現二大明神一広度二衆生一云云、大師釈云、如来唱二三密一者、利益ニ滅後衆生唱二於舎利一者是如来身密、唱二於神明一者是如来意密也(2)

として、神国の特色を仏説による地域的特色と解し、『神道集』は、

又漢土《ニハ》三皇五帝往《ノ》魂亡魂七星霊廟《ノ》等此始《ヲ》大小神祇多聞《(ク)(ユ)》、我朝亦自レ本神国《ナルカ》故《ニ》一百八十柱《ノ》神始《トシテ》一万三千七百所等皆利益䀇《タク》在《ス》、其義人口信説多レ之云云(3)

と、これも仏説にいう「神」がとくに多くかつその利益ある土地としている。したがって、そこに住むものも、それなりの特色をもつことになるわけで、『渓嵐拾葉集』は、

次《ニ》付二神明一論レ之者、我国開闢時《ノ》、天照太神独《リ》天下《リ玉フ》、其《ノ》神子孫漸《ク》広《テ》我国流満、我等衆生至《ルマテ》天照太神《ノ》苗孫《ナラスト》云事無レ之、事相《ニ》論レ之者、神明実《ニ》是《レ》我等《カ》孫親也、如レ之大自在天《ハ》三界所有《ノ》衆生《ヲ》悉《ク》是我子《ト》思成《テシテ》二生者養者見一立二慈悲一給也、今《ノ》天照太神又大自在天《ナレハ》也、深可三思二合之一云云(4)

とのべ、万民すべて神の子孫としてそれを仏説によって解説しようとした。また『八幡愚童訓』は、「神国」の内容を、

夫秋津島《ハ》、五畿七道悉《ク》行雲行雨《モ》社壇也、一人万民皆天神地神之御子孫《ナリ》、去二大梵天王《ノ》統御一、離《レ》二中華異域相接一、三韓雖レ帰二此土一、吾朝未《タ》レ属二他国一、三千座《ノ》神祇《ハ》並二百王守護《ノ》権䕃一、大小乗仏法伝二衆生与楽《ノ》教跡一、神明擁護不レ怠、仏陀《ノ》冥助無二止事一(5)

と要約的にのべているが、これがすべて、はじめの「秋津島ハ……社壇也」にかかっていることはあきらかである。伊勢神道をうけた『神皇正統記』のばあいも、この点はいっそうはっきりしている。

大日本者神国なり、天祖はじめて基をひらき、日神ながく統を伝給ふ、我国のみ此事あり、異朝には其たぐひなし、此故に神国と云なり(6)

というのは、「天祖」すなわち国常立尊と、「日神」すなわち天照大神という「神」々が、基をひらき統を伝える「国」だということである。これは『元元集』が、

凡我国之所三以殊二諸方一者、以二神国一也、神国之所三以有二霊異一者、以二宝器一也(7)

とし、その宝器すなわち三種の神器を、

然則三種見在、為二国家之鎮衛一、神皇九十余代一百七十九万四千五百余歳之間、君臣有レ序、継体无レ差、惣是吾国地勢之令レ然也、抑又三種神器之所レ護也(8)

としていることに、照応する。つまり、この日本の「国」とは、土地柄をいうのである。だから『神皇正統記』は天竺・震旦の説も参照しつつ、天地の開闢と世界の地理についてのべたあと、

されば此国は、天竺よりも震旦よりも東北の大海の中にあり、別洲にして神明の皇統を伝給へる国なり(9)

と「別洲」であることを、強調するのである。すでに先学によって、神国思想には「神孫君臨」の意味と「神明擁護」の意味と、二つの傾向がみられることがいわれているが(10)、神国の「国」が、右にみたように神聖な国土を意味する以上、この二つは別の基盤に立つものでないことも、ここで指摘しておく必要があろう。

『妙貞問答』は、きりしたんの布教書であるが、そのなかに神道を批判したところがある。そこで著者は、いまだ入信していない妙秀なる尼に、つぎのようにいわせている。

先《マツ》人ノ申ナラハス如ク、此国ハ天竺震旦ニモ勝レ、三国一ノ我朝ト申、其謂レハ、日域ハ小国トハ申トモ、今宜ヒシ様ニ、国常立尊ヲ初マキラセ、伊弉諾尊、伊弉冊尊、天地ヲ開キ玉ヘルノ其始ハ此国ヨリナレバナリ、此故ニ日本ハ神国ト申テ、神ヲ以テ天地ノ主トモアフギマヰラセサフラフ、総ジテ何モ物ノ始ハ小キ物ナレバ、我国ノ余国ヨリモ小キハ理リ也、彼シタタル矛ノシヅク落留テ淡路嶋トナレルヨリ、天竺大唐モ始リタルト聞テサフラフ、此国ヲ大日本国ト申スハ、陰陽ノ両神御鉾ヲ下シ大海ヲカキサグリ玉ヒシ時、潮ノ上ニ大日ト云文字浮ビタリシニ、彼鉾ノシヅク落留テ島トナル故ニ大日本国トハ申ト也、所詮此国ハ三国ノ始、国常立尊ヨリ開キ玉フ

ト心得サフラフ[11]

また、著者の主張を代弁する幽貞の言葉として、

国常立尊ト云フ心ロ、国トハ天地ヲ差テ云ヒ、常トハ不易ト云ハンガ為ノ名、立トハ独立ノ義[12]

とのべている。「国」とは「天地」であり、かかる神国の観念が、中世末にも「人ノ申ナラハス」ところであったこと、あきらかである。ちなみに、『妙貞問答』で論破しようとした神道とは、主として唯一神道であった。

このように、中世において神国というばあいの「国」は、国土・地域の意味であった。[13] したがって、その点では、浄土の「土」に通ずるわけである。しかしながら、それでは神国が浄土の一種たる意味にかんがえられていたかどうか、これがつぎの問題となろう。

もともと本地垂迹説では、神祇は垂迹の明神であるから、帰すべきところは諸仏菩薩であった。神が仏への機縁にすぎなかったことは、「和光同塵結縁始」の語に端的に表現された。つまり、神が後世善所へのみちびきとして意味づけられたのみならず、現世安穏さえも根本的には諸仏のつかさどるところであったのである。神国ということをとくに力説するばあい、現世が神に擁護されていることはあきらかであるが、かかる現世は、『諸神本懐集』『六要鈔』など真宗の神祇観にとくに明瞭にみられるように、本来は来世の浄土とはっきり区別されていたのである。

しかしながら、仏教の原則的立場からいえば、成道正覚は必ずしも後世をまつべきものでなく、したがって浄土も現世に成立しうるものでなくてはならない。[14] このことから親鸞も、念仏の行者の「諸仏等同」を説いたのであるが、[15] これは論理的帰結であり教理的表現であるとともに、また前にのべた、ひとびとの現実的要求としての現世擁護と不可分のものであった。かくて一般に中世では、いわば現世の浄土が、必然的にかんがえられてくることになる。神国思想についていえば、前掲の「往生ヲ期スルニハ本地ノ名号ハ親ク、現世ノ事ヲ申スニハ垂迹ノ名号シタシキモノヲ

ヤ」という『八幡愚童訓』の言葉も、現世安穏と後世善所とを神と仏に機能的に配分しつつも、その現世安穏を、後世善所との関連から荘厳化しているものと解すべきである。『神道集』も、

以知《ヌ》、日本一州《ニハ》一万三千七百余社皆是大権《ノ》垂迹《ニシテ》悉《ク》和光《ノ》利生也、現世《ノ》為、後世《ノ》為、垂迹《ヲ》仰《テ》本地《ヲ》憑《ムヘシ》(16)

といい、稲荷の利益について、

依之《ニ》、五部《ノ》聖衆《ハ》光《ヲ》並《テ》月輪《ニ》住《シ》大三法羯《ハ》鎮《ニ》蜜蔵《ヲ》示《ス》、嬉鬘歌舞《ノ》八供《ノ》菩薩《ハ》法体《ヲ》増《シ》、鉤索鏁鈴《ノ》四種《ノ》薩埵《ハ》菩提《ヲ》成《シ》、浄土不レ遠《ニアラ》心王《ノ》遍照也、聖衆近《ニ》在《リ》心数曼陀也、等流即自性身、ゝゝゝ即等流身也(17)

と、まさに「現世の浄土」をのべている。神国は、後世善所を保証する現世の浄土(「地上の天国」!)にほかならぬのである。

かかる神国観念は、漠然と日本列島全般についていわれるものではあるが、それとともに、その構成単位ともいうべきものがあったことを、注意しておかねばならない。各地の霊地・霊場といわれるものが、それである。蒙古襲来ののち、昂揚した神国意識で製作された『是害房絵詞』は、各所の霊地・霊峯を列挙して「吾朝ハ神国」なる所以を説明し(18)、『神道集』もまた霊山・霊社の由来を語って神国にはそれが遍満していることをのべた。もとより、かかる霊地の信仰の歴史はふるい。しかし、それが古代の原始的な山岳崇拝などでなく、「現世の浄土」としての意味をもつようになるのは、当然浄土教の興隆以来のことであり、かつ同時に領主制の成長に伴う現象であった。平安中期寛弘四年(一〇〇七)ごろつくられたとみられる『荒陵寺御手印縁起』に、

若擘二一香一花一恭敬供養、若以二一塊一塵一抛二入此場一、遙聞二寺名一遠見拝恭、如レ斯等者結二一浄土縁一、唯不レ混二王土一、不レ接二国郡一、不レ掌二僧官一、資財田地、併以委二護世四王一悉以摂領、後々代々妨障永可レ断(19)

とあるが、「唯不混王土」以下は、高野山の御手印縁起などとおなじく、不輸不入を主張しはじめたころの荘園領主の

論理である。荒陵寺(四天王寺)の西門は極楽の東門に通ずるといわれた以上、この寺は「一浄土の縁を結ぶ」地たるには、まことにふさわしい。浄土が此土の延長上にあるならば、此土にもまた浄土はありうること、かかる「現世の浄土」が領主制的な基礎をもつ呪術性に直結していること、そうした事情が、ここに明瞭にあらわされている。しかして、かかる論理の社会的基盤が中世の封建社会に一貫して存続したことについては、すでに前節でのべた。

かかる浄土としての霊地観念は、鎌倉時代にはいっそう一般化した。その一つとして、延慶二年(一三〇九)になった『春日権現験記』をみるに、「凡我朝は神国として宗廟社稷三千余座各化現まち〳〵に利益とり〳〵」なるなかにも、春日明神をば、

随心浄処即浄土所なれば我神すでに諸仏也、社壇あに浄土にあらずや、しかれは浄瑠璃霊鷲山やがて瑞籬の中にあり、補陁落清涼山なんぞ雲海の外にもとめむ[20]

とのべている。もとよりこの「浄土」は、『維摩経』仏国品に「随二其心浄一則仏土浄」とある句をうけたものとおもわれるから、天台の寂光浄土や密教の密厳浄土などとおなじく、普遍的存在としての本質をそなえている。その点浄土教がいう西方浄土とことなることは無視できないのであり、いままでのべてきた顕密諸派の「浄土」の意味もまた本来はそうであったのである。しかし、右に、社壇を、浄瑠璃・霊鷲山・補陀落・清涼山と対比して浄土といっているように、そこには、十方浄土ことに西方浄土をつよく意識し、それにかわるものとして主張する立場がみられるのであり、まさに「現世の浄土」がみられるのである。しかもこの浄土が、数々の呪術的霊験にみち、かつそれを根拠に浄土なることが主張されていることは、『春日権現験記』自体が語っていることである。この事情は、おそらくどの霊地についてもいえるとみて、さしつかえあるまい[21]。

「現世の浄土」たる神国は、だから、霊地の集積からなりたっていたといえる。つまり、この「地上の天国」は、

カトリック教会のように（すくなくとも教理上）後世の救済をたてまえとして民俗的な現世的呪術をとりいれたのではなくて、あくまで直接に現世的呪術性から出発しそれを保持しつつ、中世的宗教機能としての「現世の浄土」を説き、さらには「現世こそ浄土」なることを説くものであった。そして政治的イデオロギーとしての神国思想、日本の尊厳と優越を説く思想は、この点にこそ宗教的根拠をもったといえるのである。[22]

（1）「彼岸」「此岸」についても同様なことがいえる。このばあいは現世・後世よりもさらに観念的・論理的な性格をもち、また彼岸＝後世、此岸＝現世と単純に結びつくわけではない（上田義文「仏教における彼岸と来世」〈上田・小川・加藤・佐々木編『文学における彼岸表象の研究』〉）。仏教の真義は、来世よりはむしろこの「彼岸」にこそあるといえようが、しかしこれにしても実際には「あの世」「後世」の問題として理解されたのである。
（2）『渓嵐拾葉集』巻第四（『大正新修大蔵経』第七六巻、五一一ページ）。
（3）『神道集』巻第一「一、神道由来之事」（影考館本写真版、一七ページ）。
（4）『渓嵐拾葉集』巻第六（前掲書、五二一ページ）。
（5）『群書類従』第一輯、三八六ページ。
（6）『神皇正統記』（岩波文庫版）一七ページ。
（7）平田俊春『元元集の研究』（一九四四年）一六三ページ。
（8）同右、一九三ページ。
（9）『神皇正統記』（前掲書）二一ページ。
（10）奥田真啓『武士団と神道』（一九三九年）、田村円澄「神国思想の系譜」（『史淵』七六輯、一九五七年）。
（11）『妙貞問答』中巻（日本古典全集版）二〇ページ。
（12）同右、二二ページ。
（13）なお、この点については、旧稿でも別の視角からふれたことがある。「鎌倉仏教における一向専修と本地垂迹」（本書一九一ページ以下)。

(14) なお、この点は、註(1)の問題に関連する。

(15) 二八五ページ註(11)参照。

(16) 『神道集』巻第三「九者、鹿島大明神事」(前掲書、九九ページ)。

(17) 『神道集』巻第三「十四者、稲荷大明神事」(前掲書、一一九ページ)。

(18) 『是害房絵詞』(『美術研究』四四号)。

(19) 『荒陵寺御手印縁起』(『続群書類従』第二七輯、三三二ページ)。

(20) 『春日権現験記』(『群書類従』第二輯、五六ページ)。

(21) 『渓嵐拾葉集』は叡山三塔について、つぎのような口伝をつたえている(巻第六、前掲書、五二一ページ)。
一山三千衆徒置一念三千故也。如レ此建立王宮鬼門方霊地鎮国出家勢施、魔界即仏界故也、諸国出家人、彼山登以受戒云、為下離二穢土一至中浄土上也。彼山須臾刹那参詣志有歩進、永六道輪廻門閉也。能能可レ秘レ之。不レ可二口外一。

(22) 神国思想において、最高神の地位を占める天照大神が、本来農業神の性格をもつ外宮とならんで祀られているのは意味ぶかい。伊勢神宮が江戸時代末までも、農業神的性格をもっていたことは、すでに注意されている(永原慶二『日本封建社会論』一九五五年、二九八ページ以下)。

4 戒律

神国の観念が、原始的な汎神論であろうと、中世的な「現世の浄土」の思想であろうと、このことはそのまま住民に対する神の支配を意味する。神国とは、神の擁護する国であるとともに、神の支配する国である。ことに「現世の浄土」にまで内容をたかめようとすれば、神の支配の確認は、教理的な要請とならざるをえない。

神国が、仏の方便としての垂迹神によって理論づけられたあいだは、この神の支配は、いまだ消極的なものであっ

た。『野守鏡』が、禅宗や専修念仏を非難して、

神国に入りながら死生をいまざるがゆゑに、垂迹のちかひをうしなひて神威皆おとろへて其罰あらたならず(1)

といっているように、神が方便であり主体性をもたない段階では、神国というも仏法の効力にすぎないから、それが消滅することもある。しかるに、神の存在が根元的な規制力となり、神国たることがすべての前提となり天照大神が最高神たる地位を確立すると、神の支配力は絶対のものにたかめられてくる。『融通念仏縁起』に、

もし人ありて、神国に生ながら諸神の信じます念仏を或軽賤し、或誹謗せむ輩は、恐くは冥衆の加護なきかゆへに、今生には一切災難きたり、後生には悪趣の苦果のがれかたきものをや(2)

というように、神威にさからえば災難苦果はまぬがれがたいとし、念仏さえもこの神の支配を前提にして説かれるようになる。『一宗行儀鈔』は、神祇崇拝をとりいれた真宗の異義書であるが、これには、

手向ダニモ不レ洗シテキタナキ身ニテ神ノ御事ヲ申シテ罰アタリ候ナ、総ジテ神ノ御事ヲ申スベカラズ、汚穢不浄ノ身ノ口ニテ申サバ当罰ヲ蒙ル也、皆人世間ニ有ル人倫ニ交バ王法ニ随へ、国土ハ皆王土也、王土ヲ皆神ノ守玉フ也、少モ神慮ヲ軽ムル事ナカレ(3)

というように、身近かな禁忌もすべて王土をまもる神慮をはばかるものとし、また全国の大小神祇について、

其内ノ村里ニ生ヲ受、氏子トナツテ垂迹ヲ兎角ゾト申サンハ、彼長蓮カ末流ナルヘシ、神国タルニ因テ劫初ヨリ海山ヲ定メ国ヲ分、村里ヲ定メ、民ヲ慈ミ、四家ノ姓其家家ニ皆昔ニ不レ替(4)

とのべ、神の支配が神国の民に対する規制であるばかりか、国郡の組織がすなわち神の支配としてなされることを語っている。『唯一神道名法要集』に、

君臣百官万機政、皆是八百万神斎、進退作法三業浄、神道三元三妙行(5)

の頌をかかげているのも、おなじである。ここにおいて、政治支配は神の支配と一致し、神国は封建国家権力を意味することになる。

ところで、神国思想では、素朴な現世擁護の観念が温存されたまま現世の浄土の機能が代行されねばならなかったように、原始的な禁忌や世俗的倫理もまた、神学的な戒律にまで理論化されることが必要になる。というのは、この理論化がなければ、中世では、後世善所のための、したがって現世擁護のためにも、真に権威あるものとならないからである。けれどもこれは、多くの論者にとってまったく至難な仕事であった。『神道集』は神道と仏教とにおける矛盾する現象をいかに解すべきかについて、まったく苦しい説明を展開しなければならなかったが(6)、もともと無関係な二つの宗教の禁忌儀礼を合理的に関連づけることは、そもそもが無理なはずである。しかも神祇崇拝には、本来教理というほどのものはなにもなかったので、儒教・陰陽道・易等々の古典から数々の字句を切りとって神道説に付会することが行われたから、混乱はいっそうはげしかった。『神皇正統記』などは、こうした点では比較的明快に仕上げた著作ではあるが、三種の神器についてみると、

三種の神器世に伝こと日月星の天にあるにおなじ、鏡は日の体なり、玉は月の精なり、剣は星の気なり(7)

といい、また、

(鏡は)其すがたにしたがひて感応するを徳とす、これ正直の本源なり、玉は柔和善順を徳とす、慈悲の本源なり、剣は剛利決断を徳とす、智慧の本源なり(8)

ともいい、正直・慈悲・決断については他のところで、「天照太神のあきらかなる御をしへなり(9)」としている。だが、右の神器についての二通りの説明からは、相互の論理的な関連を全然くみとることができない。関連があるとすれば、鏡・玉・剣の存在だけであり、日・月・星と正直・慈悲・知恵とは、物質的存在としての三種の器の形質を媒介に感

覚的に連鎖関係にあるにすぎない。『神皇正統記』はこれらの徳を、神国の象徴としてきわめて重視しているのであるが、また他方では王土＝神国について、

凡、王土にはらまれて、忠をいたし命をすつるは人臣の道なり(10)

ともいっている。この忠は、神器の二通りの徳のどちらとも内在的・論理的関連がない。つまり一貫した宗教的信条が確立しておらず、教理的にいかめしく表現される神の掟も、実質はすべて原始的な禁忌や露骨な世俗的倫理にほかならないのである。

だから、神国の教説では、不可解な事実や説明しがたい矛盾が、いつでも露呈した。しかし論者は、そんなばあい、いつでも「神道のこと測り難し」の言葉に逃避したし、また非論理的でありさえすればなおさら神聖なものとみなす態度さえとった。神国思想は、その意味で、いわば盲目的無原則的な神秘主義の性格をもつのであって、一向専修の論理とはくらべものにならない貧困な思索力しかしめさなかったのである。

こうして神の教示も掟も、論理ではなくして既存の事実に支えられてのみ成立するものであったから、神の徳を讃嘆する書き物は、しばしば「縁起」の形をとったのである。縁起は、神仏の聖なる示現や行為(と信じられるもの)を羅列したものであって、思想の論理的展開を示すものではない。ここではただ、事実が事実そのものとして没論理的に讃仰される。縁起という言葉は、だから仏教本来の哲理的意味からいっそう遠ざかり、単純なる時間的・歴史的概念に極限まで接近する。「極限まで」というのは、言葉そのものに極小の程度に哲理的ひびきをとどめているからである。克服の論理でなくて系譜の論理が(11)、ここでも基底をなしている。

神国思想においては、このように、原始的禁忌が中世的戒律の役割を代行し、かかる戒律が世俗における伝統的支配に直結して、領主制＝封建国家の支配理念となりえたのである。なおこれに関連して、ここでぜひ問題を指摘して

おきたいのは、さきにもふれたように中世仏教の主要な一傾向であった浄土教の諸派に、現世的戒律の観念が成長しがたかったこととの関係である。(12) いわばこのことが、浄土教諸派が神国思想を克服することを困難にさせ、蓮如の「王法為本」までをよびおこし、現世的政治権力と連携して神国思想が展開してゆく条件をつくっていたのではなかろうか。

次章では、以上のことを念頭において、神国思想と政治権力との関係を検討してみたいとおもう。

(1) 『野守鏡』(『群書類従』第二七輯、五〇六ページ)。
(2) 『融通念仏縁起』(『日本絵巻物集成』第二一巻)。
(3) 『異義集』(『真宗大系』第三六巻)一四八ページ。
(4) 同右、一三六ページ。
(5) 『唯一神道名法要集』(『続群書類従』第三輯下、六四八ページ)。なお、神国思想においては、朝廷の儀礼など有職故実がすべて神道にかなうものとかんがえられていた。日本史研究会編『日本の建国』(一九五七年)第五章参照。
(6) 黒田「鎌倉仏教における一向専修と本地垂迹」(本書一九一ページ以下)。
(7) 『神皇正統記』(岩波文庫版)三九ページ。
(8) 同右、四〇ページ。
(9) 同右、一七二ページ。
(10) 同右、一七九ページ。
(11) 黒田「鎌倉仏教における一向専修と本地垂迹」(前掲)。
(12) 浄土教諸派においては、俗諦の問題は今日もなお曖昧であるが、しかし現世的戒律観念がまったく成長しなかったとはいえない。真宗においても、そのことは確認しうる。これについては、別の機会にのべたい(黒田「一向一揆の政治理念」〈本書三三一ページ以下〉。

三　神国思想と政治権力

1　中世的国家観念の成立

神国思想と政治権力ないし国家との関係をかんがえるために、はじめにぜひ注意しておかなければならない問題がある。それは、国家といっても中世国家のばあいには、主観的にも客観的にも古代または近代のばあいと異なった観念と性格があることである。神国思想はこれと重要な関連をもち、むしろその問題の一部分として存在したのであるから、いまのばあい支配者と神国思想との交渉とか相互依存とかいう単純なことだけでは、ことの本質をつくことができないようにおもわれる。すなわち中世的な国家観念ともいうべきものが、いついかにして成立してきたか、このことをおいては神国思想と政治権力との関係を、中世における国家と宗教との問題として正しく位置づけることはできないとおもう。もとより、中世的国家観念といっても多様な側面からの考察が必要であるが、ここではとくに宗教的な側面からその検討をしておきたい。

いままでにいくどかふれたように、神国思想は「鎮護国家」を標榜した顕密諸宗と緊密な関係をもつものであったが、この鎮護国家の説は「神国」の理論とどのような性格的な差異をもつものであったか、まずこのことからかんがえていきたい。そもそも鎮護国家の教説は、宗教(具体的には仏教)が、客観的に国家に奉仕する立場にあったのみならず、主観的にも国家への奉仕をたかく標榜した点に、律令制盛期までのかの神政国家の観念と共通するものがあった。神政国家は、原理的にいえば、神の統治する国であり、統治者は神話に直結し、まさに祭政一致であったのであり、宗教はかかる意味で政治に奉仕するため以外のなにものでもなかったのである。鎮護国家の教説は、この点で古代的であることが指摘されているのである。けれども鎮護国家の教説は、神政国家の観念と他面で重要な相違をしめしている。神政国家においては統治者が神であり、宗教の原理と国家の原理とは別のものではない。しかるに鎮護国家の教説では、国家は国家外のものから鎮護されるのであり、宗教の原理は国家外の原理である。両者が本来別の原理のものであるからこそ、それを強調する必要があるのである。こうしたことを、仏教が外来宗教であったからという偶然的な性質の問題とみるのが正しくないことは、仏教受容の歴史的意義を追究した諸論攷(1)に照らしても、あきらかである。だから鎮護国家の教説は、国家と宗教との関係のうえで、一つの発展をしめしたものであった。

神国思想においても、国家は宗教によって「鎮護」されており、その点だけをみれば、鎮護国家の教説の枠を出るものではない。しかし、このばあい、鎮護される根拠が重要である。国家が鎮護されるのは、それ自体が宗教的存在だからであって(換言すれば神聖な国土の上に存在する国家だからであって)、宗教が外から政治権力に奉仕しているのではない。むしろ反対に、宗教が政治に優越し、宗教の原理のみがあって国家の原理は独自性をもたないのである。客観的にみれば、奉仕するのは宗教の側であって政治の側でないことは、以下で具体的に検討するとおりであるが、主観的態度すなわち論理の性格が右のようなものであれば、これこそまさに宗教がすべてを支配する中世の国家観念とよぶにふさわしいものに飛躍しているといわねばならないのである。

神国思想にみられるかかる中世的特質は、しからばいつどのようにして成立してくるか。このことを検討するとき、まず注意したいのは慈円の国家観念である。慈円の思想はその著『愚管抄』によって代表されるが、ここでは、それよりも十数年前に記された『慈鎮和尚夢想記』(2)をさきにとりあげたい。この夢想記は、建仁三年六月二十二日の晩の夢に、「国王御宝物」の神璽が「玉女」であり、「清浄の玉」であることを覚知したことから、鏡・剣・璽の神器について密教的な意味をかんがえ、それを翌年正月と承元三年六月との二度にわたって敷衍して書きつづったものである。さてこのなかで、もっとも注目すべきは、慈円が神器の意味づけをつうじて国家を密教の理論から把握していることである。彼は、三種の神器に密教の不釣刀鞘印の理なるものを適用して、

此剣璽ハ天下一所ノ成就也、仏法王法ヲ成就シテ理国利民、王者ノ宝物也、内侍所又神鏡ト云、此両種ノ中ヨリ令生給、天子也、是則天照大神ノ御躰也、是則大日如来也

といい、国王は金輪王、金輪王は金剛界大日の垂迹とみて、神器は大日如来が利生のために現じたものとするのである。すなわちここに、国家の原理が仏教のそれとして把握されており、まさに中世的国家観念の基本が形づくられているのを、みることができる。慈円のかかる思惟形式は、もちろん、万有真如とみる真言の思惟形式であり、その上に天照大神を大日如来とする当時の常識が媒介となっているのであるから、必ずしもあたらしいものではない。しかし、この思惟形式を国家について適用し独特の解釈をつくったことは、あくまで慈円に独自のものである。したがって、なにが彼にその適用への衝動をあたえたかが、つぎの問題である。慈円はこれを、昔から実存した真理が不慮の夢想の感得という「機」によってあらわれたものとするが、彼がこの夢想からただちに寿永の乱で宝剣が海に沈んだことを連想しているのは、彼が神器を夢みた真実の理由がどこにあったかを示すものであろう。安徳天皇とともに宝剣が沈んだことは、当時、国家の重大事としてまさに朝野有識者に甚大な衝撃を与えたのであるから、実は端的にいえば、宝剣海没という歴史的事件こそが、慈円をして国家の宗教的解釈を思索することへと向かわせた理由であったのである。

しかも、このことを契機として、慈円はほかにも新しい方面へ視野をひろげることとなる。彼は神璽が玉であるという夢想をたしかめるために、(おそらくはじめて)『日本書紀』神代巻を借覧した。後世「神書」として尊重された

『日本書紀』は、こうして慈円のばあいには、国家に関する仏教的理解の副産物として、いわば発掘されてゆくのである。また神道についても同様であって、真言の両部の論の実際の適用にあたって「今此証拠在二神道一歟」としてかえりみられてくる。そして、この神道の説の内容として『日本書紀』の本文と勘文を引き、

凡其文相、甚以難レ得二其意一、文義甚深、如二仏教一也

といっている。すなわち、神道というも『日本書紀』というも、いずれもそこに本来記されている神の性格はなんら考慮されることなしに、「十界之形状、悉法爾常住也」という密教の立場からのみ理解され、結局、

是等内証外用、法爾之功徳、悉令二具足一テ、理国撫民、攘災招福、令二成就一、国土之人法者、今此真言教相之開悟也

とされる。われわれはこうして、慈円のなかに、かの神国思想と同性格の中世的宗教的国家観念を、まったく仏教的な形で読みとることができるのであり、いわゆる神国なる表現が普及しない段階での、しかも独自的な形での中世的国家観の発生の一典型として、重視したいのである。

『愚管抄』がこの「夢想記」と緊密な関連をもつこともすでに説かれているが、(3)『愚管抄』では、右の国家観念はいっそう展開した形であらわれている。そこで慈円が、日本の国の歴史を仏教でいう劫初劫末の「道理」を基礎において把握しようとしたことは、すでにくりかえし説かれたことである。しかし彼はそこで単に直訳的に仏説のみでその説明をしたのではなく、「道理」の顕現または「諸仏菩薩ノ利生方便」(4)として、神話のなかの神々や歴史上の人物をとらえ、これに個性的・独自的な宗教的能力を付与した。とくに重要なのは、伊勢・春日・八幡の神の「約諾」であって、

天照大神アマノコヤネノ春日大明神ニ同侍二殿内一能為二防護一ト、御一諾ヲハリニシカバ、臣家ニテ王ヲタスケタ

テマツラルベキ期至リテ……(5)

と、鎌足以来藤原氏が摂籙家として存続したことを、神代以来の「大神宮ノ御ハカライ」とした。慈円が藤原氏の出であり、したがってこの説には門閥的な動機がつよく働いていることは、ここではさして重要ではない。問題はむしろ、貴族政権の危機の時期、ことに院政以来の破局的情勢をうけてしかも承久の乱を寸前にひかえた時期に、このことが強烈に「道理」としてあらわれた点にある。もとより藤原氏を天皇家との特殊な関係にあるものとする説は、ふるくからあった。『大鏡』が不比等を天智天皇の子としたことにもわかるように、摂関家の隆昌とともにかかる説がおこるのであるが、それはやがて「大中臣胤祖天児屋根尊、是皇太神宮輔佐第一神也」「藤原翼輔人間之王室、中臣執行神奉之衆務(6)」というような主張も生みだしていた。だが慈円のように、これを仏教の道理とし国のさだめとして説いたのは前例をみないのであって、あきらかに質的にことなる展開といわねばならない。

しかし承久二年という時点は、政治的にあまりにも急迫していた。慈円は対幕府の緊迫状態をのりきるために、必死に可能性の「道理」を追究しなければならなかった。そしてそこに見出されたのが、将軍頼経の東下であった。

イマ左大臣ノ子ヲ武士ノ大将軍ニ、一定八幡大菩薩ノナサセ給ヌ、人ノスル事ニアラズ、一定神々ノシイダサセ給ヒヌルヨトミユル、不可思議ノ事ノイデキ侍リヌル也(7)

トヲクハ伊勢大神宮ト鹿嶋ノ大明神ト、チカクハ八幡大菩薩ト春日ノ大明神ト、昔今ヒシト議定シテ世ヲバモタセ給フ也(8)

慈円の歴史観は、とかく誤解され勝ちなような機械的な宿命論ではない。「モテオコシ〳〵」して「世ヲバモタセ」てゆく「道理」を説いているのである。しかしそれは、究極ひとのすることではなく、神々のしわざであった。ひとはだから神に祈念し、その道理に沿うように努力を傾けなければならない。(9)——かくてここに、「神国」の用語こそないが、基本点ではあきらかに神国思想と同内容の中世的国家観念の成立を、みとめることができるのである。承久の乱後も、政治的関係においては微妙な変動があったとはいえ、慈円のこの信念だけはむしろいっそう強固になったのであり、ほとんどこの点に祈念を傾倒した感さえある。(10)

このさい、なお注意しておきたいのは、この慈円の「国」の階級的性格である。『愚管抄』でいっている「日本国」が、はっきり貴族政権のもとでの国家秩序をさすことは、幕府および武士との対立関係においていわれていることをみてもわかるが、それも、天皇ないし貴族中心の国家という程度のものでないことに注目したい。承久二年の西園寺公経宛の書状(11)をみても、その頼朝に対する評言は決して甘いものでないが、貞応元年十二月の願文(12)では、頼経の東下について、

今当㆓内乱之刹那㆒而改易、得㆓外国之武士㆒而依違

と記し、頼経の成人を期して、

崇㆓宗廟霊神㆒、鎮㆓怨霊邪鬼㆒、再存㆓吾日本国之中興㆒、可㆑待㆓仏神感応之佳会㆒也

とのべている。文章上「外国之武士」とは「内乱之刹那」にたいする対語ではあるが、意味の上では「外国」が「日本国」に対していることとあきらかである。彼にとって中興さるべき「日本国」という国家は、究極は帝王と「臣」つまり貴族階級だけの支配秩序でなければならなかった。

慈円の中世的国家観念については、その条件や成立の事情や論理をまざまざとしることができるが、これは中世的国家観念の形成にさいしての貴族的なコースの、そのまた一つのばあいでしかない。『釈日本紀』などにみられる註釈家の伝統のなかでは、いますこしことなった形成のしかたもあった。幕府や在地領主のばあいにはさらにことなったものがあったことは、とくにことわるまでもないけれども、慈円のばあいが、単に重要な一例であるばかりでなく、

論理的に典型的であり、歴史的に劇的であることだけは、うたがいないのである。

反動的対応を重ねつつみずからの封建領主化をすすめていった貴族階級の国家観念は、それにふさわしく、まさにみずからの政治的階級的危機に触発されその矛盾葛藤のなかで成立したのであった。

（1）　高取正男「固有信仰の展開と仏教受容」（『史林』三七巻二号、一九五四年）は、仏教受容が「固有信仰」の展開とその矛盾の上に、いかに必然性をもってなされたかを、あきらかにしている。

〔補注〕旧稿では、ここの本文に「王法・仏法相依」の観念を鎮護国家の教説の説明のために引合いに出していたが、別稿（「中世における顕密体制の展開」二〈本書四四七ページ以下〉）にのべたように、両者を同一視するのは誤りであると考えられるので、その説明の文を削除した。

（2）　赤松俊秀「慈鎮和尚夢想記について」（『鎌倉仏教の研究』一九五七年）ではじめて紹介された。

（3）　赤松俊秀、前掲論文。

（4）　『愚管抄』（岩波文庫版）二九五ページ。

（5）　同右、一〇一ページ。

（6）　長暦四年六月三日、左弁官下文（『壬生新写古文書』第一）。

（7）　『愚管抄』（前掲書）三〇五ページ。

（8）　同右、三一七ページ。

（9）　なおこの点については、黒田「愚管抄と神皇正統記」（本書二一九ページ以下）参照。

（10）　貞応元年十二月金剛仏子願文（『大日本史料』第五編之一、五二九ページ）、貞応三年正月四天王寺自筆願文（青蓮院所蔵、赤松俊秀、前掲書二八三ページ以下）など参照。

（11）　『門葉記』寺院三（『大日本史料』第四編之一五、七二〇ページおよび一四八ページ以下）。

（12）　註（10）参照。

2　中世における帝王の意義

慈円は「日本国」の運命についてのべたが、この「日本国」が天皇と貴族の政権とその支配秩序を意味したことは、すでにのべた。しかし、このさい天皇は生きた現実の人物としてではなく、むしろ精神的・宗教的存在としてしかもまったく貴族階級の立場から考察されたのであった。ここでは、そのような精神的・宗教的存在としての天皇をさらにひろい範囲からとらえ、これをとくに神国思想との関係でのべておきたい。

政治史上、中世の成立を劃するものは鎌倉幕府の成立とされるが、朝廷と幕府、天皇と征夷大将軍との関係は、形式的にも実質的にも、複雑な問題をもっている。ここでその詳細にたちいることはできないが、重要なことは、幕府が朝廷に従属した形態をとっているにかかわらず、また在地領主の立場そのものでもないにかかわらず、幕府の成立が一つの政治変革であり、「天下」「国家」の更新と目されていたことである。すなわち、頼朝は、文治元年十二月、朝廷内部の追放と改造を院に要求したとき、幕府創立期の政変を「天下草創」と自ら称したが、[1] これは政変がたんに文武の臣下の勢力交替以上のものであるとの見解を表明したものと解される。「天下草創」の語の意味を、正確に規定することは難しいが、『日本書紀』に神武天皇の橿原宮即位の日を「初天皇《テ》草二創《ハジメ玉フ》天基《アマツヒツギヲ》一之日也」[2] とあるのをはじめ、諸書に「草創」の語は散見する。中世では、慈円の四天王寺への願文[3]に承久の乱のことをのべて「即草二創天下《ヲ》一、忽有《ニ》二立王《ノ》事一」といい、吉田隆長の『吉口伝』[4] は後醍醐天皇の討幕計画を「草創」と呼び、二条良基は『さかき葉の日記』で尊氏の幕府創立を「天下をも草創し給ける」[5] と表現している。これらをみれば、「天下草創」とは新政権の樹立ともいうべき大変革を意味することがわかるが、また、たとえ天皇の系譜が絶えないでも幕府の創立が文字通り「天下草創」とかんがえられていたことも、あきらかである。

このことは、一般的には天皇が政権の掌握者とみられず、藤原氏なり平氏なりまたは幕府なりが、支配者と考えられていたことを示すものである。だからこそ、後醍醐天皇が「草創」の計画(当時の他の表現では「謀反」の企)(6)をもっているともいわれたのである。しからば、天皇の意義はいかなる点にあったか。

頼朝について、「天下草創」とともに想起すべきは、「我朝者、神国也」という彼の文言である。(7)彼は、おそらくこの思想から、はやく伊勢神宮に願書を奉じ、(8)また諸社の「往古神領」を保護する政策に出た。(9)建久二年の下知状には、

凡吾朝六十余州は、雖レ為二立針之地一伊勢太神宮の御領ならぬ所あるへからす、就レ中平相国世をみだりし時、殊当宮に深祈念仕事ありき、祈精感応して八幡大菩薩勅ニ、無止之《ヤンゴトナキ》夢想の告ありき、忽逆臣をほろほし、天下于レ今無為也(10)

とあって、彼がこの国土を「領」する伊勢神宮に祈念したからこそ今日あると考えていたことをしめしている。頼朝は、天照大神が天皇の祖神であることを知らないはずはないから、してみれば、彼の天皇に対する態度にはこの「神国」の思想と通ずるところがあったはずである。だから、彼が「天下草創」と「神国」とを、ともに言うことは、矛盾でも妥協でも、また旧い思想の残存でもなく、天皇を天照大神に関連ある「神国」の一要素とみたからにほかならないといえよう。元暦二年正月、西国にある範頼に送った書状では、

大方は帝王の御事、今に始ぬ事なれとも、木曾は山の宮、鳥羽の四宮討奉せて、冥加つきて失にき、平家又三条高倉宮討奉て、加様にうせんとする事なり、(中略)返々此大やけの御事おほつかなき事なり、いかにも〳〵して、事なきやうにさたせ候へし(11)

といい、また三月、四月にも範頼・義経に「賢所并宝物等無為可レ奉二返入一事」(12)を伝えているのである。

しかし頼朝は、天皇に対して神国の思想から単純に絶対的な尊崇をしめしてはいない。彼が直接天皇との関連で神

国思想を語った徴証はない。彼の神国思想は、さきの諸例にうかがわれるように、どちらかといえば伊勢その他諸社の崇敬を主とするもののようである。ときに平氏を、ときに義仲を、ときに義経を利用してことごとに幕府の勢力を阻止しようとはかる「日本第一大天狗」[13]が存在する以上、頼朝の眼には天皇が単純に神でなかったのは当然である。当時「天下は春宮のごとき」ものであったにしても、天皇制は、かえって院政なる形態で人間的に生きてはたらく存在であったからである。[14]だからこの点、天皇がまったく幕府の装飾となった室町幕府の段階とことなる。二条良基は『さかき葉の日記』で、前述のように尊氏の「天下草創」をのべているが、それとともに、「神国」なるゆえ王位と執柄の家さだまること、しかも神は「よく国を鎮られん人(将軍)をそ行末とをく守り申さる」ることをのべている。一条兼良の『樵談治要』では、第一条に「神をうやまふべき事」をあげて、「我国は神国なり」「君臣上下をの〳〵神の苗裔にあらずといふ事なし」と説くとともに、天子について、

代々の聖主はいづれも我御身のためとはおもひ給はず、万民のためにかくのごとき祭などをさだめさせ給へる也、神明も由緒なき祭をばうけたまはず、天子は百神の主也と申せば、日本国の神祇はみな一人につかさどり給ふと、神国の一端としての天子の尊崇、天子の神格性を説いている。[15]良基や兼良が貴族であることが、ここで問題なのではない。それよりも『太平記』でよくしられている当時の武士の天皇に対する無知[16]や室町幕府の朝廷に対する絶対的優越[17]こそが、反対に天皇の絶対的尊崇、神格化を生み出しているのである。しかし頼朝の眼前に存在した「天皇」は、そのような無気力な支配の道具ではなかったのであり、だからこそ、後世、承久の乱と元弘の乱との二つの朝幕の戦乱が、歴史的な必然としておこらざるをえなかったのである。

しかし、以上によって、頼朝のばあいにしても、良基・兼良のばあいにしても、「天下草創」と「神国」思想とは、緊密な対応関係にあることがわかるとおもう。神国思想は、天皇が政治的に独自性を失い幕府の精神的支柱としてそ

れに従属する度合いに比例して、明白な言葉で語られるようになるといってよい。

けれどもこれらは、すべて幕府ないしその是認者の立場であって、貴族政権の直接的支配権を保持しようとした慈円や親房の立場については、事情がことなる。鎌倉初期の慈円と南北朝時代の親房とでは、おなじく貴族政権の立場といっても、政治的・社会的に条件を異にすることはいうまでもないが、共通していえることは、ともに武家政権にたいして敵対的態度をとり(18)、天皇自体を直接に封建支配の頂点に位置づけようとしたことであり、ここで直接必要なことはこのことである。すなわち、当時からすでにいわれていたように、後醍醐天皇の挙兵は後鳥羽上皇のそれを継承するものにほかならず、ともに社会的には、社会の封建化に対する貴族階級の反動的対応であり、かつみずから直接に現実的最高支配者＝中世国王を志向すべき物質的基礎をもつものであったのである。さて、かかる立場にありながら、ことに親房などは、神国を強調したのであるが、これは幕府の立場のばあいと本質的に異なるものであったかどうか、結論からいえば、天皇の位置づけを中心にみる限り結局はおなじであるといわねばならないのである。

このことはかつて別の機会にのべた(19)「神代」と「人代」との観念に徴しても、明瞭に指摘できることである。中世の歴史書や年代記は、ほとんど例外なく「神代」の天神七代・地神五代から説きはじめ、「人代」に及ぶのをつねとするが、ここで「神」といい「人」というのは、いうまでもなく帝王を基準としてのことである。このことは、中世では帝王の系譜ひいては国の起源が神武天皇(人代第一代)からでなく、「神代」の国常立尊または天照大神からはじまると考えられていたという重要な事実を物語るものであるが、他方では「人代」が「神代」に連続していたこと、「神代」の神聖さが当時もなお継承されていることに意味があったのである。すなわち中世では、天皇は神々そのものとはみられず、あくまで人であったが、ただ、神の末裔でありその神威と加護をうけている点に特別の「人格」があるとされたのである。天皇は、いわば受動的に神格視されるのである。すでにのべた慈円のばあいは、この神格性を仏教的論理の大綱のなかに組みこんだのであるが、そのさいも、現実の政治的困難の打開策に天皇の現実的人間的側面が完全に捨象されていたことを想起せねばならない。親房のばあいもやはり同様で、『神皇正統記』は人代になっても「神代の例にことならず[20]」といい、「日神ながく統を伝給う[21]」ことを強調する。若干調子のことなるところは、神威と加護とを、慈円のばあいは単なる神代の「約諾」たるにとどめず「冥」のはたらきとして現に実存し作用するものとみたのに対し[22]、親房のばあいは、「正統」の継承によって証明しようとした点である。これはそのまま、両者の歴史観の根本的特質でもあるが、国ないし帝王の宗教的理解の点では本質をおなじくするもので、宗教的尊厳性の根源はいずれも神代にもとめられる。中世において『日本書紀』の書写・注釈・講読などがほとんど神代巻に集中し[23]、「神典」として尊重されたのも、この理由からにほかならぬ。

天皇からの人間性の捨象、天皇の地位の宗教的尊厳視は、いわゆる三種の神器の論にもいっそう顕著にみることができる。さきに、慈円が天皇ないし国の運命を神器によって象徴したことをのべたが、このさい念のため注意しておきたいことは、当時、内裏につたわった神器が神代以来の実物と信じられていた事実である。諸書によれば、当時の知識ではまず神鏡に三あり、伊勢大神宮・紀伊国日前社・内裏内侍所にそれぞれ一鏡ずつ、また神剣も三あり、十握剣が大和国磯上布留社、天早切剣が尾張国熱田宮、草薙剣が内裏に、それぞれ納められているとされた[24]。これは今日、記紀を典拠として理解されている正統的解釈とははなはだことなり、親房の『神皇正統記』もこれを否定しているが[25]、当時としては、一般に内裏の神器が代替物でなく天照大神の直伝と信じられていたのである。壇の浦で宝剣が沈んだことが慈円などに限りない衝撃をあたえたのも、このことをおいては理解できない。親房にしても、壇の浦の宝剣は実物でなかったと主張してはいるものの、

大日本島根はもとよりの皇都なり、内侍所、神璽も芳野におはしませば、いづくか都にあらざるべき[26]

と、芳野すなわち内裏の神器に絶対的な意味をみとめていたのである。

さて、天皇が事実上生きた人間であり、神器がかくのごとく宗教的尊厳性をもつとすれば、国家と帝位が天皇自身よりは神器の宗教性によって神聖化されるにいたるのは、当然である。慈円とおなじく親房もまた、神器とそれに関する神勅によって帝位の尊厳を説いた。

　此三種につきたる神勅は、正しく国をたもちますべき道なるべし[27]

　天地も昔にかはらず、日月も光をあらためず、況や三種の神器世に現在し給へり、きはまりあるべからざるは我国を伝る宝祚なり[28]

すなわち天皇は、現に国を支配する君主であることよりも、神器の存在によってその地位を規定される。だから、貴族政権の立場にあっても、天皇が宗教的存在であることはかわりなく、むしろかえって強調されているといってよい。『元元集』が、

　凡、我国之所㆔以殊㆓諸方㆒者、以㆓神国㆒也、神国之所㆔以有㆓霊異㆒者、以㆓宝器㆒也[29]

とのべていることからすれば、天皇は神国の主であるよりは、神国にいわば付属していたのである。さきにのべたように、神国の主は天照大神であるとする思想がひろく存したことを、想起すべきであろう。

帝位がもっぱら神器の宗教的尊厳性のみによって語られるにしたがい、人間としての天皇は、いわゆる帝徳論として論ぜられることになる。花園天皇の『誡太子書』[30]が、

　以㆓薄徳㆒欲㆑保㆓神器㆒、豈其理之所㆑当乎

というように、まず天皇のなかで神器と帝徳との乖離がおこり、儒教等々の学徳がもとめられる。『神皇正統記』にしても同様で、

君は尊くましませど、一人をたのしましめ、万民をくるしむる事は、天もゆるさず、神もさいはひせぬいはれなれば、政の可否にしたがひて、御運の通塞あるべしとぞおぼえ侍る(31)

として、天皇個人に絶対性をみとめていない。もっとも親房のばあい、帝徳の徳目は安直な付会ながらも神器そのものから発する戒律であったことはさきにのべたとおりであり、乖離は縫合されているといえる。だがそれは、あくまでも付会であり縫合であって、天皇はいわば、兼良における天子の地位と将軍の徳とを兼ねたものにほかならなかったのである。

神器に象徴される天皇は、神国すなわち「現世の浄土」の支配者ないし司祭者であり、神格的存在である。だから、いわゆる南朝の理想なるものは、貴族政権の支配を宋学的政治理念で裏打ちするだけでなくて、「現世の浄土」として彩ることであったといえる。この、一見非宗教的とみられやすい政治道徳性のゆえに、『神皇正統記』は近世以降の非宗教的気運のなかで、かえって最適の完備した宗教的政治論として、神国思想の古典と仰がれたのである。

(1)『吾妻鏡』文治元年十二月六日条。
(2)『日本書紀』神武天皇条。
(3) 三一一ページ註(10)参照。
(4)『吉古伝』(『続群書類従』第十一輯下、九〇〇ページ)。
(5)『さかき葉の日記』(『群書類従』第二輯、七二ページ)。
(6)『太平記』巻一。
(7)『吾妻鏡』元暦元年二月廿五日条。
(8)『吾妻鏡』寿永元年二月八日条以下、関係記事は多い。なお、河合正治「伊勢神宮と武家社会」(『広島大学文学部紀要』第七号、一九五五年)参照。

(9)『吾妻鏡』元暦元年二月廿五日条。
(10)建久二年五月十五日頼朝下知状(税所氏旧蔵文書)、永原慶二「中世の世界観」(『日本歴史講座』第三巻、一九五一年)参照。
(11)『吾妻鏡』文治元年正月六日条。
(12)同右、同年三月十四日条、四月五日条。
(13)同右、文治元年十一月十五日条。
(14)黒田「武家政権の成立」(『日本歴史講座』2、古代—中世、一九五六年)。
(15)『樵談治要』(『群書類従』第二七輯、一九〇—一九一ページ)。
(16)黒田「太平記と南北朝内乱」(『日本史研究』別冊、一九五三年)。
(17)永原慶二『日本封建社会論』(一九五五年)第五章。
(18)親房のばあいについて補説すれば、彼は「武士たる輩、いへば数代の朝敵なり、御方にまゐりて其家をうしなはぬこそ、あまさへある皇恩なれ」(『神皇正統記』岩波文庫版、一七一ページ)と露骨な階級意識を表明している。
(19)黒田『日本の建国』第五章。
(20)『神皇正統記』(岩波文庫版)四九ページ。
(21)同右、一七ページ。
(22)『愚管抄』附録。
(23)『日本書紀編纂千二百年記念展観目録』(一九一九年、京都)、『撰進千二百年日本書紀古本集影』など参照。
(24)『扶桑略記』神武天皇条、『水鏡』神武天皇条、『平家物語』巻第十一、『神道集』巻一、神道由来之事など。諸書に若干の相違はある。
(25)『神皇正統記』(前掲書)一四四ページ。
(26)同右、一八八ページ。なお、この絶対的価値なしには、親房の「正統」の説が成り立たないことに注意。
(27)同右、三九ページ。
(28)同右、四六ページ。

(29) 平田俊春『元元集の研究』一六三ページ。
(30) 辻善之助『日本仏教史』〈中世篇之二〉に、宸筆原本が紹介されている(同二一六ページ以下)。
(31) 『神皇正統記』(前掲書)一五六ページ。

3 神国思想の矛盾

このようにみてくれば、神国思想においては政治と宗教がきわめて緊密に結びあっていることがわかるが、しかし神国思想はつねに政治にとって万能のイデオロギーであっただろうか。

その点で、まず注意しなければならないのは、神国思想の論理そのものが、政治的に反対の結論となってあらわれうるという事情である。さきにのべたように、中世では、天皇の尊厳性について二つの異った態度がみられた。すなわち、幕府の立場からの態度としての頼朝や兼良の神国思想と、貴族政権の側たる慈円や親房のそれとである。しかるにこの両者は、それにもかかわらず、本質においておなじく宗教的「帝王」観であることも、すでにのべた。しからば、両者が相違をきたすにいたる根拠はなんであろうか。神国思想の定義を偏狭に党派的に局限せずその思考形式の本質により総括する観点からすれば、この相違が、神国思想そのものからくるということができないのは、あきらかである。

おなじことは、神器の意味づけに関する論についてもいえる。上述のように、親房は、神器に対する信仰をよりどころに皇統の無窮なるべき信念を説いた。ところが、それとおなじ時代に、『太平記』は、

サテモ三種ノ神器ヲ本朝ノ宝トシテ、神代ヨリ伝ル璽、国ヲ理《ヲサメ》守ルモ此神器ナリ、(中略)此明器我朝ノ宝トシテ、神代ノ始ヨリ、人皇ノ今ニ到ルマテ、取伝御座《オハシマス》事、誠ニ小国也トイヘ共、三国ニ超過セル吾朝神国ノ不思議ハ是

也、サレハ此神器無ラン代ハ月入テ後ノ残夜ノ如シ(1)

といいながら、

是(神器)ハ、以レ伝、詮トス、然ニ今ノ王者、此明器ヲ伝ル事無テ、位ヲ践御座《オハシマス》事、誠ニ王位共難レ申(2)

といっている。ここでいう「王者」とは、北朝を指すから、ここまでは親房と同意見といえる。だが『太平記』は、このことから、

末代ノシルシ、王法ヲ神道棄給フ事ト知ヘシ、此重器ハ、平家滅亡ノ時、安徳天皇西海ニ渡奉テ、海底ニ沈ラレシ時、神璽・内侍所ヲハ取返シ奉リシカ共、宝剣ハ遂ニ沈失ヌ、サレハ王法、悪王ナカラ安徳天皇ノ御時マテニテ、失ハテヌル証ハ是也(3)

と、王法の滅亡を説くにいたる。

後醍醐院、武家ヲ亡シ給フニ依テ、弥王道衰テ、公家悉廃レタリ、此時ヲ得テ三種ノ神器徒ニ、微運ノ君ニ随テ、空シク辺鄙外土ニ交リ給フ、是神明吾朝ヲ棄給ヒ、王威無二残所一尽シ証拠也(4)

ともいっている。つまり、徹頭徹尾、神国思想に立ちながら、「王法」に関する結論は、親房と正反対のものになってくるのである。

右の二つの最重要かつ典型的な例からいえることは、それぞれの結論の対立は、まったく政治的理由からおこっているということである。神国思想にさまざまなものがあるということではなくて、論者の政治的立場と時点との相違が、神国思想の政治的主張を規定しているのである。これは、神国思想と政治権力との関係をみるうえに見落としてならぬ重要な特色であるとおもう。

おおよそ、発達した宗教にあっては、教義上の意見の相違は深刻な理論闘争をひきおこすのがつねであるが、神国

思想にあっては、かつてかかる種類の理論問題は提起されたことがなかった。雑多な論述はありながらも、それ自体の教義として確立したものがなかった以上、これは当然であるが、しかしこれでは、特定の政治権力に対して積極的に推進または反抗の主導力たりえないのも、また当然である。神国思想はきわめて政治的な特質をそなえておりつねに政治を意識させる思想とさえいえるが、しかもそれは、あくまで政治権力への奉仕、その正当化、その宗教的合理化たることによって密着していたのである。もっとも、神国思想が政治に対して主導的たりえず、反対勢力の発生をゆるさぬ論理的規制をもたなかったといっても、それは公家・武家など封建支配層内部の対立に関するかぎりでのことである。いかなる形にしろ、つねに封建支配の原理を宗教的に擁護するのが神国思想の本質であり、前述のように、領主の農民支配にはつねに積極的役割をもった。したがって、封建支配の存廃そのものがあらゆる政治の基本問題となり、反封建的な思想が成長しはじめる封建制崩壊期には、神国思想は諸々の政治論のなかでの反動的な思想の一としてあらわれてくる。だが、被支配階級自体がいまだ封建的生産様式の土台から脱却する展望をもちえない中世にあっては、神国思想はほとんど完全に農民を呪縛するに足るほどの支配の論理であったのである。

しかしながら、そうはいっても、封建支配のもとでは「現世の浄土」は、事実上実現しない。むしろ実際には現世の地獄でさえあった。したがって農民は、感覚的・経験的に神国思想の教説に反抗する。さきにのべたように、中世を通じて「神祇軽侮」「神祇不拝」の風潮がたえずおこっていたが、これこそまさに神国思想の矛盾と弱点をしめすものである。理論や教説はいかにあろうとも、現実ほど明白なものはない。一向一揆は、「神国」の支配階級とその神々に反抗した点で、神国思想に対する反抗の一典型たる側面をもつといえる。だがここに実現されようとしているのは、弥陀の支配する「現世の浄土」=「仏法領」であり、その限りで「神国」と共通するものがあった。従来、一向一揆を西欧中世末の「農民戦争」に対比することがしばしば行われたが、(5) ここにはむしろ中世後期の「神の平和」運

動と酷似したものがあるようにおもわれる。この点、今後いっそう検討すべき課題としてのこしておきたい。[(6)]
中世にあっては、神国思想には必然的にさまざまの矛盾が発生したが、そのなかから本質的に対立する理論が成長して反抗運動を展開するまでの条件はなかったのである。

（1）（2）（3）（4）『太平記』巻二十七「雲景未来記事」（日本古典文学大系36『太平記』三、六四―六五ページ）。
（5）稲村隆一『宗教改革と日本農民戦争』（一九三七年）、笠原一男『日本における農民戦争』（一九四九年）など。
（6）堀米庸三「中世後期における国家権力の形成」（『史学雑誌』第六二編二号、一九五三年）、石川武「ドイツ中世の平和運動における公共性の理念」（『歴史学研究』一七二・一七三号、一九五四年）、鯖田豊之「神の平和運動、バン領主、村落共同体」（『西洋史学』四一、一九五九年）など。

4　封建支配と宗教的権威

応仁の乱後、かつて神国思想の主たる鼓吹者であり注釈者であった貴族階級が没落すると、神国思想のあらわれかたは急速にかわってゆくようにみえる。仏教との分離の傾向や政治論化は、すでに親房の時代からあらわれていたが、それがいっそう顕著になって唯一神道の盛行期をむかえ、宋学との習合もすすんだ。それらを詳述する余裕はないが、しかしそれが従前の神国思想と異質のものでなかったことだけは、すでに各所で指摘した。

戦国時代の神国思想と政治権力との関係は、幕府との関係のばあいを別とすれば、大名領国制との関係を、もっとも重視すべきであるとおもう。大名領国制こそが、新しく形成さるべき政権の基本をなすものであったからである。しかし、この方面の研究は、まだきわめて未開拓であり、私も全般的にのべる準備がないから、ここでは、戦国の雄たる後北条氏に関する一例をもって、その一端を瞥見することにしたい。

鶴岡八幡宮は、鎌倉時代、源氏の氏神として崇敬あつく、室町時代にも初期には幕府の庇護をうけて、全国的な名社の一であった。戦国時代には、一地方社になりさがらざるをえなかったが、しかし、後北条氏の崇敬により、退転することなく江戸時代におよんだ。(1) さて当社においては永正二年(一五〇五)九月、僧俊朝が、鶴岡八幡宮寺供僧職を僧快元に譲り、(2) 快元はその後天文十年九月までその職にあり、これを僧融元に譲与した。(3) この快元は、『群書類従』所収の『八幡愚童訓』の奥書に署名のある快元その人として知られているが、(4) なお他に在職中の天文年間の記録として『快元僧都記』(5) があるので、これによって、当時の鶴岡八幡宮と北条氏綱との関係をみておこう。

快元が供僧職についたころから、鶴岡八幡宮の社殿はかなり荒廃していたようであるが、(6) 氏綱の尽力によって天文年間に造営がすすめられた。その尽力とは、材木・炭その他の資材から人足にいたるまでを、「国郡在々所々」の課役として、侍分以下に賦課する形をとったのであって、(7) 氏綱・快元両者の緊密な関係の一端を知ることができる。快元にいわせれば、「神江之為二奉公一 末代亀鏡之間、一点無二物惜一」(8) かるべきものであった。このように経済的に領国制と密接に結合していたからでもあるが、快元は、くりかえし早雲や氏綱を礼讃する言葉を記し、公方様は関八州を領してもこれほどの造営はできない、それは君臣が相反しているからだとか、(9) 氏綱は造営を怠らないから八ヵ国の大将軍たること疑なしなど(10) と記している。したがって、快元が氏綱に魂を捧げわたしていたのはあきらかで、氏綱の武運長久の祈禱に専念するのはもちろん、工事の進捗と敵陣陥落とを「神之影向」で結びつけたり、(11) 領国支配に叛逆した者が討死したことを「是即神之加護也」ときめつけたりしている。(12) かくて鶴岡八幡は、完全に氏綱の領国支配のための神となった。

氏綱に比べて公方様が問題にならなかったばかりでなく、天皇もまた大した問題でなかったらしい。帝王崩御の間に、遷宮はいかがなものであろうかとの問にたいして、「苦しからざる旨」をこたえたと記している。(13) ここでわれわれは、快元が『八幡愚童訓』の奥書にその名をのこしていることを、おもいあわせてみる必要がある。

快元が『八幡愚童訓』の奥書に署名している事情については、従来の諸書の解説はかなり曖昧である。本書が快元の撰述であるようにもいわれているが(14)そうではなく、おそらく蒙古襲来後とおくない時期の実戦記などを素材にして石清水八幡の社僧によって製作されたものであろうといわれるが(15)、それにしても『群書類従』本の最末尾の註記だけは、快元がしるしたものであろう。その註記によれば、快元は、本書の内容にかなり熱意ある関心をしめしていることがわかる。とすれば、快元はいったい「神国」をいかにかんがえていたのであろうか。

『八幡愚童訓』は、異敵撃滅を中心に八幡の神徳を説き、明白な神国思想をのべているが、このさい注意すべきは、そのなかの承久の乱の評価である。そこでは、

当世ハソトノ浜ヨリ始、至二于鬼界島一、武威ニナビケル事ハタヾ如レ草如レ風、違反輩アレバ不レ回二時刻一討取搦捕(16)

と「武威」すなわち幕府の勢威をみとめ、これを八幡神の国をまもる神慮なりとする。そこから、

公家憚二武家一、武家恐二公家一、専任無二自由政務一、文武二道有二徳化一、東関破レテハ洛陽安全ヲ難レ得、将卒衰テハ民烟荒廃無レ疑(17)

と、承久の京都方の敗北が神国の理にかなったものとして説明するとともに、武家の存在を積極的に肯定しているのである(18)。だから、前節でのべた幕府の立場の神国思想にちかい性格をもつといえるが、かようにみてくれば領国支配の宗教的イデオローグたる快元の、思想的背景の一端を示すものとして興味ぶかいものがある。すなわち快元の立場は、その時点の政治的特質をのぞけば在来の神国思想となんら根本においてことならないこと、逆にいえば神国思想は貴族の立場にも、幕府の立場にも、さらにそれを否定する第三の政治的立場(＝大名領国制)にも適応しうるということである。くりかえしいうことになるが、所詮神国思想は、国土・領国・所領等々あらゆる封建支配の領域を宗教

的に「荘厳」するものにほかならないのである。だがこのさいも、いつでも天皇の宗教的尊厳をいう立場へ復帰する可能性を留保していることを、わすれてはなるまい。

快元の例は、当時のわずかの一例にすぎないが、ここからは神国思想が完全に大名領国制の従属物になり下った姿がうかがわれる。なり下ったという意味は、もはや政治権力が宗教的権威のもとに成立すると考えられるのでなくて、政治支配がだれの眼にも人間的な権力としかみえない段階では、宗教が卑屈な追従に陥り、自他ともにそれを意識せざるをえなくなっているからである。この点、神国思想は、ほとんどすべての諸宗派と同様または以上であった。天正十五年(一五八七)の有名な伴天連追放令の第一条に、

一、日本は神国たる処、きりしたん国より邪法を授候儀、太以不可然候事[19]

とある「神国」とは、具体的には、

国郡又は在所を持候大名、其家中之者共、伴天連門徒ニ押付成候事ハ、本願寺門徒之寺内を立てしより太不可然義候間、天下之さわりニ可成候[20]

という事態に対する言葉であった。すなわち、きりしたんの信徒組織が、本願寺の寺内と同様、「天下のさわり」になること、これへの弾圧の口実が、実に「神国たる」ことであった。『破提宇子』が、キリスト教の教義を破するにあたり、「日本ハ神国ニシテ」「吾朝風俗、皆神道ニ依ズト云コトナシ」「神道仏法アレバコソ王法モ盛ンナ」ることを最後に強調しているのも[21]、おなじ理由からであったのである。

かくして神国思想は、近世になって、儒教といっそう結合して儒家神道の諸派を生み、また国学者の復古神道にもあらわれ、やがて明治の国家神道となって全国民の上におおいかぶさった。それらはここでの対象の範囲ではないが、その過程でいかに仏教が排撃せられたにしても(そして中世の神国思想が仏教を除外してはかんがえられないにして

も）、その思想的本質が、中世の神国思想と別のものでないことだけは、強調しておかねばならない。「神国」が、思想・宗教を統制し弾圧する根拠となったその論理も、またおなじであった。

以上、中世の政治権力と神国思想との関係の概略をのべたが、このほか詳細に論ずべき具体的問題は、はるかに多くのこされている。[22] 若干ふれた点も、検討は不充分である。ただ、それにもかかわらず、はっきりいえることがある。それは、神国思想は一貫してつねに封建支配者の教説であったこと、そして、かつて一度も民衆を解放する運動の合言葉にはなったことがないということ、これである。「神国」とはかかる意味での「現世の浄土」の教説であった。

（1）　八幡宮については、宮地直一『八幡宮の研究』（一九五六年）参照。
（2）　俊朝譲状（『鎌倉市史』史料篇一、相承院文書二八三号）。
（3）　快元譲状（同右、二八七号）。
（4）　『新校群書類従』第一巻「解題」。
（5）　『快元僧都記』（『群書類従』第二五輯）。
（6）　快元覚書（『鎌倉市史』史料篇一、鶴岡八幡宮文書九九号）。
（7）　『快元僧都記』（『群書類従』第二五輯）天文三年二月など。
（8）　同右、天文三年六月。
（9）　同右、天文四年八月。
（10）　同右、天文七年十月十五日条。
（11）　同右、天文六年七月十六日条。
（12）　同右、天文六年四月廿日条。
（13）　同右、天文九年十一月二日条。この「帝王崩御」が、どの天皇を指すのかは、あきらかでない。
（14）　たとえば佐伯有義編『神道分類総目録』の解題。

(15)『群書解題』第一中「八幡愚童訓」(西田長男)。
(16)(17)『八幡愚童訓』(『群書類従』第一輯、四三一ページ)。
(18) 村山修一『神仏習合思潮』一〇六ページ、田村円澄「神国思想の系譜」(『史淵』七六輯、一九五七年)。
(19) 天正十五年六月十九日切支丹禁制(松浦家文書)。
(20)『御朱印師職古格』所収天正十五年六月十八日秀吉朱印状。この朱印状は十九日付たるべきものといわれ、註(19)の禁制と不可分の関係が指摘されている(海老沢有道「切支丹禁因の再吟味」(『切支丹史の研究』一九四二年))。
(21)『破提宇子』(日本古典全集)二三ページ。
(22) 神国思想と政治権力との具体的交渉について、本稿はほとんどふれなかったが、この点、石母田正「中世における権威の問題」(『古代末期政治史序説』下)、永原慶二『日本封建社会論』第五章などに重要な指摘がみられる。

むすび
——中世における国家と宗教——

以上、中世の神国思想の諸問題の概略をのべ、それと国家ないし政治権力との関係をみてきた。最後に、むすびとして、神国思想を中心に、中世における国家と宗教との関係の、いわば日本的特殊性ともいうべきものをのべて、この稿をおわりたいとおもう。

「神国」とは、日本の国土が、したがって人民も国家も、神に擁護されている、という意味である。神の苗裔(=天皇)が君臨するとか、万国に冠絶するとかいうことも、その根底はつねにこの「神の擁護」の信仰にあり、その意味で、神国思想とは本質的に宗教的であるといえるのである。

しからば、神国思想の政治的性格は、とくにいかなる事情から、顕著なのであろうか。それには、社会的・政治的な点での中世(ひろくは封建社会)の特質と、宗教史的な事情との二方面からかんがえねばならないとおもわれる。前者については、封建社会における生産関係の非合理的性格(村落共同体および領主制の呪術的、伝統的性格)と、中世国家の構造および権威の宗教的性格が、まずあげられる。神国思想の政治的性格は、むしろ、この封建社会一般の本質のゆえに存続しえたといえるが、しかしこれはあくまで封建社会一般の条件である。特殊的には、やはり中世のいわゆる〝二重政権〟的情勢が、神国思想が成長するもっとも好適な条件であった。二つの政権の対立・緊張またはその正当化が、本来主として宗教的な「神明擁護」の観念を、きわめて政治的な信念にまでつきつめさせたのである。『神皇正統記』は、そういう時点での典型的かつ最重要な所産であるが、かくして神国思想は、封建支配一般のための宗教的政治思想として確立したのである。神国思想が、明治以後、天皇制絶対主義と排外的国粋主義の内容の基幹部分となった根拠も、このことをおいて、ほかにない。

後者、つまり宗教史的事情についていえば、中世の一般的事情としては、かの「現世の浄土」(「地上の天国」「神の平和」)の歴史的必然性をかんがえないでは、理解できない。そしてこの観点によってはじめて、われわれは神国思想を客観的に分析することがすこしでもできたのである。だがこれは、あくまで一般的事情であるにすぎない。特殊的には、顕密諸宗派の階級的および思想的な反動的対応と、本来浄土教諸宗派の教義に具体的な現世的戒律(倫理)を形成する志向がよわいこと、この二つが指摘されるとおもう。つまり、このことが顕密諸宗派を神道で彩らせ、現世と来世との組合せ(「現世安穏、後世善所」)を「神国」と「極楽」という特殊日本的な内容で定着させたのである。そして、この宗教史的特殊事情が、そのまま政治的意味をになうことになったといえよう。

神国思想の中世宗教史上の位置、その影響についていうなら、神国思想は、一向専修の諸派が中世的宗教として成立し発展してゆこうとしたのに対し、他の諸派がなしくずしに中世宗教化したところに形成されていったといえる。ここで「中世的宗教の成立」というのは、端的にいえば「現世の浄土」の観念を重要な指標とするのであるが、しかし、これについては別に論じなければなるまい。ただ、日本中世・近世宗教史を概観して教団の(信仰の)世俗支配がよわいところほど、いわゆる神道ないし神国思想が顕著であることに気付くのは、私ひとりではあるまい。神国思想は、そういう性格のものである。しかも、この相関関係は、たんなることの結末ではない。思想の闘争と葛藤のあとである。いいかえれば、神国思想は、みずからがなしくずしの不徹底な中世宗教であったばかりでなく、純粋な中世的宗教の発展を抑圧し、挫折させ、あるいは混濁させたのである。したがって、神国思想は、日本の宗教全般にわたって、中世的性格を不徹底ならしめた特徴的存在であるといえる。もっともそのこと自体は、民衆と国家にとって幸いであったか不幸であったかには、直接結びつかないことであるが。

なお一言、書きそえたい。神国思想を、その真の対立物との関係を追究するなかで把握するとき、それが日本人の抜きがたい民族性などではなく、また非宗教的なものでもないことが、あきらかになってくる。本稿は、神国思想についてごく表面を概観したものでしかないが、その観点からの今後の研究のための礎石ともなれば、これにすぎる喜びはない。

Ⅸ　一向一揆の政治理念

――「仏法領」について――

一　「仏法領」の用例

中世の思想史が、宗教思想によって単につよく彩られていたばかりでなくその本質を規制されていたことは、あらためていうまでもない。しかるに、日本中世の宗教はたまたま諸教・諸派に分立していたために、今日宗教史を統一的に(羅列的にでなく)把握することがなかなか難しく、したがってまた中世思想史も、思想史の法則的展開として統一的に把握することが困難な現状である。しかしてこの困難は、とかくみられるように宗教史上の諸事実を宗派の独自性や個性の創造力の方向へ説明づけることのみによっては、克服できない。むしろ、まず世界史的・一般的な中世思想の段階的特質を基準にして意義づけることが、わずかずつでも克服してゆく第一歩であると考えられる。

本稿でいう「仏法領」とは、蓮如の言葉の一端にあらわれたものでしかないが、右の観点からみるとき、重要な示唆をあたえるものとおもわれる。本文に先立って結論めいた見通しをのべておけば、「仏法領」の観念こそ、中世的宗教思想の成熟を表示するものであり、ひいてはながらく論議されてきた一向一揆の本質にも関係するところ深いものとおもうのである。(1) そこでまず「仏法領」なる言葉から説明したい。

「仏法領」なる語は、管見の範囲では、文献史料の上では三ヵ所しかあらわれない。

その一つは、文明七年四月二十八日付の帖外御文である。その末尾に、

それ当流といふは仏法領なり、仏法力をもてほしゐまゝに世間を本として、仏法のかたはきはめて疏略なること、もてのほかあさましき次第なり(2)

という一文がある。つぎの一つは、近江堅田本福寺旧記の『跡書』のなかの、

仏法領《フチホウリヨウ》ニモノヲツカヘハ、上々御内衆《ミウチシユ》モ用求《ヨウモトメ》シタマイ、アレカコレカトコトバヲカケタマフ(3)

という箇所である。最後の一つは、『蓮如上人御一代聞書』のなかの、

蓮如上人御廊下を御とほり候て、紙切のおちて候ひつるを、御覧ぜられ、仏法領の物をあだにするかやと仰られ両の御手にて御いたゞき候と云々(4)

という一節である。ほかにもあるかもしれないが、いまのところ私はしらない(5)。

「仏法領」とはどういう意味か、はじめにそれぞれのばあいについて、検討したい。

第一の帖外御文については、これが書かれた背景に注意する必要がある。ひろくは、これが応仁文明の乱の最中のことであることをわすれてならないが、蓮如自身についてみても、文明三年以来、吉崎を中心に北陸地方にいた時期であり、この七年の八月二十二日になって吉崎を退去したのであった。この間、文明五・六年には、現存するものの限りではもっとも多数の御文を書いている(6)。

問題の御文は、大津の幸子房に与えたものである。その文言とあとがきとによれば、大津近辺の本願寺門徒は、乱世にそなえて合戦の準備おこたらぬ風情であったらしい。かかる「正体なき」状態に関して、幸子房の質問に答えて与えたのが、この御文である。ここで蓮如は、「それ当流といふは仏法領なり、仏法力をもてほしゐまゝに世間を本として、仏法のかたはきはめて疏略なること、もてのほかあさましき次第なり」という趣旨から、「弥陀如来の他力真

実の信心の一途を決定」すべきことを説いたのである。

この「仏法領」の意味について、もうすこしくわしく、当時の蓮如の立場をみてゆく必要があろう。彼は、はじめ吉崎を拠点とさだめてから文明五年八月まで、吉崎を「要害もよくおもしろき在所[7]」とみていた。ところがそれがあまりにも適中して、信徒が雲霞のごとくあつまるうちに、「牢人」が「出張」し農民の動きとともに、吉崎は社会的政治的緊張の一中心と化していた。この事態に、蓮如はいかに対処したか。それはおなじく文明五年の十月某日付多屋衆宛に「為二仏法一不レ可レ惜二掩命一、可二合戦一[8]」といい、おなじく十月三日付に「牢人出張の儀についてそのひまなく、或は要害或は造作なんどに日をおくり[9]」するのが本意でないと述べている態度に、みることができよう。この同じ月の二通の御文には、相反する力点が含まれている。そして、結局はどうか。翌十一月には、御文のなかではじめての「禁制」が出されたのである[10]。そのなかに、諸神諸仏や他宗に対する軽侮をいましめる言葉とともに、「於二念仏者一国可レ専二守護地頭一不レ可レ軽之事」が含まれていたことは、注目に価する。そして、翌六年二月には、これも御文のなかではじめて「王法をもておもてとし[11]」の言葉が説かれるのである。

このように、文明五年十―十一月は、蓮如にとってひとつの転期であったといえる。すなわち、仏法のためには「要害」が必要であるというかんがえ、ばあいによっては一命をも惜しまず合戦すべしとする立場[12]から、「牢人出張」による諸方よりの「雑説」を「迷惑」としてさけるために他力の信を強調して世俗的な対立をさける立場への、転換である。「仏法領」の御文は、これから約一年半のちに書かれ、やがて蓮如は北陸を立去ってしまうのである。

私は、「仏法領」という言葉は、世俗的紛争のなかでのこのような切迫した体験から出ている語であるとおもう。第一に、仏法領という言葉が、世俗的な「領」に対立する「領」であるという意味をこめている。第二に御文の文章の内容もまた、「当流」をそのようなものと規定して他力の信を説いている。そして第三に、この御文の動機そのものが、大津におけるそのような問題への基本的態度として記されているからである。つまり「仏法領」とは、世俗領主が所領・領国をめぐって争乱をつづけているなかにあって、かかる世俗的方法によらない信心者の集団の世界＝「領」を意味するものであったと、いえるのである。

つぎに、本福寺旧記の『跡書』のばあいをみよう。ここでは、まず、

有得《ウトク》ノ人《ヒト》、十人廿卅人ノ人ヲ扶持スルモノハ、ソレホトニヒヤウシカ相《アヒ》テ、首尾トヽノヲルソ

といい、これに対して、

ヒロウノモノハ、ワカ身一人シテトヽノヘントスレトモ、カナハヌモノソ

と説かれ、かかる「ヒロウノモノ」の身の処し方として、

仏法領《フチホウリヨウ》ニモノヲツカヘハ、上々御内衆《ミウチシユ》モ用求《ヨウモトメ》シタマイ(中略)フンケンニテモノヲツカフホト万事《ハンジ》カナフナリ

といわれるのである(13)。つまり「仏法領」は、「有得ノ人」に対して、「ヒロウノモノ」が「万事カナフ」ようになることのできる集団すなわち教団をさしている。

この「仏法領ニモノヲツカ」うことが、たんなる仏への喜捨でないことを注意したい。おなじく『跡書』は、

昔カタヽ(堅田)ニ有得ノ人ハ(諸国をめぐって)商ヲセシホトニ(中略)ブンケンナレハ心ユタカニ仏法ニ物ヲナクル物ナリ(14)

という話をつたえている。この「仏法ニ物ヲナクル」というのは、堅田門徒が本福寺へ捧物をしたことをいうのであって、純粋な信仰行為としていわれているのである。「仏法領」は、これとは異なる。それは、

上様へ諸国ノ坊主衆志ナク同《オナシク》御門徒ヨリノ志ナキヲ、御存知アルマシキ様ニ思テハ一大事ソ、コレヲスヤルナラハ、今世後世トリハツスヘシ、冥加ヲ存セハ、カリソメノ物ヲモ捧ヘシ(15)

とあるように、「今世後世トリハッス」権能をもつ「上様」＝本願寺法主の「領」＝教団をさしているのである。

本福寺旧記の『跡書』については、なお、この記録のなかで幸子房のことに言及しているのが、注目される。

応仁元年ノ京乱ニ栗本安養寺へ七十日斗、生身ノ御影様御逗留トカヤ、カウシ坊ノ代ノ事也(16)
山南細川合戦ス文明十一年マテ京乱ル、也

とあるのがそれである。安養寺は幸子坊の道場のあった場所である。この記述から、大津・堅田のあたりでは、幸子房といえば、応仁の乱ごろの伝承と密接な関連をもってかなりひろく伝えられていたことがわかる。さきの文明七年四月の帖外御文が幸子房に与えられたものであることを想起するとき、堅田本福寺で「仏法領」の語がつかわれたのも、やはりこの幸子房を仲介としたものであったかとおもわれる(17)。

「仏法領」の語は、ひろく用いられた形跡はないが――そしてこのこと自体、一つの問題なのであるが――、それにしても、文明年間からこの永正年間(18)まで生きつづけるだけの生命力はあったのである。

(1)「仏法領」の語については、赤松俊秀「南北朝内乱と未来記について」(『鎌倉仏教の研究』一九五七年)に一言ふれられ、森龍吉「蓮如」(家永三郎編『日本仏教思想の展開』一九五六年)にも比喩的な意味でいわれている。ここでは、それらとちがって、用いられたときのままの意味をあきらかにしたい。

(2)「帖外御文章」四〇(『真宗聖教全書』五)、禿氏祐祥『蓮如上人御文全集』帖外御文、四三。

(3)『真宗全書』史伝部六〇ページ。原本写真によりふり仮名をつけた。

(4)『蓮如上人御一代聞書』末、三〇八(『真宗聖教全書』三)。

(5)〔補註〕西川幸治氏は、以上の三例のほかに『今古独語』に、「仏法領の事に非るあひだ、かたく蓮如斟酌ありと雖も、勅定の上は国の面々談合すべき旨内々仰下されしかば……」とあるのを指摘している(「寺内町の形成―吉崎と山科―」〈『仏教芸術』六六号、一九六七年〉)。本稿にこの記述の検討を付加すべきであるが、でなくても、以下の論述を補強するものであることはあきらかであろう。

(6) 禿氏祐祥『蓮如上人御文全集』巻末年譜参照。
(7)「帖外御文章」一五(『真宗聖教全書』五、以下おなじ)。
(8) 同右、一九。
(9) 同右、二〇(禿氏祐祥、前掲書、二一、参照)。
(10) 同右、二一(禿氏祐祥、前掲書、二四、参照)。
(11)「御文章」二の六(『真宗聖教全書』三)、「帖外御文章」三二。
(12) 蓮如が一揆を積極的に肯定した他の資料の存在については、森龍吉「蓮如」に言及されている(家永三郎編『日本仏教思想の展開』二六七ページ)。
(13) 註(3)に同じ。
(14)「仏法領」の語のあるつぎの項。
(15)「仏法領」の語のある二つ前の項。
(16) 原本では四〇枚以前である。
(17) 幸子房については、『拾遺蓮如上人御一代聞書』(『真宗聖教全書』五)のなかに、仏法三昧・世間三昧の説話などがつたえられており、本稿の「仏法領」の意味をうらづける内容のものである(同書、三『仰条々連々聞書』二〇・二一)。
(18)『跡書』の記載内容からすれば、この記録の筆記は永正十五年以後である。

二 「仏法領」の意味

以上二つの資料からえられる仏法領の意味は、ほぼこのようなものであるが、これをまとめ、さらに第三の資料その他で敷衍して、その意味をふかめたい。

仏法領の意味は、多面的ではあるが、さしあたって三つの側面から規定することができる。その第一は、乱世における世俗領に対しての意味である。乱世というよりは、封建社会にあっては、紛争や合戦は日常的なことに属するのがむしろ原則であるが、かかる社会では生活上の安心や庇護が所領の確保と人格的な従属・庇護によってなされるのが一般的かつ世俗的な方法であったことは、あらためていうまでもない。仏法領ではどうか。そこでは、この安心や庇護が、世俗的な方法によってではなくて、仏法――弥陀――の救済にたよることによって、なされるとする。かかる世俗的所領とおなじ社会的基礎の上に世俗的所領の投影形態として成立していること、これが仏法領の意味の第一の側面である。

第二には、仏法領では、仏法がすべてを支配し、ひとびとは仏法によって擁護されあるいは罰せられる。蓮如は、大津辺の門徒の「正体なくうへなき風情」を「これしかしながら、聖人の御罰をかうぶりたるすがたなり」といい、本福寺旧記の『跡書』は「上様」への志を忘れたなら「今世後世トリハツスヘシ、冥加ヲ存ヤハ」云々といっている。弥陀(ひいては宗祖さらには法主)への絶対他力の信仰が、摂取不捨＝万能の能力を予想し、それが一切の支配を結論づける。そして支配とは、一方では擁護、他方では冥罰を意味することも、封建支配の論理と完全に一致する。

このことを、『蓮如上人御一代聞書』についてみよう。

聖人の御一流は、阿弥陀如来の御掟なり(1)

朝夕(の勤行)は如来聖人の御用にて候(2)

仏法をあるじとし、世間を客人とせよ(3)

我が身をば、法にひでておくべき(4)

これらはいずれも、仏法領における仏の支配を語る言葉である。仏法領に救済をもとめるものの主体的態度として、

南無阿弥陀仏に身をばまるめたる(5)

などの言葉が語られている。これはそのまま仏恩＝擁護・恩寵につうずる。

仏法領解の心すなはち仏願の体にかへるすがた也(6)

世間には物も食すして寒かる者も多きに、食たきまゝに食て着たきまゝに物を着る事は聖人の御恩なり(7)

仏法には万かなしきにつけても、かなはぬにつけても、何事に付ても、後生のたすかるべきことを思へば、よろこび多きは仏恩なりと云々(8)

かかる仏恩の意識が、極度に観念的な認識によってのみ成立していることはいうまでもないが、冥罰もまた同様である。

信なくば必御罰を蒙るべき由仰られ候(9)

ただ冥見をおそろしく存ずべきことに候(10)

のち石山本願寺時代にあらわれる「後生御免」や「生害」など(11)は、かかる冥罰にその教理的基礎をもつ。かくて仏法領は、仏に今世後世の浮沈と生殺与奪をまで託した、絶対支配下の領域を意味するのである。

以上の一、二の点と表裏することであるが、第三には、仏法領が来世の浄土でなく現世の仏世界であるということを、注意したい。具体的には、仏法の支配はひとびとの観念の世界または後世に関することというよりは、現実に教団の掟に服することであるというのが、その一つの意味である。「当流といふは仏法領なり」の語と同じ意味で、「聖人の御一流は、阿弥陀如来の御掟なり(12)」ともいわれるが、これはやがて、「開山聖人の御再誕(13)」たる蓮如の「御掟(14)」となる。

御文は如来の直説なりと存ずべき由に候、「形をみれば法然、詞を聞ば、弥陀の直説」といへり(15)

かかる「御掟」には教義の原則もふくまれているが、ほかに教団の現実的な諸規制がふくまれていることが、重要である。それは仏の法そのものではなく、しかも世俗の掟でもない。だから、さきにのべた仏法の支配ということもあくまで現世の問題としての意味をもち、掟はかかるものとしての規制である。

　衣装等にいたるまで（中略）悉く聖人の御用《ゆう》仏物にて候(16)

　たとひあきなひをするとも仏法の御用とこころえべき(17)

といわれるように、支配＝擁護・冥罰は、現世における、たんに観念的なものでなく物質的な具象として存在するのである。

はじめに「仏法領」の語の第三の資料として紹介した『御一代聞書』の文のあとには、つゞいてつぎのように記されている。

　総じてかみのきれなんどのやうなる物をも、仏物と思召御用ひ候へば、あだに御沙汰なく候の由、前住上人御物語候ひき(18)

すなわち「仏物」とは「仏法領の物」の意である。仏物の語と観念とは今日も宗門内部に生きているが、仏法領の語は死滅した。本願寺教団は、「仏物」程度の観念は宗門の範囲にかぎってのこしえたが、現世の「領」としての仏法領の観念は、おそらく石山合戦の終焉とともに、主張する構えを失ってしまったからである。

仏法領の意味がこのようなものとすれば、ここで、有名な「王法為本」との関係にもかんたんにふれておかねばなるまい。

御文のなかから、「王法」についてのべた箇所を摘記すれば、つぎのようになる。(19)

(1)　ことにほかには王法をもておもてとし、内心には他力の信心をふかくたくはへて、世間の仁義をもて本とすべ

し(文明六年二月)

(2) またほかには仁義礼智信をまほりて、王法をもてさきとし、内心にはふかく本願他力の信心を本とすべきよしを……(文明七年十一月廿一日)

(3) ますほかには王法を本とし、諸神諸仏菩薩をかろしめす(文明八年七月十八日)

(4) わが往生の一段にをひては、内心にふかく一念発起の信心をたくはへて、しかも他力仏恩の称名をたしなみ、そのうへにはなお王法をさきとし、仁義を本とすべし(文明九年一月八日)

(5) これらのをもむきをくはしく存知して、ひとをば勧化すべし。ことにまず王法をもて本とし、仁義をもて先として、世間通途の義に順じて、当流安心をば内心にふかくたくはへて……(文明九年三月)

文明五年までのものには「王法」にふれたものがない。すなわち、さきにのべた文明五年十—十一月の転期から以後にかぎられる。そして「仏法領」を説いた御文は同七年四月のものであることに注意したい。

さて、「王法為本」は信心為本をすてたものとしてとかく非難されるが、右に列記したところをみれば、はたしてどうか。(1)(2)(3)にはことごとく「ほかには」との限定が付せられている。外部に対する外面的な態度または布教のばあいの方便としていわれていることと、「内心には」といわれていることとの軽重は、おのずからあきらかである。(4)(5)には、以前にくらべると、仏法に対し王法が相対的に独立したものとして語られたふしがあり、いわゆる真俗二諦の立場に立っているようにみえるが、これも必ずしも王法為本とのみ強調すべきものでないとおもう。本願寺教団がいつどのようにして王法為本になり切ったか、それはもっと後の問題であろう。

だが一応、文明六—八年の段階と九年以降とを区別して考えてみよう。前段階すなわち「仏法領」が説かれたところには王法と別の世界をつくる意欲があらわれている。そしてそれは仏法領の意味するものにも通ずる。あとの段階ではどうか。そこでは、王法の存在とその束縛とを前提として、それへの配慮の側面がさきに強調されている。かかる意味での王法為本は、だから、仏法領の観念と原則的には矛盾するものではないが、世俗的な「領」すなわち王法を観念的に否定して、超然として「仏法領」を掲げた態度からは、たしかに一歩後退したのである。もとより、現実の、ことに信徒民衆の期待としての仏法領は消滅しなかったが、教義としては、こうして芽生えたばかりのところで挫折した。そして、あとにははるかに貧困な「仏物」の観念だけが生きつづけるのである。

(1)『蓮如上人御一代聞書』七五(『真宗聖教全書』三)。
(2) 同右、七八。
(3) 同右、一五七。
(4) 同右、八八。
(5) 同右、一〇〇・一〇一。
(6)『拾遺蓮如上人御一代聞書』二一(『真宗聖教全書』五)。
(7) 同右、二一。
(8)『蓮如上人御一代聞書』二九八。
(9) 同右、一〇四。なお五八も同様。
(10) 同右、一三三。
(11) 笠原一男「一向一揆の本質」(『史学雑誌』第五八編六号、一九四九年)。
(12)『蓮如上人御一代聞書』七五。
(13) 同右、一三。
(14)『蓮如上人御一代聞書』は、しばしば「蓮如上人の御掟」として記している。たとえば、同二一・二一一・二一三など。
(15)『蓮如上人御一代聞書』一二四。

(16) 同右、一四〇。
(17) 同右、一六九・二六〇。
(18) 同右、八八。
(19) 以下(1)は「御文章」二の六、(2)は三の一一、(3)は三の一三、(4)は四の一、(5)は「帖外御文章」四六。

三　教義としての戒律

つぎに、さかのぼって、「仏法領」というような思想が蓮如のときになってはじめて発生したものかどうかを、かんがえたい。

この点では、さしあたって検討しなければならないのは、親鸞のばあいである。私見では、「仏法領」の思想の原理的なものは——そういう言葉こそみられないが——、親鸞にも明瞭にうかがわれるようにおもわれるからである。これは、親鸞の思想の全般に関係する問題であるから、多岐にわたって詳論すべきであるが、ここでは、その要点だけをのべておきたい。

親鸞の思想では、「真仏土」を後生の往生にもとめたことは、「厭離穢土、欣求浄土」を基調とする浄土教一般となんらことならない。しかして、かかる念仏者は現世ではどうか。『教行信証』信巻末には、

獲《ギャク》《ウル》二得《スレ》金剛ノ真心ヲ一者《バ》、横ニ超ヘ二五趣八難ノ道ヲ一、必ズ獲ウ二現生ニ十種ノ益ヲ一

として、冥衆護持益、至徳具足益、転悪成善益、諸仏護念益、諸仏称讃益、心光常護益、心多歓喜益、知恩報徳益、常行大悲益、入正定聚益の「十種益」をあげている。(1) この入正定聚益に集約される「獲現生十種益」は、「横超五趣

八難道」に対するもので、後者が往生浄土の証をいうに対し、その現世における因の徳義としての利益であることは宗学者によっても説かれていることである。(2) 当来の後世に往生が決定するその因そのものが、念仏者に現世で利益を生ぜしめるというのである。しかもここで大切なのは、最近とくに注目されているように、この「利益」が、教団の発展に伴う対社会(対世俗)的な態度についての論議を契機に、強調された事実(3)であって、このことは、「現世利益」や「諸仏等同」が、たんなる大乗仏教の一般的論理ではなく、念仏者の現世における生活の実践的な信条の問題であったことを物語るものとかんがえられるのである。(4) この、論理と歴史との関係が重要である。

親鸞において、現世の利益・擁護が問題とならねばならないのは、仏法を政治的・世俗的力法によってひろめようとするからではなく、かえって世俗的支配や権力関係を超脱することによってひろめようとするからである。「自信教人信」の教団は、だから国家自体の仏教化を意図するものでもなく、(5) 反対に被支配層の階級的結束をめざすものでもない。「非僧非俗」の「凡夫」「悪人」の教団は、国家権力と一体になった顕密諸宗の「教団」でもなければ、その他の世俗的人間の集合でもない。しかし、もとより客観的存在としては、武士にしろ農民・漁民・商人にしろ、当時の政治的社会的関係のもとにおいて被支配階級であった人びとにほかならない。重要なことは、社会的現実としてのかかる存在が、現世における非世俗的な結合として観念されたことである。諸仏・諸神の護念や正定聚の位は、かかる結合＝教団に加わる念仏者への現世的擁護の保証にほかならぬのであり、蓮如が仏法領において「身をば法にひてゝおく」「南無阿弥陀仏に身をばまるめたる」というのと、異なるものではない。蓮如を教団の旺盛な組織者として親鸞と対立的に比べるよりさきに、当然のことではあるが、このような連続面に注意することは、今日、とくにここでは、大切だとおもわれる。

ただ親鸞は、蓮如のように「如来聖人の御罰」を強調することはなかった。「地獄は一定すみか」である凡夫に、その上に罰などは問題にならないからである。このことは「仏法領」の思想の発展における、親鸞と蓮如の段階的な――質的でなく――差として注意してよい。

けれども、親鸞のもとにも、教団は事実上たしかに存在した。そして、その門弟らに親鸞の消息がおくられて教誡の役割をもち、有力門弟もまた念仏の道場をかまえて、そこに掟の張文をかかげもしたのである。主観的意図やことの是非をとわず、ここには教団としての規制が、仏法の名において実際上不可避的に発生していた。この規制の内容が、「制禁」「掟」などとして、いまも若干つたえられていることは、周知のところである。

さて、あらゆる宗教的戒律ないしは禁制・掟などが、現世の生活の規制であることは、まったく説明を要しないことである。それは、本来後生の往生のみを希求する念仏の諸派においても、同様であった。そこでは、「厭離穢土」を基調とするゆえ現世的倫理は本来欠如しており、「他力本願」であるゆえ修善を必要としないのであるが、にもかかわらずそうであった。したがって、この規制と、倫理ないし修善とのあいだは微妙であり、ことに「専修賢善」「知識帰命」などの異安心がふくまれる危険があるとして、厳しい指摘もされてきたのである。

もともと、親鸞の教団にあっては、教義としての戒律はいかなる掟文にも存在せず、またありえないことであった。しかも、この当然のことが問題の決定的な特質をなしていた。諸々の禁制・掟文にみられるものは、いわゆる行儀に関する事項であるが、これは一つには世俗・政治権力ないし他宗など宗外に対する態度に関するものであり、もう一つは、宗内の統制または作法に関するものである。前者については、

一、諸法ヲ誹謗スヘカラス[6]

というような単純な禁止のものもあるが、注意すべきは、

一、念仏門ニヲイテ五逆十悪ヲモ生ズト信知シテ小罪ヲモ犯スヘカラス

一、無知ノ身ニヲイテハ、戯論諍論ノ処ロ、百由旬遠離スヘシ

一、諸事ニツケテ人ヲ難スヘカラス

一、人倫幷牛馬ノ売買口入ヲト、ムヘシ

一、諸ノ博奕雙六ヲト、ムヘシ[7]

などのような、一見まったく世俗的な生活作法としかみえないものについてである。これらは単純な世俗的倫理として書かれているのではない。すでに説かれているように[8]、「造悪無碍」の主張によって教団が危機に陥るという対外的な関係のなかで、教団の行儀として成立してきたのである。しかるに、かかる行儀は、教団にあっては、教義と無関係に説かれることはありえず、かならず教義的権威を帯びてくるから、やがては、現世を規制する「教義としての戒律」の性格をもつにいたる。「専修賢善」の異安心といわれる所以もここにある。後者、つまり宗内の統制・作法についての掟にしても同様で、

一、念仏勤行ノ日、男女同座スヘカラス

一、同勤行ノ日、魚鳥幷ニ五辛ヲクラフヘカラス[9]

などは、右のばあいとまったくおなじようにいえる。教団内の統制については、

一、善悪ヲモワキマエザル愚癡ノ輩、ハジメテ師匠ヲタノミテ仏法ヲ聴聞シテノチサカシクナリテ、同行ヲモオホクス、メトモナフニヨテ、ヒトヘニワガチカラトオモフテ師ノ御徳ヲワスレテ師ノトガヲモトメテ、アヒハナル、コト、コトニトトムヘシ、カクノゴトキ輩ハ、師ヲソムクニヨリテ、イカニ念仏ハマフストモ、順次ニ往生スベカラズ、師ヲ謗シテ仏ニナラザルムネ、当流ニカキラス、諸宗ノ聖教ニソノ証拠アキラカナリ、イタリテ現世後世ノアダトナリテ、身モ損シ人ヲモ損シツヘカラムトガハ、チカラオヨハス、ソノ以下ノ少々ノ事ヲバナケス

テ、ヒトヘニ後世ノ事ヲイヒ談シテ、アエテ現世ノ少事ヲ目ニモ心ニモカクヘカラス(10)

のごとく、善知識の恩という一応正当な論拠から宗内の統制をいい、そこから往生の可否まで論及しているものがあるが、明確に教義的な裏付けを伴って規定している点が注意される。「知識帰命」の異安心とされる所以である。しかし、どこからが異安心であるかどうかは、ここでせんさくする必要はない。ここではただ、行儀が「教義としての戒律」に転化してゆく一般的な必然性が、確認されたらよいのである。蓮如の「定」にも、

一、於念仏者中、恣博奕可停止之事(11)

とあることをみれば、そのことはいっそううなずけよう。宗教が形骸化した今日では、「善知識」が「往生」にとっていよいよ決定的な位置を占めていることも、わすれてはならない。けれどもなおさらに注意したいのは、このようにして教義的戒律が事実上形成されるにもかかわらず、その条項の遵守が救済の要件とならないことである(要件にまでたかめることは、当然「異安心」に踏切ることになる)。だから、かかる掟は、現世の生活を教義的戒律のきびしさで積極的・実践的なものにするほどの内容も意義ももちえない。しかも、違反すれば教団からの疎外を招くから、違反は救済の条件からの失格を意味することになる。これは、「厭離穢土」の浄土教が、教団を形成するとき、というより広範な農民その他世俗を脱しえない人びとを基盤とする中世的宗教として発展するとき、必然的におこる矛盾といわねばならない。だから真宗教団は、教団となるやいなや、教義的戒律の形成の必然性をつねに胚胎しながら、その概念的固定化をたえず抑制せねばならなかった。それは同時に修善と呪術にみちた世俗にたいするたたかいでもあったが、しかしたたかいのためにはいよいよ現世を規制する教義的戒律の必要性がたかまった。そしてこの循環する矛盾の止揚の努力が、親鸞の「諸仏等同」となり「自然法爾」となり、また蓮如の「仏法領」となったのである。だが、依然として、現世の生活の規制の具体的内容はなにかという問いはのこる。それに対して、蓮如は、

ほかには仁義礼智信をまほりて王法をもてさきとし……(12)

等々、世俗的倫理を「仏法領」の外に容認することによって、「仏法領」の宗教的世界の純粋性を保持しようとしたのである。けれども、広範な一向一揆の展開にもかかわらず、儒教的および神道的倫理説が他方で発展し、またそれによって思想的に武装した支配権力にやがて本願寺が屈服し服従しなければならなかった思想史的な理由は、おそらくこの点にあったのである。そしてまた、「仏法領」の観念が、芽生えたばかりでそれ以上に発展をみせなかった理由も、やはりこの点にあったであろう。さらに今日、仏教者の社会的実践の思想的活力の根源に関しても、またこのことが重要な意義をもつことを、局外者ながら感ぜざるをえないのである。

論旨は他の方面にまで及んだが、蓮如の「仏法領」の言葉が、けっして偶然の言葉でも独創でもなく、親鸞以来の教団の基本的問題をうけるものであり、真宗教団の本質的特色にもかかわるものであることは、以上のべたとおりである。しかし、このことから法然以前の思想のなかにも、おなじような事実がみられるかどうかが、ただちに問題となりうる。これについてはなおかんがえたいが、問題は大乗仏教全般の特質や浄土思想など自体にあるのでなく、あくまで在俗の教団の成立が決定的意味をもつことに注意したいのである。(13)

(1)　『真宗聖教全書』二、七二ページ。
(2)　大原性実『教行信証概説』(一九五九年)第九章第三節。
(3)　森龍吉「自然法爾消息の成立について」(『史学雑誌』第六〇編第七号、一九五一年)、松野純孝『親鸞』(一九五九年)第九章など。
(4)　この意味からは最近の家永三郎氏のこの問題についての意見(松野純孝『親鸞』の書評、『史学雑誌』第六八編第八号、一九五九年)は全面的な反論たりえない。
(5)　重松明久氏は「親鸞教成立の社会的基盤」(『仏教史学』第八巻一・二号、一九五九年)で「人間意識の変革による浄仏国土の実現」としての「護国思想」を説明されているが、現世否定の観点が不徹底なために「現世の浄土」を正しく指摘されていないようにおもう。「浄邦」(『教行信証』序)の語も極楽浄土と解すべきで、「理想国家」とするのは正しくないとおもう。

(6) 越後高田浄興寺廿一箇条掟第一条。この掟の史料的性質については赤松俊秀『師子身中の蟲』と『諸仏等同』について」(『鎌倉仏教の研究』)参照。ただしここでは、『捃聚抄』上(『真宗全書』第六五巻、一八・六四ページ)および『異義集』(『真宗大系』第三六巻、一六五ページ)所収の仮名文をとった。

(7) 同右、第七条・第八条・第一二条・第一四条・第一六条。

(8) 森龍吉前掲論文、赤松俊秀前掲論文。

(9) 浄興寺廿一箇条掟第一八条・第一九条。

(10) 信州松本正行寺文書所収了智定文(橋川正「親鸞教団の組織」〈『歴史と地理』第七巻第五号、一九二一年〉)。

(11) 「帖外御文章」二二(『真宗聖教全書』五)。

(12) 「御文章」三の一一(『真宗聖教全書』三)。

(13) 二葉憲香氏は『親鸞の社会的実践』(一九五六年)のなかで、親鸞の教団の本質を「自律的仏教集団」として説明されている。このような観点から教義的に溯源すれば、当然、大乗仏教の祖師たちに親鸞の先蹤をもとめることになるが、それが「仏法領」的教団の実在を伴うものといえるかどうかは、別にかんがえねばならない。

四　その歴史的意義

現世において、世俗的政治的支配と対比される意味での、仏法の支配＝庇護のもとにある念仏者の集団——これが「仏法領」の観念であるが、同時にこれが親鸞以来の教義と教団の基本問題にかかわるものであることも、すでにのべた。だが私は、いまさら真宗史の一行にあらたな一語を追加するために、このことをとりあげたのではない。中世宗教史ひいては思想史全体の構造を探究する上に、このことが重要な手がかりの一つになりうるとかんがえるからである。最後にこのことを簡単にのべて、問題の提起としておきたい。

私はまず、仏法領の観念が、封建社会に適合的な観念形態として典型的であるという意味で、歴史的範疇とさえいいうるほどの性格をもっていることを注意したい。キリスト教においてはカトリック教会が「地上の天国」を実現するものとかんがえられたが、それが西欧封建社会に適応した宗教の実存形態であったとおなじ意味で、仏法領の観念は、その論理構造において、封建社会の宗教たるにふさわしい特質を基調とするものであった。つまり、その表象《イメージ》が封建所領の映像であることにおいて、また世俗との峻別や「凡夫」の強調によって一面では民衆の願望をとらえ他面では封建支配の安全弁となった点において、封建社会にふさわしいのである。もとより、もうすこしせまく限定すれば、時期的・具体的な特質から、西欧中世後期の「神の平和」の思想との対比を問題にするのが適切となろう。「神の平和」は、民衆の反封建的感情に依拠して封建的割拠を統一へすすめる運動のなかで教会勢力がスローガンとした言葉であったからである。(1)仏法領の観念の社会的背景をかんがえれば、一向一揆や寺内町の形成の意義を規定する上にも、この対比は充分根拠があるとおもわれるのであって、ブルジョア的発展についてなにものをも検証しないでドイツ農民戦争と対比したひところの一向一揆研究よりは、はるかに実質的意義があるとおもう。

つぎに、仏法領の観念は、右のような範疇的意味からいって、日本の諸宗派のもつ封建的特質の指標たりうる性格をもつといえる。たとえば、日蓮においては「釈尊領」なる観念が主張されているが、これは蓮如の仏法領と酷似するものであるけれども、なお日蓮のばあいはそれを世俗的・政治的支配そのものの仏法化によって達成しようとする点、(2)重要な差異があるといわねばならない。この観念が日奥以後の不受不施派や近年興隆の日蓮宗系諸派の信条の核心をなしているのをみても、それらの本質と特色を客観的基準のもとに把握する上に、仏法領の観念の意味するものの重要さが、かんがえられよう。釈尊領の観念は、明白に封建的宗教としての本質をもちながら、世俗との区別において充分に論理の透徹しない点があるといえるのでなかろうか。だが、その点では、顕密諸宗の霊地・霊場の観念や神国の思想では、さらに不徹底である。ここでは、浄土と現世とが論理的に未分化なかたちで場所または国土が神聖視され、それが「現世の浄土」の機能を果しているといえるとおもう。[3] こうしたことをみても、ここで強調したいのはこれら「釈尊領」や「神国」の性格と機能とを分析するさいに、「仏法領」観念が論理的により透徹し、その意味で典型的・範疇的意義をもちうることの重要性である。

ただ、ここにいたって、さきにのべたように仏法領の観念が真宗においても教学的に発達確立しなかった事実が、あらためて問題としてたちかえってくる。そして、日本の封建的宗教思想とは、かかる真宗が、教学としても教団としてももっとも発展した姿をみせたていのものであったという事実を、わすれてはならない。私たちは、このような観点にたってはじめて、日本の中世思想史の構造と特質の基本的一側面を客観視できるようにおもう。本稿は、そのような視点をさだめて問題を本格的に追究するための、初歩的な試みにほかならないのである。

（1） 鯖田豊之「神の平和運動・バン領主・村落共同体」(『西洋史学』四一号、一九五九年)がこの点を具体的にのべている。

（2） 『立正安国論』の論旨やその幕府への提出の事実、『神国王御書』の論旨などが、その例である。なお藤井学「法華宗不受不施派についての一考察」(『日本史研究』三六、一九五八年)はかかる釈尊領観念の近世初頭の具体的な姿をのべている。

（3） 黒田「中世国家と神国思想」(本書二五三ページ以下)。

X　中世の身分制と卑賤観念

はじめに

被差別部落についての歴史的な考察にさいして、その課題の一つに中世の卑賤観念の問題がある。卑賤観念などというと、とかく現象的次元の問題とみなされて末梢的にしか位置づけられかねないが、いうまでもなくそれは、中世の文献に頻繁に出てくる「貴賤」「尊卑」というきわめて中世的な観念形態の一部をなすものであり、つまりは中世の社会秩序の根幹にかかわる問題であることに注意しなければならない。実際、中世ほど貴賤尊卑ということを繰返しいった時代が、他にあるだろうか。「老若貴賤」「貴賤男女」という言葉で世人全般を指すような、そういう社会構造は他の時代にあっただろうか。一般的抽象的には、貴賤の区別は前近代のどの社会にもあったわけだが、日本ではこの言葉が中世ほどきらびやかに仰々しくいわれた時代はないのである。したがって中世のばあいは、卑賤観念といっても単なる身分差別一般の次元をこえて、とりわけ中世特有のものとしてその歴史的具体的内容をとらえてみる必要があることは、明らかである。ただそのためには、中世の社会構成と身分制(1)について見通しをもちながら考察をすすめる必要があるが、しかし、今日一般にいわれているように中世にも「賤民」身分があったことが自明であるかのような、そういうおおまかな見方をしていてよいのかということを含めて、そもそも中世史の範囲で被差別部落の問題を基本的にどう位置づけるかは、かなりの難問に属するようにおもわれる。おそらく古代史や近世史・近代史のばあいと異なる固有のより根本的でかつ複雑な課題が多々あることは、疑いないのである。

そのような課題としては、たとえば中世のばあい特別に強調しなければならない側面として、貴賤・尊卑の観念にかかわる宗教の役割という問題がある。それは、被差別部落の歴史的考察のためにも、中世の宗教史・思想史の研究のためにも、重要な問題である。しかしそうした問題を、単なる観念の範囲だけで扱わず、社会的・身分的な背景を具体的にとらえるなかで追究していくと、当然ながら中世で「非人」といわれた人々の実態と広範囲な意味内容とが問題になってくる。

ところで、ここで非人が問題として浮び上ってくるのは、ただ単に中世の卑賤観念と事実の上で関連があるからだけではあるまい。むしろ非人という身分に、中世の社会構造の特質がつきつめた形で現われているからだとおもう。すこし先走った言い方だが、おそらくそれはアジア的生産様式ないしアジアの封建制の問題にも深いかかわりがあるような、日本の「中世」とは何ぞやという形で、いつまでも論争のたねになっているあの始末のわるい特徴である。アジア的生産様式については近年理論問題としては活発な論議があるが、そうした論議のまっとうな発展のためにも——本稿ではそれに直接立入って論ずるつもりはないが——、非人を論理的なかなめに据えて把握した身分体系を具体的に知っておくことは、多分に有意義であろう。問題関心を日本封建制に限ってみても、従来の部落史の定説では被差別部落を古代奴隷制の遺制かまたは単純な意味での支配体制の統治技術的な付加物として位置づけていたといえるが、果たしてそういう性質の問題であろうか。おそらくそうでなく、むしろここにこそ日本封建制の特質を示す鍵があり、歴史的存在としての日本封建社会の成立・展開にとって基本的な問題が含まれているとおもう。そして私たちはこういう把握をしてはじめて、被差別部落をめぐる現実の諸問題についても真に科学的な立場でたち向う用意ができるのだとおもう。問題を、実際的な必要からだけの、学問的な課題と隔たったものとみたり、地方的・部分的なものとみたりする態度が、いまもいたるところに見うけられる現状であるため、とくにこのことを指摘しておきたいのである。

つぎに注意しておきたいのは、身分とはいったいなにを指すのかということである。中世の身分は基本的には封建的身分としての本質をもち、階級支配の手段として、経済外強制の一つの形として存在した、と私は考えている。この「封建的」身分という点に賛成しない意見があることは私も充分承知しているが、それはいまはさしおき、一般に階級社会において身分を階級関係の制度的ないし法的な表現の一つとしてとらえることは、いうまでもなく問題の本質に迫るための有効かつ不可欠な視点である。ところが、そうはいっても、それは中世なら中世という社会のでき上った総体のもつ論理の次元でのことであって、現実に身分は、きわめて多元的で、また重複性をもち、さらに流動的である。身分一般がそうであるといえるかもしれないが、中世のばあいとくにそうであるという点も、強調しておかねばならない。普通、身分とみなされている呼称には、領家とか下人とかのように階級的な関係をそのまま表現しているものもあるが、官職や職業を表わすものもあり、前代の身分制の遺制である用語もあり、倫理的・宗教的な意味の濃厚なものもある。また、法によって規定された身分もあれば慣習的なものもあり、さらにまた、出自とともにその人に固定的な身分もあり、主・従のように他者との関係を現わす相対的な身分もあり、補任や買得などの「職」による変動的な身分もある。したがって、身分らしいものを片端から形式的制度的な関心のもとに拾いあつめるのは、ここではあまり意味もないし、かえって混迷を深めることになろう。だから、ここで身分をとり上げた目的が、身分を単なる制度として研究したり、特定個人の身分の変遷の実際を究明したりすることにあるのでなく、社会構成ないし権力の問題にあることを銘記して、全体的に身分がどのように構成されていたかを把握しなければならない。そしてそのためには、社会全体の身分体系とその特質を追究する必要があるとおもうのである。

従って本稿では、まずその複雑で多様な身分を、中世社会の特質と一体のものとしての身分体系という形で、論理的・構造的に把握することを試み、そのうえに、中世の卑賤観念を位置づけることにしたいとおもう。もとよりこれは、今後の研究視角のための概観的考察の域を出るものではないが、そういう手続きを欠いてただ身分や観念を個々に穿鑿する段階は、次第に過ぎつつあるとおもうのである。

(1) 以下で説明するように中世の諸身分は、複雑な経緯をもって、主としては自然成長的に形成され推移したものであるから、これを「身分制」と呼ぶのは実定法的な制度のような印象を与えて不当であるようにもみえるが、中世の「国家」を論ずると同様客観的に一定の構成原理をもって存在したシステムという意味で、ここでは身分制と呼んでおくことにしたい。

一 中世における身分の諸系列

中世の諸々の身分について、そのすべての用語を列挙し、その一つ一つの意味を綿密に規定することは、中世の身分の慣習法的特質や時代差・地域差からみて、きわめて困難なことである。けれども、中世の身分がいかに雑多で重複的で流動的であるといっても、どの一つといえども孤立したものでなく、他の特定の身分との関係において成立していることに注意してみれば、そこに相互に関係ある諸身分の系列ともいうべきものがいくつか見出されることに気付く。そこで、はじめに全般からみて主要な身分とおもわれるものを若干の身分系列にまとめ、基本的特徴だけに単純化して位置づけし、それによって中世の基本的な身分構成の把握を試みたいとおもう。

第一の身分系列がみられる分野は、村落である。そして村落における基本的身分は、住人あるいは村人である。住人とは、もちろん単純に「居住している者」を指す意味でもいわれるが、自立した人格であってそのところに本貫を有し公的に居住の資格をもつ身分という意味で、住人と称する例があることは、中世の初期以来ひろく史料にみられるところである。[1] このような意味での住人は、言葉としては特定の階級の者だけを指すわけではないが、実際には、村落内のすべての居住者でなく概して上層の安定的な自立農民ないしいわゆる武士層を指すものであった。それは、今日の中世史の常識的な用語として名主層といわれる階層にほぼ該当し、したがって領主階級の一部をも含むもので、それだけにまた、狭い意味での村落をこえた郷・郡・国などの住人と称することも、中世末期にいたるまでひろくみられた。そこで狭い意味での村落の住人を指すために「――村(荘)住人」のほか、村人[2]という言葉が用いられたのである。

このような住人・村人に対蹠的な身分が、「他所者の居住者」を意味する間人《もうと》である。[3] この言葉も中世を通じてみられるが、時代と地域により若干の差があるようである。しかし基本的には住人に相対する意味をもち、かつまた住人が階級的には比較的上層を指すことになるのに対して、どちらかといえば概して下層の不安定な流動的な層にあたるといえよう。

この住人と間人という身分関係は、村落内で在地領主の支配が確立して農民層との階級分化が明確になり、かつ間人を含む農民の定住と零細農民の自立がよりすすむと、それにつれて変化する。そして、かつての住人身分の上層がたとえば殿原といわれて[4]領主的な地位を意味する身分に固定してゆき、農民層が根本住人と脇住人とで構成されるようになる。けれどもこのさいもなお、殿原と根本住人との区別はあいまいで連続的にみえる場合があるが、これは「兵農分離」以前の中世の特色として、いまは捨象しなければならないだろう。

ところで中世村落では住人・村人があくまでも基本であるから、間人よりもさらに住人たる資格を欠いている乞食に注意しておく必要がある。むろん乞食は本来身分ではないが、しかし客観的にみて、住人に対する意味で消極的に身分としての意義をもつことになる。乞食が「物乞い」を意味するばあいは、経済的には最下層の浮浪者を指すわけであるが、単純にそうばかりとみてはならない。乞食が語源からいえば「コツジキ」の行者をも意味することからもわかるように、そのなかには中世に数多くみられた遊行・勧進の聖《ひじり》をも含むのであって、事実「聖・乞食」という連称も多数みられる。聖ということになれば、それは必ずしも経済的・階級的な最下層を意味せず、むしろ世俗の秩序外の存在という意味で乞食と共通していること、逆に乞食がそういう「秩序外」を意味する地位=身分を意味したことが重要である。この点は、あとでのべる非人の性格規定にかかわる重要な点であるので、とくに注意しておきたい。

中世の身分の第二の系列は、荘園・公領の支配にかかわるものである。このばあいもむろん時代と地域によって、まことに多様なものがみられるが、荘園・公領の支配が確立している段階では、その支配権力の貫徹に従って、各階層を一貫する身分体系が成立した。すなわち、最高級の支配者に本家・領家または知行主・国主が、つぎに在地領主階級を中心に荘官・在庁・郡郷司・地頭などがあった。これらの地位は、ほぼ各個人の地位にふさわしい身分を表示するものではあったが、職権が得分権として所領視されいわゆる「職《しき》」となったために、身分とはいっても個々人にとっては全人格的なものではなく部分的でかつ変動的であったわけである。つぎに、農民が百姓または在家住人とされ、しかもその内部の特殊中世的な重層的構造から[5]、本百姓(名主)と小百姓、あるいは本在家と脇在家の区別があり、さらに最下層に下人があった。下人は荘官・名主・本百姓などの私的家父長制的支配のもとに人格的に隷属していた点に、身分としての特質があったといえる。もとよりこれらが、時と所とによって差異と特色があり全般的にきわめて多様性に富んでいたことはいうまでもないが、個々の身分の意味を単純化して基本的な構造に図式化すれば、ほぼ以上のようにいえるであろう。

もとより荘園・公領の支配とはいっても、地頭などがその苗字の地に請所として強力な在地領主制支配を確立した場合のような惣領制的な一族郎党の統率による在家農民の支配と、荘園本所の強力な権力の下に預所・雑掌によって管理された荘園の支配とは、かなり趣きを異にする。しかし在地においてどの支配構造が優越していたにしても、結局いずれの場合も身分序列の基本が右にのべたような構成を示すのが、荘園制社会の特質ではなかろうか、というのが、以上のべたことの意味である。さらに、狭い意味での荘園・公領の支配ではないが、商工業の座および芸能の座のなかの身分序列も、同様な意味で基本的にはやはり同じ性格の構成とみてよいとおもう。また、寺社の支配下に入り、長吏に統率された奈良坂などの坂の非人や散所者・声聞師・犬神人などの組織も、身分序列の萌芽的なものとして、同様に位置づけうるのである。

中世の身分系列の第三の分野は、権門の家産支配秩序である。ここで権門というのは、普通権門勢家と呼ばれる公家(貴族)のほかに、主として中央の大寺社(寺家・社家)や、幕府を典型とする武家を含めて考えているのであるが、これら諸権門のすべてに共通していることは、国政上に掌握している公的権限とは別に、荘園支配を主たる内容とする私的な家産支配の組織＝秩序をつくり上げていることである。この権門の家産支配秩序は、個々の荘園の管理収取のための荘官・百姓の組織や隷属民の身分編成とは異なり、政治的・社会的・文化的に多様な職能をもつ人間の組織としての性格をもつとともに、権門の長を中心とした主従・師弟等々の人格関係に局限された門閥的な範囲内での身分序列であった。権門のなかでも最も権門と呼ぶにふさわしいのは公家であるが、まずこの公家についてみれば、最高位には院・殿下などと尊称される権門の長とその家族・親族があり、ついでいわゆる中下級の公家や官人・武士などの層が家司・随身・侍などのいく段階もの身分に位置づけされていた。ところがさらにその下に被支配身分たる農民上層(＝本百姓・本在家層)が、舎人・寄人・神人・雑色・名主などの身分を与えられ、あたかも支配身分の末端に連なるかのごとくに、そうした身分を獲得していない者に比べて特権的な地位を認められていたが、いうまでもなくこれは家産支配身分の延長とみせかけた分裂支配[6]の秩序であったのである。なお公家には、院や摂関家など最高級の権門をはじめ、権門というほどには勢力をもたずただ家伝の芸能や学問をもって家格の権威とする二流三流の公家まででさまざまあり、かつそれらが、複雑に結合し従属関係をもち離合集散を重ねた。したがって公家の家産支配秩序の身分といっても大小さまざまで重複し合ってもいたが、基本においては政治的社会的勢力をもつ権門の長の私的な家産支配秩序が、主たる身分の序列を形成していたといえる。

つぎに寺社では、最高位にある門跡や院主・別当などについで、公文・年行事などを含む学侶・衆徒の身分層があった。さらにこれらに奉仕する身分として主として農民上層出身の堂衆・行人・神人・承仕などがあって、さきの寄人・名主と同じ段階の身分層を形成していた。すこし詳しくいえば、これらの身分には本来官寺の僧綱支配体系や僧伽の伝統にもとづく公的なものと、門跡・院家の私的支配の系列に属するものとがあり、また寺院と神社、中央と地方などの相違があって、むろん一様ではない。しかも、石清水八幡の別当家や地方の豪族的領主に近い性格の社家などは別として、中央で多数の衆徒・神人を擁して政治的・社会的・宗教的に大きな勢力をもった大寺社のばあいは、上述の僧綱的身分や僧伽の伝統のほかに、所領の集団的支配権や臈次などにもとづく身分もあって、公家や武家にみられない特色がある。けれども、それにもかかわらず、全般的にみれば公家や武家のばあいと照応しあう身分序列が基本的に存在したといえる。

武家では武士の棟梁たる者、鎌倉の将軍、室町時代の公方といわれた者などが「武家」と呼ばれた権門の長であり、これに対して主従の礼をとる武士——これもこれで別の次元の身分呼称なのだが、——が、たとえば幕府のばあいは別当や執事・奉行および一般の御家人などの身分を与えられ、そこまでにいたらぬ下層の身分に雑色その他があった。

北条氏の得宗と内管領・御内方との関係も、本質的にはこれと同じく一種の権門内的な関係とみてよい。またこの身分序列の範囲とは区別されたところで、御家人である武士がその家父長制支配秩序の範囲内で在地領主階級のより下層の者や上層農民を郎党として組織し、さらに農奴的または奴隷的な地位にある者を、所従身分として従属させた。概して武家のばあいには、身分序列の理念が家父長制的であり、それだけに主従の結合が強固で恩情的であるとともに身分秩序の原則が人格支配関係におかれている点に特色がある。そのため、上下師弟の関係がむしろ契約的あるいは職務的であった公家・寺社のばあいと、支配の本質において決定的に相違するかのようにとかくいわれてもきたのであるが、社会全般からみれば、公家や寺社のばあいと照応しあう性格のものであったとおもう。

このように、公家・寺社・武家それぞれに身分編成の具体的な状況にはかなりの相違があったが、支配の基礎として共通していた荘園制社会の構造に規制されて、基本的には同じ性格の身分序列が形成されていたといえるのである。しかし、これら権門内の身分序列は本来的には支配層内部での支配身分としての序列である。そのため、権門の家産支配秩序のうちに支配の対象として組みこまれていた農民や手工業者・運輸労働者さらに雑役のための隷属民、それにときとして「体制外の身分」ともいうべき非人集団までが、あたかもその権威の末端に連なる身分であるかのような虚偽意識に陥れられた例をしばしばみることができるのである。

身分の系列としてなお一つ挙げなければならないのは、国家体制に基づく身分系列である。かつて別稿で論じたように、(7)中世の国家は個々の私的支配組織をこえた「権門体制」としてその権力機構が構築されていた。したがってその次元での身分系列も必然的に成立し、むしろ、諸身分系列の総括的役割をもっていた。すなわちそれは、諸々の権門が一つの国家体制のもとにその権威と地位を与えられているところの国家理念にもとづく系列である。それにはまず「帝王」があって、つぎにそれを扶翼補佐する「臣下」、さらに臣下の下層ということもできるが行政の実務を執行する「諸大夫・官人」、これらの支配者身分に対し被治者としての「人民」——これには「平民」[8]と「奴婢」とがあった——という系列である。僧侶・神官という身分も、臣下ないし官人とならぶものとみることができよう。この系列では、東洋の古代国家以来の伝統的秩序たる君・臣・民の構造が理念の中核になっており、したがってまた「エッタ」など体制外の身分である非人は、存在しないものとして理念上無視されている。著しく観念的であり、また系譜的には古代専制国家の身分構成を継承するものではあるが、これが中世的な身分系列として現実に機能していたのである。中世の諸書に、君臣と主従というばあい、後者が私的な家父長制的あるいは家産制的な従属関係を指すに対し、前者が公的な、ことに天皇(ひいては上皇)との関係について用いられるのが普通であった[9]のも、そのためである。ここに、権門体制の一つの仕組みがあった。

以上、中世の諸身分を四つの異なった系列に分類してそのごくあらましを検討したが、これをさらにまとめると、さしあたり中世の基本的な身分構成はつぎのように把握できるとおもう。すなわち、第一の身分は、「王家」[10]「摂籙家」をはじめとする当時のいわゆる「貴種」の身分であって、社会において尊貴の家柄に属するものとみなされ、権門として政治権力を掌握していた階級の身分である。第二の身分は、「司・侍」とでも総称しうる身分であって、第一の身分の者の家産支配秩序ないしは政治権力組織に属し、服従・奉仕している。しかしながら、この第一・第二の身分はともに基本的には支配階級たる封建領主階級の身分である。それだけに第一と第二との間には、位階でいえばおおむね四位・五位あたりを境に、理念的にも現実的にも明らかな区別が存在しながらも、中下級の貴族のようにどちらかへ割切って扱えない階層があった。また中世を通じての荘園領主階級の衰退と在地領主階級の勢力伸張とによる社会的政治的な勢力結集関係の変化は、後述の種姓観念をも媒介にして、第二身分を主に武士とみる通念を徐々に普及させた。

第三の身分は、主として自立農民であるところの「百姓」であって、被支配身分の圧倒的部分を占める層である。この百姓身分は、身分概念としての農奴(経済的・階級的範疇としてのでなく)と異なり、私的な人格的隷属におかれている身分ではなく公的支配にのみ服する独立的人格とされているが、これが被支配人民の基本部分であったところに、日本中世の身分構成の一つの特色があった。第四の身分は「下人」である。下人は経済的階級的には農奴または奴隷の性格をもつが、身分としてはいずれも私人の家父長制的な支配の対象として人格的に隷属している点に、この身分の本質的な特色があった。第五には「非人」である。非人は本来は公私の支配の対象からはずれた体制外の身分であり、「乞食・非人」と連称されることもあるように支配秩序としての身分体系から疎外された「身分外の身分」である。この身分が単純な意味での体制外の存在でなく、実はそういう形での身分であったところに、これまた日本中世の身分構成の一つの特色があったと考えられるのである。

ところでこの基本的身分階層の全体的な特色として注意されるのは、これらが、各人の出自によって、上は王家・摂籙家などの貴種から下は非人のなかの「エッタ」[11]にいたるまでが、「種」すなわち出生の別による「人間の品」によるものとされたことである。ここではそれを当時の用例をかりて「種姓」[12]と呼ぶこととし、中世の身分制の考察に際して決定的な重要性をもつものとして、まず指摘しておきたいのである。

(1)　小山靖憲「日本中世成立期の身分と階級」(『歴史学研究』第三二八号、一九六七年)。

(2)　この村人とは、たとえば近江の『大島奥津島神社文書』にみられるような、村内の特定の資格をもつものを指す。

(3)　水上一久「間人考」(『中世の荘園と社会』一九六九年)。

(4)　ここで領主的というのは、下司・地頭級の在地領主の一族や、大山喬平氏が「村落領主」と呼ぶような(「荘園制と領主制」《『講座日本史』2、一九七〇年》)、村落住民上層を指す。

(5)　これについては、黒田「中世の村落と座」(『神戸大学教育学部研究集録』第二〇集、一九五九年)、「村落共同体の中世的特質」(清水・会田編『封建社会と共同体』一九六一年)参照(いずれも黒田『日本中世封建制論』〈一九七四年〉にも所収)。

(6) 河音能平「中世社会成立期の農民問題」(『中世封建制成立史論』一九七一年、第四章)、黒田「鎌倉時代の荘園の勧農と農民層の構成」(『歴史学研究』第二六一・二六二号、一九六二年、前掲拙著所収)。

(7) 黒田「中世の国家と天皇」(本書三ページ以下)。

(8) 「平民」の語は、「百姓」(ヒャクセイ)のうちで官人に対する平民の意味であり(西田直二郎『王朝の庶民階級』一九七〇年)、あるいは名主に対して「平民百姓」ということがいわれた(小山靖憲、前掲論文)のであって、奴婢でないという意味で平民といわれるのではない。

(9) たとえば『平家物語』をみよ。そこでは、武士の郎従がその主人を「君」と呼ぶような例が少しはみられるが、従者は「臣」ではない。恩・恵・忠・義など倫理的徳目としても君臣と主従とでは異なるようにおもわれる。

(10) 中世では天皇を出す家柄を「王家」あるいは「王氏」と呼んだ。それを、中世についても近代的な「皇室」という語をことさらに用いる風ができたのは、「万世一系の皇統の連綿性」という近代天皇制の歴史観に基づくものと考えられる。

(11) この言葉は、今日知られているところでは鎌倉後期になって現われるが、後で説明するように、『塵袋』にある如く餌取(エトリ)が語源だとすれば、もともとは賤称ではない。しかしそれに「穢多」の文字を宛てるのは、不浄の意味をもじった、当時としても殊更の賤称であるといわねばならない。中世では「エタ」あるいは「エッタ」「エンタ」などと書かれているが、本稿では「エッタ」としておくことにする。

(12) 「種姓」の語の用例や意味については、後述の「身分の種姓的構造」(本書三七二ページ以下)を参照。

二 身分成立の諸契機

右に、中世の主要な身分系列がみられる分野として、(1)村落生活、(2)荘園・公領の支配、(3)権門の家産支配秩序、

(4)国家秩序の四つを挙げ、それぞれについて現象面のごくあらすじを一通り考察したが、もとよりこれは偶然や思いつきでとりあげたものではない。いわば中世の人間関係の社会的・政治的ひろがりの段階に従って、それぞれに系列を探ってみたものである。しかしこの四つに身分系列が成立する理由は、中世社会の構造を念頭におき、身分が成立する契機となりうる基本的社会関係を考えてみると、いっそう明らかになる。いまそのような社会関係を一般的・論理的に抽出してみるならば、さしずめ、(1)共同体、(2)社会的分業、(3)階級関係、(4)国家を挙げることができる。もちろんこれらの諸契機がさきの村落以下の四つにそのまま照応するわけではなく、諸契機が複合して各分野の身分系列が成立しているのであるが、しかも各系列には明らかに主たる契機が考えられるのであって、逆にいえば四つの身分系列は、身分成立の諸契機を検討する素材の意味をもちうるものと考えられる。そこでつぎに、それらの諸契機とその相互の関係をあらためて考察して、身分の制度的な現象面にとどまらず、身分体系の中世的特質を探ってみたい。

第一の共同体については、ここではもっとも基本的なものとして、村落の、ことに農民の共同体について考えてみる必要がある。農民の共同体の性格は、なによりもその構成員たる自立農民の性格によって規定されるが、中世のばあいその自立農民が一般に住人ないしは百姓身分として把握されることは、さきにのべたところである。この百姓の共同体は、中世社会成立の経緯からみても、まったく新たに出現したものというよりは、古代の「良人共同体」[1]がいわば細分化しつつ残存してきた遺制に依拠して成立した村落共同体というべきもので、系譜的にみても語源的にみても中世の「百姓」身分は、明らかに古代の百姓《ひゃくせい》に発しており、「王民」の観念なども継承されている。中世ではこうした系譜をもつ「百姓共同体」の性格こそが、身分の成立に関して具体的に検討されねばならないとおもう。

「百姓共同体」は、まず主人と下人との区別、つまり自立農民である百姓と家父長制のもとに人格的に隷属している下人との差別を内包する。いうまでもなく下人は経済的にも制度的にも共同体の構成員ではありえなかったから、この共同体はその存在自体が階級的な差別を正当化し、百姓身分を保証するものであった。

つぎに、百姓共同体の内部構造は、中世社会の生産様式の特質ないしは農民の自立条件の成熟の仕方の特質のために、重層的構成という特殊性をもっていた。(2) そのため、殿原と百姓、または本百姓と小百姓との経済的階層差が、共同体の組織の上での身分たとえば「座」などの形に制度化されていた。つまり客観的・経済的には一つの共同体の構成員である百姓が、このように階層として分裂し身分的に差別され、またこれによって荘園領主あるいは在地領主の村落支配も支えられていた。要するにこの百姓共同体は、村落上層(殿原または本百姓)の一ないし若干の家父長制的あるいは同族的集団が排他的に特権を保持するための閉鎖的な組織という傾向を濃厚にもっていたのである。

このようなものとしての百姓共同体は、さらに百姓こそが住人であるという意味から、その住人でない間人・聖・乞食・非人などの「よそ者」を排除し差別する。中世においてこれら間人・聖・非人などは、実際には手工業生産や商品交換および祭礼・葬送・娯楽などの面で村落生活に不可欠の役割を果たしていたが、にもかかわらず、住人でないがゆえに、排除された。ここには、共同体成員＝公的住民という意味での住人であるかないかだけでなく、中世初頭から百姓が古代とちがってもっぱら農民を指す語になったことにも窺えるように、職能＝社会的分業による共同体からの排除＝差別を内包しているのである。だから百姓身分には共同体的契機だけでなく、階級関係も社会的分業もその契機としてみられるのである。

そこで、第二の社会的分業に移ろう。これについては、まず、律令制支配の解体過程において公民が公民一般でなく、田堵・杣工・贄人など支配者への隷属奉仕の意味からではあるが、社会的分業の種別による身分呼称によって区別されたことを想起しなければならない。それは百姓が「ひやくせい」から「ひやくしよう」に転化していく時期でもあり、中世的な社会的分業の展開を示すものといえるのであるが、一一世紀の荘園制社会秩序の確立期において社

会生活における職種にどのようなものがあったかを列挙しているのは『新猿楽記』である。そこには、

博打、武者、田堵、覡女、鍛冶鋳物師并金銀細工、紀伝明法明経算道等之学生、相撲人、馬借車借、大工、医師、陰陽先生、管絃并和歌上手、炭焼、遊女、能書、験者、真言師、細工并木道者、受領郎等、天台宗学生、絵師、仏師、商人

など、人々の「一一所能不同」[3]な有様が、つぎつぎに紹介されている。むろんこれらは必ずしも生産的な意味での分業だけでなく、理論的あるいは制度的な基準で列挙されたものでもないけれども、この「所能」に注目するというとらえ方が、人々の社会的種別をあらわす一つの規準であったことを示している。

中世では、社会的分業を示すものとして、『東北院職人歌合』以下、職人歌合の類があって、庶民の「職」にどのようなものがあったか、おおよそのことはすぐ知ることができるが、ここに一つの興味ある例は、永仁五年に成立した『普通唱導集』の篇目である。[4] これは唱導の模範文例を集めたもので、それだけに一般的な妥当性を考慮しているとおもわれるが、そのなかに「世間・出世」の人々をつぎのように区分している。

世間出世聖霊二種

世間部

天子　后宮　院　法皇　女院　春宮　摂政　関白　大将　将軍　諸卿　大理　受領　蔵人　遣非違使(ママ)　諸人

主君　慈父　悲母　祖父　祖母　養父　養母　舅　姑　聟　嫁　所天　妻室　子息　孫子　猶子　兄弟　姉妹

乳母　所従　優婆塞　優婆夷

出世間部

僧正　顕宗天台　密宗東寺　僧綱　有職　師範　同法　弟子　童形　比丘　比丘尼　禅門

世間出世芸能二種

世間部

文士　全(ママ)経博士　紀典(ママ)博士　武士　随身　歌人　管絃　音曲舞人同　能書　医師　宿曜師　天文博士　竿博士　陰陽師　巫女　鈴巫　口寄巫　絵所　絵師　蒔絵師　木仏師　経師　紙漉　扇紙師　番匠　鍛冶　薄打　刀礪　檜皮葺　檜物師　壁塗《ヌリ》　瓦器《カハラケ》造　瓦造　鏡礪　玉磨　硯造　筆人《ユヒ》　塗師　畳指　遊女　海人　船人　鉤人　好色仲人　白拍子　鼓打　田楽　猿楽　品玉《シナタマ》　琵琶法師　商人　町人　馬労《ハクラウ》　博打　囲基(ママ)打　将基(ママ)指　雙六打

出世間部

持経者　説経師　念仏者学生声明　声明師顕密　悉曇師　梵字書　律僧　禅僧　山臥　法相宗　三論宗付倶舎　天台宗付論匠　花厳宗　真言宗

これをみれば、まず「聖霊二種」の世間部の前半はいわば国家的な諸身分であり、後半は家父長制秩序内の諸関係を示し、出世間部は僧侶の公的身分および師弟門徒関係を示している。つまりここにいう「聖霊」とは、国家秩序および階級関係を基底にもつ族縁的観念による諸身分を表わすわけである。これに対し、「芸能二種」として掲げられているのは、世間および出世間における技芸の能力に基づく身分であって、広い意味での社会的分業を表わし、あたかもさきの『新猿楽記』の「所能」や『職人歌合』の「職」に通ずるものである。むろんこのなかには単なる芸や能をいうにすぎないものもあり、また芸・能・職それぞれの意味を区別する説(5)も伝えられているから、芸能の語がただちに社会的分業を現わすというのではないが、「聖霊」的身分と「芸能」的身分とを対比してとらえる分類は、社会的分業に基づく身分が国家秩序や階級関係による身分とは別の契機として成立し、いわば〝「芸能」的身分〟という語に概念化することもできることを示すものであろう。

けれども「芸能」的身分は概念としてはともかく、中世の現実においては、原則として階級関係と不可分な状態でしか存在できなかったことに注意しなければならない。さきにすでに律令制解体期に田堵・杣工などが支配者への隷属奉仕の意味での分業を表示する身分として成立したことを指摘しておいたが、荘園制社会の成立以後は、寄人・雑色・名主・供御人等々、すべて特定の所役奉仕つまり分業にもとづく隷属を意味する身分として存在した。また武士・歌人・医師等々のいわば自由業的な「芸能」的身分の者も、その芸能のゆえをもって権門の恩顧をうけることを望み、ときに思わぬ僥倖をえたという話は、説話集などにしきりにみられるところである。

しかもそうした「芸能」的身分の区別は、凡下・百姓の身分にみられるだけでなく、貴族の身分である権門や司・侍の身分たる下級「公家」や武士にもみられた。大きくは「公家」「武家」「寺家・社家」などの区別からはじめて、中下級公家の学問・和歌など家学・秘伝として独占され権威づけられた「芸能」が、朝廷に奉仕するというたてまえのもとに身分化された。中世では宮廷の儀礼や行事を「公事」といい、また荘園・公領における特定の課役をも「公事」というが、以上みたように「芸能」を媒介としてみれば、二つの「公事」とは単に「おおやけごと」であるというだけでなく、いずれも社会的分業に基づく奉仕を具体的内容としてもつという点で共通している。やや極端に割切ったいい方をすれば、社会的分業としての「芸能」は階級関係のなかでは「公事」となるわけである。

なお一つ、このような社会的分業としての「芸能」のうちで「公事」ではありえなかったもの、あるいは権門の家産支配秩序の上での身分となりえなかったものがある。『平家物語』に「御方の人々の語ひたりける者共は、堀川商人・町冠者原・飛礫・因地・乞食法師原也」(6)とあるような商人や都市遊民それに非人・乞食・遊女などである。彼等が何によって生計を立てていたかは改めていうまでもないことであって、さきの『普通唱導集』の「世間出世芸能二種」に挙げられた諸身分のうちのかなりのものもそれに属することは明らかである。ここに階級関係にもとづく「聖霊」的身分秩序や「公事」の外とみなされた「芸能」が、商人・都市遊民それに非人などの身分となっているのをみることができるわけで、この点に社会的分業にもとづく身分が、一方ではその極限において差別を生み、他方では同時に中世的階級秩序のなかで不可避的に空洞的な部分を発生させさらに拡大していくのを、みてとることができるのである。

第三の、階級関係を成立契機とする身分が存在することは、きわめて明白である。荘園・公領などの所領支配にも権門の家産支配にも、ともに私的な個人相互の支配収取関係が基本にあり、そういう関係を契機とする諸身分が、家父長制的ないし家産制的形態をとった封建的生産関係や位階制を表現している。本家・領家・名主・作人・所従・下人などがそれであるが、ほかに芸能とのかかわりから公事的性格を帯びた身分が数多く存在した。

ただ、このさいとくに注意しておきたい点が一、二ある。それはまず「下人」の性格である。今日下人身分については若干の論議があって、詳細な研究が必要とされているが、その論点の一つに、下人が階級的に奴隷と規定さるべき身分か、それとも農奴というべき身分かという問題がある。しかし下人という語がもともと日本中世特有の身分呼称である以上、それが必ず階級的に奴隷また農奴のいずれかだけを表示するはずだという論は成立しないはずである。私は中世の用例からみて、下人とは、奴隷・農奴を通じて人格的に家父長制支配に隷属している者を指す語であり、私人への個別的・人格的隷属という点に下人身分の本質があると考える。下人のなかに明白に奴隷あるいは農奴であった例をいくら検出してみても下人身分の特質には迫れないのであって、「主をもたない」身分である「百姓」および「非人」と対比してはじめて下人身分の特質が浮き彫りにされるとおもう。下人身分のこうした性格は、それがいかなる「芸能」をも意味しないことにも現われている。下人は人格そのものとして主人の支配下にあるのであるから、客観的には慣例として特定の義務のみを負う農奴的農民であっても、それは「芸能」によって隷属しているのとは異なる。下人という身分が意味するものには、特定の「芸能」によって奉仕するというほどの主体性や自由の余地が認められていないといえる。それは、たとえば「武士」といえば「芸能」的身分であるが、それが「御家人」あるいは「郎従」などといわれたばあいはすでに人格的服従のみであって「芸能」としての意味がないように、おそらく家父長制的な私的人格支配の本質に基づくもので、下人の本質が階級的に奴隷だからではあるまい。しかし、だからといって下人身分が階級関係をなんら表示しないのではなく、むしろ本質的に階級関係を表示しているのである。国家など公的な権力でなく私人に家父長制的に隷属する奴隷または農奴ということである。下人身分のこのような特質を正確にとらえておくことは、あとでのべる「百姓」「非人」の性格を理解するにさいしても、決定的に重要である。

つぎにいま一つ、領主階級の身分のあり方に注意しておきたい。領主階級の身分は被支配階級のそれよりもいっそう複雑であるが、おおまかにいえば、荘園領主階級が権門勢家として政治的・社会的に権力を掌握し貴種たる第一身分を占め、在地領主階級が司・侍その他第二身分であったことは、さきにものべた。ところでこのことは、ややもすれば単なる観念的・慣習的なものにすぎないかのように扱われるのであるが、そうではなく、階級関係の現実に基礎をもつものであった。荘園領主階級と在地領主階級との関係は、むろん地代の搾取などのような関係ではないが、荘園制社会では両者が上下の位階制をとらざるをえない生産様式の限界など経済的根拠があったのであり、その意味で第一身分と第二身分とは単に伝統的観念に基づく身分差でなく、階級関係を基本的契機とする差異であったことを、みなければならないのである。

権門の家産支配秩序の諸身分のうち、荘園制支配の得分権と不離一体となったものは、いわゆる「職《しき》」として利権視された。「職」を国家公権的なものとみる説もあるが(7)——一見そうみえる理由はあとで説明する(8)——、私は権門の家産支配の体系における役職の地位に由来する私的な階級関係を契機とするものと考える。しかし、権門の家産支配秩序は諸「芸能」をもまた不可欠の要素としていたので、「職」もまた社会的分業と階級関係の双方の統一として成立したのであり、階級関係による位階だけを示すのではない。従ってまた、中世後期にいかに権門寺社本所の支配が衰退したとはいえ、「職」が財産の重要な形態である限り、中世的荘園制的分業と階級関係および身分秩序は、なおその生命を維持していたといわなければならないのである。室町時代が依然「中世」である理由もそこにある。

第四に国家を挙げたのは、所詮身分というものは国家権力によって総体的な新たな次元で調整され総括されるものだからである。この次元の身分は、原理的にはいままでの三つの契機の帰着でありながら、なおもそれなりの相対的な独自性・超越性を帯びて現われてくる。中世の国家においては、権門勢家が対立抗争しながらも相互の力関係の均衡のなかで帝王を頂点とする国家秩序をつくり、さきにみたように帝王・臣下・人民という理念的な身分系列を形成していた。ところでこの系列の身分は、原理としても実際においても種姓観念を伴う基本的身分——貴種、司・侍、百姓、下人、非人——とは一応別のものであるが、組合わされて「君・臣・民」そのものも種姓として理解されることが多かった。この点については、つぎにやや詳しく考察してみたいが、ともあれこうした身分観念は、明らかに個々の権門の家産支配秩序を超えた次元のもので、ここでは階級関係の基調をなす所領の支配収取関係や家父長制的隷属関係は、身分成立の契機としては影をひそめている。一般に封建国家は、公的・超越的みせかけのために古代以来の伝統的権威や秩序理念に依存するのが通例であるといわれるが、日本中世ではそのような公的秩序理念として、種姓観念をふまえた君・臣・民の身分観念がとくに好都合でもあり必要でもあったのである。それが、荘園制社会を基礎にした権門体制国家の特質である。しかし、逆にいってこのような種姓的な身分観念は封建国家の身分制一般にはとどまらない特質を示すものであるということを、ここでは注意しなければならない。

以上、共同体・社会的分業・階級関係・国家の四つの契機について考察したが、ここでその相互の関係をごく簡単にまとめてみればつぎのようになるだろう。まず「百姓共同体」を契機とする身分的差別のなかに、他の諸契機による身分の成立がすでに可能性として存在している。その上に社会的分業と階級関係との二つの契機に基づく身分――「芸能」的身分と「聖霊」的身分の後半部――が展開する。そして最後に、国家がそれらを総括し整理して種姓観念に彩られた帝王・臣下・人民の身分観念――「聖霊」的身分の前半部――が成立している。さきにまとめてみた五つの基本的身分階層は、法的に制度化されあからさまにされていたのではなく、むしろ国家理念や宗教的な観念に飾られて以上のような身分となるわけである。

中世の尊卑観念、したがって非人に対する卑賤視もそうしたものの一部として存在していたのであるから、当然国家秩序にまでいたる身分制の以上のような構造を念頭において考察されなければならない。つぎにその点の具体的検討に移りたい。

(1) 石母田正「古代の身分秩序――日本の場合についての覚書――」(『古代史講座』7、一九六一年)。
(2) 三六一ページ註(5)参照。
(3) 『新猿楽記』(『群書類従』第九輯、三四一ページ)。
(4) 村山修一氏による「公刊『普通唱導集』」(『女子大文学』一一・一二号、一九六〇・一九六一年)によった。
(5) ロドリゲス『日本大文典』(土井忠生訳)第三巻、数詞、八〇七ページ。
(6) 延慶本、第四、廿三、木曾可滅由法皇御結構事による。他本では異なるものがある。
(7) 永原慶二『日本の中世社会』(一九六八年)Ⅱの三など。
(8) 黒田『荘園制社会』(体系日本歴史2、一九六七年)第三章の6。

三　身分の種姓的構造

1　種姓と権門体制

『徒然草』第一段に、

いでや、この世に生れては、願はしかるべき事こそ多かめれ、御門《みかど》の御位はいともかしこし、竹の園生の末葉まで、人間の種ならぬぞやんごとなき、一の人の御有様はさらなり、たゞ人も、舎人など給はるきははゆゝしと見ゆ、その子・孫《うまご》までは、はふれにたれど、なほなまめかし、それより下つかたは、ほどにつけつゝ、時にあひ、したり顔なるも、みづからはいみじと思ふらめど、いとくちをし

とある。「王侯将相いづくんぞ種あらんや」という言葉と反対に、人それぞれは出生によっておのずから貴賤尊卑の品がさだまるという観念であり、「帝王系図」以下諸氏の系図を集成して『編纂本朝尊卑分脈図』と名付けた感覚に通ずるものである。『沙石集』はこのような「人ノシナ《(品)》」のとらえ方を、「ヨ《(世)》ノツネノ種性《(姓)》ヲ論ズ」る仕方といっている。[1]

このように種姓によって貴賤尊卑の身分が定まるという観念は、権門勢家として支配権力を構成している「貴種」の内部にことに濃厚であった。権門勢家は中世の政治抗争史が示しているように、そのたてまえである王家・摂籙家等々の種姓の序列をことのほか重視して権威の具としながら、他方実際にはその序列をこえて権勢を振るい、政権の争奪と浮沈をくり返した。したがって、中世の支配権力の実態を表現するものは権門勢家という概念であり、種姓は

すでに観念的・儀礼的な虚構の意味をもっていたのであるが、その権門勢家の支配権力を、古代以来の伝統的形式でさらに理念化したのが、帝王・臣下という身分観念である。ここに帝王というのは、いうまでもなく在位の天皇のことであって、政治の実権を掌握する院や摂関や将軍のことではない。[2] そして臣下というのも、その帝王を自在に操縦している権門に他ならないのである。『愚管抄』はこれを「末法」に入って「唯国王之威勢バカリニテコノ日本国ハアルマジ、タヾミダレニミダレナンズ、臣下ノハカラヒニ仏法ノ力ヲ合テ」[3]という伊勢・春日の約諾によるものだと正当化し、さらに鎌倉幕府の成立を、伊勢・春日・八幡の約諾によると解説している。[4] 貴種を帝王・臣下という理念でとらえる身分観念が、その個々人の現実の支配服従関係でなくて、権門がその権威を保持するための虚構的観念であることはこれをみても明らかである。そしてそれが権門体制における帝王（あるいは「国王」）の意味であり、王権がそういう姿で存在したのが権門体制の特質であった。『愚管抄』はつぎのようにのべている。

其人ノ中ニ国王ヨリハジメテアヤシノ民マデ侍ゾカシ、ソレニ国王ニハ国王フルマイヨクセン人ノヨカルベキニ、日本国ノナラヒハ、国王種姓ノ人ナラヌスヂヲ国王ニハスマジト、神ノ代ヨリサダメタル国ナリ、ソノ中ニハ又ヲナジクハヨカランヲトネガフハ、又世ノナラヒ也[5]

帝王とは単に「国王フルマイヨクセン人」のことではない。そして慈円が当然ながら国王も人のうちに数えていることからみても、さきの『徒然草』の「人間の種ならぬぞやんごとなき」という種姓観がまさに虚偽観念そのものであることは明らかである。

このことに関連して注意しておきたいのは、いわゆる「職」の体系の意味についてである。荘園制支配は古代国家における律令制官僚支配方式と異なり、明白に私有と私的支配を原理としている。けれども他方でいわゆる国衙領が存在し、国司・守護があり、中央には若干の官衙も存在して、公的な支配機構も存在した。そして、これらの状況から、荘園支配における本家職・領家職以下の「職」まで含めて一般に「職」の体系といわれるものが本来国家公権としての性格をもっていたとみなされ、その点に歴史的な本質があると説かれることがある。ここで、このことについての具体的な論証に立ち入ることはできないが、しかし「職」が本質的に国家公権的性格をもつとみえるのは、あたかも諸々の権門勢家が「帝王」の「臣下」であるというのと同様である。「帝王」と「臣下」という関係が虚構として実在したと同様、「職」もまた虚構としてあたかも公権の延長上にあるかのようにみせかけているのであって、決してそのままで権力組織や支配権の客観的本質を示しているのではない。それはあくまで権威のための理念であり観念であるにすぎない。

貴種身分の内部におけるこのような大がかりで勿体ぶった虚構性にくらべると、第二身分の司・侍すなわち官人・武士層のばあいは、比較的簡単である。彼等は実際に家司・侍あるいは官人・武士として貴種に従属していたのであって、幕府が政治の実権を掌握していたからといって文字通り「武士の世」になったとみるわけにはいかない。そして、前述のように在地領主階級が従属的地位にいなければならなかったことには経済的社会的な理由が客観的条件としてあったのであるが、しかもなお、彼等が官人・武士として諸々の身分を得たことには、単なる従属の結果としてではなしに、その身分によって自己の領主としての支配権を権威づける意味があり、みずからをそのような種姓として位置づける卑屈さと権威主義とが同時に百姓以下の被支配身分への種姓的差別を強めてもいたのである。

被支配階級の基本部分が、百姓・人民または凡下という身分規定をうけたことにも、権門体制の身分＝尊卑観念の種姓的特質は一貫している。人民がとくに百姓であることには前述のように律令制解体過程以来の自立農民経営の展開という歴史的経過が反映していた。百姓は私人の下僕である下人とは異なって、自立した人格をもつ王民——たとえ経営的に自立していなくても——であり、事実また中世の後期にいたってもなおかつ「公田」の耕作者であるという徴表を保持し、(6)最後までその「自立性」を守るために在地領主の強烈な人格支配に抵抗する姿勢を持ちつづけた。いまではよく知られた例であるが、近江堅田の『本福寺跡書』はつぎのように記している。

一、諸国ノ百姓ミナ主《シュ》ヲモタジ〳〵トスルモノ多《ヲヲク》アリ、京ノオホトノヤノ衆《シュ》モ主ヲモタス、(中略)主ノナキ百姓マチ(町)太郎ハ貴人ノ御末座ヘマイル、百姓ハ王孫ノユヘナレハ也、公家公□《キャウ》ハ百姓ヲハ御相伴ヲサセラル、、侍《サムライ》モノヽフハ百姓ヲハサケシムルソ

一方で王家・摂籙家などの貴種やその司・侍に対して凡下とされながらも他方で王民という観念をもちつづけるという百姓の身分意識を支えているものは、「主ヲモタジ」の言葉にみられるように、侍と下人の家父長制的な支配・隷属関係への対抗であるが、同時にそれは王孫という種姓観念であり、当然ながら凡下ではあっても下人や非人とは種姓が異なるという意味を含んでいるのである。百姓がいかなる支配隷属関係からも拘束されない自由民などではなく、種々の政治的拘束と経済的負担を負うていたことはいうまでもないが、むしろそれゆえにこそこの百姓身分の性格は意味をもった。いわばこれもまた虚偽意識であり、身分差別による支配のための虚構であったのである。

以上みてきたように、種姓というまさに虚偽意識というにふさわしい濃厚な観念性をもつところに、中世の身分制の大きな特色があるが、こうした種姓の意識あるいは観念の成立と存続に大きな役割を果したものとして、仏教に一言ふれておかなければなるまい。たとえば『平家物語』に

君は未知《いまだしろ》し召れさぶらはずや、先世の十善戒行の御力に依て、今万乗の主《あるじ》と生させ給へども、悪縁に引かれて、御運既に尽させ給ひぬ(7)

とあるように、仏教では、「十善の帝王」という説明をはじめ、万人についてすべて宿業としてその運命——したがって種姓も——の必然を説いた。もともと仏教はインドで種姓観念を否定する立場で出発したにもかかわらず、日本中

世で支配的であった顕密仏教は、そのようにして種姓的身分秩序と妥協し結合していたのである。鎌倉幕府法にいう侍と凡下の「凡下」も、語源としては仏教にいう「聖」と「凡」、「極聖」と「凡下」の語に由来するものであろうか[8]ら、十善の帝王をはじめとする貴種と百姓(人民)との対比も、単に政治上の権威だけを意味する身分差ではないわけである。第二節に引用した『普通唱導集』が「聖霊」と「芸能」の諸身分について掲げた讃嘆の句も、所詮は身分秩序の仏教による理論づけである。もっともこのばあいは、儒教倫理を導入・統合させていて、単に宿業観だけでない丹念な仕上げをしているのであるが。

明恵の有名なつぎの言葉は、このさい十分考えさせるものをもっている。

> 人は、あるべきやうはと云七文字を可レ持也、僧は僧の有べき様、俗は俗の有べき様也、乃至帝王は帝王の有べき様、臣下は臣下のあるべきやう也、此あるべき様をそむく故に、一切あしき也[9]

むろん私は、この言葉を身分秩序護持という単純な意味だけに理解すべきだというのではない。しかし明恵の態度が真摯で意味深いものであればあるだけに、仏教ことにその宿業観と身分制とのかかわりはいよいよ深いことを、いちおう注意しておきたいのである。さらにまた、中世仏教の一つの側面ともいうべき神国思想において帝王がことに神秘化され「王孫＝王民」論が強調され、それが建武以降の王権への権力集中の傾向に一定の役割を果したことなど、関連する問題は多いが、ここでは問題を指摘するだけにとどめておきたい。

(1) 日本古典文学大系85『沙石集』巻五末、四。二三九ページ。

(2) 「一院仰なりけるは『我れ、十善の余薫に依て万乗の宝位を保つ。四代の帝王、思へば子也孫也(下略)』とぞ御歎有ける」(『平家物語』巻六、新院崩御)などのほか『帝王編年記』『五代帝王物語』など、「帝王」という用語が普通である。また「国王」という用例も多いが、ここではすべて帝王としておく。

(3) 日本古典文学大系86『愚管抄』一四一ページ。
(4) 同右、三三六ページ以下。
(5) 同右、三二八—三二九ページ。
(6) 田沼睦「公田段銭と守護領国」(『書陵部紀要』一七、一九六五年)、入間田宣夫「公田と領主制」(『歴史』第三八輯、一九六九年)。
(7) 『平家物語』巻十一、先帝身投。なお、注(2)参照。
(8) 『金剛錍』に「阿鼻依正全処極聖之自心、毘盧身土不逾下凡之一念」(大正蔵経、四六、七八一ページ上)とあり(諸書の例からみればこの「下凡」は「凡下」の誤りであろう)、『梁塵秘抄』巻二に「毘盧の身土の卑しき《(尊きも)》を、凡下の一念超えずとか、阿鼻の依正の卑しきも、聖の心に任せたり」(日本古典文学大系73、三八二ページ)とある。硲慈弘『日本仏教の開展とその基調』上、五二ページ参照。
(9) 『渋柿』(『群書類従』第二七輯、一五〇ページ)。この言葉は伝本によって多少異なる。『明恵上人資料』第一(高山寺資料叢書、第一冊)参照。

2　身分外身分としての非人

中世の非人については、すでに先駆的なすぐれた研究がある[1]が、なお若干の重要な問題があり、しかもそれが中世の身分制全般の特色にかかわるものでもあるので、はじめに非人の概略をみておきたい。

中世においては非人の語の意味する範囲はかなり漠としていて、その点に基本的な特色の一つがあるといえるほどである。非人をおおまかに類別してみると、まず獄囚・放免があげられる。すでに早く廃太子の変で謀叛人とされた橘逸勢は「本姓を除き、非人姓を賜わり」伊豆国に流罪となった[2]が、これは当時「非人」という身分があったことを意味するものではなかろう。けれども『江談抄』に賀茂祭放免着綾羅事について、放免は「非人之故不憚禁忌也[3]」と説明しており、中世でも坂の非人などと同時に獄舎に対して「施行」した記事が散見する(4)ように、獄囚は社会生活から排除放逐された者であり、身分としては必ずしも非人とは呼ばれなかったが、同列視された。したがって橘逸勢が流罪にさいして非人の姓を付せられた例に、後世の非人身分とのかかわりをみなければならない。獄囚・放免は非人のうちでは小部分にすぎないけれども、非人の語の意味を考える上で重要である。

つぎに、きわめて多くの用例を見出しうるものに、乞食・乞丐・坂者・宿者・横行・濫僧など、貧者および廃疾者の群がある。これについては一々例を挙げるまでもないかとおもうが、ただ乞食・乞丐・貧者については「乞食非人」などと連称する例も多いところから、いちおうは非人と区別されていたとみることができそうである。けれども『新猿楽記』に「小野福丸其体甚以非人也、偏乞丐而不可衆中一列(5)」とあり、また「出二放埒乞食《こつじき》一」ことを「乞食非人」といい換えた(6)例や、非人を貧人と説明した例(7)があるから、むしろ非人の代表的なものであったというべきであろう。貧者・貧人というのは生計の状態を指す語であるからこれを特定の身分というのは無理なようにみえるが、貧者のみならず浪人が宿々非人とともに施行をうけた例(8)がみられるように、浪人・貧人はともに乞食と同種とみなされた。また濫僧については『塵袋(9)』に「乞食等ノ沙門ノ形ナレトモ其ノ行儀僧ニモアラヌヲ濫僧ト名ケテ」といいこれを非人としているように、いわゆる乞食法師・非人法師を意味したようである。僧形である点に注意したいが、所詮このような僧形の者や乞食・貧人は乞丐など廃疾者とともに社会生活からの脱落者とみなされたのであって、非人というとき狭義にはこれを指し、広義にいうときもそのうちで最も代表的と考えられていたとおもわれる。

つぎには、声聞師・絵解き・傀儡子師など、遊芸・芸能の人々があった。これら遊芸民または雑芸民を明白に非人とした例を私は知らないが、乞食法師や非人に密接なかかわりがあるとみた先学の諸研究は、おそらく誤りないであろう。「声聞法師ハ乞食事也(10)」といわれたようにこれら遊芸民の生活の実態が乞食・浮浪人に近く、また乞食法師や非人と同じとみられる東寺散所の「入道」が絵解きをしたため「盲目」から抗議が出たという例[11]からわかるように、乞食・非人が喜捨を求める手段としては、雑芸は手ごろな「芸能」であったからである。このような雑芸を業とする人々は、他に琵琶法師・放下・千秋万歳や、大和で声聞師の支配下にあったという「七道物」など多彩であったが、共通してみられる特色としては、一つにはしばしば法師や尼・巫女の姿であって唱導その他宗教儀礼に関係があること、もう一つにはともかくも雑芸という「芸能」つまり職能的な身分であったことが指摘できる。すなわち、基本的な生産手段から疎外され、しかも特殊能力視された宗教儀礼につらなる「芸能」＝職種である点に注意すべきものがあるとおもわれる。狭義の非人とは異なるけれども、非人の意味の一面を示すものであろう。

　ところで、乞食・乞丐にしても声聞師など雑芸民にしても、しばしば法師や尼の姿をし、そのため濫僧という語が非人の意味で用いられさえした[12]が、このことから聖《ひじり》・巫女などに注意しておく必要があろう。聖についても従来多くの研究があって論点は多いが、ここで必要なことだけをまとめていえば、すでに八・九世紀から主に民間の呪術者や宗教家で霊力にすぐれていると信じられた者を権者の意味で聖人《ひじり》とみなす信仰があった。しかし一一世紀ごろから特定の姿態で遊行などをする念仏者や験者を聖《ひじり》と呼ぶ[13]ようになってはじめて中世でいう聖の像が確定したようにおもわれる[14]。この中世的な聖の発生・展開は、国家権力と結合した顕密寺院のあり方に対する批判と世俗捨離の精神を本質に含み、その点で体制からの離脱を基調とするものであったといえるが、その生活の実態はこれまた乞食・非人や雑芸に近似するものであった。明恵(高弁)がその著『摧邪輪』の奥書に「非人高弁」と自署し、一遍が遊行の旅に多数の非人を伴ったのは、彼等の聖としての態度がいわば非人に異ならぬことを主張する精神的求道的なものであろうけれども、遁世の身を非人法師・乞食法師などといっている他のいくつかの例[15]からも考えられるように、非人とは(「乞《こつ》食《じき》」もまたそうであったが)、もともとそして当時も聖などの「体制からの離脱」を含む広い意味をもっていたと解せられる。近江番場蓮華寺の弘安八年の鐘の銘に「勧進畜生法師」とあるのも、勧進聖がみずからをどのように位置づけていたかを物語る。(16)

だが、そのような主として精神的・求道的な次元と別に、聖風の行者の現実の生活についてみれば、その多くが乞食法師との区別もさだかでなく、声聞師・説経師・絵解比丘など雑芸の法師や尼の姿態に近い者も多数いたことは説話集などに散見するところで、この点からもまた聖と非人との断絶はなかった。『中臣祐賢記』によれば文永六年三月般若寺にて文殊供養が行われたが、このとき非人二千人が持斎し供養をうけ(その日の叡尊の願文には「乞匃施行」とある)、それとともに「聖人」千人の大行道があったという。(17) また同記には、死骸を取片付けさせた「ヒ《(シ)》モリ」を「非人」と記した例もみられる。(18) 聖と非人とを関連づけてとらえることは決して不当なことではなく、現実には区別しがたい面さえあったのである。

しかし、同じく非人といっても聖は卑賤視される程度が比較的少なかったが、それと反対に最もひどく卑賤視されたのが、キヨメ・河原者・エッタといわれた人たちであった。これについてもすでに詳細な研究があり、その実態について新たにつけ加えることはないが、ここでは他の非人との関係をみておきたい。鎌倉後期の成立とされる『塵袋』に、「キヨメヲエタト云フハ何ナル詞ハソ」と設問して、「エタ」の語源が餌取であり、天竺の旃陀羅というのは屠者で「エタ」と同じく「イキ物ヲ殺テウル悪人也」といっているのは、『天狗草紙』の「穢多童」の描写とともに、屠殺という特定の仕事がエッタの特色とされたことを示すものとして知られている。(19) ところが、これをうけて室町時代の文安年間に成立した『壒嚢鈔』では、

河原者、エッタト云ハ何ノ字ソ、エッタト云付也、常ニハ穢多《エタ》ト書ク、ケカレヲホキ故ト云ヲ、古キ物ニ餌取《エトリ》ト書ク、真ニハエトリト云ヘシ、(中略)天竺ニ旃陀羅ト云モ、同餌取躰《テイ》ノ膩《キタナ》キ者也

と、もっぱら不浄を強調している。[20]すなわち単なる卑賤視でなく、不浄を強調する点に特色があって、しかも鎌倉時代には実は単に「悪人」であったのが、室町時代には「膩キ者」となることからも、後になるほどそれがひどくなるようにおもわれる。『建内記』に「川原者穢多事也」が「不浄之者」であるとして「散所者声聞師事也」と交替させたとある有名な記事も、[21]「川原者＝穢多」が不浄だとして他の非人と区別されたことを示している。けだし、右の諸書の書き方からみれば、日常的には鎌倉時代ではキヨメ、室町時代では河原者が普通のいい方であって、とくに不浄を強調するについて露骨に「穢多」の文字をエッタの語に宛てる言い方があったのであろう。[22]

このようにエッタのばあい、特定の仕事(社会的分業)と不可分の関係で不浄が強調されたが、それだけではなく、その不浄は容易に払拭できない人間の品＝種姓とみなされていた点が重要である。藤原信実の作という『今物語』に、

或蔵人の五位の、……革堂へ参りけるに、いとうつくしげなる女房のひとり参りあひたりける、……つきて行ければ、一条河原になりにけり、女房見かへりて、……とひとりごちて、きよめが家の有けるに入にけり[23]

とあるが、革堂や一条河原という語が「きよめ」とともに現われるのも、エッタについての先学の諸研究との関連で注目されるけれども、それはそれとして、この話は鎌倉時代にすでに実際の仕事や身なりなどとは別に「きよめ」が払拭できない種姓とみなされていたらしいことを、推測させる。『塵袋』などでインドの旃陀羅と対比し、『七十一番歌合』で「人ながら如是畜生ぞ」とまでいっているのも、[24]やはり種姓視がとくにきびしかったことを示すものであろう。

しかしながら、キヨメ・河原者はそれゆえに他の非人と全く区別されていただろうか。やはり『塵袋』に、エッタを濫僧というのは非人の名をエッタにつけたもので誤りであるといい、エッタと非人とを区別している。そして著者はそれについて、世間には「非人・カタヒ・エタナド、人マジロヒモセヌオナシサマノモノナレバ、マギラカシテ、

非人ノ名ヲエタニツケタル也」と、現に世間に混同がみられること、それは「人まじろいもせぬ同じさまのもの」であるからだと、説明している。エッタと非人とを区別すべきだとする著者の見解ももっともながら、鎌倉末期には両者が世間で混同されていたのも現実であって、それは要するに「同じさまのもの」であるからである。そしてその点から考えなおしてみると、実は河原者というのも決して屠殺を仕事とする餌取だけでなく、もともと非人といわれていた犬神人や細工人・土工・壁塗など多様な人々が河原に居住したことに発するもので[25]、いわばエッタといわれた人たちを主とした河原の居住者を指す語であると解せられ、エッタ(餌取)―河原者―犬神人―非人(乞丐)というふうに、連鎖状に連なる関係にあったものとおもわれる。

以上、非人についてその関連する諸身分を類別して考察した。狭くとれば、非人とは何よりも社会生活から脱落した者である乞食・乞丐などを指すが、他に社会生活から排除された獄囚や生産活動から疎外されている雑芸民、それに社会秩序からの脱出者である聖、はじめから秩序に加わることを拒否されているエッタなどがあり、いちおうそれぞれの区別はあるが、所詮は権門体制＝荘園制社会の支配秩序の諸身分から原則としてはずれている点で共通している。非人とは広くはそういう「身分」に共通して用いられた身分外の身分呼称であり、それはそのことによって中世の身分制全体のある種の特色を示すものと考えられるのである。

(1) 「部落史」の研究のうち、中世関係のものは多数あるが、なかでも部落問題研究所編『部落の歴史と解放運動』(旧版一九五四年・新版一九七〇年)および『部落史に関する綜合的研究』史料第三(一九六二年)、第四(一九六五年)と、それらにみられる林屋辰三郎氏の論説、さらに、原田伴彦「封建時代賤民史の諸問題」(『日本封建制下の都市と社会』一九六〇年)、同「中世賤民の一考察」(『日本封建都市研究』一九五七年)、藤谷俊雄『部落問題の歴史的研究』(一九七〇年)、および横井清「日本中世における卑賤視とその条件」(『部落問題研究』第一二輯、一九六二年)などがあるが、ことに横井氏の論考は、中世関係のものとしてはいわば最新のしかもきめ細かい仕事である。これら先学の仕事に教えられるところ多かったことを記して、感謝の意を表したい。

(2)『続日本後記』承和九年七月廿八日条。

(3)『江談抄』(『群書類従』第二十七輯、五五〇ページ)。

(4)『師守記』貞和元年三月廿五日条、『門葉記』貞治三年五月八日条等。

(5)『新猿楽記』(『群書類従』第九輯、三四一ページ)。

(6)『中世法制史料集』第一巻、参考資料七八。『撰集抄』(岩波文庫版)巻五に、題に「第八、観音化二非人一、乞二勝円阿闍梨ュ小袖帷一給事」とある本文ではすべて「乞食」となっており、本文の「乞食」のことをあとで誰かが「非人」といい換えて題にしていることがわかる。

(7)黒田「「七乞食」と芸能」(本書三九九ページ以下)。

(8)「御施行人数注文」(『金沢文庫古文書』所務文書五、七四九)。

(9)『日本古典全集』所収。

(10)『大乗院寺社雑事記』寛正三年九月廿八日条。声聞師については、熱田公「中世大和の声聞師に関する一考察」(『部落問題研究』第三輯、一九五八年)に詳しい。

(11)中院通顕書状(『東寺百合文書』リ四五)。

(12)『明月記』嘉禄元年三月十二日条に、「奈良北山濫僧長吏法師」とある。いうまでもなく、北山非人のことである。

(13)伊藤唯真「阿弥陀の聖について――民間浄土教への一視点」(藤島達朗・宮崎円遵編『日本浄土教史の研究』一九六九年)に、『今昔物語集』の段階で「阿弥陀ノ聖ト云フ事ヲシテ行《アル》ク法師」が現われることに注意している。

(14)聖については、今日一般に、『日本霊異記』あたりにみえる聖人《ひじり》を含めて古代以来中世まですべて同じものとみなしているが、私見では空也以後にはじめて中世でいうような聖の形態が成立したと考える。この点、別に詳論したい。

(15)『正法眼蔵随聞記』二の十六(日本古典文学大系81、三五一ページ)、『沙石集』巻十本の四(日本古典文学大系85、四一一ページ)巻十末の三(同四五三ページ)、『一言芳談』(日本古典文学大系83『仮名法語集』一八八ページ)など。

(16)『七十一番歌合』中卅六番に「穢多」の歌として「人なから如是畜生そ馬牛のかはらのもの丶月みてもなそ」とある(『群

書類従』第二八輯、五三四ページ)のと対比せよ。
(17)『中臣祐賢記』文永六年三月廿五日条。
(18)同右、文永九年二月廿一日条。
(19)横井清、前掲論文(註1参照)。
(20)浜田敦・佐竹昭広編『塵添壒嚢鈔・壒嚢鈔』(一九六八年)による。なお『塵添壒嚢鈔』は天文年間の成立であるが、この部分の文章は同じである。
(21)『建内記』正長元年六月十日条。
(22)『塵袋』は語源を餌取に求め、とくに不浄とはいっていない。日本古典全集本の写真版からみると、そこに「穢多」の字があるのは、後の加筆であるようにみえる。
(23)『今物語』(『群書類従』第二七輯、四五四ページ)。
(24)註(16)参照。
(25)横井清、前掲論文(註1参照)。

3 非人身分の特質

中世における非人身分の内容を右のようにとらえたとき、その身分としての特質はどのように把握できるであろうか。

まず第一に指摘できるのは、非人は基本的には公私をとわず人格的隷属関係をもたないことである。これは概して一般に誤解され易い点であり、もしかすれば、非人が極度に卑賤視され身分的に最下位におかれていたことから、一見奇異な言い方と受けとられるかもしれないが、大切な点である。非人の特色は、いわば普通の社会生活からはずれた「体制外」「身分外」の身分であることであるが、それは主人をもたないということであり、奴隷のように公的あるいは私的な所有の対象ではないということである。中世の非人を奴隷制の範疇で説明しようとする試みは、この点で基本的に誤っていると私はおもう。またそれゆえ、非人は古代の「賤民」とも本質的に異なる。古代専制国家においてはその基本に良民―賤民の身分構成があり、賤民はそのなかで、本質的には支配の対象である一種の奴隷として存在したものだからである。従来の諸論考が一般に「賤民」という用語で中世の非人を表現しているのに、本稿で殊更にそれを避けているのは、非人という語そのものがまことに適当な歴史的概念たりうることのほかに、古代の「賤民」とはっきり区別しておきたいためであった。

非人のこの特色をはっきりさせるには、下人と対比してみるのが、何よりも手近な方法である。下人は前述のように、奴隷か農奴かを問わず、必ず主人に人格的に隷属し、所有・半所有の対象となっている身分である。しかし非人は、聖・乞食から河原者にいたるまで主をもたないのを基本とする。またそれは古代の官奴婢のように国家機構に隷属しているのでもない。非人身分は、階級的な搾取関係を固定するために成立した身分ではないのである。

しかし非人が奴隷制的あるいは農奴制的な生産関係にあった例は、必ずしもないわけではない。越後国奥山荘関係の文書には「非人所」「非人所畠」「非人所在家」などの語がみえる。(1) この意味をいま確実に把握することはできないけれども、非人が在家として畠などをもち領主に隷属していたものかとおもわれる。また、播磨国広峰文書には、譲状のなかの「所従」の項の一般の所従の末尾に「穢多童又五郎」の名がみえ、同じ文書に広峰社贄御供田のうちに「又五郎屋敷」がみえる。(2) おそらく「穢多」又五郎が御供田と屋敷を与えられて所従として隷属していたもので、さきの奥山庄のばあいと同様在地領主制支配のなかに奴隷または農奴として組みこまれていたのであろう。そしてそこで、非人ないしエッタにふさわしい仕事を課せられていたのでなかろうか。しかしこのさい混同してはならぬのは、在家の下人あるいは所従であることにその人格的隷属性が表現されているのであって、別に非人・エッタの称で表現しているものはそれとは異なるものなのである。

だがこのような比較的珍しい例よりも、もっと大きく取上げておかねばならぬのは、これまであまり触れなかった散所非人および犬神人である。散所をいきなり「賤民」的存在とみなすのは問題があるということについては、かつて私も疑問を提出しておいたし、(3)近年すぐれた探究もなされて、いまではかなり明らかになっている。(4)散所は権門の家産支配機構において特別な機能をもつ一分枝の名称であって、そこにはむろん奴隷的隷属民も特殊な課役を負って所属していたが、下人や雑色や神人や童子や召次もまた所属していた。しかし散所に非人が所属する例がはっきりわかるのは、東寺に掃除料として「散所法師」が寄付された鎌倉後期あたりからであって、以後、中世後期に散所法師・散所非人・散所者などの語が多くみられるようになる。ということは、実は散所が非人の発生地だったのでなくて、反対に非人が散所として新たに組織され、私的支配の対象となっていったことを示すものである。つまり非人について一定の有用性が体制の側から公認され、したがって支配の対象とされるようになって、散所法師・散所者が成立したのである。このことは、犬神人についてもいえる。犬神人の起源については感神院所司等の申状案(5)によれば、四条以南五条以北の河原田畠を延久以来、社恩として非人に宛賜わったところ、犬神人と号して祭礼以下の諸神事に従うようになったものという。実際には、死屍の片付けや掃除、それに一向宗徒の追却や墓所の破却などの例で知られているが、要するに非人を不浄な雑用のために使うことに一定の効用を見出し、そういうものとして支配秩序に組みこんだものとおもわれる。散所法師や犬神人の起源については確かなことはよくわからないが、なかには古代の公私隷属民(賤民)の系譜をひくものがあったであろうけれども、それにしてもすでに賤民=奴婢ではなく非人であったものが、支配の対象として体制内に組みこまれていった点に、基本的な性格があったとおもう。さきの「非人所」や

「穢多童又五郎」も同様である。

そのような「体制外」という性格からさらに指摘しなければならないのは、非人が基本的な生産手段から疎外されていることである。彼等は土地の支配体系から原則的に排除されており、そのため生計を財貨の生産でない仕事、しかも卑賤視される仕事に頼らざるをえず、そこで当然「芸能」による生き方を求めることになった。つまり社会の基本的生産手段と結合しないで「芸」と「能」とを発揮できるような仕事、すなわち掃除・土工・汚物処理・屠殺などか、または雑芸や呪術の類に、生活の資を求めることになった。非人身分は、だから階級関係をその成立の直接の契機としないだけでなく(といっても、結果としては若干の階級に属しまたは新たに形成することになるわけであるが)、特定の社会的分業を色濃く表現するものになったのである。

非人身分の特質として、なおとくに注目しなければならないのは、不浄視である。卑賤視ということだけなら、中世の身分制においてはいわば相対的なものであって、たとえば貴種に対して百姓は卑賤の身であるが、不浄はそれと異なる。[6] それでは、この不浄視を裏付けるものはなんであっただろうか。日本中世では今日も一部にある偏見のように人種的あるいは種族的な差別からの不浄視などは現実に起る条件がなかったのであり、むしろ不浄視は特定の「芸能」に関連づけて説明されていた。ただしそれだけに非人が一律に汚穢・不浄とみなされたのでなく、なかでもエッタがとくに不浄とみられていたことはさきにのべた通りで、その理由としては屠殺という「芸能」に帰せられしかも固定的な種姓とみなされたのである。けれども『一遍聖絵』に、美作一宮の禰宜が「非人をば門外におき、聖(一遍)・時衆等をば拝殿にいれたてまつる」と伝えているように、非人というだけでやはり不浄視されていたし、しかもその時衆がまた、「時衆ハ方々羅斎者也、定不浄輩ニモ多相交ラン、於向後ハ可斟酌也」[7] とされ、あるいは同様の論理で使庁の下部を「濫穢之身」[8] としたように、不浄視は非人全般にいわば波及的に「汚染」していくのである。そのため、本来とくに不浄でもない「芸能」が不浄とされるとともに、「芸能」のゆえにその者が不浄の種姓とみなされ、種姓と「芸能」が分ち難い関係におかれるのである。

ただしこのことは、中世の非人がいわゆる職業起源論によって説明できるということではない。さきに指摘したように、非人を含めて中世の身分は、いくつかの契機の結合として成立しているものであって、全体としては種姓的性格を伴う全体制の特質として把握されなければならないのである。ここではただ、「芸能」がその特色の一つの側面に関連づけられていることを指摘したまでである。

したがって、中世のエッタおよび非人という語に、近世において制度化された身分用語への傾斜をみてとることは可能であるが——それはそれできわめて重要なことだが——、同時に近世のそれと異なって、非人という身分が、エッタ身分を極限に据えることによって不浄な種姓として成立しているという構造に注目しなければならない。近世の「穢多—非人」という序列は分裂支配のための作為的制度であるが、中世の非人身分はむしろ自然発生的であるため、感覚的あるいは観念的である。それだけにその内部での区別は、連続的でもあり流動的でもあったが、なおそのなかでもエッタがその極限的存在と考えられていたのである。それはあたかも、貴種の身分が、「人の種ならぬ」とされる「国王種姓」＝「王家」を極限にすえることによって貴種らしく成立しているのと同じ構造であり、身分体系全体としては上下の両端において対応しあうことによって種姓的な特質をいよいよ鮮明にしているのである。したがって私たちは、中世の身分制においてもまた、繰返しいわれるように「天皇制」と非人との対応を見出さざるをえないのである。

さてここにいたってわれわれは、この身分としての非人の語のもつ意味を、さらに深刻に考えざるをえない。「非人」という語そのものは、もと仏典で人間以下の天竜・夜叉・鬼霊など空想上の怪物を指す言葉であって[9]、『日本霊異記』にも「七人の非人有り、牛頭にして人身なり、我が髪に縄を繫《か》け、捉へて銜《かく》み往く」などとある。(10) これが現実の人間の賤称に転用されるようになったのは、さきにも指摘したように十一世紀以後であり、ここに新しい中世的な身分観念の成立を確かめることができるのであるが、しかしながらこれによって非人の原義が中世の仏教用語から失われてしまったわけでなく、両者はいわば重複していたのである。それゆえ実際には中世の「非人」という身分観念は、現実の身体的な不幸や賤視された生業に、原義のもつ夜叉・鬼霊的な奇怪な表象が重ね合わされて成り立っていたものと、解さねばならない。出家乞食《こつじき》の聖を「非人法師」というのも、(11)「非人」の語にそのような奇怪な姿態のイメージがあるため、世俗を捨てた苦行乞食の峻烈さが強調されるからである。むろん、みずからを非人と称した高僧や聖たちが実際に社会でどのように処遇されたかは、また別の問題であるが、「非人」という語の本来の強烈な意味については、充分注目しておく必要があろう。(12)

ところで、さきに中世の身分体系の種姓的特質に関連して仏教の役割にふれたが、ここでそのことについてさきと異なった側面を指摘しておく必要がある。それは親鸞が『唯信鈔文意』のなかで、念仏者である「われら」を「具縛の凡夫、屠沽のたぐひ」と呼び、『教行信証』でも「屠沽の下類」としたことであって、これについてはすでに先学が注意され、その意味も深く追究されている。(13) したがってそれを再説する必要はないのであるが、注意したいのは、みずからを「屠沽の下類」とする種姓＝宿業観が、ここではその意義・価値基準を逆転してかえって救済への確信の論拠になっている点である。こうしたことは、日蓮がみずから「旃陀羅の子」と称したことや、さきの番場蓮華寺の鐘銘「畜生法師」にも同じことがいえるのであって、してみれば、聖《ひじり》的活動を基盤とする鎌倉新仏教の運動と論理も単なる仏教思想独自の展開ではなくて、まことにも日本中世の身分秩序に即応した論理であることに、あらためて注目せざるをえない。したがって、聖と非人との不可分の関係も、ここでいまいちど確認できると思うのである。

(1) 井上鋭夫編『色部史料集』所収、反町十郎氏所蔵文書、六の二三、一七八ページ。
(2) 貞治四年七月二十日長種譲状。
(3) 黒田『荘園制社会』(体系日本歴史2、一九六七年)九七ページ。
(4) 脇田晴子『日本中世商業発達史の研究』(一九六九年)第二章第二節、林屋辰三郎「散所――その後の考説――」(『中世の権力と民衆』一九七〇年)、脇田晴子「散所の成立をめぐって」(『日本史研究』一一三号、一九七〇年)、丹生谷哲一「散所発生の歴史的意義」(『日本歴史』二六八号、一九七〇年)。
(5) 康永三年感神院所司等申状案(『八坂神社文書』下、一三三三号)。
(6) したがって、太平記の作者だという小島法師について「卑賤之器」と伝えられているとしても(『洞院公定公記』応安七年五月三日条)、このことからただちに太平記作者が〝賤民〟に関係あるかのようにいうのは、当を得ないとおもう。
(7) 『満済准后日記』応永卅四年正月廿三日条。
(8) 長寛二年十月十六日官宣旨案(『図書寮所蔵神祇官文書』)。
(9) たとえば『法華経』では「鬼霊」を「非人」と漢訳している(岩波文庫版二五八―二六一ページ・三二四―三二五ページなど)。
(10) 中巻第五話(日本古典文学大系70、一八七ページ)。
(11) 三八三ページ註(15)参照。
(12) 現実の人間がそのように「人間でない」ものにみえてくるという恐るべき感覚が、社会の構造に深くかかわっているということは、まことに悲痛な事態ではあるが、しかしそれを日本だけの特殊な宿命であるかのようにみるのは、むろん正しくない。前近代においてそのような異様な感覚が社会を支配しうることは、西欧中世を通じての魔女や異端のながい奇怪な歴史を想起するだけでも明らかである。
(13) 赤松俊秀『親鸞』(人物叢書、一九六一年)一八二ページ、林屋辰三郎『部落史に関する綜合的研究』の解説第四章の三。

4　種姓的特質の社会的基盤

西大寺の叡尊は、「出家人不応礼在家人也」の文について、出家人の「入マジキ所ヲ申タルニ、王家・旃陀羅家・婬女家・屠児家ト申タルガ、一ニ、王ニテアレドモ皆請ズルニハユ《（許）》リタリ、能々存テ可遠也[1]」と教誡したと伝える。彼は非人の救済に尽くしたことで知られるが、だからといって、この言葉に屠児家を遠ざけるとしているのは彼が非人と屠児＝エッタとを区別していたからだと解するのはかえって誤りであろうとおもう。この言葉の意味は、出家人は権力と不浄とをともに遠ざけよという仏教の一般的な戒めを引用したもので、王家から屠児家まで列挙したのは仏典の知識によってインド社会的な語彙を配列したものに相違ない。けれどもここで注意してみたいのは、そういう語彙が日本中世においておおまかにはそのまま通用しえたという事実である。

そもそも以上にのべた種姓的身分制が、一般にインドのカースト制といわれるものに種々近似した側面をもつことは、もはや十分気付かれるところであろう。「種姓」という言葉は、インドで理念的な身分階層とされるバラモン brāhmaṇa・クシャトリヤ kṣatriya・ヴァイシュヤ vaiśya・シュードラ śūdra の四つを指すヴァルナ varṇa の訳語、または、現実の閉鎖的排他的な集団（カースト）であるジャーティ jāti の訳語として、古い漢訳において用いられ[2]、日本へもそのようなものとして伝えられたのであるが、それとともに日本の中世の――必ずしも中世だけではないが――身分制には客観的にみてそのような側面がみとめられるし、また当時も出自にからむ身分をその「種姓」という語で表現していたのである。むろんそのさいの「種姓」という語の意味は漠然たるものでインドに比べても varṇa とも jāti ともとれる程度のものであって、学問的にインド社会の各時代の身分制と比較してみてはたしてどの程度まで共通面や類似面、さらには法則的な統一把握が可能であるかは、別に厳密な分析が必要であろう。けれども、カースト制と概称されているものを、すべてインド固有の特殊なものとだけ断定して他との比較を拒絶する理由はないのであって、出生と職業と宗教とによって身分階層を意識し特質づけようとする点は、ある程度まで日本中世の身分制に共通する点が認められるといって差支えないとおもうのである。

このような種姓的特質をもつ中世の身分制は、すでにみたように、上には人間以上に神聖で尊貴な身分層を、下には人間以下の不浄な卑賤身分を、両極端において設定し、そういう観念的な強い束縛のもとに、全体に私的人格関係でない公的階層的な身分体系をつくり上げているのが特色である。領主と隷属農民との地代収取という封建的生産関係が一般的に成立しそれが階級支配と搾取の根幹をなしながらも、そうしたものが、全体の次元では個々人の私的な隷属関係としてよりは公的階層的な身分秩序として観念され、経済外強制がそういう形で構成されるのである。そういう特色ができ上るのはなぜか、なにがそういう特色を生み出す根源か。これは軽々には断言できない困難な問題であるが、日本中世についてみる限りは、すでに指摘したように、「百姓共同体」の内部構造と対外的閉鎖性とに密接な関連をもっているとおもわれる。「百姓」という農民のあり方には、それら一切のことが凝集されているといえるのである。

かつて私は、中世の荘園制社会の成立を封建制の〝非「領主制」的展開〟として特色づけることを試みた。(3) それはまだきわめておおまかな展望にすぎないものであるけれども、私はいまもそれを、日本中世社会の特質把握のために追究すべき問題点と考えている。しかして、以上の種姓的身分制は、まさにそうした非「領主制」的展開に対応するものであり、その根底にある「百姓」というあり方こそが、非「領主制」的展開を規定した生産様式の身分的表現であったのである。「百姓」身分とその共同体には、二つの側面がある。一つは農民経営の反「領主制」的な「自立」性でありそれは条件によっては反封建的な農民闘争に大きな役割を果たす可能性をもつものであるが、他方では、間人・非人らへの差別をふまえた特権的・守旧的な性格をもち、したがって貴種の権威を真に克服しえない弱さをもつ。それゆえ、非「領主制」的展開を基調とした荘園制社会では、農民の「自立」が広範にみられるとともに、かえって観念における権威への隷属性が色濃く温存され、個人の自覚を妨げるのである。むろん日本中世では非「領主制」的なもののみが展開したのではなく、いわば「領主制」的なものと非「領主制」的なものとが葛藤し相剋していたともうが、しかし結果としては全体に「領主制」は優越せず、したがって、中世の身分秩序は全体としては種姓的特質をもったのである。そして、そのような封建制の特質は近世の幕藩体制のもとでも形をかえて再生したといえるのであって、中世後期における在地領主階級の社会的政治的制覇は彼等みずからの「領主制」の自己否定でもあり、したがって種姓的身分制を再編して「本百姓」体制を確立したのであった。

（1）『興正菩薩御教誡聴聞集』(日本思想大系15『鎌倉旧仏教』二一五ページ)。

（2）カースト制については、高崎直道「古代インドにおける身分と階級」(『古代史講座』7、一九六一年)参照。「種姓」がカーストの漢訳語として用いられていることは、高崎氏の教示による。

（3）黒田『荘園制社会』(体系日本歴史2、一九六七年)第八章の2。

四　中世身分制の変質と解体

中世の身分制は、ほぼ一四世紀を境に異なった様相をみせはじめる。これは改めていうまでもなく、中世後期に荘園制支配が衰退し解体へ向っていくことと、密接な関連があるわけであるが、にもかかわらず全体の身分体系とくに支配層の身分秩序の観念は、「下剋上」的状況にもかかわらず、基本的に維持されていた。それは公家権門はすでに政治権力の掌握者でなくなり、荘園知行能力も喪失していたけれども、しかも新興の国人層にしても守護にしても、所詮は荘園制を根底から否定廃絶するのでなくそれに寄生しそれを横領する形でしか支配を伸張できなかったからであり、したがってまた、その支配のための身分秩序の根幹をなす身分観念を根本的に否認することができなかったのである。しかしここでは、それら支配層の身分のなかのかれこれの変動については省略して、とくに非人身分のなかにみられる一定の変化を中心にして、近世の身分制にいたる概略の展望を試みておきたい。

中世後期の身分制にみられる一つの特色は、新しく多彩な諸身分とくに「芸能」的な諸身分が現われてくることである。「芸能」的な諸身分は、すでに注意しておいたように中世荘園制社会にはじめから重要な特色として存在したもので、『新猿楽記』などにも明瞭にうかがわれたところである。それは一三世紀にはいちだんと発展し、以後『職人歌合』のような形で、社会相をとらえる一つの類型とさえなった。前掲の『普通唱導集』の篇目も、そうした時代的背景のもとに成立したとみてよい。そして、このような「芸能」的諸身分の多彩な出現は、おそらく、農村において農民の小経営がいっそう確立し「惣」の結合が発展するとともに、商工業や猿楽その他の芸能など非農業的分業が新たな発展を迎えたことに裏付けられているといって差支えない。

一四世紀前後のこの社会的変動の歴史的評価については、今日もなお学界で論争がたえないが、非人身分を中心にみれば、二つの側面がみとめられるようにおもう。一つは、社会の封建化の過程において主要なかつ基本的な生産を担う「百姓」＝農民の優越性が、「惣」的結合＝村落共同体の発展によっていよいよ強化されてくるにともない、逆に非農業的分業への差別と賤視の条件がつよまるという関係である。だが、もう一つには新しい可能性もあったとみられるのであって、それは、「芸能」が職能ないし芸術として発展しそれが都市的・非封建的要素と結合していく途である。商人や職人の活躍が、たとい座という形態をとっていたにしても、本所への隷属奉仕としてよりは商人・職人の主体的活動として展開したこと、時衆や阿弥号の芸能者が猿楽・田楽・連歌その他諸々の芸能に活躍したこと、またそれらが悪党・溢者・足軽などの一部や「町太郎」・博奕打など非封建的ないし都市的な浮浪人層とも結びついて、内乱あるいは一揆のなかで特色ある役割を果したことなどがそれである。そして、このような新しい可能性がみられたことの背景として、単に社会的分業が発展したからだけでなく、鎌倉末期に家父長制的恩情的支配ないしは権門的権威が衰退しはじめたため、新しい分業が、身分関係としては「聖霊」的な身分でなく「芸能」的身分として発展していく条件があったことに、注目しなければなるまい。

こうした動向のなかで、乞食・非人といわれた者のなかに、種々の機会にその劣悪な地位を脱して小百姓または商工業の座衆としての地位を獲得したものがあったであろうことは疑いない。被差別身分の呼称は払拭できないものの経済的な向上だけはかちとった者がかなりいたことは、いっそう明らかである。けれども中世の現実は、手放しで解放の方向へは進まなかったのであって、社会的変動のなかでむしろ差別が固定化し強化されていく側面があったようにおもわれる。その一つの契機は、「宿」と「河原」が被差別地区として発達＝固定化していったことである。それはいうまでもなく商工業・都市(市場・町)・交通の発達の半面をなすもので、新たな非人・乞食の発生とその宿・河原への定住は不可避的に起こりかつ拡大再生産された。この定住にはむろん複雑で曲折した生活への努力のあとが含まれていたはずであり、ことに田畠を獲得して百姓化しようとする苦闘の姿をみないわけにはいかないとおもう。けれどもそれとともに、宿・河原には、宿の者・河原者特有の「芸能」とされる職種もまた定着し、そこに居住する者の定職となりさらには権限——たとえば牛馬の死屍を片付ける権限など——として主張し争うような事態に追い込まれてもいったのである。清掃や土工や雑芸はもともと社会生活に不可欠な労働ではあったが、荘園制的な公事＝奉仕の解体とともにこうして「非隷属」民の独立した職種＝「芸能」として専業化し定着して、それが身分として固定強化される方向へ向ったとみられる。

差別の固定・強化のもう一つの方向は、非人集団を支配の対象として体制のなかへ組み入れる動きである。これについてはさきに指摘しておいたように東寺の散所や大和の唱聞師がその代表的な事例であって、それはあたかも商工業者の座が荘園本所の新たな財源としてこの時代に多数認定されていくのと軌を一にしている。社会的有用労働としての定着が、荘園制社会の支配の法則によって新たな支配＝隷属関係をよびおこし、いままでの「体制外」身分が体制内の身分に繰り入れられていくのである。ただしその支配＝隷属関係は、必然的に下人のような家父長制的な個別人格的隷属でなく百姓と同様に総体的・階層的な関係であり、ひいては種姓としての卑賤観念を伴うものであったことを見落してはなるまい。

このようにして中世後期の慢性的な社会的変動は、非人を含む諸身分階層を流動的にし、個々人についてみれば解放向上と没落変転は数知れずあったとみられるが、身分体系全体としては種姓的特質を払拭することなくむしろ非人身分を体制内化し固定化する方向へ向った。種姓的観念と職業と居住地による被差別身分の制度的確立が、このようにして準備された。

中世末の一向一揆にみる領主層と農民層との全面的階級対立と闘争そして一揆の徹底的弾圧と支配の再編という歴史的経過のなかで、中世的荘園制的社会構造が解体され近世的幕藩制的構造へ移行していくと、当然中世的身分制も根底から解体した。まず、中世の基本身分のうち支配身分の内部では、「貴種」と「司・侍」(官人・武士)との序列・格差が崩壊し「武士」が権力を掌握して最高の身分となり、「貴種」は基本身分から脱落した。被支配身分では、「百姓」内部の重層性が原理的に否定され、「下人」身分は体制上基本的なものでなくなって全般的に下人解放がすすんだ。それは支配権力の政策というよりは、基本的には農民の闘争によって達成されたものであった。だがこのなかで中世の「非人」の諸階層は、一面では前述のような個別的解放向上などをかちとりながらも、新たな身分制のもとに政策的に(反動的に)再編成され、ついに士・農・工・商それに「穢多・非人」という身分秩序を生んだのである。ただここで注意しておいてよいのは、この身分秩序の基本的契機をなすものは個別人格支配による隷属関係でなく、中世にもましてはるかに徹底した総体的・階層的支配であることである。そして「穢多・非人」については、もはや社会的に自然生的な体制外の存在などでは絶対になく、政策的に体制内に組み込まれ設定されそして固定された身分となったのである。中世の非人と近世の「穢多・非人」との相違については種々指摘しなければならない点があるとおもうが、私はここにこそ最も決定的な相違点があるとおもう。そしてそれにつれて近世の身分体系全体もまた、新たなしかもきわめて人為的・政策的な「種姓」的特質をもって彩られることとなるのである。

むすび

中世の卑賤観念を中世の身分制の特質のなかでとらえることを目標に、以上に非人に重点をおいて一通りの考察をしてみた。結果としては、身分制といい、非人の性格といい、また卑賤観念といい、どれをとってみてもまったく粗略な概論的な素描におわった。紙数の都合もあって説明を省いたところや、検討する力がなくて残されている問題が多いことも、いうまでもない。中世社会のあの容易には割切れない複雑な状況を、身分系列や階層を概念的に把握するためとはいえ敢て割切ったところそのものに、最も大切なものが消え失せたのでないかという疑問は、ぬぐい去ることができないだろう。そういった限界ははっきりしているが、はじめにのべたように、被差別部落の問題を中世史の分野から研究をすすめるについて、その研究視角のために多少とも提言としての役割を果たすことができれば幸いである。

それにしても本稿では、現在日本中世史について多岐に分れている諸学説にいちいち断りをいうこともなしに、私の「荘園制社会」論や「権門体制」論を前提において論をすすめた。だから私のような中世史理解に反対の意見の人々には、本稿で展開したような諸問題はまったくうわついた一方的なものに見え、あるいは砂上の楼閣としてほとんど無意味におもわれるであろう。それもやむをえないことであるが、私としては、これでもって権門体制の一面をさらに把握しえたばかりでなく、表題の問題に若干の新しい事実と問題を提示したつもりなので、そのことの限りでは問題にしていただけたらと願っている。

従来、中世のいわゆる「賤民」の研究においては、奴隷制的あるいは農奴制的(封建的)階級関係を基礎視角としてさまざまな論説が出されてきた。それは基本的には間違いでないばかりか不可欠の手続きであり従ってまた多彩な成果もあったが、本稿ではその視角からは考察をすすめず、むしろ数多の次元からの分析を試みた。そしてその結果、百姓身分の特質や「芸能」と種姓の問題に注意し、中世独特の非人の意味内容を追究し、不浄観念の性格と根源を考え、もって帝王から非人にいたる身分制の一貫した特質をまとめてみた。またそれによって、中世の非人と古代の「賤民」や近世の部落民との質的な相違と歴史的な連関についてもふれた。まだ問題の端緒をとらえたにすぎず、不正確な点も多々あるであろうが、いずれも、今後の中世身分制の研究にとっても被差別部落の歴史的研究にとっても大切な問題であると考える。

大方の御叱正を乞う次第である。

〔付説〕「七乞食」と芸能
――ポルトガル人の日本語文典における部落史資料――

1

いわゆる被差別部落の成立史は、近年さかんに研究され、かつての非科学的に基づく迷妄な伝説や「学説」は、しだいに駆逐されつつある。時勢のおもむくところ当然といえば当然だが、それというのも、解放のために心血をそそいだ多くの人々と困難な研究をつみ重ねてきた諸先学の努力によって、はじめて今日にいたったものであること、いうまでもない。けれども部落史の研究は、まだまだ、すべての歴史家の協力によって推進されるほど、充分な体制になっておらず、しかも、問題が日本の全歴史・全社会にかかわることからいっても、そうでなければ、ほんとうの成果をあげることができないとおもう。私も、部落史についての理解はきわめて浅いが、それなればこそなおさら、右のような反省から若干でも寄与することができたらと考えるので、小稿で一つの資料を紹介してみたいとおもう。

2

紹介といっても、厳密には新資料ではない。ただ、私の知るかぎり、部落史研究の分野で、看過されていたとおもう資料である。

それは、きりしたん宣教師の著作になる日本語文典および辞書にあらわれる記載である。これは、国文学および国語学では、中世語の研究資料として以前から参考にされていたものであるが、歴史研究者にはほとんど使用されなかった。その一つは、Ioão Rodriguez (1561〜1634) による《Arte da Lingoa de Iapam》で、一六〇四―八年「長崎学林」で出版され、土井忠生博士によって邦訳されて、『ロドリゲス・日本大文典』として昭和三〇年三省堂から出版された。日本語に関する文法書であるが、その他、文学・芸能・歴史などの基礎知識についてものべている。もう一つは、《VOCABVLARIO/DA LINGOA DE IAPAM》の表題を有する日葡辞書で、おなじく長崎学林から一六〇三年に出版され翌年補遺が加えられた。本書には邦訳がないが、Léon Pagés (1814〜86) がパリで一八六二年から六八年にわたり四分冊にした仏訳を刊行し、六八年にその合本を出した。この仏訳本は、幸いにも昭和二八年一誠堂書店から『パヂェス・日仏辞典』として復刻出版されたので、これによって、間接ながら「日葡辞書」の内容を容易にみることができる。(1)

（1）両書の詳しい解題については、右の三省堂版および一誠堂書店版に付された土井忠生博士の解題および『大日本国語学辞典』の項目を参照されたい。

〔補註〕本稿の旧稿発表以後、『日葡辞書』の原本の複製本が発刊され（一九六〇年、岩波書店）ひろく利用されているが、私にはそれを利用して本稿を補訂することができないので、ここではもとのままパヂェスの『日仏辞典』によっておく。

3

まえおきがながくなったが、問題の箇所を示すと、『日本大文典』第三巻の「数詞」の節に左のごとくある。(1)

Xichicojiqui (七乞食)。日本人が物貰ひと言ってゐるもの、又は日本で最も下賤な者共として軽蔑されてゐるものの七種類、即ち、Sarugacu, Dengacu, Sasara xecquiŏ, Auoya, Cauarano mono, Cauaya, Fachicocuri (猿楽・田楽・

ささら説経・青屋・河原の者・革屋・鉢こくり)。これらは、劇をするもの、〃舞〃(Mais)を語り、人形を踊らせるものなどである。

○これらにはそれぞれ更に多くの者が含まれてゐるが、それは皆その事に関する職業を持ってゐる者である。即ち、次の通りである。

1. Sarugacu(猿楽), Tayŭ(大夫), Tçudzumi vchi(鼓打), Quiŏguen(狂言), Taico vchi(太鼓打), Vaqui(脇), Givtai(地謡), Fuye(笛).

2. Dengacu(田楽), Mai mai(舞々), Yebisucaqui(恵比須舁). 次のやうに言ふ。Yenno naimai, niuano sarugacu(縁の舞々, 庭の猿楽).

3. Sasara xecquiŏ(ささら説経). 喜捨を乞ふために、感動させる事をうたふものの1種。

4. Auoya(青屋). 青や藍の染物師.

5. Cauarano mono(河原の者). 刑罰を執行する者。又は、Yetta.

6. Cauaya(革屋). 鞣皮工、又は、靴屋。

7. Fachicocuri(鉢こくり). 又は、(即ちカ) fachi tataqui(鉢叩). xecquiŏno taguy(説経のたぐひ).

以上は《Xichicojiqui》(七乞食)という数名詞の解説として書かれたものである。文中の(　)内は土井博士が日本語に宛てて註されたものである。

「七乞食」という語は、日本の文献にはあまりみかけない言葉であるが、これに関連して想起されるのは、「七道物」であろう。「七道物」と比較するために、林屋辰三郎氏の説明をみると、つぎのようにいわれている。

奈良の興福寺の大乗院寺社雑事記という記録についてみると、その部落には、先ず、陰陽師、金口、暦星宮、久世舞、盆彼岸経、毘沙門経などの雑芸者が中心となり、さらに七道といわれる猿楽、アルキ白拍子、アルキ巫子、金タヽキ、鉢タヽキ、アルキ横行、猿飼の七種の職業のものも、この声聞師の傘下に入るようになっている。(2)

「七道物」と「七乞食」とを比較してみると、双方に共通するのは、猿楽と鉢叩きの二つだけであるが、林屋氏が指摘された声聞師の部落の者をいれると、説経師、舞々(久世舞)を加えることができよう。しかし、このように、「七乞食」は「七道物」と、多少くいちがっているのである。

(1) 『日本大文典』八〇六—八〇七ページ。

(2) 林屋辰三郎『中世文化の基調』(一九五三年)二九〇ページ。

4

ちがいのなかで目立つのは、「七乞食」のなかにAuoya(青屋)がいれられていることと、Cauarano mono(河原の者)〔Yetta〕およびCauaya(革屋)があることとであろう。青屋については、「七乞食」に関する『大文典』の説明をみても『日葡辞書』(日仏辞書)をみても、染物師または染物屋であって、これらが「日本で最も下賤な者共として軽蔑されている」理由が、直接にはかかれていない。したがって、これからは、純然たる職人が加えられているということのほかには、「七乞食」が「七道物」とどれほど意味の相違があるかを、たしかめることができない。

しかし、「河原の者」となると、「刑罰を執行する者」であるから、猿楽・田楽・説経師などの芸人や青屋のような職人とは、多少意味がちがってくる。Yettaは「穢多《エッタ》」である。これらは『日葡辞書』(1)によると、

Yetta, エッタ, c.-à-d. Tchôri チャウリ. Certains hommes vils qui ont entre autres offices celui d'écorcher les chevaux et les bœufs morts, et de faire différentes choses avec les peaux. 〔チャウリともいう．他の職務もあるが，

（とくに）死んだ馬や牛の皮をはいだり，皮でいろいろな品物を作ったりする職務をもつある種の賤しい人びと〕

とあり、また

Yeta エタ Voir Yetta エッタ〔エッタをみよ〕

とあって「エタ」ともいったことがわかる。《Certains hommes vils》と、とくに限定して賤視する意味の説明がされているのが、注意される。ついでに、Tchŏri チャウリ－長吏－についてみておくと、

Tchŏri チャウリ Ceux qui écorchent les animaux morts, ou les bœufs, ou le chef qui a la surintendance des lépreux.

〔死んだ獣や牛の皮をはぐもの，または癩病人の監督をする長〕

とある。Yetta と同じだという Cauarano mono については、

Cawarano mono, カワラノモノ, c.-à-d. Cawaya, カワヤ. Celui qui écorche les bêtes mortes, et qui est chargé de la surveillance des lépreux.〔カワヤともいう．死んだけものの皮をはぎ，癩病人の取締りを任せられたもの〕

とあり、「カワヤ」と同じとしている。同時期に長崎学林から出版されたものでありながら、『大文典』と『辞書』とで、「カワラノモノ」と「カワヤ」とにつき、一方は区別し一方は同一視しているわけで、これからすれば「七乞食」というのも、それほど明確なものでなかったことがわかる。なお「カワヤ」については『辞書』は

Cawaya カワヤ Maison du cordonnier, fabricant de *Tabis*. // Le cordonnier luimême. // Homme dont l'emploi est d'écorcher les animaux morts, ou les bœufs, et qui fait des *Cawagos* (Paniers de cuir).〔靴職人や足袋職人の家．靴屋自身．死んだ獣や牛の皮をはぐ仕事をもち，カワゴ（皮の籠）を作る人〕

といっている。

これらをみると、エッタ、チョウリ、カワラモノ、カワヤの間には、明確な区別がなかったことと、ただエッタとカ

ワヤとは、一方は賤視、他方は職業をあらわす語であって、カワラモノが双方に通ずる意味に解されていたことがわかる。元和本『下学集』に

□□(穢多) 屠児《トユ》也河原者《カハラノモノ》(2)

とあるのと通ずる。

(1) 以下『日葡辞書』(または略して『辞書』)とは記すが、すべてパヂェスの『日仏辞書』のままである。参考のため、それぞれ末尾に〔 〕をつけて拙訳を添えた。

(2) 『下学集』(岩波文庫版)三三ページ。

5

ところで、これらはなぜ「七乞食」といわれたのであろうか。この理由をさぐるため、『辞書』でコジキの項をみると、

Cojiki コジキ Pauvre, mendiant. // Dans le *Chimo*, lépreux.〔貧乏人、物貰い。シモでは癩病人〕

とある。シモというのは九州である。『物類称呼』に

乞人　ものもらい○江戸にて乞食《こじき》といふ（中略）又筑紫にてごうといふ　此国にてはこじきといふものは癩病人なり

とあり、さらに『拾芥抄』『続日本紀』などを引きながら、「乞食」「癩病人」「非人」などを一つに扱っているの(1)とおなじである。「七乞食」といったのは、こういう関連からであろう。

ところで、右にコジキを「Pauvre」(貧乏人)と説明していることと、「非人」との関係に注意したい。『辞書』でヒニンについてみると、

Finin, ヒニン(*Madochii fito*, マドシイヒト)homme Pauvre.

とあって、後世の「非人」のように特定の身分を意味するものでなく、貧乏人の意味であって、その点でコジキに通ずるものであったことがわかる。『どちりなきりしたん』[2]に、

又ゼジュンの日の一じき《（食）》に身をやしなふほどのしよくぶつ《（食物）》なきひにんならば、これもゼジュンをせずともくるしからず

とある「ひにん」に、海老沢有道氏は「貧人」の文字をあてられたが、[3]『辞書』のヒニンの意味からは貧人でよいが、むしろ「非人」をそういう意味であてるべきであるとおもう。「貧人」を「ひにん」と読むことは考えられないからである。

このことから「非人」の語について考えてみるに、非人が近世のように固定的な特定の身分をあらわす語として用いられたことが中世までにあったかどうか、再考を要する。後世の用例から、われわれは非人の文字からすぐ「エッタ」とならぶ身分的なものを感じがちであるが、事実は、『下学集』でも、鍛冶・番匠・塗師・壁塗・鋳物師・絵師・蒔絵師・紺掻・車借・馬借・輿舁・猟師・唱門師・傾城・白拍子・売子・座頭など雑多な職業とともに「□□《（穢多）》屠児也河原者」をおきながら、非人をいれてはいない。非人が、貧乏人の意味とすれば当然である。たとえば南北朝時代に記された『峰相記』に、「一万部経、九品念仏、管絃、連歌、田楽、猿楽、呪師、曲舞、乞食、非人、数百人充満也」とあり[4]『豊国大明神臨時祭日記』に「乞食・非人・鉢拱……」とあるように、[5]乞食・非人と列挙されるのも、そういう意味であったとおもう。『大文典』に

Miua fininde atte quixoni còriocuuo ye itasananda.（身は貧《ひ》人であって貴所に合力をえ致さなんだ.）私は貧乏であったからの意.

Fininnagara, jifuo itasu.（貧人ながら，慈悲を致す.）貧乏人ではあるけれども.

Iifuo fininni fodocosu.（慈悲を貧人に施す）

などの文例と説明がのっているが、(2) この finin（＝非人）もやはりおなじである。

非人が、エッタとちがって、必ずしも賤視された意味で用いられていないことは、のちの「エタ・非人」の制において、非人が足洗いを許されることのあったことと、関係があろう。『大文典』や『辞書』は、日本語以外の言葉で説明されているため、ある程度客観的に中世語の意味を今日に伝えることになったわけである。

（1）『物類称呼』(岩波文庫版)二八―二九ページ。
（2）『どちりな　きりしたん』(岩波文庫版)八三ページ。ゼジュンは Ieium 大斎の意。
（3）同右、同ページ。
（4）黒田「悪党とその時代」(『日本中世封建制論』一九七四年)。
（5）原田伴彦『日本封建都市研究』(一九五七年)四三三ページ。
（6）『日本大文典』二〇ページ・四九七ページ・五四三ページ。

6

『大文典』で河原者・革屋などとともに、乞食＝非人のなかに含められた猿楽・田楽・舞々などは、『辞書』ではどのように記されているか。

Sarougacou, サルガク. Personnes qui jouent des comédies ou des farces : parmi lesquelles le chef et le principal acteur s'appelle *Tayoŭ*, タイユ *Sarougacouwo tsoucamatsourou*, サルガクヲツカマツル. Jouer des comédies.〔劇または笑劇を演ずる座員：彼らのうち座長や主たる役者はタイユとよばれる．サルガクヲツカマツル，劇を演ずる〕

Dengacou, デンガク, bonzes danseurs.〔踊りをする坊主〕

Maimai, マイミ, Celui qui chante ou récite les histoires poétiques que l'on appelle *Maïs* au Japon.〔日本でマイ（舞）といわれている詩的な史話を歌いまたは吟ずる者〕

Yebisoucaki, エビスカキ, ou Yebisoumawachi, エビスマワシ. Celui qui fait danser les marionnettes. Mais la marionnette se dit *Doconobŏ*, ドコノバウ.〔操人形を踊らせる者．但，操人形はドコノバウと呼ばれる〕[1]

これらの記述は『大文典』の説明と大差ないものであり、かつ猿楽の座、田楽法師、幸若舞、傀儡師などについてのわれわれの知識にとくに新しい事実を加えるものでもない。したがってこれ以上、説明をくりかえす必要はなかろうが、これらの芸能に関連して『大文典』のつぎの記述は、[2]いささか注目をひくものである。

Xichiguei(七芸). 技術又は機械職の七種。即ち Morocaqui, Vonguiocu, Tçuzumi(d脱), Mai, Sumŏ, Rigata, Mono iy, (物書き，音曲，鼓，舞，相撲，理方，物言ひ.）書記、歌手、Tçuzumi(d脱)(鼓)の打手、Mai(舞)の語り手、相撲取、論議師、咄し家又は弄弁家。

○Xichiguei jŭnô(七芸十能)といふ。七つの機械職と十の高等技術又は技倆のことであって、十能といふのは次のものである。Yumi, Mari, Fôchŏ, Vma, Xitçuque, San, Taca, Renga, Fuquimono, Ban.（弓，鞠，庖丁，馬，仕附，算，鷹，連歌，吹物，盤.）即ち、弓を射ること、鞠をけること、庖丁を使ふこと、馬に乗ること、習慣や挨拶を知ること、算用すること、鷹を使って狩すること、歌をつくること、楽器を奏すること、将棋又はGo(碁)を打つこと。

○ここでGuei(芸)．Nô(能)．Xocu(職)の三語について注しておく。Guei(芸)は機械的な技術であって、その語から、その技術に修練をつんだ職人を呼ぶところのGueixa(芸者)といふ語ができてゐる。Nô(能)は高等技術又は技倆であって、動物にだって技倆はあるとわれわれが言ふやうな場合のそれである。そこから、その技倆の或るものを持ってゐるか知ってゐるかする人を呼ぶところのNôxa(能者)又はNôja(能者)といふ語ができてゐる。Nôga aru(能がある)といふのは、ある技倆を持ってゐるか知ってゐるかすることであり、Nôga nai(能がない)といふのは、技倆が進まないことである。Xocu(職)は、元来は大工とか鍛冶屋とかのやうに、その手を動かすことで生活してゐる者の機械的な職分を言ふのであって、そこからXocunin(職人)といふ語ができてゐる。

このばあいも、記述内容を単純に信用してかかるわけにはいくまい。芸・能・職の三種の区別も、もっともらしく書いてはあるが、当時それほど厳密に使いわけられていたかどうか、疑わしいとせねばならない。ただ、この記述全体を通じて、われわれがひろく芸能一般として含めているもののなかに、差別を設ける見かたが汲みとられることに注意される。「七乞食」が「職業を持っている者」で職であるのに対し、「七芸」の芸、「十能」の能という順で、三段にわけられているからである。だから、この分類では、猿楽・田楽・説経・鉢叩などは「芸」「能」のなかには、いれられないことになるのである。

（1）『日葡辞書』に、「Doconobô ドコノボウ jongleurs.〔吟遊詩人，奇術師，詐欺師〕」とある。

（2）『日本大文典』第三巻、数詞、八〇七―八〇八ページ。

7

「七乞食」が『大乗院寺社雑事記』の「七道物」と言葉の系譜の上でどんな関係にあるか、これはいまのところ不明であるが、もし、同類語として扱うことのできる同一系譜の言葉であるなら、つぎのようにいうことができるかもしれない。すなわち、「七乞食」は「七道物」にくらべて、芸能者としての性格を失って「職業」としての意味のつよい言葉であること、また、広義の芸能がいわば階層分化して卑賤とされた部類が河原者などとともに「七乞食」のなかに加えられてきていることである。もとよりそれらの内容は、いまだかなり曖昧で、流動性を帯び、居住地区の特殊性などを全然いっていない点でも中世の遊芸民の名残りをとどめている。しかし、そこにやはり特定の職能が、乞食＝非人という中世的な形態ながら、特殊視されてゆく社会的動向を看取することができるのである。

部落の成立史に関しては、従来、とかく幕藩体制のもとにおける政治権力と身分制度のみが強調されがちである。わずか一、二の資料から、それに対してとやかくいうことはできないが、それにしても、以上のことからみれば、部落は、制度が創出したものではなく、中世以来の社会的実情の上に立った制度化であり、画定であることを感じざるをえない（もちろんこのことは、部落住民が中世以来固定した血統をもつなどということを意味しない。それは乞食＝非人の非固定身分的な性格ですでにのべたとおりである）。部落の成立の理由を、江戸幕藩体制の封建制としての特質にのみもとめるのでなく、中世以来の日本の封建社会の最下層の人たちの存在形態を、全社会構成のなかにはっきり位置づけるなかで解明する必要があることが、いよいよ痛感されるのである。

以上、きりしたん宣教師の日本語文典から、関係あるものを若干ひろって、紹介し、かつ所見をのべた。ただ、最後にはっきり断っておきたいことは、この資料に決して絶対的な信頼をおけないということである。宣教師が活躍した地域や接触した階層、外国人としての不充分な理解などが、実際から隔ったことを伝えている可能性も、多分にある。それらの検討は、もっと多方面の角度からなされねばならず、それなしに右の記述を無批判に資料とすることはできない。ここでは、ただ一応の資料紹介を試みたのであって、これが、今後の部落史研究や芸能史の研究の一助ともなれば、この上ない幸いである。

第三部

XI 中世における顕密体制の展開

はじめに

ここに顕密体制というのは、日本中世において正統的とみなされた宗教の独特のありかたを意味する概念である。それは中世の宗教の特質にかかわる概念であるとともに、中世の国家の特質に関連する概念でもある。そして本稿は、そのような顕密体制の展開をみることによって、日本中世の国家と宗教との関係の基本構造とその歴史的展望を考察することを目的としている。中世では国家と宗教とは、互いに異質のものとして対立し交渉すべき関係にあったというよりは、むしろ、本来相即すべき関係にあるものと考えられていたのであるが、顕密体制とは、そういう相即の次元の体制であり、従ってそれについての考察は、一定の視角からとはいえ、国家と宗教との関係そのものの考察を意味することになるのである。

ただし、なかんずく小論が当面の課題として意図しているのは、一つには、日本中世の国家の、宗教に彩られた神秘的な奇怪な側面を指摘しその特色を探ることである。国家については、権力や制度や法などがまず注目されるのが普通であり、それはそれで当然の理由あることであるが、日本中世の国家については、それだけでなく、宗教的な側面がとくに注目されなければならぬ理由もまたあると考えられるからである。

小論が当面のもう一つの課題として念頭においているのは、日本の宗教思想史の観点にかかわる問題である。すなわちここでは、宗教とくに宗教思想を、その時代の現実の世俗社会を支配する権威あるいは権力との関係という側面において、とりあげたい。われわれは、宗教の歴史を、このような一つの客観的な関係に媒介させることによって、現在の宗派の立場から過去を照し出す主観的な像ではなく、客観的な姿でとらえる手がかりを得ることができる。当然それは、現在の教学的あるいは信仰的な歴史観から独立したものになるはずである。具体的にいえば、中世以後の二つの重大な歴史的変化、すなわち近世における仏教諸宗派の分立公認および教学の整備と、近代における神仏分離と「国家神道」的感覚を、認識の前提にせず評価の規準にもせずに、中世に最も適した範疇で把握するということである。こういうことは、いまさらいうまでもないことのようではあるが、現に実際に行われている研究は、たいていは決してそうではない。そして宗教史・思想史を教学的歴史観の枠組から独立したものにするということは、いまもってそれほど自明で容易なこととは考えられないからである。

ここであらかじめ断っておかなければならないのは、本稿では、日本中世の社会や国家の歴史的性格規定に関する、「荘園制社会」および「権門体制」という私見を前提にして、論を進めていることである。周知のように、この点については今日他にいろいろな学説があるから、異なった立場からすれば、おそらく、本稿の記述がひどく一方的な独断の上に展開しているとみえるにちがいない。それはある程度やむをえないことである。ただし、ここで述べる事実は、それらの歴史的性格規定に直接よらなくても独自に認められることであると、私は考えている。けれども、全体のまとめ方や評価には、むしろ意識的に荘園制社会・権門体制との関連が追究されているのである。

小論ははじめ、中世の国家と宗教との関係を追って数多の節を立てつつ、中世の末にいたる予定であった。私の考えでは、それは中世末の宗教一揆にいたって総決算としての終末を迎えるものであり、それゆえそこまでの壮大な展望が辿られるべきものであった。しかし実際には、主題に関する若干の主要な論点について点描しただけの粗略な概観におわり、しかもこのたびは、中世のなかごろの南北朝期あたりまでで記述をとめることになった。それは、一つには顕密体制を中心とした中世後期の諸問題についての準備がまだ不充分だからでもあるが、それよりも、中世後期の国家史についての私の探究が、具体的にほとんどできていないからである。それゆえ後期については、国家・宗教それぞれについて発言の条件が少しは整うときまで差控えることとし、いまは最後に、ただごく抽象的に展望を記述しておくだけにしたいとおもう。

なお、各節のはじめに、そこでの論点と全体のなかでの位置づけを記すことにした。いかにも拙いことではあるが、大きく複雑な流れをわずか数個の点描によって把えようとする無理を補う便法として、寛恕を乞いたいとおもう。

一　顕密体制の成立

――正統派の成立過程――

ほぼ四百年にわたるいわゆる平安時代の宗教史は、天台・真言両宗の開創をはじめとして多様な宗教活動を含む豊かな流れをなしている。本節ではその流れの総体が考察の対象であるが、しかしそのすべてを網羅して論述するわけではない。また、平安仏教ないし浄土教の発達についてのおびただしい研究業績と論点についても、能うかぎり論及すべきであるが、これまた詳細にわたることは、もとより不可能である。ここでは、小論の目的からして、ただつぎの一点だけが考察にさいしての基軸になる。すなわち、中世において国家権力と完全に結合してその正統性を誇り顕密体制ともいうべきイデオロギーの体制をつくった宗教的な主義《イズム》が、いかにして成立したか、その成立の基盤と過程および性格と意義を、大略において明らかにすることである。しかしながらそれは、平安時代の宗教史を鎌倉時代のそれの準備段階として位置づけようという意味ではない。反対に、平安仏教を鎌倉仏教の準備段階として考察する従来しばしばみられた観点をしりぞけ、現存の各宗派を基準にした宗派分立発達史の見方を排除して、当時存在した全体的相関的な状況を統一的にとらえようと試みるものにほかならない。そしてそのためには、日本の「古代」から「中世」への移行ということが、思想史的にどのような課題をもち、いかなる意味で精神の解放であったかを追究する視角が、根底になければならないと考えるのである。

1　古代から中世への移行期の思想史的課題

日本の古代国家は、平安時代四百年の間に緩慢な変容をとげつつ中世的国家体制へ移行したが、この移行の歴史的意義については、それが古代国家の性格=特質と中世国家の性格=特質との双方の理解にかかわるものであるだけに、さまざまな見解が提示されている。ここではそれについての私見を、思想史的考察の前提を見とどける意味で、つぎの三点にまとめておきたい(1)。

第一に、この移行とは、社会の基底に存在したアジア的共同体とその上に構築されていた古代専制国家の解体を意味するものであった。地方の首長ないし豪族の支配下にあったアジア的共同体のかれこれの組織と支配原理、郷戸に編戸され、官・国・郡・郷・里と集権的に構成された中央・地方の行政組織、地方豪族から天皇にいたるさまざまな段階の権威——これら一切は、日本古代国家が「古代アジア的」社会構成としての特質をもつことを示しているが、それらがそれぞれの曲折を経ながら解体の途をたどった。

第二に、新たに成立してくる農民層の特質があげられる。古代から中世への移行の基調をなすものは社会の封建化であり、それゆえに新たに形成されてくる自立小農民経営のあり方が社会発展の特質を規定する最も重要なものとなるが、日本のばあい、その自立小農民経営は、かつての「公民」が「百姓《ひやくしよう》」という形で新しい農民層の主要部分を形成していくことによって、成立した。しかも「百姓」の内部には、のちに在地領主化する「豪民」や、それの対極をなしのちに奴隷または農奴として家父長制支配の下に組みこまれていった「細民」をも含み、したがって内部から家父長制的な奴隷制または農奴制を発展させた。そしてそうした発展を内包することによってはじめて「百姓」の自立も可能となったのであるが、しかも基本的には「百姓」を自立小農民経営として支配した荘園制的生産関係が優越的であったとみられる。

第三には、国家の側による支配の維持再編のための諸施策と、それゆえにおこる矛盾と頽廃の深化が指摘されなければならない。律令貴族とその後裔は、一方では私的な荘園制収取に自己の経済的基礎を移行させながら、他方では公的には「百姓」と「公田」とを保護し「良吏」の活躍によって(摂関政治という形ではあれ)官僚政治を維持することに努めなければならなかった。貴族の私的な荘園支配と国家の体制とは表面のさまざまな矛盾や混乱にもかかわらず根底では相互に保証しあう関係にあり、しかもそれが積極的能動的な立場からかちとられたものでなく、基本的には自立小農民経営としての「百姓」の成長に対して受動的に対応した、時勢の赴くがままに策を弄しての鞍替えであったがために、政治も文化も、中央地方を問わず多分に混乱と頽廃を伴わざるをえなかったのである。

日本における古代から中世への移行の全般的な特質を以上のようにとらえたばあい、それではそのような移行が客観的にいかなる思想史的な課題を提起していたといえるか、これが、われわれの最も重要な問題である。

その意味で、まず第一に考察すべきことは、この移行期にあたって人民各階層のさまざまな活動のなかで成長する新しい意識とそれを支える思想の諸形態——すなわち生産活動ないし社会的個人的生活面における、また新旧各種の支配権力への抵抗における、意識・思惟・願望・幻想・信仰等々——の問題である。そしてその基調は、アジア的共同体を基礎とする族長・豪族ないしは古代専制国家＝天皇などの権威をはじめ諸々の古代的呪縛に対する意識面・思想面での抵抗、それからの離脱・解放にあったとおもう。それは、強大な国家の支配に敢然と立ち向う類の、実はどちらかといえば例外的な華々しい抵抗の事例などを列挙してみて確かめられるような次元のことではない。むしろ、生産活動や日常生活におけるほとんど原始的な無知蒙昧さからの徐々ながらの脱却、自立的な経営主体としての能動性の獲得、旧い共同体の組織や心情的紐帯を離れては一日といえども生きることのできない社会的・精神的な能力の低さの克服、天皇を神のごとく畏怖して社会的規制＝権力のままに働き蜂のように自己の身体を消耗させていく無自覚な苦闘からの脱出であり、人間精神のそのような解放と向上のことである。しかも「百姓」の形成は、単純に農民の地位の向上でなく、内部に豪民と細民との上昇・没落を含むことによってのみ展開したものであったから、旧い権威や思惟の枠からの精神の解放といっても、転変や没落の不安を避けることのできない社会の必然として認識する厳しい試練のなかでのみ、かちとりえた解放であったことが重要である。不安とのたたかいこそが蒙昧からの解放の過程であり、それゆえに意識形態としては、この世の苦しみや畏怖から解放・救済されるための手段や願わしい世界についての幻想が、さまざまに生み出されてくる必然性があった。だから、それが宗教の形をとる場合も、いきなり超時代的な人間存在一般の問題として抽象的に存在したのでなく特殊歴史的・思想史的課題として展開した点を、探究する必要があるとおもうのである。(2)

第二には、他方に、以上のような人民の側の思想史的な進歩に対応する貴族層の危機意識と国家による思想的再編・宗教的統制など、総じて支配階級なりの苦闘が生み出す思想的いとなみがあったことに注意しなければならない。古代国家における支配階級としての貴族層が、被支配人民に比べて一般的には守旧的であったということは一応はいえるとしても、彼等もまた古代アジア的共同体＝国家の解体という歴史のなかで、たとえば支配のための擬制的組織であった「氏」の意識と社会的機能の崩壊に直面しており、単に人民の側の動きに対する反動以上に自己の存在そのものについての危機意識に陥らざるをえなかったはずである。八世紀後半以後一〇世紀にいたる相つぐ陰謀と暗闘の政治史、そのなかでの多くの氏族の没落と都市的・個人的な内省と散文的精神など[3]は、貴族階級自体において、その内部に階層的な複雑な差異をもつとはいえ、私的および社会的・政治的危機感が増大の一途を辿ったことを示すものである。この危機感は、すぐわかるように、一方では「良吏」の輩出や延喜の政治改革にみられるような新しい政治理念の追究とか、鎮護国家の教説その他の宗教の再編などを絶えず呼び起こしたが――それは前述のこの移行期の特質たる国家の側からの再編・再建の必然性に裏づけられている――、他方では当時知識や学問を独占し綿密な政治的思想的能力を身につけていた貴族の各階層に対して、真剣な内省を迫り厳しい思想的課題を自覚させたはずである。平安時代のいわゆる王朝文化なるものを、貴族の怠惰な生活から理解しようとしたり、あるいは下層の庶民の擡頭によるあれこれの新鮮さから一元的にとらえようとしたりするのは、思想史のもつ複雑さと厳しさ、およびこの時代の移行期の特有の性格を見落すものであるといわねばならない。

さて以上のことから、小論のばあいとくに指摘しておかなければならない問題として、第三に国家と宗教との関係がとくにこの時代において意識され提起されざるをえなかったことに、注意したい。そもそも古代専制国家においては、原理的にいえば、国家は万人にとってみずからの存在と不可分の即自的存在であった。推古朝以降のように専制君主による支配の矛盾がようやく顕然化して、国家について法や宗教の形でさまざまな制戒が発せられるようになっても、なおかつそれは、支配の側の主導のもとでのアジア的共同体の自己認識であった。しかるに九世紀以後の古代専制国家の崩壊と中世国家の成立の段階では、事態は根本的に異なり、国家とは何かという問いに、貴族も人民もそれぞれが対決せざるをえなかったとおもわれる。彼等はどの立場においても、既存の古代国家に即自的に安住しては生きてゆけなかったからである。いわばここで、国家についてのある程度〝客観的〟な考察と反省とが展開せざるをえない段階が歴史上はじめて訪れたのである。天皇の存在が即ち国家の存在であるという一見国家が全面に現われていた古代よりは、国家の直接的支配を制約しむしろ国家を侵していくかにみえる中世がかえって深刻に国家の意味を追究せざるをえないという、逆説的な関連が、すでに移行期において発生していたといってもよい。(4) そしてその〝客観的〟考察と反省は、主に宗教を媒介とし、宗教を思惟の方法として展開した。宗教以外にその役割を果たすものが全くなかったわけではないが、現実にはたとえば儒学などが当時日本で自己発展する条件がなかったのに比べ、宗教がそれによっていよいよその存在理由を見出すことになったのである。しかも、くりかえしいうが、こうした探究は、一方では人民の抵抗と願望、他方では貴族の危機意識という、被支配と支配との双方の側からの思想史的必然的な要求に基づいており、それだけに、基本的な対立さえ含む諸々の立場の葛藤する課題であったことが重要である。つまりそのようにして、国家も宗教もともに超階級的な仮象と論理とを緻密にし、いっそうそれに磨きをかけて質的に一段と飛躍した中世的な国家と宗教との関係を形成せざるをえなかったのである。

古代から中世への移行期における思想的課題ということを、ただ一般的・羅列的にいうならば、問題を際限なく指摘できることは疑いない。しかし、国家と宗教との関係を問題としてその基本的な不可避的なものを摘出するとすれば、以上の三点に注目する必要があるとおもわれるのである。

(1) 日本の古代から中世への移行に関する私見については、黒田『荘園制社会』(体系日本歴史2、一九六七年)および「日本中世の封建制の特質」(『日本中世封建制論』一九七四年)を参照されたい。

(2) 当時の民衆の意識のこのような特徴については、文学史家にも鋭い指摘がみられる。益田勝美「説話の世界」(『説話文学と絵巻』古典とその時代V、一九六〇年)参照。

(3)　石母田正「宇津保物語についての覚書――貴族社会の叙事詩としての――」(『歴史学研究』一一五・一一六号、一九四三年)。

(4)　従来はとかく、中世の国家の制度的な不完全だけをみて、このような逆説的な関連に注目しないことから、中世の思想史や国家史に固有な問題へのいと口が、見失われるきらいがあったとおもわれる。

2　古代的呪縛の克服

古代から中世への移行にあたって時代が歴史的に負っていた思想的な課題の基本点を、以上のように把握し、以下に九―一〇世紀における宗教思想の動向の概略を考察したい。そしてそのために、まず八世紀末ないし九世紀初頭の民衆の状態と宗教のあり方を示すとみられている日本霊異記について、当時の民衆の意識における旧い権威の呪縛との葛藤の特徴を検討しておきたいとおもう。

日本霊異記については、すでにさまざまな角度から問題点が指摘されているが、その一つに、霊異記のなかに郡司など地方豪族や豪民、ないし「富豪層」の成長の反映がみられるとする指摘がある(1)。その意味するところは、論者によって多少の差があるが、まとめていえば、穀稲・銭貨・農具などの動産所有と奴婢の支配を基礎に、営田と出挙による家父長制的大経営を行う「富豪層」の実態が豊富に典型的に描写されていること、さらには編者景戒がそのような社会の動向を必然として受けとめ、それを前提として現報の理を説いていることなどである。この「富豪層」の経営の階級的性格規定や歴史的位置づけなどについてはいまはさておき、たしかに霊異記にはそのころ富豪の輩・殷富の民・富民・豪民などといわれたものの〝富貴〟と公民の階層分化の状況が数多く描写されており、この時期の勤労人民の特徴と民衆の悲喜のありさまを物語るものとして、注目に価する。

けれども、それは、「富豪層」の発展の状況だけが語られているということではない。むしろそこには、富豪の輩の描写とともに貧窮の民の生活のさまもまた数多く語られているのであって、それも極貧で食もない母子の家族[2]や夫を失った貧女が秋に落穂を拾う様子[3]や、「傭賃《ちからつくのひ》して年価《ねんか》を受け」「昼夜を論せず共に駈《お》ひ使はれ」る「長男(丁男)」「小男」の漁民[4]など、特定の家父長に人格的に隷属していない貧民でしかも不完全家族である場合が多数みられる。そこには、アジア的共同体の解体のなかから放出される「細民」の状態が如実に語られているのであるが、さらには、富豪の父母の死とともにたちまち財を失い「孤《みなしご》の嬢《をうな》」となった例[5]が示されるとともに、極貧の女が大福または大富をえた話[6]もあって、そこには、ひとしく富貴を願いながら浮沈転変はかり知れず、その不安とそれだけに「奇異《めづら》しき」事態とが、繰返し記されているのである。いわば、公民が豪民と細民とを析出しながら百姓《ひやくしよう》の諸階層へと移行していく状況こそがその背景に存在したといえるのである。そして霊異記は、この状況を全体的に仏教的「因果」として理解するよう説くのであるが、それはむろんそうした浮沈転変そのものを積極的に是認する意味からではなく、むしろ限りない不安と恐怖におののくがゆえに現報の厳しさとして説くのである。「富豪層」の発展を踏まえ彼等を新しい社会の荷担者として位置づける立場で仏法を説くのではなく、豪民と細民との浮沈転変を内包する百姓層の形成過程――その厳しさ、不安、悲喜等々――に人の世の現実をみて「因果」「現報」を説くのである。

因果・現報の厳しさを説く点に霊異記の主張の基調があることだけについては、いま改めていうまでもないが、霊異記はそれをこのように豪民と細民の浮沈の現実に見出しているだけでなく、思惟の方向や価値基準に関しても在来のそれからの転換を迫る主張をもっているようにみえる。上巻の序に「因果の報を示す」について「何ぞ唯《ただ》他国の伝録に慎みて、自土の奇事を信《う》け恐り弗《ざ》らむや」とのべているように、現報の厳しさの認識から、仏法の示す普遍的原理が「自土」へも貫徹しているという形で「自土」が意識されてくる。この「自土」という意識には、それが他国に対していわれている以上、一種の民族意識があるといえないこともないが、ここではむしろ普遍的原理の貫徹という点に意味がある。「我が聖朝弾圧する所《ばかり》の土《くに》に、是の善類有り(7)」などともいっているように、この辺土の小国でも因果の報が厳然とみられるということが大切なのであって、たとえば鎌倉時代の神国思想のように仏教的真理が日本では特殊な顕われ方をすると説く(8)ような特質論を含んではいないのである。そしてこのような普遍性の認識が豪民や細民の浮沈転変の現実を契機にしている点に、霊異記の歴史性をみるべきであろう。

つぎに、この現報の厳しさに対する畏怖の念に注意しておきたいとおもう。仏法僧三宝のもつ呪力的な不思議を説く話は、霊異記に多数みられるが、それは「何ぞ……信《う》け恐り弗《ざ》らむや(9)」「慚愧の心を発《おこ》して、慄《おそ》るること極無《かぎりな》し(10)」などという表現が示すように、論理でも鑽仰でもなく、いわば超越的呪力に対する恐怖である。ところがここで注目すべきは、古代において絶対的・超越的な存在であった天皇の権威との関係である。「三宝に帰信し衆僧を欽仰し誦経せしめて現報を得る縁(11)」という説話は、これをつぎのように典型的に示している。すなわち聖武天皇のとき添上郡で天皇が猟をしたが、鹿が里の百姓《おおみたから》の家へ走り入った。家人が知らずに殺して食したところ、のちに天皇が聞いて使を遣し、人々を捕えさせた。「時に男女十余人皆其の難に遭ひ、身単《ふる》ひ心慄《おそ》り、憑恃《たの》む所無し。但謂《ただおも》ふ、三宝の神力に非ざるよりは、孰《たれ》か肯《あ》へてその重き憂を拯《すく》はむ」ということで、大安寺の丈六の仏に帰信し読経したところ、幸いにも皇子の誕生により大赦をうけた、というのである。この話にもみるように、天皇の権威は人々にとって是非をこえた「難」として恐れるほかないものであり、ここに古代アジア的共同体の意識とその上に立つ専制君主の権威の一つの特質がみられるが、実は仏法僧を「信《う》け恐りざるべからざる」ものとする心情も、それとほぼ同等のものであったとしかおもえない。いわばそういう古代的な畏怖の心情が仏法を信受させているのであるが、しかも重要なことは、この話にもあるように、その結果として、天皇の威力から救出しうる力として仏法の威力が認められてきていることである。霊異記では、天皇は一方では「雷神と雖も何の故にか天皇の請けを聞かざらむ(12)」といわれるように雷を支配する威力をもつとされているとともに、他方では所詮は絶対的・普遍的な原理たる仏法の威力の前には相対的な地位におかれざるをえなかったのである。「食《を》す国の内の物は皆国皇《こくわう》の物」であり「国皇の自在の随《まにまに》の儀」であるが、その天皇には「智行並び具する禅師、重ねて人の身を得て国皇の子に生まるる(13)」ことがあるように、仏法の前には絶対的存在でないとされる。天皇の威力への古代的畏怖感が媒介となって仏法の絶対的威力が理解されていきながら、それによって天皇の威力が相対化していくのである。

けだしこのような事態は、聖武天皇が大仏の前に額ずいてみずから「三宝の奴」と称したころにはすでに胚胎していたわけであろうが、霊異記について注目されるのは、それが庶民生活にまで貫徹して具体的にとらえられている点にあろう。そしてここから、社会生活における貴賤尊卑の基準についても、おのずから異なったものが現われてきている。もはや霊異記では、世俗的な天皇の権威がそのまま貴賤の基準を決定するのでなく、仏法がより上位の基準になっている。「賤形の沙弥」とか「賤しき畜生(14)」というような常識的な用例があるかたわら、「因果を瞻《かへり》み不《ざ》る賤しき心(15)」というように仏法を基準にした貴と賤との観念が説かれているのである。ここではまだ、中世の身分制における「賤」「非人」などの観念(16)は成立していないのであるが、仏法の普遍的原理を、古代アジア共同体の蒙昧な心情や畏怖の念と専制君主の威力とを媒介にして説きながらも、それによって権威や貴賤の基準の転換をもたらしつつあったのである。

けだし、貴と賤という区別は、いわば世俗的な基準と宗教的な基準との双方からいいうるもので、重複的でありうるところに、この言葉が古代においても中世においてもそれぞれにその社会の階層性と権威の宗教性とを表現する重要な役割をもちえた理由があった。そして古代においては、天皇の権威が世俗と宗教の未分化な形でこういう価値体系の頂点に位していたわけである。ところが、これに対してさらに霊異記では、全編を通じて貴賤よりは、「聖」と「凡」という区別=価値基準がはるかに重要な意味をもっていたことに注目したい。この聖と凡との区別は、いうまでもなく純粋に仏教的・観念的なものであって、それが世俗的・社会的な貴賤の区別と交錯しかつ優位しているところに、霊異記が因果を「信《う》け恐りざらむや」と強調する理由もあったのである。そして聖徳太子が片岡の路傍の乞匃《かた》人《い》と応対した話について、「聖人《ひじり》(聖徳太子)は聖を知り、凡夫は知らず。凡夫の肉眼には賤しき人(乞匃人)と見え、聖人の通眼には隠身《いんじん》と見ゆ(17)」といい、また長屋王が乞食の沙弥の頭を打った因縁によりついに失脚し自殺した話をのせて「袈裟を著たる類《ともがら》は賤形なりと雖も恐り不《ざ》る応《べ》から不《ざ》ることを、隠身の聖人も其の中に交ればなり(18)」と説く例にもわかるように、「隠身の聖人」という観念がその交錯するところに成立した。それがいわば現身の聖人でないだけに、反って不思議な呪力を発揮したのである。

隠身の聖人の重要な一つの形態は、在俗の求道者たる自度の沙弥や乞食の行者である。「(眼前の人物が)自度の師たりと雖も、猶忍《にん》の心もてみよ。隠身の聖人、凡中に交るが故なり(19)」ともいっている。そのなかには、俗人の生活をして銭を貸し妻子を養う者(20)や氏寺を建てて常住したような豪民とみられる者もあるが(21)、他方、乞食・乞匃人や「愚俗呰《あざけ》りて号《なつ》けて猴聖《さるひじり》と曰ふ」と伝える(22)女のような身体障害者も多く、また村人が造った村堂や私寺(23)などとの関連をうかがわせるものもある。解体しつつある共同体とそこから析出される人民の多様な層の、不安定に流動する姿がそこにあった。そして、そこで沙弥や聖人といわれている者のなかには、多少とも仏教の影響をうけた自度の沙弥もあったであろうが、仏教に関係のない民間宗教の呪術者や単なる零落・廃疾・錯乱などの者もあったにちがいない。しかし霊異記は、そのような民間に渦巻いていた呪術的信仰も仏教的な権化の観念から把えているのである。凡・聖の観念を社会の現実の深部について適用している状況を確認しうるとともに、こののち御霊信仰や山岳修験などの形で発展する神仏の習合の素地を、そこにみることができる。(24) 化身の聖人は聖徳太子や行基だけでないことに注意しておきたい。

だが、それはそれとして、このように隠身の聖人という形でしか凡=賤の価値を見出していないことには、なお民衆が自己の精神的自立性を主張しえず、行動の主体として明確に自覚できなかった弱さが現われているとしなければならない。というより、もっと正確にいえば霊異記はそのようなものとしてしか、民衆を把握していなかったのである。しかしこれは、当時の民衆の意識を全面的に表現したものであっただろうか。むろんそうではあるまい。それは霊異記にもしばしば例示する当時の豪民の富貴のありさまによっても知ることができる。霊異記自体はそのような富貴を積極的に肯定も否定もしないけれども、豪民・細民を含めて民衆一般が、みずからの思惟と意志とによって行動する自立的な主体たることを願望していたことを、豪民の存在が示しているといえよう。そういう主体性・自立性がなければ、「富豪」「殷富」となることはありえないからである。しかし、景戒は、南都仏教の教学の立場からは、そのことを理論的に展開すべくもなかったのである。

（1） 高取正男「奈良・平安初期における官寺の教団と民間仏教」(日本宗教史研究会編『日本宗教史研究』1、組織と伝達、一九六七年)、河音能平『国風文化』の歴史的位置」(『中世封建制成立史論』一九七一年)。
（2） 『日本霊異記』(日本古典文学大系70、一九六七年、以下、引用はこれによる)上巻第十三話・第廿四話・下巻十一話など(本節では上―一三のように略記する)。
（3） 上―一三。
（4） 下―一五。
（5） 中―三四。
（6） 中―一八・四二。

(7) 下一一九。
(8) たとえば『沙石集』巻一上の三井寺の公顕の説話をみよ。これについては後出の「中世の神国思想」(五〇四ページ以下)でやや立入って説明したい。
(9) 上―序。
(10) 中―九。
(11) 上―三二。
(12) 上―一。
(13) 下―三九。
(14) 中―一・四〇。
(15) 下―一五。
(16) 黒田「中世の身分制と卑賤観念」(本書三五一ページ以下)。
(17) 上―四。
(18) 中―一。
(19) 下―三三。
(20) 下―四。
(21) 下―二三。
(22) 下―一九。
(23) 下―一七・二八。
(24) 宇井伯寿『日本仏教概史』(一九五一年)は、霊異記が行基を菩薩としていることについて、「既に本地垂迹の考と結付いて居ると考へられるのである」と指摘している(一一ページ)。

3 密教による全宗教の統合

古代的呪縛を克服し自立的主体としての自覚の拠りどころを求めていた九世紀初頭の民衆に対して、霊異記よりもはるかに積極的な対応を示したものと評価できるのは、最澄の天台宗と空海の真言宗との開宗であろう。ここでは、その最澄・空海の開宗にはじまるいわゆる平安仏教の展開が、時代の思想のいかなる趨勢を意味するものであったかについて、基本的な特色とみられるものを整理しておきたいとおもう。

まず指摘しておきたいのは、最澄と空海がこぞって大乗仏教の立場を強調したことである。すでに注目されているように(1)、それが解放と自立を求めていた当時の社会各階層ことに豪民以下の地方庶民の要求に適合的であったことは、確かであろう。最澄の「一切衆生悉有仏性」の教説にしても、空海の「凡聖不二」の思想にしても、もとよりすでに大陸において確立されていたものであるが、それが日本において巨大な歴史的意義をもつにいたったのは、時代の切実な思想史的課題に即応していたことに、根拠があったとしなければならない。一般に大乗仏教といわれるものが、古代アジア的な諸々の社会構成の歴史のなかでどのような位置を占め、いかなる役割を果したかは、大きくかつ複雑な問題であるが、日本では大乗仏教は、事実として、古代専制国家の解体過程と密接不可分な関連をもって展開したのであって、さしずめ庶民の意識という点からいえば、彼らの願望の宗教教義化の役割を果したとみられるのである。

けれども、最澄・空海の思想は、とくに下層民衆の意識だけを代弁したものではなく、まして支配権力に対立的なものではなかった。彼らは確かに、前代以来国家権力と結合していた南都仏教にそれぞれの仕方で対抗して、新教団の独立に努力し、整然たる教相判釈を展開しただけでなく、従来のような研究部門的な意味の六宗と異なる相承血脈中心の集団という新しい意味の「宗」を創始した。しかしそのことを、いきなり国家権力からの宗教ないし思想の自立を志向したかのように、過大に評価することはできないとおもう。彼らはともに国家へ申請して勅許によって年分度者二人ずつを認められたのであり、あれほど南都側と争った延暦寺の大乗戒壇設立にしても最澄没後勅許によってはじめて実現したのであって、所詮国家権力の容認の枠内で、それに依存して教団の確立をはかったものに他ならないのである。開宗にさいしてのこのような特色は、思想的には、「鎮護国家」の強調に最も端的に表われている。鎮護国家ということを、いちがいに宗教としての立場を損い権力に奉仕する姿勢であるというのではない。国王や権力者を無条件に権威として讃美しそれに積極的に奉仕する露骨な論理を表面に立てるような場合は別として、大乗仏教の原則である自利・利他の論理から、人民の擁護という意味で国家・国土の安全鎮護の論を展開することは、ありうることとしなければならないのであって、それをすべて権力への追随だとみるのは当たらない。しかし最澄や空海においては、人民の擁護という意味をも含むにしてもむしろ権力者としての国王と国家秩序の讃嘆という意味で鎮護国家を強調する傾向が、とくに濃厚であるとされているのである。(2) いわば民衆の下からの自立要求をふまえて大乗仏教の理念を展開しながら、それが教権の俗権に対する優位の主張とならないばかりか、かえって宗教が国家のために役立つものとして専ら権力に承認を求めており、国家権力へ奉仕するものとして宗教の側から自己規定しているのである。そしてこの点も、大乗仏教一般にありがちな論理上の傾向性というよりは、当時の日本の特殊歴史的具体的な条件に基づくものであったとおもわれる。すなわちそこには、桓武朝の「刷新」政治の実現にみられるように、一つにはアジア的共同体の解体による中世への移行がはじまろうとする段階において、いまだに国家の超越的権威とそれへの幻想が根強く存続していたこと、もう一つには、そうした段階に特有の支配層の側の反動的対応による社会的政治的力関係が、強力に働いていたこと、これらのことが当然看取されるのである。だから最澄らの鎮護国家については、高遠な理念が敗北または妥協したことの所産というよりは、時代の達成としても当事者の姿勢としても、本来そのようなものでしかありえなかったものとみるべきであろう。

大乗仏教が鎮護国家に帰結したこととともに、つぎにもう一つ注目される特色は、平安初頭以降、密教が急激な発展をみせたことである。

周知のように、すでに最澄・空海が活躍していた時期から、空海が最澄よりも密教に深かったことが競合的な両者の優劣を決する微妙な要因と考えられていたが、最澄の没後、天台宗では円仁・円珍が相ついで入唐、帰朝して密教を伝え、天台宗独自の密教の発展に努めた。円仁は教判において、一応絶待観としては一切の仏教思想信仰の差別をこえてそれぞれに絶対的価値を平等に認める「一大円教」論をのべながら、相待観としては、顕密の二教と事理の二密を区別して、三乗教を顕教、一乗教を密教とし、密教のうちに理密だけの法華経等と事密・理密を具備した(事理俱密)大日経等を区別して、後者を最もすぐれたものとした。また円珍は、やはり一大円教論をふまえながらもさらにすすんで顕劣密勝の思想を示した。この趨勢をうけて、安然にいたって台密の理論が完成された。すなわち安然もまた一大円教論に立脚しつつ、一切の仏教を網羅分類して、一仏・一時・一処・一教に集約される壮大な体系のうちに統合し、すすんで「真言宗」と称したのである。ちなみに、右の一大円教論とは唐の一行に由来し以後密教諸派から空海の「九顕十密」論にまでひとしく継承された思想であって、[3] 円仁・円珍・安然らがかかる一大円教論に立ったところにも、彼らの密教への傾倒を根本的なものとみなすべき徴表がみられるのである。

しかしながら密教へ傾斜したのは天台宗だけではなかった。空海が東大寺に真言院をおいて以後、南都仏教もまた著しく密教的色彩をつよめた。その独特の経緯を辿ることはここでは省略するが、帰するところ平安初期の天台・真言および南都仏教は、三大勢力を形成してたがいに抗争しながらも、「最後は密教の大潮流に合流して、台密・東密・南密(若し斯様な言葉が許されるならば)の三流となり了」り、「平安期の信仰は殆んど全く密教であり、密教の裏書に依って生命を保っている」(4)とさえいわれる状態になったのである。しかもこの密教化ともいうべき現象は、仏教だけのことではなかった。すでに八世紀からはじまっていた神仏の習合は、九世紀にいよいよ進んだが、そのことは当然神祇崇拝もまた密教化するということに他ならないわけで、事実、山岳抖擻のごときは完全に密教の行法の一部になったのである。また陰陽道は、その迷信的発想そのものが、密教の加持祈禱の流行を促す社会的雰囲気を醸成し、密教的習俗の一端を構成する有力な役割を担ったのである。(5)

しからば、このような密教化の趨勢のなかで、なお各宗が、たとえば天台宗なら天台宗として存立した独自性は、どこにあったのであろうか。それは、とかく今日一般に考えられがちなように最澄によって樹立された固定的な教学の存在によってではなく、円仁・円珍・安然と展開し完成した教判をみてもわかるように、法華円教を特色としながらも円密禅戒の四種相承、ことに円密の一致を説く論理の形式の相承によるものであった。台密とは、そのような意味での天台宗＝比叡山教団内部で発展した独特の密教の教相・事相の謂であって、法華思想と密教とはたがいに異質のものでなくむしろ会通するものと前提され、そこから教判における発想や論理も、蘇悉地法の伝来のほかに、天台の五重玄義を依用するなどの特色があるとされる。(6)つまり、一方に純天台法華思想が固定的に存在し、他方に密教が移植されて肥大化するということではなく、天台法華思想の色彩を帯びた独特の密教――安然まではさしずめ教相面においてであったが――が発展し完成したのであり、その点に天台宗の独自性があった。けれどもそれにしても、やはりそれは同時に密教化でもあった。密教という概念の範囲については、東密では事理倶密のみをいうとし、台密では理密だけの場合も事理倶密の場合もともに含むとするが(この点も台密の特色とされる)(7)、所詮は、事密つまり密教事相――威儀・行法など実際的な修法に関する側面――こそが究極無上のものとされるところに、密教の決定的な特色がある。密教とは、理論としては一切の差別をこえた肯定を説くが、それは実践において修法に集約されるものと考えられるからである。一大円教論を最も大規模に徹底的に適用して全宗教を綜合する体系を展開した安然が、その体系のうちにいわゆる顕教を含めながら、あえて「真言宗」と称したのも、そのような事密を頂点とする価値基準からのことであったとおもわれる。

以上のべたことを総括すれば、われわれは、九・一〇世紀における諸々の宗教・宗派の交渉ないし習合の基本的性格を、密教を究極の原理とした全宗教の包摂あるいは統合と把握することができるとおもう。すなわち、仏教各派の教学の兼修さらには会通が説かれるについては、つねに密教の絶対的優位をその前提として推しすすめられていたのであり、神仏の習合とはいうものの、護法善神の説にせよ神身離脱の説にせよ、所詮は神が仏に従属することであって、対等な意味での混淆などでは絶対になかった。従って平安初期の宗教史は、大局的にみれば、すべての宗教・宗派が密教に浸透され包摂され統合組織されていく過程であったといえるのであって、かくしていわば日本特有の構成要素をもつ独特の密教的思想状況——日本的密教——が形成されるにいたったのである。

(1) 高取正男「日本におけるメシア運動」(『日本史研究』二四号、一九五五年)。
(2) 松長有慶『密教の歴史』(サーラ叢書、一九六九年)一九一ページ。
(3) 島地大等『天台教学史』(現代仏教名著全集、第九巻、一九六四年)三六一ページ。
(4) 大屋徳城「平安朝に於ける三大勢力の抗争と調和」(『日本仏教史の研究』二、一九二九年)。
(5) 村山修一「上代の陰陽道」(伊東多三郎編『国民生活史研究』4、生活と宗教、一九六〇年)。
(6) 島地大等前掲書、三七六ページ、清水谷恭順『天台の密教』(一九二九年)二二二ページ、同『天台密教の成立に関する研究』(一九七二年)三四九ページ以下など。
(7) 島地大等前掲書、三七七ページ。

4 日本的密教成立の基盤

さて、以上のようにして全宗教が密教によって統合される状況になったが、かくして発達した日本の密教は、当然インド以来の密教の本質や哲学について一般的・概念的にいわれるような密教そのままではなく、特殊具体的な特質をもつものであった。ここではそれが、どのような社会思想史的背景に裏付けられて形成されたものであるかを、検討しておきたい。

まず注目したいのは、日本的密教においては、古来のままの山林抖擻などは別にしても、すでに密教本来の儀礼の範囲において「事相の堕落的に応用せられたる祈禱呪法」が、異様に盛んであったことである。(1) 祈禱呪法とは、降雨・安産・病気平癒・敵国降伏・叛人退治・二世安楽の類の修法のことであるが、現実の密教においては、それこそが密教本来の目的であるかに世間で考えられていたのが、実態であった。また、やがては灌頂にさいしてその前後に加行なる独特の行法を発達させたことも、本来の密教からの一種の逸脱として指摘されている。(2) つまりそれらは、密教本来の標準的な姿というべきものでなく、仏教の根本思想とも異なる迷信的性格を帯びるもので、むしろ日本古来の抖擻に近い性質のものであるとされている。してみれば、天台宗の学匠たちが相ついで密教事相を重視する方向へと傾き、最澄が高遠な理想として掲げた法華円教を相対的に軽視する教判を展開したのも、密教の理論が他の諸教に比べてすぐれているということよりは、このような祈禱呪法こそが時代社会の要求であったからであり、それに応えることなしには、天台宗の存在の意味が疑われる状況にあったからである。従って、台密理論が展開したことの客観的意義は、天台宗もまた祈禱呪法に教理として対応しうることを示しえたその努力のあとに他ならないといわなければなるまい。

さらに注意したいのは、そのように密教の名において行われる祈禱呪法が、前述のように権力奉仕的意味の濃厚な鎮護国家の理念と、現実において結合していたことである。すなわち、国家を鎮護する方法が祈禱呪法に他ならず、それが大乗仏教の理想実現の方法であるとなれば、国家自体がまた必然的に、人民の願望を集約しつつ支配秩序のために呪術的・宗教的な役割を果たす幻想的存在たらざるをえないであろう。そうした事情については、さらに立入って、当時行われた密教祈禱の具体的内容を全般にわたって検討しなければ、イデオロギーとしての論理構造の把握を深めることはできないが、密教化が単に仏教各宗派の問題たるにとどまらず、国家の問題として進行していることだけは、ここで確認しておかなければならないのである。

それでは、このような特色をもつ日本的密教の興隆と発達は、いかなる社会的基盤をもつものであろうか。平安時代の密教の盛行の理由としては、しばしば貴族の因襲的・迷信的な生活態度が指摘されたが、もとよりそれは貴族階級の心情だけの問題ではあるまい。ここにこの問題について、重要な示唆を与えるのは、九世紀から一〇世紀にかけて都鄙を風靡した御霊信仰である。(3) 御霊信仰は、政治的事件で非命にたおれた人物の「御霊」が流行病を起すとして、そのために鎮魂と攘災の儀礼を行う行事で、もと庶民から起ったものである。この背景には平安前期の貴族の陰湿な政治的暗闘の連続という特殊事情があったとはいえ、信仰としては、当時の民間呪術者が行った鎮魂・葬送・滅罪・招福と共通の呪術的なものであることは、すでに説かれているところである。しかも御霊信仰が「御霊会」なる姿で史料にはじめて現われる貞観五年(八六三)五月――それは円仁の最末年であり空海以後低調だった東密もやがて更新をみせようとするころであったが――の神泉苑の御霊会は、すでに仏教的色彩をもち、貴族層をまきこんでいたのであって、そこで演説されたのは、金光明経および般若心経という除災招福・鎮護国家の経典であった。(4) すなわちここには、庶民的な呪術的行事と仏教と国家とが一体になった関係を明瞭にみることができる。御霊とは、民衆にとって、外から侵入して生活を破壊し個々人の生命をなべて失う悪霊であり、牛を殺して祀ったという「漢神《からかみ》」の信仰など[5]と同様、伝統的慣習的な古代アジア的共同体の祭祀とは別の意識から発想されたものである。しかも単なる個人の怨霊としてでなく、国家的な政治事件に連関しているがゆえに一般化・普遍化されている点に特色があり、逆にいえば、国家や政治の動向との関連で一般の災難が考えられてもいるわけである。したがって御霊は一般化・普遍化されるとともに、旧来の祭祀をこえて国家の次元で祀られることによって克服されなければならず、そのために仏教が必要であった。だからここで仏教を動かしているのは、むろん高遠な哲理などではなく、はるかに低次元の呪術的なものであるが、しかしそれは、もはや自然や共同体に埋没したままの呪術ではなくて、なにがしかの一般性・普遍性をもち、共同体解体途上の都市群衆的な個々人の禍福に関するものであったのである。

けだし御霊信仰にみられるこのような鎮魂呪術的信仰こそが、密教の普及に最適の土壌であった。そこでは、呪術への要求が単なる呪術にとどまることなく、国土と人民とを鎮護する大乗仏教の理想にまでたかめられる条件があった。それは、前述の霊異記の世界についてみた民衆の状態の延長線上のものであり、低次元の呪術的意識という一面をもっていたが、同時に、「しだら神」の信仰[6]にみられるように新たに自立小経営を展開しつつあった「百姓」の積極的な願望に裏付けられていた。しかも御霊信仰においては、それが支配層によって上から組織されていた点が注目される。すなわち密教の鎮護国家の祈禱は、ここにその宗教的イデオロギーとしての基盤を見出していたのである。

各宗の密教の論匠たちが煩瑣な教判を展開しつつ摸索したのは、このような移行期における都鄙貴賤の混沌たる呪術的状況を統一的に組織するための論理に他ならなかったといえる。その論理を仏教学あるいは哲学史の立場から研究する仕事もそれ自体一つの大きな問題であるが、それとは別に、そのような日本的密教の実態と、その成立を不可避的なものとした歴史的条件とを把握し、その間における思惟の深まりと特質、また思想のいとなみと葛藤などを分析する仕事は、ほとんど今後に残されているのである。

（1）島地大等『天台教学史』（現代仏教名著全集、第九巻、一九六四年）三八三ページ。
（2）同右、四〇九ページ。
（3）柴田実「祇園御霊会――その成立と意義――」、岩城隆利「御霊信仰の発生」、高取正男「御霊会の成立と初期平安京の住民」（いずれも京都大学文学部読史会『国史論集』〈一九五九年〉所収）など参照。
（4）『日本三代実録』貞観五年五月廿日条。
（5）『日本霊異記』（日本古典文学大系70）中巻第五話。
（6）柴田実「八幡神の一性格」（『中世庶民信仰の研究』一九六六年）、戸田芳実「中世文化形成の前提」（『日本領主制成立史の研究』一九六七年）。

5　浄土教と密教

九世紀が密教による諸宗教の統合の世紀であったのに対し、一〇世紀は浄土教の発達をもって特色づけられている。しかしながらそのことは、浄土教が密教と異質のものとして現われそれにとって代ったということなのかどうか、その両者の関係について次に考察しておきたい。

一般に、一〇世紀の摂関政治全盛期から院政期へかけての浄土教の流行については、末法思想の浸透についての説明の場合と同様に、政治的・社会的な不安のたかまりがその理由として指摘されている。政治の紊乱、貴族層の無気力、治安の乱れや災害などが、厭離穢土・欣求浄土の思想を醸成したというのである。またそれについても社会各層によって意識や思想傾向に差異があり、したがって、浄土教の中心をなす念仏についても、貴族層の耽美的な観想の念仏と庶民の呪術的・狂躁的な念仏とが対比的に特色づけられ、あるいはまた広範な庶民的基盤や寺院仏教からの脱却を意味するものとして聖《ひじり》の活動が指摘されている。(1) ところで、そのなかでもとくに教理史的な説明としては、概して天台止観の四種三昧の一たる常行三昧から不断念仏への発展、そして『往生要集』へという系譜が説かれている。この理解は、一つには、今日宗派として大きな勢力をもつ専修念仏系の諸派の教理史上の源流を遡及した結果の系譜論であるといえるが、もう一つには、他ならぬ比叡山天台宗においてしかも良源の天台宗「中興」策の振興のなかで、念仏の教理が理論化されたという事情に基づいているといえる。そのため、比叡山以外の南都や高野山などでもやがて念仏が起ったことが注目されるようになっても、また、念仏の興隆に密教という土壌が大きな意味をもっていたと指摘されることがあっても、この時代の浄土教を天台の教義と専修念仏とを結ぶ線上に位置づけて理解する観点は依然有力である。しかしながら、叡山を中心に浄土教が盛んになったのが事実であるならばなおさら、前節でのべたような密教による統合のなかで、それがどのようなものとして起ったのか、その関連を追究することが必要であろう。

叡山における念仏の源流を『摩訶止観』に説く四種三昧のうちの常行三昧に求めるのは正当であるが、実際に叡山で念仏がはじめられたのは貞観八年(八六五)円仁によって不断念仏がはじめられてからだとされる。この不断念仏は常行三昧堂で行われはしたが、諸教融合的な性格をもつ五台山の五会念仏をとりいれたもので、滅罪懺悔の行法としての性格をもつと説明されている。(2) つまり常行三昧が不断念仏としてはじめて実現したということは、天台の実践門としての止観のはずのものが実は滅罪懺悔の法として実現したということである。それは明らかに、円仁をして台密の創始へ向かわせた鎮魂・滅罪・葬送・攘災の宗教的風土に通ずるものであったとみなければならない。

民間に念仏を勧めて歩いて市聖といわれた空也が、もと死霊鎮送の呪術的な宗教家としての役割をもっていたことは繰返し説かれたところであり、その限りで、さきに御霊信仰についてのべた鎮魂呪術的な民衆の宗教意識の展開の線上に彼が位置することは明らかであろう。もとより空也の念仏は単なる呪術ではなく大乗菩薩行としての念仏の本質をふまえたものであるという指摘(3)にも注意しなければならないけれども、空也の場合、呪術がそのまま念仏に発展したわけではない。すなわちその背景では、貴族社会において、濃厚な密教思想のもとに、「昼の読経、夜の真言」という法会形式がやがて「昼の講説、夜の念仏」へと変質・発達しつつあったといわれており、空也の念仏布教の影響をうけた叡山坂本の勧学会や二十五三昧会においても、正中以前の法華経、正中以後の念仏が行われたが、その念仏のあと滅罪追善の功徳ありという光明真言加持土砂が行われたという(4)。つまり、鎮魂呪術→真言→念仏という連関がすでにあり、空也がそれをふまえて逆に民衆に念仏を普及したのであって、かくて爆発的に進行した民間の念仏＝「郷里の念仏」が、また中流貴族文人や叡山の僧らによる勧学会さらには源信の『往生要集』の成立を促すことになったということができる。

源信の浄土教については、天台法華をむしろ復興し、天台的念仏を定型化したものといわれ、脱真言の方向をもっていたとさえいわれる(5)。これについては、彼の師の良源が卓抜な政治力をもって比叡山を復興し天台宗の全盛時代を開いたこととの関連で、理解しなければならないとおもう。良源の思想はあくまで顕密一致にあったが(6)、彼の叡山の堂舎・教学の興隆とは、その顕密一致のたてまえのなかでの天台宗の自己主張としての性格をもつものであったと考えられる。良源の門弟である源信の立場もまたそうである。源信の念仏は、のちの専修念仏や真言の念仏と比較して、あくまでも天台的な性格の枠内にとどまるものと評価されるのが普通であるが(7)、源信の立場を積極的にいえば、彼は、もと、それ自体呪術的であり真言と本質的な区別もたしかでない形で発達してきた念仏を、天台止観に根拠をもつ観心念仏として教理化することによって、顕密一致体制のなかでの天台宗の自己主張をなし遂げたのである。良源の「中興」以後の比叡山では、源信・覚運が観心主義的方向で天台教学の特色を発揮して、それぞれ後世恵心流・檀那流の祖とされ、源信の門弟でもある覚超が良源から華山流密教の正系をうけて台密事相の川流(顕密合談という)をひらき、覚運に関係深い皇慶が谷流(密教事相専門という)を大成して天台の密教を宣揚したが、『往生要集』の天台的特色なるものも、そのようなものとして位置づけられうるのでないかとおもう。従って、源信の浄土教を含めて「山の念仏」といわれるものを、単純に脱密教ということはできないし、観想の念仏についても庶民的呪術的な「郷里の念仏」[8]との異質性において特色づけたのでは、反って全般の動向を的確に把握できないのでなかろうか。[9]

浄土教の歴史について、空也以後とくに注目されるのは、中世的な意味での聖《ひじり》の出現である。「ひじり」という語は古代から頻繁に用いられ、霊異記などでも「隠身の聖人《ひじり》」や「化身の聖《ひじり》」の語がみえることから、中世の聖と同一視されることも多いが、そこで用いられる聖というのは、凡夫を超越した呪力的な存在であり、権者であるという意味であって、中世のそれと異なる。中世の聖というのは、遊行聖・高野聖にみられるように服装や行儀や居住など聖特有の生活姿態を指すものであって、僧形で独身生活を送ることを「ひじる」という言葉で表現することさえみられる。[10]しかし古代では沙弥や乞食の行者・験者というような外形が聖を意味したのではなく「隠身の聖人」「聖の化」であることが判明してはじめて聖とみなされたのであり、九世紀までにみられる聖・仙などの用例は、すべてそういう意味のものであるとみられる。[11]中世的な意味での聖は、たとえば『今昔物語集』に「阿弥陀ノ聖ト云フ事ヲシテ行《アル》ク法師」「阿弥陀ノ聖ト云フ者有ケリ」[12]などとあるように、一〇—一一世紀の念仏の盛行とともに成立した概念であって、それは空也がそうであったように、反世俗・反寺院ということではないが世俗生活や寺院生活を離脱して民間に念仏を勧進する修善行法を意味したのである。

このような聖の語が成立したのは、おそらく空也によって(古代的な本来の意味での)聖の姿態が強烈に一般に印象づけられたからであろうが、問題は、みずからそういう姿態をして「阿弥陀の聖ということをして歩く」者が激増した点にある。そこには一〇世紀の社会が内蔵していたさまざまな矛盾——郡司・百姓等の訴訟、田堵の広範な擡頭、貴族層内部の門閥化の進行による中小貴族層の閉塞状況、都市民的な孤独等々——があり、各階層それぞれ異なる本質をもちながらも現象的には類似の「自立」・孤独・不安があり、それが念仏ひいては聖の行法へ人々を駆りたてたと考えられる。だがそれだけでなく、そのような社会的諸矛盾がそうした聖の形態を流行させたのは、密教的な念仏行法がすでにかなり発達して民間へ定着しつつあったからであり、さらには、台密の一大円教論にみられるように密教による諸宗教の統合が教相面で完成していて、僧侶でさえも学解上理論上未解決な問題に取り組むために経疏論註の類を読破して研鑽する必要を必ずしも感じないような状況になっていたからであろう。

したがって、中世的な聖の成立ということは、密教によって統合された宗教思想の一種として念仏が成熟したことを意味するといってよい。ただしそれが真言の修法でなく念仏の行である以上、この密教的統合の第二段階ともいうべき浄土教の盛行が天台系のイニシアティブによる結果であることは、明らかである。そしてこの達成の結果、やがて南都系や真言宗でも聖が輩出し念仏がそれぞれの特色を帯びつつ創唱されてくるのである。また、天台宗においてはこれ以後、教相主義から観心主義へ、文献主義から口伝主義への移行がみられるとされるが[13]、聖の盛行激増は、叡山上における宗風のそのような移行をいわば可能にしていたといえるだけでなく、必然的に助長したといえよう。寺院の経蔵を離れた聖という形態ではそれ以外にありえないからである。だが、聖についてもう一つ最も大切なことは、それが「自立」的個人の自己主張と批判精神をさらに助長させる条件となったことである。別所に住む聖の集団も念仏の講衆・結衆も、いかに固い一結の情や起請で結ばれていようともそれは自然生的な共同体とは本質的に異り[14]、何らかの自覚的個人の集合であることを見落してはならない。彼等は、はじめは修善・行法としての聖であっても、世俗と寺院とのいずれの生活基盤からも離脱することにより、やがてそれらを批判する立場に転化する可能性を獲得したし現にやがてそのなかからそういう批判者を輩出したのである。しかしだからといって、浄土教がはじめから反密教的なものとして成立したのではなく、反対に密教による統合過程のなかでの天台的な達成であったことは、重ねて強調しておきたいのである。

(1)　これに関する論著は夥しい数に上るが、さしずめ、堀一郎『我が国民間信仰史の研究』宗教史篇(一九五三年)、井上光貞『日本浄土教成立史の研究』(一九五六年)、同『日本古代の国家と仏教』(一九七一年)、および藤島達朗・宮崎円遵編『日本浄土教史の研究』(一九六九年)所収の「古代篇」諸論文などを挙げたい。
(2)　薗田香融「山の念仏――その起源と性格――」(藤島・宮崎編、前掲書)。
(3)　二葉憲香「空也浄土教について」(藤島・宮崎編、前掲書)。
(4)　速水侑「空也出現をめぐる諸問題」(日本宗教史研究会編『布教者と民衆との対話』一九六八年)、同「光明真言と初期浄土教」(笠原一男編『日本における社会と宗教』一九六九年)。
(5)　石田瑞麿「『往生要集』の思想史的意義」(日本思想大系6『源信』解説、一九七〇年)。
(6)　島地大等『天台教学史』。
(7)　石田充之『浄土教教理史』(一九六二年)一三〇ページ。
(8)　柴田実「郷里の念仏」(『中世庶民信仰の研究』一九六六年)では、「郷里の念仏」の「共同的」な性格、「郷里生活」との関連に注意されている。当時の庶民の共同体をどのように理解するかは困難な問題であって、ここでは単に民間の念仏の意味としておく。
(9)　赤松俊秀「藤原時代浄土教と覚超」(『続鎌倉仏教の研究』一九六六年)において、覚超の念仏が和泉の村落生活と関連をもっていた事実が指摘されている。
(10)　『和語燈録』巻五、諸人伝説の詞(『浄土宗全書』巻九、六〇九ページ)、『沙石集』巻第四の四(日本古典文学大系85、一八七―一八八ページ)。
(11)　『文徳実録』斉衡元年七月廿二日条の「断穀聖人」、および『類聚三代格』所収弘仁三年九月廿六日官符、貞観十年五月十五日官符、寛平九年六月廿三日官符などの「聖人」の用例など。

(12)『今昔物語集』巻二九、第九。なお伊藤唯真「阿弥陀の聖について——民間浄土教への一視点——」(藤島・宮崎編、前掲書)参照。
(13) 硲慈弘『日本仏教の開展とその基調』(一九四八年)下、一、中古日本天台の始終と内容及び時代区劃。
(14) 註(8)の問題は、この点でも重要である。

6　顕密体制の特質

浄土教の発達の状況を以上のようにみてくると、平安仏教の八宗なるものは、今日一般に理解されているように対等に対立的または排他的な関係のもとに併立していたのではなく、むしろある共通の基盤の上にゆるい競合的な秩序を形成していたものであると、いわなければならない。その共通の基盤とは、鎮魂呪術的信仰であり、仏教教理上は密教であった。すなわち、密教の絶対的・普遍的真実性がまず共通に承認されており、その上で各宗の特色が論じられていたのである。

顕密諸教のこの関係は、教判のなかでは「一大円教」「九顕十密」などの絶待観および顕密・事理・一乗三乗等々の差別=相待観の諸概念で理論化されているが、究極的かつ実際的には顕と密との組合せ——勝劣・相互依存・一致・円融などの関係における——として理解されたのであって、そこから当時は「顕密」という語が、一切の仏教を表現する言葉となっていたのである。段階的にいえば、はじめ密教による統合が進行する九世紀段階では、顕密の勝劣が問題の主たる側面であったが、一〇世紀以後の浄土教の発達のなかでの天台宗の主導的活躍によって、一一世紀には顕密の一致・円融あるいは相互依存的な併存を最も妥当なものとみなす体制が確認されることになったといえる。このような顕密の併存体制——体制といっても法的あるいは行政的な制度ではなくイデオロギー的秩序というほどのものであるが——を、小論では「顕密体制」と呼び、とくにその体制に内在する論理やそのような傾向の思想の性格をいうときには「顕密主義」という語を用いることにしたいとおもう。この体制においては、祈禱呪法的傾向を濃厚にもつ特色ある密教が基調的な位置を占め、諸宗はその上に、たとえば真言宗ならば空海の教判に依拠する教相と野沢両流以下の事相を内容として専ら真言密教の験を誇り、天台宗ならば円密一致の立場で天台の教相と観心および独特の事理の密教(台密)をその特色として掲げていた。またそのようななかで、顕密主義というべき原理が、各宗の固定的な教義という形でよりは、当時の諸宗兼学の事情から、むしろ個人ないし血脈・流派の教説に浸透し瀰漫している論理として存在したことが、指摘できるのである。

そのような顕密主義の最も典型的なものとしてここでふれておきたいのは、おそらく院政期に本格的に展開しはじめたとみられる、かの天台本覚法門である。今日、天台本覚法門は天台教学の発展の一つの形態として説明されており、むろんそれは正当な根拠をもつ説明というべきではあるが、ここで注意したいのは、日本天台を本覚法門にまで変貌させたその基調にある方向規制の論理についてである。(1)

もともと「本覚」という語は『大乗起信論』にはじめて現われ、『釈摩訶衍論』にかなり奔放に展開した形がみられるとされる。しかし、『大乗起信論』が大乗仏教の特色を顕著に表わした著作であるのは確かだが、「本覚」の強調ということは、中国では本来天台教学にはなかったことで、むしろ天台教学と対照的でかつ論争を重ねていた華厳教学に多くみられたものであると指摘されている。もっとも、天台教学でも「本覚」が説かれる素地がまったくなかったわけではなく、やがて華厳教学の影響をうけて湛然が『大乗起信論』を引用し「真如随縁」をいい、知礼が「本覚」の語を用いるなどのことはあったが、そのような中国の天台教学を日本へ伝えた最澄が「本覚」について説いたことはなかったのである。

日本での本覚の強調は、まず空海に顕著なかたちでみられる。よく知られているように、空海は、『釈摩訶衍論』を重視してこれを自著に多数引用し、真言宗を本有本覚門の立場に立つものとした。そしてそれ以来、真言密教はこの立場から即身成仏を力説してきた。日本天台宗では、はじめて円劣密勝を説いた円珍が、『講演法華義』にのちに「本覚讃」として知られた蓮華三昧経の偈頌なるものを引用しているのがまず注目されるが、さらに台密教相の大成者であり天台宗密教化の完成者である安然は、蓮華三昧経や『釈摩訶衍論』を引用して、顕現的相即論(理顕本)を強調したことが指摘されている。もともと密教が華厳教学と親近性をもつことをもここで想起されてよいが、それをしばらく措くとしても、日本では本覚思想の強調が密教教相の展開線上に特徴的にみられることに、注目されるのである。(2)

しかるにやがて良源が天台法華円教の復興に努め、その門下から源信・覚運・尋禅・覚超その他の偉才が輩出して、天台宗は未曾有の隆盛を迎えた。これが右大臣藤原師輔など権門の支援によるものであることも、注意しておくべきことであるが、天台宗の学風としてはこれ以後、前述のように念仏をはじめ観心主義といわれる傾向を著しくした。ただし良源や源信は、後世いくたの本覚法門の論著の作者に擬せられているがそれはすべて仮托であり、その念仏も天台的な観想の念仏であって本覚思想をほとんど含まないといわれる。そのため、良源の叡山堂舎復興と教学振興は、この点からも天台法華宗の面目を発揮したものとみられているのである。

けれども、先に指摘したように、当時現実には、念仏は真言加持土砂に代る鎮魂呪術的なものとして普及していたのであり、良源一門も教学としては安然の教学を維持してさらに台密事相の発展をもたらしたのであって、決して密教が排除されるようになったわけではなかった。だから、これらを統一的にみれば、いわゆる観心主義的傾向なるものは、実質は、末法思想的風潮のなかで、鎮魂呪術的＝密教的信仰を天台宗の立場から編成した姿でありその特色であったのである。そして、そのような観心主義的傾向のなかでやがて現われてきた天台本覚法門もまた、結局は良源や源信らと無縁のものではないのであって、帰するところ本覚法門とは、良源を劃期とする観心主義の高揚のなかで、真言宗の口伝主義の風さえとりいれつつ、法華の本迹二門など天台教学的概念や論理を表現の上でかりて発展した一種の密教であったということができる。一般的・抽象的には「本覚」思想は密教にだけひきつけて理解すべきものではないのだから、それは、いちおうは、「形の上からは顕密融合の思想、質の上からは本覚思想」すなわち「具体的絶対論、絶対肯定の思想」であるとすべきであろうが、(3) 成立過程の現実に即していえば、天台の密教化の極致に位置するものとすべきであり、その実態は、密教的即身成仏義などと同一の現世絶対肯定の思想ないし儀礼であって、(4) 極言すれば、天台とは名目でその本質も実態も密教であったといわなければならないのである。(5) つまりそのような意味で、顕密主義の一つの典型がここにみられるといえるのである。

だからわれわれは、ここであらためて顕密体制の構造をつぎのように整理しておくことができる。第一に、鎮魂呪術的基盤の上に密教による全宗教の統合が行なわれ、第二に、その上に各宗固有の教理や顕密融合についての種々の教説および各流派の密教的作法が成立し、第三に、そうした集団としての各宗(八宗)が世俗社会からその正当性を公認され一種の宗教的秩序を形成していたこと、である。天台本覚思想が顕密主義の典型であり、天台宗が顕密体制の代表的存在であったのは――つまり中世において最も権威と勢力をもつ宗派たりえたのは――、かかる特質を最もみごとに具備していたからである。

「顕密」の語で仏教が、ひいては全宗教が、理解され弘通していたその思想構造は、けだし、東アジアの仏教史のなかでもこの段階以後の日本に特有なものであり、(6) 時代の特殊な思想状況を反映するものといえるであろう。顕は顕示であり論理主義的であるのに対し、密は秘密であり心理主義的であるといえるが、後者が支配的であり本質規定的でありながら、なお前者の余地がともかくも残されているところに——ただしそれは時として装飾にすぎなかったが——、密教の特殊日本的形態とでも規定しうるところの特質と、その後の展開過程の基軸がみられる。すなわち、密教の優位・浸透によって顕教が念仏を発達させ、ついで本地垂迹説——これについてはあとでのべる——を創出し、さらには鎌倉新仏教の諸派を生む。このそれぞれの性格や歴史的意義はむろん一様ではなく別個に論じなければならないが、それにもかかわらず顕密体制は、中世を通じて命脈を保ち、また権威ある伝統的な主義として存続したのであった。

顕密体制は、その成立の過程をみれば、いくつかの段階に区分されるし、そうしてみるほうが、この体制＝主義をより正確に理解できるとおもわれる。すなわち、さきに指摘したようにその第一段階は密教による諸宗教の統合（九世紀）であり、第二段階は全宗教の密教化のなかでの天台宗の自己主張の所産たる浄土教の発展の段階（一〇世紀）であるが、第三段階としては、一一世紀における王法・仏法の相依の思想の成立の段階をおいてみる必要がある。これはかの天台本覚法門が発展しはじめる時期にもあたるが、この段階では、顕密体制は単なる宗教上の体制＝主義であるにとどまらず、国家権力との癒着結合が成立し、そういう意味で正統的な宗教としての地位を確立するのである。われわれはこれについて、次節で検討したいとおもう。

（1）天台本覚思想については、島地大等「日本古天台研究の必要を論ず」（『思想』第六〇号、一九二六年一〇月）をはじめ、関説した論著は多く、近くは田村芳朗『鎌倉新仏教思想の研究』（一九六五年）、多田厚隆・大久保良順・田村芳朗・浅井円道『天台本覚論』（日本思想大系9、一九七三年）、石田瑞麿『浄土教の展開』（一九六七年）その他の論考がある。本稿は、むろんまだ理解不充分な点を多くのこしながらのものであるが、以下の論述では、ことに右の田村芳朗氏の研究に負うところが多い。

（2）すでに島地大等は前掲論文の結びに「平安朝に於ける本覚思想の二大明星は、東密真言における大師空海と、叡山台密に於ける五大院安然との二人者であること」を、指摘している。

(3) 島地大等前掲論文、一八八ページ。

(4) 藤田海龍「日本天台に於ける即身成仏思想」(『宗教研究』新一一巻三号、一九三四年)。

(5) このさい、他方に台密が行われていたことに注意する必要がある。密教ということの意味をせまく局限するならば、台密が存在することは、本覚法門を密教と別に取扱うべきだという論拠になるだろう。しかし、視角をかえて全体の動きをみれば、叡山天台宗あげての密教的風潮のなかで、天台教学が密教の一形態・一流派に転化したのが天台本覚法門であるといえる。密教という概念あるいは範囲をどう規定するかは難しい問題であり、せまく限定して、祈禱呪法も「左道密教」も〝正統的〟な密教から排除して考えるのも一つの考えではあるが、ラマ教を、一つの具体的に展開した密教とみるような密教理解もありうるのであり、それは歴史的・現実的に有効性をもつといえる。

(6) その点、比較的類似した性格をもつチベット仏教との対比が、改めて問題にされる必要がある。

二　王法と仏法
──権門体制の宗教的特質──

日本の中世において「王法仏法の相依」という形で、国家権力と宗教との相互依存関係が強調されていたことは、周知のところである。しかし、それが単なる便宜的な修飾の言葉でなく、中世国家と宗教との基本的関係に由来するものであることを、まず荘園制社会ないし権門体制の支配に内在する宗教的本質という面から把握する必要がある。さらにそのようにして権門体制権力と結合した顕密体制＝主義が、正統的宗教(宗教における正統的存在)ともいうべき地位を確立し、相互依存の論理を定式化していたことに、注目する必要がある。本節では、このような国家と宗教との緊密な関係が複雑に形成されていた具体的状況を整理するとともに、その間における本地垂迹説や王法仏法相依の思想の性格とその歴史的・社会的意義を検討し、かくして成立した正統的宗教の将来への展望をのべる。

1　荘園制社会の成立と本地垂迹説

一般に封建社会ないし封建国家が宗教と種々な側面で深い関連をもっていたことは、つとに指摘されているところである。すなわち農民の共同体の諸規制や村落生活において、また領主の支配における経済外強制の一つの形態として、さらにまた領主ないし国王の権威のありようにおいて、宗教が重要な役割を果たしていることなどである。日本において、おおよそ一一世紀後半ごろ形をととのえた荘園制社会——これが基本的に封建的な社会構成とみなさるべきかどうかは大いに論議のあるところであるが(1)——においても、実際問題として宗教はきわめて大きな意味をもっていたのであって、村落生活における呪術や多神観をふまえた素朴な神祇崇拝や、在地領主の氏神・氏寺、荘園支配における荘園領主側の大寺社の宗教を利用した統制や本末関係等々、社会構造のあらゆる次元でのまことに多様な宗教的現象が見出される。(2) しかも荘園制社会は、この社会構成に特有な分業と交通形態に基づくところの権門体制的都市のあり方、朝廷・官衙および国衙・守護所などの国家機構、権門の荘園支配体系をこえた次元での国家的な「種姓」的身分制(3)など、全体に求心的・集中的な秩序(4)によって成立っていたのであって、宗教についても、そうした特色が独特の問題を構成していたとおもわれる。

荘園制社会の成立とあたかも時期を同じくして成熟したのは、本地垂迹説である。神仏の習合は、すでに八世紀からみられるが、周知のようにはじめの段階では、「護法善神」の思想や「神身離脱」の説話など、神を基本的には衆生の一として位置づける形での習合であった。しかるに、貞観元年(八五九)八月の僧恵亮の上表文(5)に、「皇覚の物を導く、且は実、且は権、大士の迹を垂るる、或は王或は神」とあり、このころから一般的に神を仏の垂迹とみる思想が起ったとされる。さらに承平七年(九三七)一〇月の太宰府牒所引の僧兼祐申状[6]ではじめて、個々の神について垂迹とする例がみられるが、しかしそれからなおしばらく後までも、個々の神の本地を特定の仏菩薩と決めるということはなかった。神の本地を特定の仏菩薩に決めた例は、一一世紀末ないし一二世紀初頭ごろ、大江匡房の『続本朝往生伝』『江談抄』などにはじまるとされる。[7]この段階では、神は仏菩薩に他ならぬのであるからもはや「衆生の一つ」ではないのであり、ここに神仏習合の新たな段階がはじまったとしなければならないのである。

このような本地垂迹の説は、『法華経』『大日経』など大乗仏典に通有の思想に基づくものといわれるが、実際に日本で教説として発展するについては、天台教学の本迹二門の説が、とくに重要な役割を果たした。さきの貞観元年の上表は延暦寺年分度者設置に関してであったし、承平七年の兼祐申状には「彼宮(宇佐)此宮(筥崎)その地異なりと雖も、権現菩薩、垂迹なお同じ」とあるが、これは、僧肇の『註維摩』に説かれ天台智顗の『法華経文句』にも援用された「本に非ざれば以て迹を垂るるなく、迹に非ざれば以て本を顕はすことなし。本迹殊なりと雖も、不思議一なり」という有名な句に拠ったものであること明らかである。密教においてもこのことを本地法身と大悲の加持身の説から説くが、本と迹とを対比する説にまとめた点では、天台の本迹二門説が決定的な役割を果たしたことは、疑いない。中世において常套語となった「和光同塵」の語も、普通『老子』が出典と注釈されているけれども、実際にはそれを引用した天台智顗の『摩訶止観』によったものというべきである。

さきに小論では、神仏習合を密教による諸宗教の統合の一部として位置づけたのであるが、このように本地垂迹説の段階では明らかに天台の教説が、仏教による神祇崇拝包摂の論理となっている。しかし、それは、密教と単純な意味で対立的な立場において天台的な理論を主張しているのではなく、浄土教の場合と同じく、基本的には密教的な基盤に立ったところの顕密体制内での天台宗の自己主張の所産であったとすべきであろう。もっとも、実際に天台の教説の影響がどれだけの分量を占めたかは究極はどちらでもよいことであって、天台・真言各宗の説の違いは、やがて顕密体制内における各派の口伝的な「説」「習い」を形成するだけであり、事態の本質は、神祇崇拝がそのまま顕密体制内部に包摂される状況がいよいよ進行するということに他ならないのである。

しかし、ここでとくに見落してならないことは、本迹の仏身論や大乗仏教の理念ではなく、一二世紀初頭以後個々の垂迹神について個別的具体的な本地仏が指定されていったという事態であろう。個々の本迹の指定ということと、本迹の仏身論とは、抽象的・理念的にはたしかに共通の論理をもつが、現実にひきおこす結果を全体的にみれば、明らかに異った側面をもつ。伊勢大神宮が大日如来の垂迹であり、熊野三社が弥陀三尊の権化であるというような指定は、すべて本来明証のない、おそらくは夢告や託宣や偽書などに基づくものであろうが、そこに神秘主義的・非合理主義的な思考が働いていることはまずよいとしても、かくして正当化される説明というのは説話であり、そういう「事実」の強制でしかありえない。すなわち新たな神話が、「縁起」が、「歴史」が、仏身論に代って登場しているのであり、したがって仏身論の哲理はここでは貫徹していない(8)。神は、神話的な「事実」としての系譜において仏と同じであるが、その属性においてはもとのままに温存せられ——むしろいよいよ奇怪な付会論を発達させて——神の姿のまま現世的呪術的に活動しつづけているのである。つまりこうして本地垂迹説は、一つには「日本的密教」の最も日常的な分野を形成し密教の日本的特色を仕上げるとともに、もう一つには説話＝縁起＝歴史という形の宗教的思考様式を新たに日本国土のなかで生み出した。中世の叡山で「記家」といわれた一派が発生したのは(9)、こういう基盤からであった。

ところで、本地の指定が所詮は意識的無意識的な作為に基づくものである以上、それは必然的に時流に便乗する傾向をもつ。八幡の本地がはじめは釈迦とされ、のち浄土教の全盛期には弥陀とされたのは、(10)その適例である。また垂迹ということが実際には説話的に理解され、古代神話の降臨などと同様に表象されて、本来の仏身論と全く異なったものになる傾向もあった。延久四年(一〇七二)九月の太政官牒(11)によれば、丹波国氷上郡内に安置した八幡大菩薩を「垂迹別宮」といっており、長寛勘文では伊弉冉尊が熊野の速玉社に祀ってあることを「垂迹於南海」と表現している。(12)してみれば、当時荘園支配の進展とともに、また御師や勧進聖の諸国往来とともに、さかんに行われた中央諸大寺社の地方勧請は、人為的・意識的な垂迹といえるわけである。そして垂迹ということが、現実にはこのような雑駁でしかも具体的な意味で理解されていたとすれば、本地垂迹説なるもの全般もまた、そうした傾向をもっていたものといわねばなるまい。本地垂迹説が、神仏習合についての先行段階の思想を踏まえそれを発展させたという側面をもつのも事実であるが、単にその自己発展ではない。荘園制社会の成立に即応しつつ展開した事実からみれば、全体としては荘園制的な中央から地方への支配、その求心的な交通形態を反映し、それを宗教的に正当化する役割をもったものといわねばならない。応保二年(一一六二)一一月の紀伊国大伝法院僧徒等重解案(13)は、山東荘における日前宮神役を拒否するために、神官が仏威に従うべきことを主張するについて「権現は本地の心王を崇むるが故なり」という論を立てている。荘園支配関係や本末関係がない場合でさえこのような主張が成立つとすれば、公家・寺社の一体化した中央の荘園領主層が、本地垂迹説をもって地方へ臨んださいの現実の効用は、決して純粋な仏菩薩の利他の慈悲の発露というだけではすまぬものがあったことは、充分に推測される。さきの丹波国氷上郡の八幡別宮は、「垂迹」ののち現地で宮司や寄人など相伝荘厳の人がなくなったために、連年郷中に旱魃病患を起したが、託宣によって神意を知り住人が奉仕したので五穀成熟・郷土安穏となったという。

本地垂迹説が一一―一二世紀に急激に進展し新たな段階を劃したのは、以上のように荘園制支配の集中的な組織とそれを根幹とした政治・流通・通交・文化伝播などの諸交通形態の成立と密接な関係にあったものとみられる。本地垂迹説は、荘園制社会がその基底と構造において本質的に宗教的であるがゆえの、敷き写しの所産であったのである。

(1) 黒田『日本中世封建制論』(一九七四年)所収の「中世封建制論の課題」「日本中世の封建制の特質」などにおいて、主要な論点を指摘した。
(2) 黒田「荘園制社会と仏教」(赤松俊秀監修『日本仏教史』Ⅱ中世篇、第六章の1、一九六七年)。
(3) 黒田「中世の身分制と卑賤観念」(本書三五一ページ以下)。
(4) 黒田『荘園制社会』(体系日本歴史2、一九六七年)および『日本中世封建制論』の前掲論文などを参照されたい。
(5) 『日本三代実録』貞観元年八月廿八日条。
(6) 『大日本古文書』石清水文書之二、四八一号。
(7) 辻善之助「本地垂迹説の起源について」(『日本仏教史の研究』一九一九年)、同『日本仏教史』第一巻上世篇(一九四四年)第五章第三節。
(8) 津田左右吉『日本の神道』(一九四九年)五九ページ・六一ページなど。
(9) 硲慈弘「中世比叡山に於ける記家と一実神道の発展」(『日本仏教の開展とその基調』下、一九四八年)。
(10) 註(7)論著参照。
(11) 石清水文書(『平安遺文』第三巻一〇八三号)。
(12) 長寛元年四月廿一日藤原長光勘文(『群書類従』第一八輯)。
(13) 『根来要書』下(『平安遺文』第七巻三三三四号)。

2 権門勢家の権威と寺社

荘園制社会においては、最高の支配層である権門勢家自体がまた、その本質として、宗教的色彩の濃厚な権威を帯びていた。

権門勢家が荘園を支配し政治権力を掌握するについてつねにみられた独特の特色は、きわめて観念的な権威性である。その一つは、藤原氏に最も顕著にかつ典型的にみられるように、氏神・氏寺を門閥の精神的紐帯とする「氏族」的擬制である。この擬制は、本来はその「氏族」なるものの内部での相互の結束と統制のためであったはずであるが、すでに貴族社会において藤原氏とくに北家の政治的地位が確立・固定してしまってからは、「春日のながれ」であることは対外的にも最高級の種姓的権威という意味をもった。むろん、それは単なる血統的事実によるのでなく、実際は政治的・社会的な絶えざる活動や制覇、優勢の持続への努力によって裏付けられ、大臣・摂政・関白等々の地位の掌握によって再確認されつつ存続しているのであって、真実はそのような政治上社会上の伝統的な権威こそが基本をなしていたといわねばならない。ただそれが、単なる強圧や武力としての権威でなく、伝統的ないし宗教的な側面において権威が意識されていたところに特色があるわけで、けだしそれは、アジア的社会構成における中世への移行という歴史的条件に規定された一特質とみられるのである。

権門勢家が基本的に右のような性格をもっていたことから、権門勢家と仏教――顕密主義の――との結合もまた着実に進行した。それは個々の貴族の個人的な信仰による側面とともに、それと容易に弁別しがたいことではあるが、権門勢家の権威という側面にかかわる点があることに、とくに注目すべきものがあった。九世紀から一〇世紀へかけてかの密教による諸宗教の統合がすすむ段階で、たとえば円珍が帰朝後藤原良房や基経の信任をうけ、清和天皇や良房父子などに灌頂をさずけたこと、東寺の益信と宇多天皇(寛平法皇)との親密な関係、醍醐の聖宝と醍醐・朱雀・村上三天皇との関係など(1)、密教の教義が宗教としてこの時代の貴族の心情に共感されるものがあったばかりでなく、祈禱などの密教儀礼が災難除去と安全のための呪術、つまり政敵に対する呪詛とまったく同次元の呪術として、政争のための暗闘と浮沈のなかに権勢を築きつつあった権門勢家に期待されるものがあったからである。そして前述の氏神の崇敬による「氏族」的擬制が、摂関の家系の固定化とともに形式化・無実化していくと、密教が氏神＝神祇崇拝に優位していく条件はこの面でも促進された。その間の事情は、『大鏡』が藤原氏の繁栄をのべたくだりに、事実としても列挙されているし、作者の思想としても縷々のべられている。そこで道長が聖徳太子あるいは弘法大師の再誕といわれるといい、「なを権者にこそおはしますべかめれとなん、あふぎみたてまつる」[2]というとき、すでにそれは権門の権威の宗教的粉飾を実行しつつあるのである。

権門勢家と宗教との結合は、さらに寺社自体がいわば権門化することによって、いっそう強固になり特色あるものにもなった。寺社の権門化は、宗教が僧侶個々人の学解や信仰にとどまっている状態では成立せず、教団としての一定程度の統一が成立することを条件とする。そしてそれは、かの密教による統合の最後の段階でおおむね達成されたとみてよい。真言宗では一〇世紀のはじめ観賢によって東寺を中心に教団の統制がすすめられ、空海についての大師入定の信仰が喧伝され延喜二十一年(九二一)には弘法大師号の宣下もあった。そしてそのつぎの段階で、益信系の寛朝をはじめとする広沢流と聖宝系の仁海の小野流との二流が成立してくるが、これは広い意味での教義の体系化＝固定化ということができよう。また天台宗では、一〇世紀中頃の良源による「中興」が目立っている。彼は安和二年(九六九)以後延暦寺の堂舎の復興に努力を傾け、天禄元年(九七〇)の廿六ヵ条起請[3]にみるように寺内の統制につとめ、やがてほぼいまの三塔十六谷の制に整備した。そしてここでも最澄の御影堂を建立して天台宗の顕揚に努め、やがては自らも中興の元三大師・御廟《みみよう》として信仰されることになるが、これは、さきの弘法大師入定信仰と酷似する現象といえよう。そしてこの良源以後、天台の教学では源信と覚運が現われて後世恵心流・檀那流の祖とされ、台密事相では横川の覚超の川流と東塔南谷の皇慶の谷流との、ことに皇慶の谷流による体系化＝固定化がはじまる。天台・真言相前後して同じ傾向をたどったといえよう。南都の諸寺はこれと些か趣を異にしてはいるが、興福寺は顕密体制のなかながら法相を主とし東大寺は八宗兼学の鎮護国家の道場としての伝統を誇ることにおいて、やはり独自の教学を主張していた。しかし神社についてみればこの段階では、中央の諸大社といえども、教学において独自の体系を整理する立場でなく、伊勢・石清水などがわずかに神仏習合のなかでのそれぞれの特色を主張するにとどまった。

寺社の権門化は、一〇世紀から一一世紀へかけて、寺社の機構や経済的基礎そのものが公家権門に類似のものになり、公家権門とも積極的に依存関係をもつことによって、本格化した。この段階になると寺院では僧綱制を離れて座主・別当など以下の各寺独自の寺務組織を発達させ、神社でもおおむね世襲的な社家・祀官が実権を握った。そして事務機関として公文所・政所などが成立し、下文・別当宣や御教書を発給し、数多の荘園の寄進をうけてその支配体制を確立した。(4) これらのことは、よく指摘されるように寺社が世俗的な支配を基盤とするにいたったことを意味する──実際今日の一般的な意味での荘園史研究はその大半の史料をこれら寺社の荘園支配の文書・記録に依存しているのである──のみならず、その組織や機構の基本形態においても、公家権門のそれに対比すべき側面が少なくないのである。いわゆる僧兵が出現し発達したのもまたこの段階であって、これまたその権門的機構における機能という限りでは、公家権門における侍や兵士と同様な意義をもつものといえるのである。(5)

寺社の機構のこのような発達のなかで、公家権門との公私にわたる結合が進行した。はじめそれは、貴族の個人的な帰依か御願寺・氏寺・氏神としての経済的援助や寄進であったが、(6) やがて貴族の子弟の入寺が相次ぎ、法親王や門跡の制が現われ、(7) また僧侶が貴族の私邸へ出入し、邸宅の寺院化、寺院の邸宅化が起って院家の制と独特の建築様式が発達した。(8)

以上のような寺社の権門化が、政治的・社会的にもさまざまな事態を惹起したことについてはここでは改めてのべないが、注意しなければならないのは、そうして権門化した寺社と公家権門(のちには武家とも)との関係である。寺社の権門化は、寺社を公家からまったく独立した独自の権門たらしめる勢を示した半面に、またあくまでも公家権門と連携しときには従属的でさえある半面をもっていた。独自性の面についていえば、東大寺・延暦寺や伊勢・賀茂・石清水の諸社などが国家鎮護の仏教または国家宗廟神の祭祀という立場からどの権門の氏寺・氏神でもない独自性を標榜し、興福寺・春日社が藤原氏の氏寺・氏神でありながら反って「放氏」によって公家を畏服させたように、とくに僧兵を擁する寺社は、公家を脅迫することさえでき、近江または大和をその支配下においてさながら仏教領国の観を呈した。けれども、それにもかかわらず権門的寺社の僧侶・神官がそのまま国政に関与することはなかったし、特定の公家権門と政治的に連携するか、その氏寺・氏神であるか、またはたとえば荘園支配における本家―領家の関係として従属的地位にとどまるかしたのであって、約言すれば宗教としての立場においてのみ独自的権門たりえたのである。荘園制支配と国家の支配体制の次元では紛うかたなく独自の権門であったが、政権と行政の次元では公家とはついに対等のものにはならなかったのである。しかし、実はそのようにして宗教としての独自性において権門たりえたというところに、公家権門がそれと結合するとき反ってその権威を補強する役割が大きくなり、寺社もまた自己の役割を強調することができたのであって、寺社の権門化=独自性が、公家権門への単なる従属的奉仕以上に特色ある効果を生んでいたことに注目しなければならないとおもう。

(1) 辻善之助『日本仏教史』第一巻上世篇(一九四四年)第四章・第五章。
(2) 『大鏡』第五巻(『日本古典文学大系21、二四〇ページ)。他に類例として二〇七ページ・二一五ページなど参照。
(3) 盧山寺文書(『平安遺文』第二巻三〇三号)。
(4) 竹内理三「貴族と寺院」(『律令制と貴族政権』第Ⅱ部、一九五八年)。

(5)　ただし寺院の場合、各種各段階の衆会による運営や本末関係による勢力の伸張、さらに荘園等の支配にさいして行人・神人・寄人・承仕・夏衆・兵士の組織など、公家権門の組織と著しく異なる特色があり、それは別に究明すべき重要な問題である。

(6)　竹内理三、前掲論文。

(7)　平田俊春「法親王考」(『平安時代の研究』一九四三年)。

(8)　杉山信三『院の御所と御堂』(一九六二年)、同『藤原氏の氏寺とその院家』(一九六八年)は、このような状況の下での独特の建築様式の発達を、具体的に詳細に、明らかにしている。

3　権門体制国家の宗教性

権門体制においては、個々の権門勢家がその本質として宗教と不可分の性格をもっていたばかりでなく、国家特有の機構・機能もまた顕著な宗教的性格をもっていた。

まず、国王である天皇が、きわめて宗教的・観念的な意味をもつ権威とみなされていた。日本中世の国家では、客観的・実質的には国王は摂関・上皇・将軍等々であるかにもいわれるがそうではなく、反対に国王が天皇という名目的なものとしてのみ存在しなければならなかったところに、権門体制の虚偽性の特質があった(1)。天皇が、国王に超越的な権力でなく超越的な権威のみを要求する権門体制に適合的であったのは、古代専制国家の君主の後裔という神性を具備していたからでもあるが、それだけにとどまらず、天皇が単なる権威として観念化・神秘化されるようないろいろな規格や先例が次第に蓄積されていたのである。『寛平の御遺誡』『大槐秘抄』『禁秘抄』『誡太子書』等々、一〇世紀から一四世紀にいたる天皇たる者の心得に関する教誡書は、そのことを如実に物語っている。しかしそれらはなお一般的かつ世俗的な面についてのことであって、そうした超越性を説明するについて、中世では仏教的な帝王観が、くり返し説かれていたことに、注意しなければならない。天皇は、国家を統治する意義としては如来から仏法流布を付属された「金輪聖王」であるとされ、尊貴なる運命については前世の宿縁により「十善の王」として生を享けたものとされた。[2] そしてその宝位を象徴し護るものとして「神器」の神秘や徳が語られ、また天皇自身「帝徳」を保持していたこと、あるいはそれを実践すべきことが、強調された。このような帝徳論・神器論は、一〇世紀に姿を現わし、一二世紀にはほぼ定式化される。[3]

宮廷における「公事」なるものもまた、そういうものであった。天皇自体が、宮廷においては権威と儀礼のための存在であったが、年中行事や有職故実なるものも、たとえば『江家次第』や『年中行事絵巻』を一見しただけでもわかるように、きわめて宗教儀礼的性格の濃厚なもので、それが廟議なるものを権威づけていた。国政についての具体的な策定は、諸権門の政治的拮抗と妥協とのうちになされながら、それを超権門的な場で神秘的に権威づけ、あるいは逆に諸権門の角逐・褒貶の場として利用されるのが「公事」であった。また朝廷の儀礼において、神今食の神事や大嘗会などのように古来の神祇崇拝儀礼が比較的に温存されたのは、おそらく伝統的・慣例的契機によるとともに、権門化した寺院のどれにも属さぬという政治的契機も作用していたのであろう。むろんそうはいっても、そうした「神道」儀礼がすでに全体として密教的に理解されていたものであることを見落してはなるまい。

神道儀礼としてはなおそのほかに、伊勢・石清水など宗廟神をはじめとする二十二社の制や諸国における総社・一宮の制の成立を挙げなければならない。二十二社への奉幣は昌泰元年(八九八)に初見とされ、長暦三年(一〇三九)以後官幣が固定したとされるが、このようにして延喜式にみられた国家による諸神祇への普遍的祭祀方式から特定の神社への集約・固定化は、[4] いわば律令体制から権門体制への移行を反映するものに他ならない。諸国における総社・一宮・二宮の制については、そこに国衙を一つの拠点とする在庁官人=在地領主層の独自の動きが看取されるが、そういう中央貴族に対する在地的信仰という相対的独自性が認められるとはいっても、なおかつそれが国家機構の一分枝としての地位において行われていること、またその在地的信仰も実は本地垂迹説において理解されていたことにおいて、究極は中央への従属性を脱しないものであり、所詮は権門体制国家の宗教的機能の一端をなすものであったのである。

租税もまた宗教的要素をもった。権門体制のもとでは、領主の私的な荘園制支配に基づく年貢・雑公事とは別に、国家の名による租税が広く一律に賦課された。「勅事・院事・大小国役・役夫工米・造内裏・大嘗会・宇佐使以下の逓送供給、恒例臨時課役」などとして列挙されるものがそれであり、のちの幕府による守護段銭・棟別銭などもこれに類するものであるが、このうちには、造大神宮役夫工米・大嘗会役・行幸御幸役・宇佐使役・造日吉社役・造住吉社役・伊勢公卿勅使役・野宮造宮役・斎宮群行帰京役・新御願寺役・造興福寺役・造日前宮役・造白山役・造宇佐宮役等々のなんらかの意味で宗教的な目的の租税が多く、全国的または地方的に課せられた。国家機構の性格が前述のようであれば、これまた当然のことであったといわねばならない。

以上ごく概略ながら見てきたように、国家機構は、超権門的でなければならないがゆえにいよいよ権威性・宗教性を濃厚にしていたのであるが、このような形態の上部構造をもつ国家において、その時々に権力を掌握した諸権門政権の政策でもまた、宗教が大きな比重を占めた。安和以後のいわゆる後期摂関政治の段階で寺院の造立や僧侶の参内がしきりにみられ、宗教と権力との癒着が始まっていたことはすでにのべたが、院政期に入るとこの傾向はさらに顕著になる。(5)院庁政権は、まず一個の私的権門として仏教を興隆した。「国王の氏寺」といわれる六勝寺の相次ぐ建立がそれを示して余りあるが、さらには、権門政治の通例として権門的大寺院勢力との結合と相剋を政治の手段としたため、いっそう宗教との関係が密になった。熊野御幸は白河院が九度、鳥羽院が一四度(記録では二一度)とされ、高野御幸は白河院三度のほか、鳥羽院・美福門院の覚鑁との連携による特別の関係があった。しかも他方では南都・北嶺と院庁政権に集まった受領層との対立が深刻化し、一一―一二世紀は僧兵嗷訴の全盛期でもあったのである。白河院に典型的にみられるような国家権力を傾注しての仏法の興隆、「威満四海、権振一天、生涯之営、無非仏事」と評されたその一生は、院政期の国家がほとんど仏教国家ともいうべきほど極度に宗教色を漂わせていたことを物語るが、まさにそうした事態こそがその内部矛盾として寺院「大衆」の蜂起と嗷訴を激発させていたのである。

院庁政権と抗争しつつ政権を掌握した平氏・源氏の武家政権のもとでも、これは原則的には同じであった。平氏はその短期間の「栄華」の時代に厳島の信仰に一族の情熱を傾けたが、それはかの『平家納経』の清盛の願文にもみられるように、神祇信仰とか武神とかいうことではなくてまさに顕密主義の立場からする一門の繁栄への祈願に他ならなかった。しかし平氏は真に権力を奪取した最後の一ヵ年において権門的諸大寺と決定的に対立し、それが没落への一要因となった。

頼朝にはじまる鎌倉幕府も、その権門としての宗教政策は原則的に公家のそれと異なるものではなかった。頼朝は挙兵早々から御願寺や氏寺の設置に努力したが、顕密体制の諸宗寺院や国家的仏事についても尊重する態度をとり、ことに平氏の失敗のあとに鑑み、東大寺をはじめ南都の復興に対する好意的態度にみられるように権門的寺院との連携に努め、僧兵や神人の反逆を鎮圧しながらも寺社そのものへの崇敬の態度は忘れなかった。(6) しかし、鎌倉幕府に特に顕著なのは、伊勢・八幡など国家の宗廟神への崇敬である。そこには地方武士がおそらくは概して神祇崇拝に親近性をもっていたであろうという事情の反映を、かの諸国総社・一宮と在庁との連関の延長線上においてとらえることもできるが、幕府の神祇崇敬はそのように単純素朴な自然成長的なものではあるまい。いわば成上りの権門である幕府は、国家的宗廟神に特別の崇敬をみせることによって「日本国総守護職」としての独自性を顕揚し、それによって公家権門とすでに緊密な関係にある権門諸寺院・諸宗の相対性を超える立場を強調したものとみられる。頼朝や泰時が神国の思想を強調し、実朝が日本仏教の教主とされる聖徳太子について特別関心を示したの[7]も、そういう意味であったと解せられる。執権政治以後北条氏が、禅宗を特に保護した理由には、すでに新たな条件も加わってはいたが、さらに新しい権門としての北条氏が、連携すべき宗教勢力を摸索した状況をそこに見ることができよう[8]。

しかし、鎌倉幕府について絶対に見落してならぬのは、禅宗以外の新仏教に対する一貫した弾圧政策である。新仏教の本質については次節でのべるが、鎌倉幕府は基本的にはあくまでも顕密体制に立脚し、すすんでそれを擁護した権門であったのである。

(1) 黒田「中世の国家と天皇」(本書三ページ以下)。
(2) 『帝室制度史』第六巻、二五ページ以下および七七ページ以下。
(3) 藤原伊通の『大槐秘抄』(応保二年(一一六二)ごろ成立)は、天皇が徳をもつべきことについて(摂関政治の立場と院政の立場ではむろん相違を含むにせよ)、貴族層に共通の理解があったことを窺わせる。神器の神秘性については、鎌倉時代に『平家物語』『撰集抄』などに定型化される説話が、ほぼ平安中期の有職故実の発達のなかで固定化したものであることに注意すべきである。
(4) 二宮正彦「摂関時代における神社行政――二十二社の成立を主題として――」(古代学協会編『摂関時代史の研究』一九六五年)。
(5) 辻善之助『日本仏教史』第一巻上世篇(一九四四年)第六章第一節。
(6) 黒田「延暦寺衆徒と佐々木氏」(本書一四三ページ以下)。
(7) 『吾妻鏡』建仁四年十月十五日条。
(8) ここで時頼や時宗の個人的な動機や得悟を論評するつもりは、まったくない。しかし鎌倉禅の発展が、「皇帝万歳を祈り」北条氏一門の「子孫栄顕、門業(葉)昌隆」のためにも仏事を行った蘭渓道隆にはじまる事実(辻善之助『日本仏教史』第三巻中世篇之二、一二六ページ以下）に、注目すべきであろう。

4　国家と宗教との結合の論理

権門体制国家においては、以上みたように、国家の体制原理そのものが宗教的であり、したがって各段階の政権の施策もまた、宗教と結合しそれを保護しあるいは利用するものであったが、その宗教とは他ならぬ顕密体制の宗教、諸宗教を統合した日本的な密教ともいうべき顕密主義のそれであった。時により人により、あるいは浄土教、あるいは真言・天台、あるいは神社崇敬と、好みや傾向のちがいはあったが、基本はそのすべてに通じる顕密体制を擁護することに他ならなかったのである。

このように国家と宗教とが結合し依存し合っている状況は、意義づけられ論理化されて、「王法・仏法」相依相即の思想となった。ここにいう王法とは、世俗の政治権力を指す言葉であるが、中国でも『漢書』『史記』などで、あるべき政治の姿を意味していたように[1]、単に現実あるがままの政治権力や武力そのものではなく、宗教的——この場合には仏教的——に理念化された国家権力を意味したのである。むろん仏典にもそのような意味での王法という語は散見しているのであるが、日本でも、寛弘四年（一〇〇七）ごろ作成されたとみられる『荒陵寺御手印縁起』に「十七憲章を製して王法の規模となし、諸悪莫作の教を流布して仏法の棟梁となす[2]」とあるように、王法を仏法と対置する見方がすでにあった。しかしそれが単なる併立でなく、相依の関係として説かれるのは、天喜元年（一〇五六）七月東大寺領美濃国茜部荘司住人等解[3]に、「方今王法仏法相雙ぶこと、譬えば車の二輪、鳥の二翼の如し、若しその一として闕くれば敢て以て飛輪することを得ず、若し仏法無くば何ぞ王法有らんや、若し王法なくば豈に仏法有らんや、仍って〔仏〕法興るの故に王法最も盛なり」とあるのが、比較的早い時期のものであろう。だが一二世紀にはこういう論理は広く一般化する。『興福寺奏状』はこのことを「仏法王法猶し身心のごとし、互にその安否を見、宜しくかの盛衰を知るべし」[4]といい、『愚管抄』や『平家物語』は「王法仏法、牛ノ角ノ如シ」[5]とか「仏法王法牛角《ごかく》なり」[6]と表現している。そして、これ以後中世を通じていたるところでこのような言葉がのべられるのである。

この王法仏法相依の思想を、形式的にその構成要素に分解してみれば、基本的にはつぎの二側面を指摘できるであろう。その一つは「鎮護国家」の思想にみられるところの、仏法が王法に奉仕する側面であり、もう一つは国王を金輪聖王として意義づけるところの、王法が仏法に奉仕する側面である。古代専制国家の段階に比べて「仏法」の立場が相対的に高まっているといえる。

ところでこの場合、「仏法」という意味は他ならぬ顕密主義の宗教全体を指すわけであるから、理念的にはそのなかに神祇も含まれてはいるが、神社に願文を奉る場合などはおのずから異なった表現や論理が、現われざるをえない。天永四年(一一一三)の石清水への鳥羽天皇宣命[7]に「神威は皇威に依って威を施し、神明は皇明に引かれて明を増す、神おのずから貴からず、人に依って貴し、教(仏教)おのずから弘まらず、人に依って弘まる」とある。神威も仏教も皇威=人によるというのである。ところが、大治三年(一一二八)の白河法皇八幡一切経供養願文[8]に「抑も、神威を助くる者は仏法なり、皇図を守る者もまた仏法なり」とある。ここでは神威も皇図(王法)も仏法によるとされる。またさらに嘉禎元年(一二三五)の四条天皇綸旨[9]によれば、「誠に仏法・人法の興隆、専ら神の助に依るべきなり」とされる。ここでは仏法も人法――これは王法とはやや意味を異にするが[10]――も神によるとされている。つまりこのようにして、仏と神と人との三者は互に依存しあう関係にあるとされるのであるが、ここで、仏と同体であるともいう神がこのように説明されているのは、神祇を護法善神とみなし、それが鎮守の神となり、その意味で垂迹したという発想に基づくものと解せられる[11]。垂迹ということが仏身論的な同体を意味するのでなく護法・鎮守の機能を意味することからこのような論理が展開する。してみれば、すでに明らかなように、王法・仏法の相依相即の論は、垂迹説とも密接な関連をもって成立しているのである。

右の四条天皇綸旨はまた、「法(仏法)は人によって弘まり、人(人法)は法によって安し」とのべている。依存関係の相互性をのべた言葉であるが、この言葉は『関東御成敗式目』第一条冒頭の「神は人の敬に依って威を増し、人は神の徳に依って運を添う」という文言と同じ論理であることは、明らかであろう。また、神護寺の『文覚四十五箇条』[12]には、「仏法は王法に依つて弘まり、王法は仏法に依つて保つ」とあり、弘安四年(一二八一)の金剛三昧院草創事書注進状[13]には、「抑も仏法は必ず人法に依つて験を施し、人法は仏法に依つて運を保つ」とあるが、いずれも同じ論理である。してみれば、鎌倉幕府の宗教政策あるいは在地武士層の宗教意識を表現するものとして有名な「神人相依」の文言も、とくに新しいものではなく、王法仏法相依の思想の一部分の論理を表現したものにすぎないことがわかるのである。

このように、王法仏法相依の論も神人相依の論も、論理としては同じ発想=思惟様式の上に成立しており、その内容は鎮護国家論・金輪聖王観・本地垂迹説などを含む、本質的に宗教的なものであったとみられるが、それだけに、その相依の関係とは単に互に依存し合うという形式的な意味のものではなく、王法=国家権力についての認識としてもきわめて宗教的・神秘的な意味を含むものであった。保安四年(一一二三)の石清水への白河法皇の告文[14]が、神への告文ながら金輪聖王観に則り、「伏て惟れば、王法は如来の付属に依て国王興隆す、是を以て仏法は王法保護承《まもり》てこそ流布すれ」と述べているように、国王は仏の付属をうけて王法を行うものであり、だから仏法は王法に保護されて流布する、つまり王法の究極の目的は仏法流布であり、最も根元的なものは仏意であるという関係である。前掲の応保二年(一一六二)大伝法院僧徒等解に所領山東荘の建立を「顕には則ち鳥羽院の政理なり……、冥にはまた大日覚王の御願なり……」とのべているが、この顕＝鳥羽の政理と冥＝大日如来の御願との対応は、両者が究極一つのものであるとする考え方を示している。王法・仏法はだからこそ相互に依存関係にあるのであり、したがって王法は、ついには絶対的な次元で仏法に包摂されるのである。そしてこれはさきにのべた中世の帝王観における天皇の権威の説明とも一致するし、慈円が『愚管抄』でくどくどと説く顕と冥の「道理」も、すでにここにみられるのである。

このような王法仏法相依の論は、しばしば古来の鎮護国家の思想と同一視されて、ともなげに「古代的」と評されているが、果たして両者は同じものであろうか。たしかに、この一二世紀段階でもさらにはのちの一四―一五世紀においても、王法と仏法の関係を論ずるにさいして「鎮護国家」の語が用いられているし、さきに形式的な構成要素として指摘したように、王法仏法相依の論に鎮護国家の意味も含まれているのは事実である。しかし前節に指摘しておいたように、最澄や空海が鎮護国家を強調したときには、自己の仏教が国家に有用であり奉仕するものであることを力説したのであって、その意味においてはじめて仏教の存在意義と価値を主張し得たのである。従って両者は相互的ではなく、仏教が国家権力に従属し奉仕する関係であって、これは古代の官寺仏教が基本的にもっていた性格でもあった。九世紀から一〇世紀へかけて、諸宗教の密教による統合が進行し、ことに祈禱が貴族に受容されたのも、そういう奉仕する仏教が要望されていたからである。しかるに、一一―一二世紀の「王法・仏法」の論はそれと異なり、すでにみたように対等であり両輪・双翼・牛角であって、理念的・論理的には仏教が原理的な位置を占めてさえいたのである。もちろん政治的・社会的現実としては、仏教が政治権力を支配したわけではなく、結局は牛角＝互角ともいうべき状況であったけれども、このように相互に存在の正当性を保証し合い補強し合う関係に変化していたことを明確にしておく必要があろう。そしてそれが、さきに指摘したように、寺社の権門化とともにそれに支えられつつ達成されたものであることに、教権が世俗的にも強大化する「中世」的徴候を明確にみてとることができるのである。

このいわば権門としての俗権と権門としての教権の相互の依存・補完関係は、その実力を基礎に相互の正当性が事実として社会に押しつけられ、疑うべからざる秩序として樹立されていった。しかしやがてその正当性は、伝統的権威として固定することにより正統性に転化する。歴史の検証を経過した伝統性と一切の宗教的契機を統合した普遍性と、そして国家権力との適合性とを具備したものとして、顕密主義はいまや「正統的宗教」あるいは宗教における正統的存在となった。思想史における「正統」の概念は今日かなり頻繁にしかもやや気軽に用いられているようにみえるが、[15]私は以上のような意味において、日本中世の宗教思想におけるそれを、顕密主義(体制)に見出すのである。そして、かかる正統的宗教としての顕密主義＝体制の成立により、古代専制国家において天皇が即自的に神聖性を帯びていた段階は終り、明瞭に「中世的」な段階が到来したこと、それは人々の思惟様式としては古代アジア的共同体のそれを基本的に脱却しているものであることを、指摘したいのである。

もとよりそうはいっても、そこにはアジア的社会構成という歴史的特質を負って封建制へ移行したその一つの特質ともいうべき側面がある。ここで正統的宗教と名づけうるのはたとえば真言宗または天台宗というような「宗」のことではなく、いわば公認された顕密の八宗が神祇崇拝やその他の宗教・呪術までも包摂しつつ総体として構成している顕密主義のことである。だからこれを「八宗体制」と呼ぶ[16]ことなどもむろん不当ではないが、ただ、八つの「宗」が別のものとして連立しているそのことでなく、そのすべてに基本的に密教的な一つの主義＝体制として浸透している「顕密主義」こそが正統性をもつのである。けれども、所詮それは理念の次元でのことであり、現実の社会的勢力のことではない。社会的現実についてみれば、顕密主義は諸宗に分立し競合しており、大寺の座主・別当・長者はついに権門であるにとどまった。そのため正統的宗教が唯一絶対的な教権を確立するということがなく、むしろ国王のもつ伝統的・宗教的権威が優越したのである。西ヨーロッパ中世史の一貫した主題である叙任権問題はだから日本では一度も起ったことがなく、反対に諸宗・諸寺院の貫主の地位についての叙任権がいつも国王の側にあったのである。そしてこのことは、近代にいたるまで日本において国家と宗教・思想・学問などとの関係に、一つの重苦しい伝統となって存続したのである。

「王法仏法の相依」という国家と宗教との結合の論理が、古代専制国家にのみ固有な過去のものでなく、日本の封建国家さらには近代国家にまで、独特のイデオロギー的秩序を特色づけていること、この秩序と論理を軽視しないことが、われわれの基本的立脚点でなければならないのである。

(1)「臣謹案、王法必本二於農一而務二積聚一、量レ入制レ用、以備二凶災一」(漢書、魏相伝)、「大史公曰、故因二史記一作二春秋一、以寓二王法一、且辞微而指伝」(史記、儒林伝)。
(2)『続群書類従』第二七輯下、三三一ページ。
(3)東大寺文書(『平安遺文』第三巻七〇二号)。
(4)『興福寺奏状』第九、乱国土失(日本思想大系15、『鎌倉旧仏教』四一ページ)。
(5)『愚管抄』巻第五、安徳(日本古典文学大系86、二五〇ページ)。
(6)『平家物語』巻二、一行阿闍梨之沙汰(日本古典文学大系32、一四八ページ)。
(7)『大日本古文書』石清水文書之一、一八号。
(8)『本朝続文粋』(新訂増補国史大系、29下、二〇六ページ)。
(9)『天台座主記』(『大日本史料』第五編之十、二〇八ページ)。
(10)黒田「延暦寺衆徒と佐々木氏」(本書一四三ページ以下)参照。なお、慈円がその夢想記で「是等内証外用、法爾之功徳、悉令具足テ、理国撫民攘災招福、令成就国土之人法者、今此真言教相之開悟也」(赤松俊秀『鎌倉仏教の研究』一九五七年、三二一ページ)と述べているのは、人法の語の用例の早い例であるとともに、その意味を的確に示すものである。
(11)応保二年十一月大伝法院僧徒等重解(『根来要書』(『平安遺文』第七巻三二三四号))も、日前宮を護法善神としている。

(12)『大日本仏教全書』寺誌叢書三。
(13)『高野山文書』第五巻金剛三昧院文書、五七号。
(14)『大日本古文書』石清水文書之一、八号。
(15) 堀米庸三『正統と異端』(中公新書、一九六四年)をはじめとして、たとえば岩波講座『世界歴史』所収の思想史関係の諸論文をみよ。いずれも「異端」と対概念をなす形式論的に便利な概念として用いられているが、それだけに安直に使用されるおそれがないとはいえない。
(16) 田村円澄「鎌倉仏教の歴史的評価」(日本仏教学会編『鎌倉仏教形成の問題点』、一九六九年)は、「中世的」な鎌倉新仏教に対立的な「古代的な」体制を、「古代国家の存立と相即不離の関係にある八宗体制」としている。

5 国家と歴史の理法

王法仏法相依の論理は、国家と宗教との相互の関係を規定する意味の主張であったが、つぎに、そういう関係のもとで「仏法」は、国家と歴史との——つまり「世」の——ありよう、その存在と推移の法則性を、どのように説いたか。換言すれば、「王法」を根底で支配している「法」を、「仏法」=顕密主義はどのように認識したか、がさらに問われなければならない。これは思想史にとって最も重要な、しかしながらかなり煩雑な手続きを要する問題であるが、ここでは顕密主義のもとでのその特徴をとらえるいとぐちとして、『愚管抄』について要点だけの簡単な考察を試みることにしたい。

この問題について『愚管抄』をみるには、著者慈円の特殊な生い立ちと経歴・立場が重要な意味をもつ。彼は関白藤原忠通の子として生まれしかも鎌倉初頭宮廷で実権をもった右大臣九条兼実の同母弟であって、このように公家最高の権門である九条家と不可分の関係にあった点に、その第一の特色があった。幼くして出家し延暦寺に入り、やがて台密事相谷流の正統を自負する三昧流の青蓮院派をうけ、また青年のころ奥比叡の回峰行に没入し霊感を得たという。天台の教相についての知識もさることながら、このように密教の修法と修験の霊感を体得した点は、第二の特色として注目されるところである。そして第三に、彼は悩み多い青年期に僧侶として栄達する途に疑念を懐き、いったんは聖として隠遁することを考えたにかかわらず、やがてそれを否定し「世間」の活動に一大決意をもって邁進する(1)こととなる。そしてついには天台座主を四度もつとめ、後鳥羽天皇の護持僧となり、宗教界最高の地位を占めるにいたるのである。

『愚管抄』は承久二年(一二二〇)、かの承久の変の前年に後鳥羽院と院の近臣たちの企図の進行を憂慮し、彼等の討幕計画を思いとどまらせることを念願して執筆したものとみられているが、その所論の基調は王法を脅かす「武士」とは何かを改めて問い直した政治的・歴史的考察に置かれていたのである。慈円はその考察のために、現存の『愚管抄』の巻三―巻六の歴史的叙述の他に、巻一―二の「年代記」と巻七(附録)の主として「道理」を説いた一巻およびいまは散佚したが山門のことを特に記した「別記」を述作したが(2)、こうした本書の構成そのものが以下にのべるように慈円の独特の立場と論理を表現するものであった。

彼の考察には、今日のわれわれからすればとうていそのままには共感できないところの、しかも彼にとっては重要な意味をもつ視角や信念が、ほとんど疑問も反省もなしに前提されている。その一つは、武士の出現がすなわち乱世を意味するとする社会相についての価値判断であり(3)、もう一つは、ほとんど歴代天皇の在位と皇位継承・扶翼の臣の執政および宮廷中心の政争などに局限された狭隘な「世＝人」＝歴史の把握内容である(4)。この二つの視角が偏狭であることについては非難してみても仕方のないことであるが、彼の政治的・階級的な位置からみれば、両者が明らかに密接な連関をもって成立していることに、注目しておいてよい。さらにもう一つは、本書のいたるところに現われる霊告や怨霊や「神の約諾」[5]についての慈円のゆるぎない信仰と信念である。それは本書以外の彼の願文や書状にも頻出するものであって、彼の宗教体験と宗教的立場に裏付けられたものであることはいうまでもない。だがこれらがわれわれにとってどうであろうと、これらの前提なしには『愚管抄』全巻の論理は成立し得ないのである。そして慈円のこのような視角や信念は、前述の彼の生い立ちや経歴、本書の成立事情などとともに、中世としては、それが凡庸で平均的なものでないという意味では確かに特殊的ではあるが、決して異質的なものではなく、むしろ中世の特質を浮き立たせその考察を深刻にさせた要因とさえ、解されるのである。

　当面の政策に関する慈円の見解は、武士の出現ということは世の果てを意味するが、なお現実に眼前に展開している事実は君と臣(摂籙の臣)とが力を合わせて武士を統御しうる可能性を示しており、これを洞察して、院の近臣が主張するような冒険に踏み込むべきでないということであった。[6]彼はこの結論の背景として歴史の根底にある法則性を、日本の歴史の「事実」に即して説く。すなわちそれは第一に一般的な歴史的推移＝変化の哲理として、劫初から劫末へ、また劫末から劫初へと大小の国々がのぼり下りするということ、[7]その一こまとしていま日本国には正法から末法へという移行の法則が厳然と貫徹しているということである。これは「上下ノ人ノ運命モ三世ノ時運モ」すべて免れえない「法爾自然ニウツリユク事」[8]である。だが第二に、その末法への道程において仏法が王法を守り臣下が国王を扶けるということが、天照大神・春日大明神・八幡大菩薩という宗廟神の冥の力によっておこるのであり、また人々はそれを心得て努力しなければならないとする。[9]衰えたりとはいえ山門の仏法による加持・修法の効験と王臣の器量とが、実践的課題として法則的に位置づけられる。そして周知のように、慈円はこの二重の意味で法則的なもののすべてを「道理」の語で呼ぶのである。[10]だから「道理」には宇宙の客観的な法則そのものとそのはたらき、またそれに基づく必然性、そこにおける世と人々の当為等々、多義的・多次元的な意味が含まれているのであり、その点ではいわば自然法的概念の一つの典型というべきものであったのである。

けれども『愚管抄』の「道理」はとかく誤解され勝ちなような単純な主張でも明晰な論理でもないことに、むしろその真価があるのではないかとおもわれる。何よりもそれは、まず顕密主義を本質とすることによって、国家と宗教との完全な融合の論理を展開した。顕密主義においては、単に宗教一般の本質というよりはことさらに呪術的であるがゆえに、論理よりは直観、思索よりは霊感がより重要で決定的な役割を果たしたが、慈円のばあいも冥の支配＝宗廟神の加護が「道理」の展開過程に決定的な位置を占めた。歴史はその結果「フカシギ《不可思議》ノ事ノイデキ侍」るものとなる。[11] 劫末へおちくだる冷厳な法則に対して、それの「覚者」である神仏——ここでは神仏は法そのものではない——が、利生・慈悲をもって日本国の王法を守るものとして現われる。したがってまたここでは、冥＝神意と顕＝歴史とは次第に疎通を欠くようにはなるが、本質的には対立しない。対立するのは冥顕を通じての神仏と怨霊・天狗、または善と悪とであって、しかもその対立が論理の基軸になるのでなく、対立もまたより高次のあるいは根元的な道理の表現であるにすぎない。区別よりは同一、対立よりは共存を究極におく密教の論理が、ここに姿を現わす。『愚管抄』の「道理」の論理は、この点でも顕密体制における国家と宗教との結合の一所産に他ならず、そこで具体的に想念されているのはあの奇怪で神秘的な儀礼や呪言であったのである。

慈円の論理を、単純に末法思想のペシミズムと受けとるのも、正しい理解ではない。一〇世紀前後に浄土教流行の背景になった末法思想が本質的にペシミズムであったのは疑いない事実であり、そこでは一般に素朴かつ単純に「法」の消滅が考えられていた。しかしながら慈円の場合は、前述のように劫初から劫末への鉄則のほかに冥(神仏)の力と人(王臣)の努力とがあり、これが「道理」をなしていた。現世は単純に否定されたり禁欲によって克服されたりすべきものでなく究極肯定されるという密教の論理が、冥の加護と人々の智解の発揮の論を支えていた。だから「世」は単に法＝道理が失われるのでなく、絶対的・基本的には「ヒガコトニナルガ道理ナル道理」「道理イフモノハナキ」道理[12]というような逆説的な把握がなされるとともに、相対的・副次的には冥の加護による人々の智解として法が顕に発現しうるのである。法は不可避的に消滅するがしかもそういう段階のものとして法はこの世に現に存在している。単純な末法思想のペシミズムでは消滅するとみられた法は、こうして慈円においては回復されているのである。

けだしこのことは、王法仏法相依の立場からは当然のことである。もし法がこの世から消滅しおわるものなら、王法・仏法相依の論は成立しえないであろう。つまり権門体制とともに確立した王法仏法相依論は、古代国家衰退のなかで醸成された末法思想＝浄土教のペシミズムを、その意味で克服しているのであって、本地垂迹説の垂迹＝加護の理解、したがってこの現実の国土を霊地と見、神国と説くこと、さらにはまた宗教的観念の濃厚な「種姓」的身分＝位階制度を内容とする王法の秩序にいたるまで、これらはすべて、この世への法の貫徹を意味するものにほかならないのである。

慈円が百枚の紙のたとえなどを引きながら運命のなかでの人間の努力の意義を強調したの[13]も、興味を引く点である。倒壊し没落するのは必然であるが、それは「モチオコシ〳〵シテ」持続させることと両立しないことではないという。ところが、そのように必然のなかの可能性あるいは自由とみえるものも、実はなおかつ冥の意志でありはからいなのである。とすれば、所詮慈円の論は法則的必然以外に余地のないものであるだろうか。だが、実はここにこそ飛躍がある。彼が最後にいよいよ力説するところは、道理＝法則を認識することによってこそ、人間の可能性あるいは主体的な自由を獲得する余地が残されているという[14]ことなのである。「わが立つ杣」の使命を自覚し、現実の政治へとりくみ「うき世のたみにおほふ」気概の、実践的・能動的な態度がここにあった。そして、これほど実践的・能動的な哲学をともかくも論理的に展開した者が、他にどこにあっただろうか。

慈円の「道理」についてなお一つ注目すべき問題がある。彼は巻七において、日本の歴史における「道理」の推移を七つの段階に区分した。それは「道理ヲ道理ニテトヲス」段階から「今ハ道理(を)イフモノハナキ」段階へと一定の傾向性はもつが、しかし必ずしも純論理的な概念的・法則的展開の諸段階としてのべられているわけではない。彼の段階区分は、要するに彼なりの把握による歴史的「事実」からある程度強引に帰納したものであって、しかも「事実」の主張が論理に代るものとしてのべられている面がある。しかし、そうかといって、そこに、「事実」はそれ自体自己主張するものであり判断に対する強制力であり論理を圧倒さえするという実証主義的な認識までが、あったわけではない。そうではなく、神武以来の歴史を通観して、壇の浦における宝剣の紛失や九条頼経の東下という「事実」にいたるまでを、神々の意志として直観的・霊感的に重視した結果である。その態度にもみられるように、それは歴史の法則の顕現であるという固い信念からくるものであり、「事実」が法則との緊密な関係を失って前面に出ることがあるのは、いわば論理の不徹底がたまたまあり、安直に「事実」に依存したからであるにすぎない。わざわざ二巻にわたる「年代記」を添えたのも同様な理由からである。彼はこの「年代記」を今後も後人が次第次第に書き継ぐべきものと考えてその旨を記し、現に二度にわたってみずから書き継いだ。[15] それは日本国の「道理」を洞察しその運命を見守るべき王城鎮護の比叡山の座主としての神聖なる使命であり、「年代記」に歴史の一節一節を記録していくことは、王法仏法相依の厳粛性、「王法ト相対スル仏法ノマコト」[16] の現われに他ならないのである。そしてそれというのも、「事実」は法則の顕現であるとする自然法的思考が確乎として存在したからなのである。

慈円の時代から一世紀以上も経過した一四世紀の比叡山では、顕・密・戒の諸家とともに檀那流に記家なる流派があったという。そこでは、仏像安置・法住方軌・禅侶修行・厳神霊応・浄刹結界・鎮護国家などに関する記録を伝え、それを論究することを山門の仏法を修学する方途とし、山門の事物や歴史の論究が「三宝住持、和光垂迹、浄仏国土、利益衆生」の頌の精神に合致すると説いたのである。(17) この記家なる流派の所説は、おおむね神秘主義的な奇怪な付会にみち、また山王神道説の諸家と論著を輩出したのであるが、所伝では記家の流祖を慈円と同時代の座主であった顕真と伝え、それが仁快を経て大塔門流へ、また仁全を経て梶井流へ相承されたとする。これからすれば、慈円の「道理」に基づく歴史認識の態度がこのような呪術的神秘主義へと頽廃したものとみるよりは、叡山内の学派の相違とみるのがよさそうである。しかしまたそれだけに、『愚管抄』の成立する思想的な基盤のひろさと比叡山の仏教ひいては顕密主義の展開のなかでの慈円の位置の確かさもまた、認められるのである。

(1) 「おほけなくうき世のたみにおほふ哉わがたつ杣にすみぞめの袖」という有名な歌は、慈円の三三歳以前の、地位も低く年も若いころのものである。なお、これを含め、以上の諸点については、多賀宗隼『慈円』(人物叢書、一九五九年)に、すぐれた考察がある。

(2) 『愚管抄』の成立については、岡見正雄・赤松俊秀校注『愚管抄』(日本古典文学大系86、一九六七年)の解説を参照。

(3) 「末代悪世、武士ガ世ニナリハテ、末法ニモイリニタレバ……」(同右、三四〇ページ)その他。

(4) 「コノ国王ノ代々ノワカ死ヲセサセ給ニテ……、タカキモイヤシキモ、命ノタフルニスギテ、ツクリカタメタル道理ヲアラハスミチハアルマジキ也」(同右、三三一ページ)。慈円は、天皇は王法の体現者であり、王法の将来を自覚しており、王法の運命は天皇の在位・寿命や子孫の関係にあらわれると考える(同右、一三五ページ)。

(5) 「トヲクハ伊勢大神宮ト鹿島ノ大明神ト、チカクハ八幡大菩薩ト春日ノ大明神ト、昔今ヒシト議定シテ世ヲバモタセ給フナリ」(同右、三四七ページ)その他。

(6) 「今ハ又武者ノイデキテ……世ノハテニハ侍ホドニ、此武将ヲミナウシナイハテ、、誰ニモ郎従トナルベキ武士バカリニナシテ、ソノ将軍ニハ摂籙ノ臣ノ家ノ君公ヲナサレヌル事ノ、イカニモ〳〵(通)宗廟神ノ、猶君臣合体シテ昔ニカヘリテ、世ヲシバシヲサメントヲボシメシタルニテ侍レバ、ソノ始終ヲ申トヲシ侍ベキ也」(同右、三三二―三三三ページ)。

(7) 同右、三二四ページ。

(8)　同右、二六六ページ。
(9)　平氏の滅びよう、源氏のあとのなりゆくさまについて、「人ノシワザトハヲボヘズ、顕ニハ武士ガ世ニテ有ベシト、宗廟ノ神モ定メヲボシメシタルコトハ、今ハ道理ニカナイテ必然ナリ。其上ハ平家ノ多ク怨霊モアリ、只冥ニ因果ノコタヘユクニヤトゾ、心アル人ハ思フベキ」(同右、三〇四―三〇五ページ)。
(10)　「劫初劫末ノ道理ニ、仏法王法、上古中古、王臣万民ノ器量ヲカクヒシトツクリアラハスル也。サレバトカク思トモカナフマジケレバ、カナハデカクヲチクダル也。カクハアレド内外典ニ滅罪生善トイフ道理、遮悪持善トイフ道理、諸悪莫作、諸善奉行トイフ仏説ノキラ〳〵トシテ、諸仏菩薩ノ利生方便トイフモノ丶、一定マタアルナリ」(同右、三二六―三二七ページ)。
(11)　同右、三三六ページ。
(12)　同右、三二六ページ。
(13)　同右、一四七ページ。
(14)　註(10)の文につづけて「コレヲコノハジメノ道理ドモニコ丶ロヘアハスベキナリ。イカニ心得アハスベキゾトイフニ、サラニ〳〵人コレヲオシフベカラズ、智恵アラン人ノワガ智解ニテシルベキナリ」(同右、三二七ページ)とある。
(15)　巻二の巻末(同右、一二三ページ以下)。
(16)　同右、一二二―一二三ページ。
(17)　『渓嵐拾葉集』序(『大正新修大蔵経』第七六巻、五〇三ページ)、『九院仏閣抄』(『群書類従』第二四輯、五六三ページ)。
　硲慈弘、本書四五二ページ註(9)論文参照。

6　顕密体制の矛盾の展開

顕密体制は、成立以後中世を通じて「正統」の地位を保持しつつ存続したのであるから、そのさまざまな側面について検討すべき問題は多い。その思想内容としては、天台宗の本覚思想や真言宗の覚鑁の思想などが最も重要なものといえよう。しかしいまはそれらに立入る余裕も用意もないので、それらは省略し、最後にいささか異例なしかたで一つの展望を加えておきたい。

顕密体制を正統的宗教として把握することは、小論のすべての論述の基点をなすものであるが、一般に中世宗教史の主要な諸問題もまた、すべてその展開として位置づけることができるとおもわれる。すなわち、社会思想史的に意味のある中世宗教史の諸現象は、基本的に顕密体制の矛盾の諸段階という形で把握しうるし、また現段階ではそのような展望を試みることが、必要であると考えられるのである。ここで以下の論述のため、その概略を展望すれば、つぎのようになる。

第一に、顕密体制は、正統的地位の確立および権力との結合によって、一一世紀段階からすでに内部矛盾と頽廃をはらんでいた。それは諸大寺社の権門的世俗的支配と寺院大衆＝僧兵の蜂起となって現われていた。これはつぎの段階以後いっそう頽廃を深めながら中世末まで存続する。

第二に、正統的宗教に対して、異端＝改革運動がつぎつぎに発生し、展開する。これは、鎌倉時代の新仏教諸宗派に激烈な形で現われるが、それ以前にも以後にもつねに連続して現われている。

第三に、異端＝改革運動に対して正統派たる顕密体制のなかに「反動」的な対応が起る。これには復古的な改革運動と、教義の再編によって反って低俗化する場合とがある。前者はさきの第二の改革運動と区別し難い性格をもつが、南都仏教の復興はそういう性格をもち、後者は叡山における後期の口伝教学や神道説・神国思想に見ることができる。禅宗は第二の系列から出ながら、顕密体制のための代位・補強の役割を果たす。

第四に、最後に権門の権威の社会的必然による失墜と正統的宗教の勢力失墜が来る。中世末期の一向一揆がその段階の矛盾の激発形態として現われる。

これが、おおよその展望である。それぞれの主題についてはむろんもっと詳細な検討が必要であり、またこのほかにも挙げるべき重要問題はいろいろあるが、そのいく分かについては以下で論述することになろう。ここでは、正統的宗教として顕密体制を把握することの意義を説明するために、敢て前もってその展望を示したのである。

三　仏教革新運動
——異端＝改革運動の展開——

鎌倉新仏教についての研究史上の蓄積の大きさは、日本の宗教史研究の他のどの分野をとってみても、匹敵するものがないといってよい。単に論説が量的に豊富であるだけでなく、研究の立場も多彩であって、ごくおおまかにみても、宗派的立場からの教義史・教団史・伝記・書誌などの研究のほかに、哲学的・思想的な種々の考察や、社会史的な考察や、民俗的問題の追究など、誠に多様で繚乱たるものがある。ところがその結果、なかには互にまったく相反する評価——たとえば大乗仏教の高度な顕揚という評価と日本の固有信仰の具現という評価、あるいは社会的・階級的な諸要求の反映をみる見方と徹底した超世俗的・精神的な性格を本質とみる見方と、等々——が、ともにそれぞれ真実を語るものとして、学問の名のもとに通用している。もちろん、それについてはたいていはそれら相反する評価も究極は両立するとする釈明が用意されてはいるけれども、詮ずるところ全体を統一的に把握する的確な観点が確立しておらず、ともすれば一面的・恣意的な評価基準が乱立しがちであるのが現状であると、いわなければならないのでなかろうか。

しかしここで鎌倉新仏教をとりあげるのは、それら数多の学説や成果を逐一検討するためではなく、また遺憾ながらその余裕もない。ここでは、日本中世の国家と宗教との関係を把握する観点から、小論の主題に沿って、顕密体制こそが新仏教をも含む鎌倉時代の全宗教史の構造の根幹であり、つまりは唯一の正統的なものであったことを明確にしたい。それは、新仏教をこの時代の主役に見立てていた従来の観点に比べて、多くの点で異なった評価を示すことになろう。そして、それによって鎌倉新旧仏教の歴史の客観的構造と思想的達成についても、概略ながら新しい展望を試みることになるはずである。以下の論述はそのための論点の整理を目的とするものである。

なお、ここではじめに断っておきたいのは、仏教革新運動という言葉の意味についてである。私はここでは、この言葉を、いわゆる新仏教(新宗派)だけに限定せず、また近世風の固定的な宗派を単位に把握するのでもなく、いわゆる旧仏教における新しい動きをも含めて広く革新的な運動全体を意味するものとして、用いたい。したがってそのなかには、旧仏教のなかでの刷新の気運も、新宗派として独立を宣言したものもそうでないものも、また邪義として弾圧された異端的極論派も、すべて含むことになる。運動の流れのなかで消滅していった諸流派を含むことも、もちろんである。もとより、旧仏教のなかの積極的な刷新と自然的受動的な流行や変貌とを弁別することは、慎重な検討を要する困難な問題であるが、全体として仏教革新運動というとき、その重点がいわゆる新仏教にあることはいうまでもない。しかも新仏教運動と呼ぶのを避けたのは、それがいわゆる新仏教(新宗派)だけの問題に限られるかのように印象づけられ、誤解されるのを、恐れるからである。

1　仏教革新運動と顕密体制

鎌倉新仏教なるものの性格を論ずるについて、従来は、まず当時の仏教の諸潮流を、奈良・平安時代からあった宗派という意味での旧仏教と、新興の宗派——といっても宗派として確定し確認されたのは江戸時代になってのことだが――という意味での新仏教との、いわば宗派を基準にした区別によって二分し、その上で、新仏教を新時代に適合的な革新的なもの、旧仏教を旧時代からの保守的なもの、と位置づけるのが普通であった。このとらえ方は、中世の仏教史ないし宗教史においてその革新的な新仏教こそが主導的であり中世の真面目であって、ただそれが全面的に時代をおおわなかったのは革新的なものが徹底しきらなかったからにすぎないという理解を含むもので、それはあたかも、社会史や政治史において、中世的な勢力たる在地領主または鎌倉幕府の支配が全社会に及ばなかったのは、その勢力伸張が不徹底であったからだと説明する仕方に、酷似するといってよい。

このような、いわゆる新仏教を革新的、旧仏教を保守的とする見方にも、むろんいちおう妥当な側面はある。言葉の単純な意味でそれらが相対的にそういう性格をもっていたことは、確かだからである。しかしそれが、一方が中世的で他方が古代的というように、両者が時代的本質において相違ししたがって対立的であるという意味であるならば、この革新・保守、ひいては新・旧という把握が正当であるかどうかは、再考の余地があるのでないかとおもう。というのは、新仏教なるものは、現実には、中世末期にいたるまでいわば派生的で部分的な位置を占める存在でしかなく、また革新的とみえてもそれが貫徹することなくたいていはやがて旧仏教と協調的になり、反対に旧仏教にも若干の重要な面で新仏教と同様な新鮮な動きがいろいろみられるからである。つまり、革新と保守、新と旧という理解は、性格規定に関しては不適当であって、われわれは、右のように部分的には新・旧を意味しながらも他方では同時代的・相対的な関係をも意味するような概念によって、両者の関係を把握しなおす必要があるとおもう。そのため、まずここで、鎌倉時代の仏教革新運動が一般に顕密体制に対してどのような関係にあり、いかなる姿勢をみせたかについて、その基本的な特徴を整理することからはじめたい。

ただそれに先立って、留意しておきたいことは、鎌倉時代の仏教革新運動が、長期にわたり、いく段もの時期をつくりながら展開したことである。法然の浄土宗開宗宣言に先立つところの、一一世紀から一二世紀中ごろまでの数多の念仏聖などを生んだ時期は、鎌倉新仏教成立の前提をなすものであるが、ここでは、これをうけた時期、すなわち一二世紀後期から一三世紀はじめの承久の変までの激動期を、第一期としたい。すなわちこの時期には、周知のように法然・栄西・貞慶・俊芿などが出て、新仏教運動にとっての問題が基本的かつ包括的に提起された。第二の時期は、承久以後のいわゆる執権政治期で、政治的・社会的には相対的安定期である。この段階では、高弁・親鸞・道元などが活躍する。いわば、第一の時期の問題を継承しながらも、それをより深化・徹底させた時期ということができる。第三の時期は、一三世紀後半の、社会の新たな封建化の進行にともなう諸矛盾と得宗専制への傾斜の段階であって、日蓮・一遍・叡尊などの出た時期である。この段階では、前の段階と社会的・思想的状況が異り、新しい要素が現われていたようにみえる。むろん、仏教革新運動としてはこの三つの時期に共通する側面こそが重要なのであるが、それはそれぞれの時期の具体的特質を媒介にしてはじめて確認されるものであるから、ここではその考察の便宜のために、かりに右の大まかな時期区分を設定しておくのである。

さてそれでは、鎌倉時代の仏教革新運動は、顕密体制とどのような関係をみせながら、展開したのであろうか。その点で、まず第一に指摘しなければならないのは、仏教革新運動が、すべての段階でつねに、顕密主義と対峙しつつ展開したことである。顕密主義から隔絶された場においてではなく、顕密主義が首座を占めその中核になっている宗教的秩序のなかで運動が継起したという側面は、ともすれば見落されがちである。今日一般に宗門の歴史において説かれているように、親鸞や道元の教説について法然・栄西さらに和漢の高僧などに教義の系譜を辿り、あるいは一遍について法然・証空の系譜を語るのは、教義の伝統を論ずる立場としては当然であろうが、現実はそのように論理が自己発展したわけではなかった。第一期の法然や栄西がどのような困難に直面したかについてはこと新しく指摘するまでもないが、第二期の親鸞や道元も、その段階の顕密主義を直接に見据え、これとの対決のなかでその論理を発展させたのであり[1]、第三期の日蓮や一遍もやはり顕密主義とのかかわりのなかで、活動を展開したのである[2]。すなわち、顕密主義の内部での研鑽から出発し、ついで反問を開始し、顕密主義の論理や詞章と葛藤しながらそれとの対決にいたるのが、現実の道すじであった。一一世紀以後、いくたの例で知られる聖の出現は、前節でもふれたように、顕密体制の枠内にありながらも客観的にはそれへの一種の批判的な行動の出現を意味したものといえるが、そのような聖が、この革新運動の全時期を通じて、他ならぬ顕密主義諸宗から絶えず輩出し、そのなかから新仏教創唱者を生み——法然以下鎌倉新仏教の祖師たちはしばしば上人・聖などと呼ばれていた——、さらに新仏教受容の基盤にもなっていたのは、このような関係＝構造を物語るものといえる。

第二に、革新運動の各派が、例外なく顕密主義に対する批判を展開したことが、挙げられる。新仏教の祖師たちはいうまでもなく、いわゆる旧仏教内の改革者たちも、顕密体制の現状を仏法の混迷・頽廃とみなし、その「末法」的状況を悲歎した。そして日本仏法の中興を、あるいは末代相応の仏法興隆を、またあるいは真実の大乗仏教、真実の念仏、真実の法華円教の再興を、念願した。したがって、そのためには当然、そのような混迷・頽廃をもたらした顕密主義の本質にふれて、批判を展開しなければならなかった。批判さるべき顕密主義の問題点としては、さしずめその世俗的権勢と堕落とが指摘されたのは当然であるが、それについてわれわれが認識を誤ってはならないのは、運動家たちはそのことを直接道徳的あるいは政治的な次元で論じたのではなく、時機説として展開したことである。法然が選択集で「末代の凡夫」には称名念仏しかないことを主張したとき、そこには、祈禱・持戒など教理上の問題とともに、造寺造塔などの貴族的作善に対する批判が含まれており、それは顕密主義の体制的特質つまり王法仏法相依論による世俗的・権力的頽廃に対する批判を内包するものであった。同様に、道元が末法思想を否定して正法の実践を強調した態度は、権勢への接近を極度に排した彼の立場と照応するものであったといえる。

しかし、顕密主義への批判のうち最も重要なものは、顕密主義の核心ともいうべき密教に対する態度であろう。顕密体制においては、密教の事相として加持・祈禱がなによりも重んじられ、またその教相の影響のもとに、むしろ密教の特殊形態ともいうべき天台本覚法門が、天台宗本来の教相を逸脱して異常な発展をみせた。この天台本覚法門には、台密事相ないし玄旨帰命壇などの呪術的作法が、つねに表裏し附随していたが、新仏教の運動家は、念仏・禅・法華などを信仰と実践の中心にすえることを主張して、結果としてこのような密教的要素の瀰漫を制御あるいは除去しようとしたのである。(3)実際、新仏教の祖師がすべて天台宗から輩出しており、南都系からも真摯な求道者や改革運動が出たが、いわば純密教であった真言宗自体からは改革運動が起らず、(4)密教を中心思想とした新仏教というものもついに成立しなかったことは、顕密主義の最も核心的なものがなんであったかを示すものであった。もちろん真言宗系においても秘密念仏のほかに光明真言の信仰など「信」を強調する中世的な傾向が現われたが、(5)結局それは顕密体制の枠内での呪術たるにおわっている。天台本覚法門にみられた論理が新仏教の祖師たちに著しい影響を与えていたのも事実であるが、(6)しかしそこに論理の形式は継承されていても、密教的な現実肯定論や呪術性は克服されようとしていたとみなければならない。(7)日蓮は、「真言宗は法華経を失フ宗也。是は大事なり。先ッ序分に禅宗と念仏宗の僻見を責メて見んと思ふ」(8)といっているが、それは密教そのものである真言宗の批判こそが究極最も重大な課題であるとみるようになった彼の判断を表わしているのである。

しかしながらさきに指摘したように顕密主義とは、密教的であることを特質とするだけではなく、狭義の密教を中心に諸教の融合調和を説くものであった。この一大円教論的立場に対しては、法然・親鸞・道元・日蓮らは、いわば一向専修的立場から批判を展開したわけであるが、栄西・一遍および南都系の諸師らはそうではなかった。また、戒律は、顕密体制では実質的にはそれほど重要な位置を占めていなかったが形式上不可欠のものとされていたから、これもまた一つの論点になり、結局は、出家主義により仏法再興をはかる禅宗系や南都系の戒律復興の立場と、在家主義をとる専修念仏系の捨戒の立場とにわかれた。そして、この一大円教論と戒律とについて是非いずれの立場をとるかもまた、最終的に顕密主義の枠内にとどまるか否かの岐路になる問題を含んでいたのである。

さらに第三に、革新運動は、仏教のなかの最もすぐれた部分と信じられる教義や作法へと、顕密体制を純化せよと主張した。単なる批判や訣別でなく、積極的にあるべき姿への純化を主張したところに、運動の重要な指標がみられるが、それは教義上ではいわゆる「専修」の主張に最も端的に現われた。しばしば指摘されてきたように、それは法然の専修念仏だけでなく、道元の只管打坐にも一遍の遊行にも日蓮の唱題にも共通する主張であり、教義上は専修念仏に反対した明恵の華厳仏光観三昧や光明真言、(9)俊芿や叡尊の戒律などにもみられる傾向である。彼らの本意は、教義上の論議はともかくとして、顕密体制のなかで発展した諸々の教義や行法のうちから、時機相応の、あるいは最もすぐれたものとみずから信ずるものを選びとり、それによって仏法本来の理想への純化を目指すことにあるのであって、ここに、一種の主観主義的傾向が、鮮明に現われているといえる。しかもこのさい、他の諸行を邪義として否定し去るのでなしに、それら数多のなかから選択して専修するところに、一大円教論的な価値観を踏まえつつも論理としては逆方向の克服の論理となっていることが、注目される。また、「日本仏法の教主」たる聖徳太子を讃嘆し、あるいは本朝の先徳・善知識の権威や中国の高僧の説示・典籍の摂取に、きわめて熱心な態度をとったことなどにも、仏法再興＝純化の情熱がみられるが、それとともに、それがしばしば仏菩薩の示現や夢想の奇瑞など神秘主義的傾向をみせ、さらに、経典・論疏の解釈や先徳・高僧の説示の理解にも、まさに主観主義的な「誤解」と己証への確信を伴っていたことを、指摘しなければならない。

第四に、このような主観主義的な純化の主張は、やがては顕密体制からの逸脱に行きつく。新仏教が邪義であり仏法を損うものであると、論難された所以である。その論難にたいして自己の立場こそむしろ正当であると主張し、あるいは仏法の本来の理念の実現のためには顕密体制からの逸脱もやむをえないとするのが、新宗派の祖師たちにほぼ共通にみられた立場であった。

仏教革新運動と顕密体制の関係としては、このほかさらに、革新運動に対する顕密主義諸派の対応とそれによる一定の変容、そうした段階でのまた新たな運動の発生とその特質という、相関的な関係があることを指摘しておく必要がある。しかし、それについてはあとで若干ながらふれる機会があるから、ここでは仏教革新運動と顕密体制との関係について、周知の事実によって、ひととおり形式的な整理を試みたのである。

(1) このような事例をいちいち挙げるまでもないが、晩年の親鸞が上洛してきた門弟たちに「南都・北嶺にもゆゝしき学匠たち、おほく座せられてさふらふなれば」(『歎異抄』第二条)と語る態度のなかにも、その論理の構造をみる必要があろう。

(2) 日蓮が当時の天台教学について研鑽を重ねていることは改めていうまでもないが、一遍についても、浄土宗系という点より天台本覚法門との関係に注意すべきで、彼の語録類にはそれを窺わせる言葉が多い。註(7)参照。

(3) 一遍の言行は新宗派の開祖というよりむしろ天台系の聖の一形態といってよいほどのものであり、彼には密教に対する意識的な制御はないが、宗教的実践をともかくも念仏に集約しきったところに、密教事相克服の契機をもっていたと考えられる。

(4) 秘密念仏・光明真言・華厳仏光観などの強調によって一種の新風をまきおこした覚鑁・明恵などの言動がどう評価できるかは詳細な検討を要するが、明恵のそれが「異端」と目されるほどの(鎌田茂雄「日本華厳における正統と異端」『思想』五九三号、一九七三年)意義をもったのに比べて、覚鑁のそれは、「新義」の発端であり高野山教団分裂をもたらしたものであったとはいえ、なお革新運動とはいえまい。それは、秘密念仏なるものの本質にある即身往生的・真言密教的性格(櫛田良洪「秘密念仏思想の勃興」(『真言密教成立過程の研究』一九六四年、第二編第二章)による。

(5)　櫛田良洪、前掲論文(註4)および「中世光明真言信仰の勃興」(前掲書第二編第一章)。

(6)　田村芳朗『鎌倉新仏教思想の研究』(一九六五年)第五章。

(7)　親鸞は「正像末法和讃」草稿本に、「罪業もとより所有なし　妄想顛倒よりおこる　心性みなもときよければ　衆生すなわち仏なり」の一首をのこしているが(『親鸞聖人全集』和讃篇一五三ページ)、これは「正像末法和讃」愚禿悲歎述懐では「罪業もとよりかたちなし　妄想顛倒のなせるなり　心性もとよりきよけれど　この世はまことのひとぞなき」と大幅に修正されている(同上、二一五ページ)。そして、この前者が『源平盛衰記』にみえる叡山悪僧の言葉に引用された今様と同じであることは、すでに生桑完明氏によって指摘され(『親鸞聖人撰述の研究』七〇ページ)、さらに赤松俊秀氏はそれを『平家物語』(延慶本)と親鸞との関係を論じるなかで、悪僧の信条そのままでなく親鸞が改訂したことを指摘した(「親鸞と平家物語」〈『日本歴史』二七二号、一九七一年〉、「鎌倉仏教の基盤」〈石田充之編『鎌倉仏教成立の研究・俊芿律師』一九七二年〉)。赤松氏は指摘されていないが、私見では、このもとの一首は明瞭に本覚法門の教説をあらわすものであり(たとえば『真如観』をみよ)、おそらく当時世間でもかなり知られていた句であったのであろう。また、一遍の「よろづ生《いき》としいけるもの、山河草木、ふく風たつ浪の音までも、念仏ならずといふことなし」という言葉(『一遍上人語録』〈日本古典文学大系83『仮名法語集』一〇二ページ〉)は、『真如観』の「如レ是凡ソ自他身一切ノ有情、皆真如ナレバ則仏也。サレバ草木瓦礫、山河大地、大海虚空、皆是レ真如ナレバ、仏ニアラザル物ナシ」(大日本仏教全書33、一一ページ)という文と、近似しているが、この場合もそれは「他力超世の本願」に集約されている。

(8)　「清澄寺大衆中」(『昭和定本日蓮聖人遺文』二〇五)。なお田村芳朗、前掲書五七七ページ、戸頃重基『日蓮の思想と鎌倉仏教』(一九六五年)七一ページなど参照。

(9)　鎌田茂雄、前掲論文(註4)参照。

2　異端＝改革運動の意味

鎌倉新仏教をはじめとする革新運動について、右にきわめて概括的に、形式的な整理を試みたが、このことから、われわれは鎌倉時代の仏教革新運動の本質をどのように把握することができるだろうか。中世宗教史研究上のこの古くてつねに新しい最大の問題は、われわれの主題にとってもとより避けて通ることのできない基本的な問題であるが、ここでは右の整理を導入項として、つぎのような規定を提示したい。すなわち、さきに挙げた従来の通説とまったく異なり、顕密主義こそが中世宗教の根幹をなす正統的なものであり、いわゆる新宗派など諸々の革新運動は、その正統的宗教に対する「異端=改革運動」のさまざまな形とみなすべきだということである。

ここで顕密主義について「正統」というのは、さきにものべたように、教義上の優位性が政治権力との結合により確認されており、さらにたがいに権威づけあっている状態にあるという意味であり、中世においては、ほかならぬ顕密主義がそういう正統的地位にあったということである。[1] 正統性ということには唯一性という意味を内包しているが、日本中世の宗教についてこういう概念を適用できるのは、数多の宗派が共存的に併立している「宗派」次元ではなく顕密主義という次元で把握する手続きを経ることによって、はじめて可能であることにも、注意しておきたい。

かかる正統に対して、異端=改革運動というのは、その主体=荷担者の立場では復古ないし改革を意図しながら正統の側からは調和を欠き逸脱であるとみなされ(少くとも警戒され)ているところの、傾向=運動を指す。そういう運動は、その内部に客観的には体制内部の誠実派も体制改革派もまた仏教逸脱派も含むわけであるが、主観的には、正統の本来の理想を回復することを目的とするのであるから、正統的立場に対して異教としての関係にあるのではない。また、改革と反秩序とはしばしば紙一重の差しかないとはいえ、単純に邪教や外道と同義視されてはならない。またそれは、見方によっては、保守に対する革新という意味ももつが、新旧の時代的段階差を基礎とする概念ではなく、むしろ同時代的であり共通基盤の上の相関関係として成り立っているのである。そして、そのような関係の上に、正統の側が歴史的・伝統的な実績を背景に一般的使命の達成と全体の秩序を維持する立場をとり、異端=改革運動の側が当面の緊急な実践的問題の打開を標榜するのである。前者が客観主義、後者が主観主義と指摘される所以である。[2]

けれどもここで目的とするところは、鎌倉時代の新旧仏教の関係を形式的にとりあげて、右の二つの範疇でいいかえてみることではない。必要なことは、まず第一に、そのような異端＝改革運動が歴史上どのような社会的条件のもとに起り、いかなる役割と結末をもったかについて展望し、顕密体制ひいては日本中世の国家と宗教との関係を、その側面から照し出すことである。さらに第二には、それが個人または集団の思想の方法としてどんな意味をもったかを、明確にすることである。さきに、鎌倉時代の仏教革新運動を異端＝改革運動のさまざまな形とみなすべきだとのべた。この「さまざまな形」とは、具体的には念仏・禅・唱題・戒律・光明真言・華厳仏光観等々を指すが、ここでそれらを挙げるのは、宗派の別を示す標識という意味での入信・得悟の作法や教義としてではなく、また非歴史的・抽象的な個人の苦行や内省の形式としてでもない。それは、個々人または社会階層が現実的・客観的に対峙していた正統的宗教への、それぞれの対処のしかた、それに対する距離という意味で、とらえられなければならない。そういう意味で、それらのことが、個々人や集団の思想のいとなみの方法たりえたのだからである。ここではそれらの思想を個々にとりあげる余裕はないが、このような関係を明確にすることによってはじめて、この仏教革新運動を思想史として研究する視座が設定されると考えられるのである。

このような見地に立つとき、いわゆる鎌倉新仏教と天台本覚思想との関連についても、一面の強調に陥ることなく歴史的に位置づけうるようにおもわれる。

さきに指摘したように、天台本覚法門は、天台宗の主導のもとでの顕密体制の隆昌のなかで発展した顕密主義の一形態であって、これが本格的に展開しはじめた一一―一二世紀においては、王法仏法相依の体制が全面開花して、社会の末端にいたるまでが顕密寺院勢力に組織されつつあった。しかしそれとともに、そこには権勢と結び自らも権勢化した大寺社の横暴・頽廃と内部における学生(学侶)と堂衆(行人)との対立、また貴賤を通じてのさまざまな形態の呪術的信仰や神秘主義的な教説、さらに寺院からも世俗からも脱離しようとする聖や隠者の続出など、顕密体制の体制的矛盾と社会各層の広範多様な摸索とが、進行しつつあった。天台本覚法門は、そのような趨勢のなかで成熟した代表的な思想傾向ともいうべきもので、その内面の論理に一貫してみられた一つの重要な特色は、自我意識の唯心論的な追究であった。ここで自我意識というのは、もとより近代的・個人主義的な個の自覚などとは異なり、いわば自己の存立と外界からの自由を主観においてのみ確認しようとする立場を指すのであるが、その論理の性格や豊かさについての哲学史的考察はむろんここでの任務ではないけれども、そのような意味での自我意識の高潮については、充分注目される必要があろう。しかもその唯心論的な追究は、その論理が、最澄や源信に仮托した教説や秘事口伝など混雑と流動とを特色とするだけでなく、それを生み出した社会思想史的背景が、同時に観音信仰・熊野詣その他多様な信仰や秘密念仏などを生んだ幅広く層の深いものであったがゆえに、厖大な思想的可能性を含んでいたといえる。

さて、かかる高潮した思想傾向は、社会的諸矛盾の激化によりその振幅を増し、多彩な論理と行動の形態を生み、ついにはさまざまな「極論」=主観主義を発生させることになる。一一―一二世紀の説話や往生伝に伝えられる信仰形態の多彩さと極端へのたかまりとは、その道すじを示しているようにみえる。そしてそれこそが、異端=改革運動発生の社会的条件というべきものであろう。したがってこの異端=改革運動は、もともと顕密主義の極致ともいうべき天台本覚法門とは唯心論的自我意識の追究という点で共通の課題を負っていたのであり、それゆえ、本覚法門に対して直接的かつ全面的に異質的であるはずはなく、むしろ同一の論理を部分的に偏頗に強調しあるいは「別立」することによって異質的となっているのである。逆にいえば、天台本覚思想は、その限りで、新仏教の最も特徴的な論理を準備するところがあったといえるのである。

以上の説明によって、鎌倉時代の仏教革新運動を、顕密主義に対する異端=改革運動と位置づける意味が、歴史的展開の面でやや明瞭になったかとおもう。そこでつぎに、異端=改革運動という形態までを発生させた社会的諸矛盾の激化とはどういうことであったのか、そこに提起されていた思想史的課題はどのようなものであったかを、検討したい。

(1) 「正統」の概念については、なお四六八ページの註(15)を参照されたい。
(2) 堀米庸三『正統と異端』(中公新書、一九六四年)。

3 時代の思想的課題

鎌倉時代に仏教革新運動が興起した社会的条件として従来形のごとくつねに指摘されてきたのは、古代末期における社会の紊乱、政治の腐敗、ことには末法思想的ペシミズムや源平の争乱などの戦乱と政権の盛衰の激しさであった。けれども古代末期のそのような体験が、法然・栄西の時期から日蓮・一遍の時期まで百年以上にもわたって、同じように人々に深刻な思想的課題を提起しつづけたと想定するのは、いかにも不自然なことである。そうではなく、近年、農民や商工業者の自立的活動の発展が中世仏教の基盤として注意されているように(1)、われわれは当然ながら、もっと広範で基本的な時代の構造に眼を向けなければならないのであって、そのような意味で、ここで一二—一三世紀の時代を規定する社会の基本的特質——もちろんとくに宗教的・思想的な課題を提起する諸点についてであるが——に注目する必要があるとおもう。

一二—一三世紀は大小の争乱や紛争が継起した時代といってよいが、そのような社会情勢を醸成した基本的なものは、第一にいまだ基盤が弱小で複雑な構成をもつ小農民層の自立安定化への志向であり、第二に在地領主層の支配層としての独立への志向であった。すなわち、一一世紀後半に体制をととのえた荘園制社会において、上層の農民階層たる「百姓」＝農民的名主層は、まだ劣弱な生産諸条件や錯雑した支配関係のなかにありながら在地領主層の圧迫に抗しつつ自己の経営の安定化に努めねばならず、さらにその下層にあった小百姓＝間人層の農民は身分的・名目的には自立農民であるとはいえまったく劣悪弱小な生活基盤しかもつことができず、絶えず生活破滅の危険にさらされていた。実際にはこの時代を通じてこれら各層の農民は、在地領主に私的に隷属する下人・所従の場合と同じく、次第に自立をつよめ生活と経営を安定させていくのであるが、全般の社会的政治的情勢は、貴族社会の閉塞と在地領主層の勢力の伸張とを特徴としながら展開していくために、概して、農民各層は安定への強い希求とともに、宗教的ペシミズムさえも伴う不安に脅かされていた。この時代の都鄙の民衆の構成はすでにかなり複雑であるから、このように抽象的一般的な指摘の程度では民衆のもつ複雑な条件をいくらも説明したことにはならないが、最も基本的な点ではほぼ右のように把握することができるかとおもう。(2)それゆえ、この時代の民衆の意識を特色づけるものは、実に一個の自立的人間として生存することの自覚と願望とであったのである。当時の説話集などが、讃仏乗の縁としてこうした民衆の日常的な出来事をとりあげ、凡夫の往生を論じ、あるいは庶民が寺社への寄進状などに神仏の擁護利益や「現世安穏、後生善処」を祈願しているのは、もはや九世紀の霊異記の段階のように専制君主ないしは神仏の絶対的権威に畏怖しつつ自立を呪願するのでなく、自立的生存の自覚と願望こそが、多彩にほとばしり出た民衆の意識の基調をなすものであったことを示しているとおもわれるのである。(3)

この自立的人間的な生存の自覚と願望は、主として広範な民衆の意識によって支えられていたが、しかしそれは、いわゆる民衆にだけ固有のものではない。貴族社会の閉塞状況は、多くの困窮貴族や知識人に人間社会への洞察と自己の存在への内省を迫り、人間存在についての思索を深めさせた。また、権門の支配に組みこまれていながら支配層としての独立的地位を志向していた在地領主層のなかにも、都市貴族との著しい社会的文化的懸隔を直視するにつけて、たとえば熊谷直実が上品上生の往生を熱望して専修念仏の門に入った[4]ように、それなりに自立的人間としての保証をひたむきに追究する条件があった。したがって、具体的な内容は個人や階層によってそれぞれ異なり、客観的にはむしろ対立的な契機さえはらんでいるが、抽象的・一般的には、自立的人間として生存することの自覚と願望にどのような論理と行動を指し示すかが、この時代の基本的な思想的課題の第一のものとして現われてくることとなったのである。

つぎに、在地領主層が権門貴族の支配組織のなかから独立して支配階層としての地位を固めようとし、そのためさまざまな争乱が続き、ことに一二世紀後半期には政治秩序の激変と権力の交替が劇的に展開したことに、注目しなければならない。そしてそのような事態が不可避的であるような社会構造であった点に、時代の性格をみなければならないが、それがこの時代の第二の基本的な思想的課題を提起することとなった。すなわちそれは、支配秩序の論理(理念)を摸索するという課題である。このような課題が提起される理由は、政治過程についてみれば、鎌倉幕府の創設によって権門体制の国家秩序が一定の重大な変容を余儀なくされたことに明白であり、時期としては源平争乱の激動期が最も強烈な姿で浮び上がる。けれども、ここで指摘したいのは、政治制度の混乱や改変のことそのものではない。すでに保元の乱以後の院庁政権・平氏政権・寺院大衆勢力の波瀾にみちた角逐は、既存の秩序つまり王法仏法相依の理念を疑わせるものがあり、鎌倉幕府成立以後は地頭の設置など社会生活の末端にまで旧来の秩序の変化が進行し、紛争は絶えることなく、政治的にも承久の変以下大小の政変・争乱は鎌倉の得宗専制が確立するまで続いた。劇的な激動は一一八〇年代のことであったが、その前にも後にも支配秩序は動揺しつづけた。というより、動揺しつづけるのがこの時代の基本的性格であり、「道理」を摸索しつづけねばならぬのが時代の宿命であった。本来、さきにみた自立的・人間的な生存の自覚・願望ということも、論理必然的にあるべき秩序理念の反省へ向かわせる性格をもつが、現実の社会が以上のようであれば、とくに真摯で理論的な思想家でないまでも、「世」の秩序についての理念つまり「道理」の追究は、当然避け難い課題として立ち現われてくるのである。支配秩序(理念)の論理を摸索するという課題が、単に政治的秩序再編の課題でなく、基本的な思想的課題の第二のものとして位置づけられねばならぬ理由は、ここにあった。また、仏教革新運動が、国家と宗教との関係に関しても考察されねばならぬ根拠も、ここにあった。

右に、一二―一三世紀の社会が提起していた二つの基本的な思想的課題についてのべたが、もちろんそれらの課題は二世紀のあいだ一律に同じ形であったわけではない。さきに、鎌倉期の仏教革新運動の展開を三つの段階に分けてみたが、そのような段階がみられるのは、むしろこのことに基本的な理由があった。すなわち、右の第一の課題はすでに一一世紀後半から徐々に進行しており、それゆえに運動の前史がそこで始まっていたわけであるが、一二世紀後半から承久までという異端=改革運動の第一期は、右の第一の課題と第二の課題とがいわば相乗的に激しい形で現われた時期であり、第二期はそれを継承・深化する状況にあった。だが第三期においては、承久以後の相対的安定期に進行しはじめた封建的進化が新たな段階にさしかかって、社会秩序の徐々の変化と得宗専制への傾斜をみせており、二つの課題は、その様相を変えていた。また、専修念仏など新仏教諸派から顕密主義諸宗への影響も一定の定着状況をみせていたのである。

鎌倉時代の仏教革新運動の背景にあった時代の思想的課題を、この二つの課題として把えるのは、もちろんあまりにおおまかで不充分であり、このままでは粗雑に過ぎると評されても致し方ないようにおもわれる。だが、一般的な思想史的課題をどれだけ特殊的に細かく指摘するのが正確を期する所以であるかは、かえって慎重を要する問題である。その点は今後も考察を深めなければならないが、小論ではとくに国家と宗教との関係の問題として顕密体制の展開の大すじを考察する見地から、最も基本的なものとして、右の二つの課題を挙げたのである。

(1)　赤松俊秀監修『日本仏教史』Ⅱ中世篇(一九六七年)序説。
(2)　以上の庶民の社会的状況に関する私見は、黒田『荘園制社会』(体系日本歴史2、一九六七年)、『日本中世封建制論』(一九七四年)などにのべた。
(3)　この「自覚と願望」については、宗教史的考察とは別に、当時の多様な庶民の存在形態や行動そのものの探究を深めるなかで、詳細に検討すべきことであって、ここでは、ごくおおまかな傾向として指摘するにすぎない。
(4)　赤松俊秀「熊谷直実の上品上生往生立願について」(『続鎌倉仏教の研究』一九六六年)。

4　社会的矛盾と人間的願望

そこでつぎに、異端＝改革運動が社会的諸矛盾の激化を主要な契機として発展し、そのなかで、さきの第一の思想的課題たる自立的人間としての生存の自覚と願望がつよく打出されていった事情を、主として法然や親鸞について、若干検討してみたい。

宗教上の概念は、それが高度な宗教であるほど、現実の社会的諸関係たとえば階級的矛盾や身分差別などを直接に表現しないといってよい。鎌倉時代に仏教で強調された「凡夫」とか「悪人」とかいう言葉も、世俗的な意味での庶民とか下賤とかを本質的に意味しないことは改めていうまでもないが、しかし法然をはじめとして仏教革新運動のなかでこの言葉がいわれたときには、現実に庶民や下賤の身分が存在したことがそれを裏付けていたことは、明らかである。それは一つには、法然が雑修を捨てて専修を選んだとき念頭にあったのは多数の貧窮・無智な人々であったこと、実際においても、武士・庶民を主たる対象として彼が念仏を説き、都鄙の無数の民衆が随喜して彼のまわりに群集したことなど、いずれも庶民のための教義であったことを意味するものである。すなわちそれは、法然における凡夫の強調が、現実の階級的・身分的矛盾を重要な契機としていたことに他ならない。(1) だが、さらにもう一つ大切なことは、そこから「凡夫」であることの自覚をもつべきことを説いたことである。それを彼は末法の世の衆生には聖道門は相応しないという時機の論理で説明するのであるが、かかる凡夫の自覚は庶民にとっては悲観的な無力・劣悪の自覚ではなく、むしろ自分こそが救わるべき本来の対象として登場したことの、喜びにみちた自覚であったといわねばならない。専修念仏が庶民を風靡した理由は、ここにあった。

しかし第二期になると、もはや社会の現実はこと新しく庶民の登場をいう段階ではなくなっており、法然における一般的な意味での凡夫の自覚は、さらに徹底させられて社会体制の特質的な形にまで深められた。親鸞は「罪業」にみちた存在をたとえるのに「具縛の凡夫、屠沽のたぐひ」または「屠沽の下類」といい、屠沽を猟師・商人と説明しているが、(2) それはただの職業的差別観でも仕事自体の罪悪感でもない。それよりははるかに深刻な、日本中世社会の身分秩序のなかで最も卑賤視され疎外された「種姓」がここでは意味されており、(3) それも単に比喩としてでなく、現実の厳しい身分秩序を媒介にした人間の自覚であった。すなわち親鸞においては、罪業の意識とは、身分秩序の苛烈さを媒介にした自己の人間的生存の確認にほかならなかったのである。明恵が「非人高弁」と自署し、日蓮が「旃陀羅の子」と称し、一遍が非人の群に接し、叡尊・忍性が非人救済に努めたことそれぞれには、かなりの微妙な相違があることはいうまでもないが、概して親鸞の場合に通じる問題が多少とも含まれていたといってよいであろう。

仏教革新運動のなかに階級的身分的矛盾が重要な契機として存在し、またそれを凝視することによって人間的生存についての願望や自覚が成立したとする場合(その限りでのことであるが)、ここに注目しておいてよいのは、専修念仏において、「本願ぼこり」「余仏誹謗」などと呼ばれ、反秩序的極論派と目される傾向が発生したことである。

本願ぼこりは、念仏の行者はすでに仏の救済を保証されており、したがっていかなる悪をなすも碍なし(造悪無碍)と説くもので、教義的には一念義に基づくとされ、肉食女犯その他破戒無慚の行為をあえて行ったと伝えられている。また必ずしも一念義の者とは限らないであろうが、専修念仏の行者のみが弥陀の救済にあずかるさまを図した摂取不捨曼荼羅なるものを用いたことが記録されており、さらに親鸞が念仏者は「諸仏等同」「弥勒等同」であると説いたのを生身ながら仏位を得るという増上慢の意に理解するものがあったという。また、諸仏誹謗は、専修ということからおのずと惹起されやすい事態であるが、とくに念仏者のなかに「神祇不拝」事件が続発して、寺社ひいては荘園公領の支配秩序と権威を否認する結果となった。そしてこれらの教義や行為は、顕密主義の側から反秩序的なものとして非難されただけでなく、専修念仏者のなかでも邪義として批判されたのである。

けれども、専修念仏にたいして社会的矛盾に基づく願望が寄せられているものとすれば、このような本願ぼこりなどを、単なる誤解や増上慢または堕落とみて過すわけにはいかない。それは「誤解」ではあるにしても、解放と平等への性急な期待から生じたものといわねばならない。彼等は、往生すべき浄土を即物的に獲得しようとし、「諸仏等同」なる正定聚の位を現世における解放の期待からうけとめたのである。また結衆＝講というものも、世俗秩序のもとではいかに夢みても実現不可能なコンミューンを、現世の聖なる次元において具現している集団なのであって、いずれ教団がそのような「この世の浄土」「仏法領」として形成されてくる。しかし極論派はそれを聖なる観念の次元にとどめずに、いきなり世俗の次元に即物的に実現しようとするのである。だから、教義の上ではともかく、社会生活の問題としては、そのような願望をいったい誰が非難することができるであろうか。またそれが「誤解」だからといって、法然や親鸞の出現がそれと無縁なものであるとしてすまされるであろうか。

一念義や本願ぼこりの類の「邪義」には、しばしば顕密主義のなかの真言立川流や天台本覚法門などの影響があると指摘されている。(4) その相互の関係を正確に判断するのは困難なことではあるが、少くとも酷似する面があるのは事実である。そしてそのことは、一方では顕密主義もまた同じ庶民の願望をうけとめており、しかも祈禱＝呪術性を本質とする限り、その願望を止揚せずに頽廃的な方向へ導き、みずからも堕落と混迷を深めたことを、示している。また他方では、当時の革新運動としては観念性のみが信仰の純化の保証であり、現実の社会解放の客観的条件がない段階である以上、即物的な志向は非難と弾圧を呼ぶしかなく、そして実際に低俗な頽廃に陥りやがて潰滅にいたったことを示しているのである。

鎌倉時代の仏教革新運動のなかでは、このような「異端」＝極論派が、おそらくは今日知られているよりもはるかに多く発生しては消えていったとみられるのである。

（1） 慈円は『愚管抄』で「凡夫」「凡人」という語を、皇族や摂籙など以外の、貴種でない者の意味に用いている（日本古典文学大系86、一七九・二〇三・三五五―三五六ページなど）。当時この語が、純粋に宗教的意味だけでなく、現実の社会的地位や身分を連想する意味で用いられていたことは明らかであろう。

（2） 赤松俊秀『親鸞』（人物叢書、一九六一年）一八二ページ。

（3） 黒田「中世の身分制と卑賤観念」（本書三五一ページ以下）。

（4） 大原性実『真宗教学史研究』第三巻（一九五六年）本篇第二章、石田瑞麿「一念義の周辺」（『仏教学研究』一八・一九合併号、一九六一年）、同「一念義と口伝法門」（『伝道院紀要』第一号、一九六三年）。

5 仏教革新運動と国家権力

つぎに、仏教革新運動の国家権力に対する態度を検討して、さきに挙げた支配秩序の論理（理念）の摸索という第二の思想的課題に関する達成をみておきたい。そもそも仏教革新運動が国家権力に対して多少とも積極的に態度を表明したことについては、正統派たる顕密主義が王法仏法の相依をその基本的性格とするものである以上、それに対する異端＝改革運動の側が、権力に一定の関係を明示するにいたるのは当然であることを、認識することが先決である。「旧仏教」が国家権力と癒着していたことを批判し「新仏教」が宗教的立場を徹底させようとしたことを強調したいために、「新仏教」の権力批判の思想的いとなみを指摘しない態度は、むしろ誤りであるとおもう。仏教革新運動が、宗教としての本質からして必ずしも国家権力を直接に批判する性格のものでないことはいうまでもないが、国家秩序の理念または国家と宗教との関係については問い直しをすることを迫られていたし、客観状況は顕密主義に対してもまた同様に、同じ問題を課していた。とくに一二世紀の後半(さきの第一期)においてはそれが秩序の根底をゆさぶる危機的な問題として提出されていたのであって、いわば日本思想史上にも画期的な問題提起たりうる重大な意味をもつ状況であったのである。

その問題状況は、まず専修念仏を論難した『興福寺奏状』(1)に端的に示されている。「第一に新宗を立つる失」において「たとひ(法然が)功あり徳ありと雖も、すべからく公家に奏して以て勅許を待つべし。私に一宗と号すること、甚だ以て不当なり」というが、ここでは宗教の存立を認めるものは誰かが問われているわけである。また「第九に国土を乱る失」でいうことは「八宗」があれどもなきが如くになることがすなわち「国土」を乱ることであるとするものので、ここでは世俗権力と断絶した宗教がありうるかどうかが問われているのである。いうまでもなくこれは、本来専修念仏の側が提起したものであり、『奏状』が王法＝仏法の秩序への挑戦とうけとったように、宗教の独立と権力との断絶の主張が、専修念仏にあったのである。親鸞は、『教行信証』の化身土巻末尾のいわゆる「後序」において、「主上臣下法に背き義に違し」と権力者の念仏弾圧を非難し、ついで自分が法然の「真宗」を相承したことと本書著作の趣旨とをのべて、最後に華厳経を引いて「もし菩薩、種種の行を修行するを見て、善・不善の心を起こすことありとも、菩薩みな摂取せむ」と結んだが、(2)これは、「善・不善の心を起す」ところの「主上臣下」よりは、弥陀＝念仏者がはるかに高次の「摂取」の立場にあることをいいきり、眼前の「化身土」に対する大乗仏教――親鸞において「復興」＝新生した――の姿勢を示したものであった。

しかし、いわゆる新宗派のすべてがこのような態度を示したわけではない。栄西は『日本仏法中興願文』で「王法は仏法の主なり、仏法は王法の宝なり」という思想から、梵行を修し戒律を持すれば「仏法再興、王法永固」であろうといい、(3)王法のためにそれに奉仕するものとして仏法の再興を主張している。彼には、禅律の興隆によって、権門体制の支配理念たる王法仏法相依論が、顕密主義と衣を替えて再建されるところに、新しさがあると考えられているのであるが、権力に対する批判の契機を欠く彼には、国家と宗教の関係が問われることはなかった。また、天台宗の再興の願から出発した日蓮は、仏法と王法の不可分の結合を前提にして「立正安国」を主張する。したがって、国家と宗教との関係について原理的に問い直すことがなされていないといえる。しかし彼は、それゆえに国家権力が正法弘通のために努力すべきものとし、「国家を諫暁」するという形で仏教の優越を実行するのである。(4)

これら革新運動側の問題提起に対して、顕密主義の側でもまた、支配秩序再編成の論理を真剣に摸索したことに注目する必要があろう。その典型は慈円である。慈円が『愚管抄』で追究したのは、「日本国」の危機にさいして、「末法」のいまの段階であるべき「道理」であった。彼はそれを「王法・仏法牛角」の論理をつきつめる形で探り、究極「道理」を顕と冥の和合する神秘に見出し、年代記の洞察から未来記の予見にいたるべきものとして歴史観をうちたて、かくして支配秩序を再編成するための論理を力説するのである。こうして『愚管抄』によって顕密主義の国家と宗教との結合の論理はいっそう深められ、再生させられたということができよう。この場合、両者の関係は、「法爾自然」という仏法の論理に規定されそれなりに宗教的秩序理念におおわれることになるとはいえ、権力者に対して仏法者が優越するという論理はついにみられないことに、注意する必要があろう。

さて、これらの論議は単に個人的な思弁として開陳されたものでなく、基本的には正統派たる顕密主義と異端＝改革の諸派との、細かくいえばそのなかでのさまざまな立場における、長期にわたるかなり激烈な葛藤のなかで、展開したものであった。南都・北嶺などによる有名な告訴や圧迫のほかに、著名で真摯な顕密の学匠の論難があり、異端＝改革運動の論者たちは、人々に法を説きながらも、これら批判者たちとの厳しい論争の試練を経なければならなかった。そしてこのように、社会や国家の秩序＝理念の問題が国家と宗教との関係の問題に置き換えられ、それが国家と宗教とのあいだにでなく、宗教における正統派と異端＝改革派とのあいだの論争として展開したところに、日本中世の宗教が負わされていた国家の重さがあった。

それはいいかえれば、日本中世の国家が、実際、それほどにも宗教的であったということであろう。しかし注意しておきたいのは、それにもかかわらず国家権力が、異端＝改革運動に対して、ある程度までやや傍観的な態度にも似た寛容さを示していたことである。念仏者の横行を禁止するとか、「破戒」の異端僧を罪科に処するなどのことは確かにあったが、教義上の論争に介入したようなことはかつてなく、近世初頭のように為政者の判断で特定の宗派を弾圧したこともなかった。この一見公平にみえる態度は、おそらく顕密体制の独特の慣例に由来するものであった。顕密体制とは、個々の権門も国家機構も本来多種多様な宗教的権威に彩られているなかで、顕密各宗派が相寄って構成している体制であって、かかる体制においては、そのような主義としての一貫した原理――つまり顕密主義――はあるが、その枠内での学解＝教相については、国家権力は没論理的・妥協的な寛容の態度をよしとした。そして中世では大勢において、当事者である一部高僧と南都北嶺の衆徒らの「危険思想」についての喧しい指摘にもかかわらず、宗門史料でなく一般の社会・政治・文化の諸史料からみれば、実際には異端は社会の末端における悪僧や盗賊・浮浪人などの存在と同様に見なされており、(5)全体として顕密主義の正統的権威はゆるぎないものであったのである。念仏衆が「衆」であることには寛容であっても、権門的な諸宗と同じく「宗」を称することはついに公認しなかったのが、顕密体制の本質であり、中世の実情でもあった。結局鎌倉時代においては、京都・鎌倉を問わず国家権力の側からは、顕密主義を正統として確認し、武家が新たに加わって王法仏法の相依、神と人との相依が、さらに体制化したのである。

しかしこのことは、仏教革新運動がいかなる思想的達成をもなし得なかったことを意味するのではない。国家権力の体制と正統的宗教の座こそは基本的に変らなかったが、異端＝改革運動の基底にある澎湃たる民衆の願望に支えられて、普遍的な真実である「法」が、あるいは念仏者が、世俗の権力に絶対的に優越するという論理が提示され、顕密主義においてさえそのことが少くとも理念的に確認されるまでになったのである。国家と宗教との関係において宗教の優位性が明確に主張されたことは、日本の思想史においては一つの段階を劃することである。つまり、その宗教が専制君主の神権をふまえるものでなく普遍的な「法」としてのものである限り、それはアジア的社会構成における国家の権威の呪縛からの解放の、いわば第二の段階を意味するといえるからである。ただそれが、ここで全面的に確立したのではなく、珠玉の輝きをもってあとをとどめたものも、親鸞のように国家史の表面に現われない一部であり、大部分は慈円や日蓮にみるように王法仏法相依論の変形としてのものであった点に、達成の意義が現実には不明確で容易に後退もしてしまう弱点があったといわねばならないのである。

（1）『鎌倉旧仏教』(日本思想大系15)三二ページ以下。
（2）『親鸞』(日本思想大系11)二五九ページ。
（3）『天台霞標』三編巻之四(大日本仏教全書125、三七二ページ)。

（4） 戸頃重基『日蓮の思想と鎌倉仏教』（一九六五年）七八—七九ページ。
（5） たとえば鎌倉幕府法における念仏者の取扱いをみよ。佐藤進一・池内義資『中世法制史料集』第一巻鎌倉幕府法、追加法七五・九〇など。

6 異端＝改革運動の行方

鎌倉時代の仏教革新運動について、異端＝改革運動としてのあらましの輪廓を以上にみてきたが、最後にそれがつぎの時代へどういう展望をもつかを、整理しておきたい。

それについて、あらかじめふれておきたいのは、さきに第三期として区分しておいた一三世紀後期の問題状況である。この時期に新仏教運動家として現われたのは日蓮・一遍などであるが、この段階の運動は、第一期から第二期へ連続的に発展する運動を第一次とするならば、いわば第二次の運動ともいえるような新しい性格をもっている。この段階では、在地領主層の支配階級としての社会的地位はいちおうそれなりに安定して信仰形態としても氏寺の建立などがひろくみられ、したがってまた農民層にも新たな分化や自立がはじまろうとしていた。そのような状況に応じて、新仏教では念仏と禅の流行が時代の趨勢として注目されていた。それは『沙石集』などももはや庶民に相応なものとして認めざるをえなかった平易でしかも「専修」の——ただし余宗余仏を誹謗・排斥しない限りで——念仏と、新たに宋からの帰朝僧や渡来僧によって基礎をおかれた禅宗との普及である。けだしそこには、それらを受容する社会的階級的基盤の拡大のみでなく第一次の運動がはじまって以来の一世紀間の蓄積があり、守旧的立場からの依然たる論難にもかかわらずもはや阻止できない状態が、でき上っていたのである。他方、顕密主義の状況についてみれば、天台本覚法門のほとんど爛熟的な深まりと口伝諸流派の形成[1]、秘密念仏と真言陀羅尼の普及、神道説の発展、呪術的な戒律の盛行などが指摘できる。そしてこれら新旧仏教の状況のなかで、顕密体制の体制的統制力は弛緩しはじめており、衆徒の惰性的な強訴や悪行、玄旨帰命壇や真言立川流など頽廃的傾向が顕著になっていた。第二次の異端＝改革運動はかかる情勢を基盤に進行したが、同時にそこには、第一次の運動の諸流派が、いわば体制化しつつあったこと(2)も見落してはならないのである。

異端＝改革運動は、諸宗派がその教学の発展の系譜で説くような明確なものでもなければ、すべてが一様な途をたどるものでもない。実際それにはさまざまな推移や結末があった。周知のように法然の門流は、数多の分流を生じ、いくつかの流派は消滅した。その一流ともいうべき親鸞の門流もまた分流したが、いわゆる初期真宗教団の形成期では、教団の「掟」が不可避的に生まれ、(3)絶対他力の往生という教義と現世の規律との関係が原理的に問われ、「異安心」の数々が発生した。一遍の教団の場合はまたこれと異なる。彼のひきいる時衆の集団やそれに類似の集団の遊行念仏は一世を風靡したが、運動は熱狂的な奔騰ののち「我が化導は一期ばかりぞ」の言葉どおり、たちまち数派と個々人に分解した。また、禅および律の場合は、栄西・俊芿・弁円や明恵・叡尊などに明瞭にみられるように、新しい集団をつくるのでなく顕密主義との「兼学」「兼修」が著しい。つまり、異端＝改革運動は、「新仏教」「旧仏教」という二者択一の分類で展開するのでなく、正統＝顕密主義との葛藤のなかではるかに複雑な経過をたどるのである。だから鎌倉新仏教については、宗派的教義の見地による系譜論だけに拘束されることなく、異端＝改革運動として率直にその諸問題を見直してみる必要がある。そこには明白な異端から妥協的な改革までが連続的に含まれており、その異端と改革との差はときに紙一重にすぎないのである。

異端はいわば顕密主義からの逸脱であるが、しかし異端と改革との差は、宗派的分立の成否ということとは異なる。というのは、まず禅律諸派についてみれば、結局それは禅・律を標榜する新しい顕密主義に他ならなかった。いわば禅は本覚法門化した止観に代位し、律は真言陀羅尼に極めて親近なものであった。だからそれは顕密主義の一種の改革ではあったのだが、宗派として分立・独立するかどうかはまた別の条件が加わってきまったことであった。専修念仏の諸派は本来最も鋭く顕密主義と対立するものであったが、しかし大部分は体制内の単なる「衆」「流」として、顕密主義と妥協し、体制へ埋没した。ただ、一念義系の一部が異端として弾圧された。この諸派が「宗」となったのは江戸時代であった。また、日蓮門流の法華「宗」は、その折伏主義のため「法難」つまり異端としての弾圧を受けざるを得なかった。日蓮の主張が顕密主義とすべて根本的に異なる性格のものとはいえないことはさきにのべたとおりであるが、にもかかわらずかなり強烈強靱な異端となったのである。

異端＝改革運動のなかには、のちに宗派として確認されるまでにならなかったために、あるいは史料にほとんど跡をとどめないために、今日著しく軽視または無視され、または見失われてしまっている多数の「衆」や「派」や個人があったとおもう。立川流のように真言宗のなかの邪義として扱われるものも、むろん一種の異端であり、伊勢神道なども、主として真言宗系の両部神道説の延長線上に発生した一種の極論＝異説として――といってもあくまでも顕密体制内の説として受けとられていたのであるが――、やはり異端＝改革運動の展開のなかに位置づけられるものであろう。

異端＝改革運動は、隆替を重ねながら(4)、最終的には、――ヨーロッパ中世でそうであったように――宗教一揆そして「宗教改革」へと展開していく性格のものである。鎌倉期の仏教革新運動がそこにいきつくには(実は研究史上の一時期にはそうみなされたこともあったけれども)、それまでにまだかなりの年代と曲折を経なければならなかった。しかし、中世末期になって、異端のうちでも最も強靱な論理を秘めたものの系譜から一向一揆が発展して、顕密体制が終末をつげる条件をつくったのも、ゆえなしとしないのである。

（1）天台宗における恵心・檀那両流の成立は、実際にはこのころとみられている。大久保良順「恵檀両流に関する試論」(『大正大学研究紀要』第四八輯、一九六三年)。
（2）かつて私は、新仏教のこの時期の特色を権力との妥協・卑俗化とみたが(「鎌倉仏教における一向専修と本地垂迹」「中世国家と神国思想」、ともに本書所収)、異端＝改革運動としてみるときそこには一種法則的な体制化というべき一面がある。
（3）黒田「一向一揆の政治理念——「仏法領」について——」(本書三三一ページ以下)。
（4）応仁・文明ごろの天台宗における真盛の活動は、その最後の段階のものといえよう。

四　中世の神国思想

——国家意識と国際感覚——

顕密体制が中世国家と不可分の関係にあることを、いままで繰り返しのべたが、それでは、顕密主義の教説において国家意識ないし国際感覚が、どのような内容・論理さらに特質をもって表現され強調されていたか。それをここでは、中世の神国思想を検討するなかで考察してみたい。

いままでの神国思想の研究では、概して、神国思想をただそれだけとり出して、国家意識の現われとして論ずる傾向があった。つまり、それと不可分の関係にある諸々の分野の歴史過程、ことに神国思想の母胎あるいは本体ともいうべき顕密主義の動向や対外的・国際的な意識としての実情を具体的に追究するなかで、その一部として神国思想をとらえるのでなく、神国という言葉をいきなり蒙古襲来などの対外事件や建武中興などの政治抗争と結びつけ、しかもそれを「国民的自覚」として処理しようとしたのである。しかしここでは、神国思想を、そのような超時代的な民族固有の信仰や国家意識などの顕現としてではなく、また単なる政治的・階級的イデオロギーとしてでもなく、中世において支配的であった国家意識および国際感覚の問題として、その論理と特質を検討したい。結論めいた展望をいえば、ここでは神国思想は、思想的には顕密主義に本来的な固有のもの、その意味ではむしろ仏教的なものとして、性格づけられるとともに、歴史的には権門体制＝顕密体制の衰退状況における反動的な本質顕現現象として位置づけられることになろう。

1　中世の神国思想の問題性

ここに神国思想というのは、中世の諸種の文献に「それ日本は神国なり」と記されているような観念、その意味をごく普通にかつ簡略にいえば、「日本は神々の擁護する国」という程度の、かなり漠然とした観念を指す。そのなかには、単純に宗教的に神明の加護を信ずる程度のものから、種々難解な教説や特定の神社の霊威を説くもの、あるいは帝王の皇位と統治についてかなり政治的な主張を含むものまで、いろいろある。だが、神国の意味をそのようにひろげてしまうならば、そもそも日本では、書紀に初出して以降この昭和の年代にいたるまで、「神国」という言葉はどの時代にも存在したのであるから、その意味では、神国思想は超時代的存在であったといわねばならないことになる。しかし、このさい注意しなければならないのは、「神国」について述べたあまたの論著のうちでもなかんずく『神皇正統記』などが神国思想の代表的な論著とされてきたことにみられるように、中世のそれがいわば成熟形態をなすものとして、とくに重要な位置を占めていることである。しかもそのような神国思想が、われわれの体験したごく近い時代になおかつイデオロギーとして現実に作用する力をもちえたという事実は、中世の神国思想の、現代との奇妙な、しかし深刻な関連を示すものといってよい。もちろんそのことは、基本的には近代日本の天皇制国家構造の性格とナショナリズムの特質とによることであるが、それが日本の歴史の総決算の一つのかたちであったともいえるのであるから、いずれにしても、神国思想は日本の思想史において独特の意義をもっているといわねばならないのである。

そのような事情のために、神国思想は従来もいろいろな立場から論じられてきたが、それだけにかえって、神国思想を特殊な意義をもつ独立の観念形態として、それだけを歴史的諸条件から抽出し切離して考察するのが、とかく一般にみられた傾向であった。そしてそれには、いわゆる神道を日本固有の超時代的存在とみる見方が、密接に関連していた。神道を日本固有の、仏教・儒教などとは別にどの時代にもつねに独自に存在したものとみるこの態度は、近世の国学によって一個の思想として創出されて以来、明治以後の国家神道や皇国史観はもとより、「新国学」を称する日本民俗学や現代的思想史家の日本文化論にいたるまですべてに共通した、抜きがたい伝統的発想形式となっているが、神国思想もまた、そのような発想に基づいて設定された神道思想史の流れのなかに追跡されてきたのである。そこでまず第一の立場として、つぎのような見解が成立した。すなわち、中世における神国の思想は、それが神仏習合など時代の汚濁にいかにまみれていようとも、庶民信仰の基調たる神祇崇拝に根ざす一種の土着的宗教観念とみるべきものであり、その露頭した一形態である、というものである(1)。

これはこの限りでは、客観的態度にもとづいた宗教史的あるいは思想史的見解ではあるが、一つの独特の価値観を前提にしていることを自覚すべきであろう。すなわちそこでは、本来「神道」は仏教とは別の信仰ないし宗教であったのだから神仏の区別＝分離こそが本然の姿であるという思想的価値判断が容認されており、それゆえに「神道」を独自の存在として全歴史過程におけるその変遷を追跡することをそのまま歴史把握の基軸にしているのである。しかし、歴史上の古い形態こそが「本然の姿」でありあるべき姿であるとするのは、幕末維新期以後の「上からのナショナリズム」の主張であったにすぎない。そのように「神道」の独自の価値を主張するのはいまでも論者の自由に属することであるが、それと、歴史上客観的に独自な存在であったかどうかとは、別問題である。上述の客観的学問的な諸見解が近代の民族主義的極論に明確な批判を示しえなかった理由は、この点の曖昧さにあった。

国学以来のこのような伝統的発想のなかから、神国思想についての第二の見解が成立した。すなわち、日本の神国思想の完成形態は『神皇正統記』であり、その基本精神はいまもって鑑とすべきものであると主張する体《てい》の、中世の神国思想を、近代的な国民＝国家意識と同次元の国家意識として扱う立場からの見解である。(2) そしてその情熱に支えられて、「古典」の書誌学的研究などに一定の成果が蓄積されてきたことは周知のことである。だがそれとともに、このような見方には、国家の歴史の具体的内容を追究する態度も方法もなく、また「神道」のもつ宗教性を感知するだけの思想性を欠いているかないしはその指摘が意図的に回避されており、その非近代性・非学問性はおおい難いといわなければならない。国家について、宗教について、そして歴史についての視座の確かさが、神国思想を論ずるについては、ことのほか厳しく要求されるのである。

これにたいして、神国思想を本質的に一種の宗教的な思想ないし意識とみるだけでなく、さらに歴史的段階規定を加えて、前近代的な本質をもつものとして、客観的に把握する立場がある。鎌倉新仏教こそが中世的宗教を代表するものであるとみる通説に従って、それと対立的である神国思想を、本質的には古代的な権威と結合した思想とみる説(3)は、その一つの例である。しかしながら、幕府や武士層に神国思想の表明がみられることから、反対にこれを中世的な世界観の一端に位置づける見解(4)が出たのももっともなことであって、所詮このような評価は思想それ自体の性格分析に基づくというよりは関連する政治権力の性格把握に依存した立論であるために、思想史的な規定としては不安定さを免れないわけである。

神国思想が基本的に宗教の論理に支えられている宗教的政治思想であるところから、そのイデオロギーとしての論理の構造を分析して、それが反動的・なしくずし的ながら中世的本質をもつと規定する見地[5]は、右のような諸説——近代的な国家観念と同一視する説を含めて——の克服を意図するものであった。そしてそれは、神国思想の前近代的な本質と日本中世的な特殊性を指摘する点で、一定の意味をもつものではあった。だがそこでは、国内的・階級的なイデオロギーとしての意味だけが重視され、国際的な契機や対外的態度における神国思想の役割の評価が不充分であった。したがってそれは、イデオロギー的抗争の一部を解明するものではあっても、国家意識や国際感覚の解明にはなっていなかったといわなければならない。国家や国家意識というものは、国内の階級対立の範囲だけでは、つまり対外的な契機の媒介なしには、具体化しないことに留意していなかったのである。

だがそれでは、現実に日本中世において、神国思想について国家意識としての役割を論ずるに価するほどに、基本的に、国家の観念が成立する事情があったであろうか。中世に関しては、単に国家の存在にふれるだけでもいくたの配慮が必要とされる[6]が、それ以上に国家の観念を論ずるには、当然よりいっそう立論の妥当性が問われなければならない。客観的に国家としての諸関係が存在していることと、国家についての観念や思想が存在するありようとは、必ずしもパラレルではない。そこで、それについてさしずめつぎの三点を確認して、ここでの考察をすすめることにしたい。

日本中世における国家観念成立の基本的契機として第一に考えられるものは、普遍的(＝世界的)理念の実現へのいとなみとして国家を標榜しまた期待する必然的傾向である。それは基本的には封建国家の一般的傾向に基づいている。すなわち、階級対立と領主相互間の抗争という封建社会の基本矛盾を「止揚」するものとして、個別的な領主支配を超越するものとしての国家が存在したが、この国家はおおむね先行する国家の権威を前提とし、それに結びつく形で自己の国家観念を発展させた。日本中世について具体的にみれば、権門体制のもとでの帝王(国王)の観念＝権威にそれがみられるのであって、(7) いわゆる「王法」という観念が、直接的に現実の政治権力を指すのでなく、普遍的な正理と秩序を意味する理念であったことは、さきにのべたところである。

第二に、東アジアの国際関係という契機があった。中世の「日本国」にとって、東アジアの「国際」関係とは、のがれることのできない所与の条件であり、しかも大勢としては基本的に他律的なものでありながらも、そのなかに一構成部分として参加しつつ自己形成をとげた世界であったから、そのなかで、ともかくも震旦・本朝などという「国家」についての観念(8)が成立したのは当然であった。ことに、一〇世紀以後の、日本もその一要因である東アジア世界の変化、つまり古代的な冊封体制の弛緩によって相対的独立性を獲得する条件が成熟したことは、自国の独自性についての意識を生み、さらにきわめて稀なことであったにせよ、刀伊の入寇、蒙古襲来、応永の外寇等々の事件が、異国との抗争や対立の意識を生んだとしても、不思議はない。喧伝され記録されて伝えられている異国観・自国観が日本の人民にとってどれだけ一般的なものであったかについては、もとより検討が必要であるが、「国家」の観念が成立する契機は、たしかに客観的に存在したのである。

第三に、支配体制のために、ことさらに国家イデオロギーが登場する事情があった。それは、一つには政治権力者が自己の権威を強調する必要からであった。日本中世のようになしくずしの封建化が進行し、権門体制という伝統的権威への依存を特色とする支配構造がつくりあげられた場合には、単に、いつの時代でも支配の装置として国家が権威を必要とするという理由だけにとどまらず、また、一般に封建国家において領主階級の階級的連合が王権を中心に段階的に国家の機能と権威とを増大させていく傾向をもつという理由にとどまらず、とりわけ支配秩序の伝統的権威が守旧的・反動的に強調されねばならぬ理由があったとおもう。つまり、国家イデオロギーは、当初からしかも段階的に危機が深化するに従ってなおさら、強調されざるを得なかったのである。しかしこの点では、他にもう一つ、正統的宗教すなわち顕密主義がその国家イデオロギーを増幅するという事情があったことに、注意したい。顕密主義が、その密教的本質から、国土の神聖視を基礎にした王法仏法相依の論理を強調したことは、すでにのべた。しかもそれは、異端=改革運動が発展すると、反動的にことに強調され、また「神国」の語も、新仏教諸派への非難のなかで必ずもち出されたのである。(9) このようにして強調された「国家」観念が、どれだけ現実の国家のリアルな認識たりえたかの問題こそが、ここでの課題であるが、支配階級が「日本国」の秩序と権威とを強調し、「国家」についての観念の樹立に意識的に努力しなければならなかった理由は、その支配の特質のなかにもあったのである。

中世において国家という観念が成立する契機は、すくなくともこれらの点で確認できるとおもう。そして神国思想は、そのような現実の諸条件の上に成立する自国についての意識のすべてを表現するものではなかったにしても、その特徴的な側面の一つをあらわす形態であったと、みられるのである。

(1) これはいわゆる神道史家に一般にみられる見解である。日本民俗学の諸研究もその点では同様であることは、いうまでもない。
(2) たとえば山田孝雄『神皇正統記述義』(一九三二年)、平泉澄「神皇正統記の内容」(『武士道の復活』一九三三年)など。
(3) このような見地は現在も行われているが、黒田「鎌倉仏教における一向専修と本地垂迹」(本書一九一ページ以下)もまた、かかる見地に立つものであった。
(4) 永原慶二「中世の世界観」(河出書房『日本歴史講座』第三巻、一九五一年)。
(5) 黒田「中世国家と神国思想」(本書二五三ページ以下)。
(6) 石井進『日本中世国家史の研究』(一九七〇年)序章のうち「付、日本中世国家論の諸問題」。
(7) 「国」「国王」などの観念があったから国家が存在したというのではない。そのような観念を成立させる基礎にある現実の諸関係こそが、いかなる「国家」であるにせよ、国家の一形態として把握する他ないものであると考えるのである。

(8) このような観念の主要な内容は、いわば国土の意識ともみるべきものであるが、だからといって、そこに地域的な意味だけしかみず、国家観念としての側面を一切否認するのは、かえって不正確であろう。

(9) 黒田「中世国家と神国思想」(前掲)。

2 中世の神道説の成立

中世の神国思想は、いわゆる神道説と不可分の関係にある。しかも、まず当時一般に「神国」という明確な観念があってそのために種々の神道説が起ったのではなく、「神」についての雑多な教説が「神道」という名目のもとにくりひろげられたなかで、その一部として、「神国」ということが日本の特殊性として語られるようになったのである。したがって中世の神国思想を検討するには、あらかじめそのような神道説の宗教史的性格をみておく必要がある。

神道説つまり神祇についての教説がいろいろ現われはじめるのは、平安末期から鎌倉中期にかけての時期であろうといわれている。すなわちこの時期にいわゆる両部神道や日吉(山王)神道・三輪神道などの説が現われて、やがて鎌倉中末期から南北朝期にかけて大いに発達し、さらにそのころにはいわゆる伊勢神道説も勃興してきたのである。つまりこの時期に、神祇についての人々の関心がなにか特別のたかまりをみせたということであって、そのような関心のたかまりの基盤や契機やその内容ないし意義を明確にすることが、神道説の歴史的性格を把握することにほかならないのである。

ところで、その点について今日まで普通に説かれているのは、おおむねつぎのような見解である。すなわち、神道説には仏教的色彩の濃厚なものも多いが、全体を通じて、人々の意識や思想が仏教思想から次第に脱却する方向をみせており、神主仏従の主張を含むものから、なかには神道は日本固有の民族的なものとの自覚をもつものも現われている、と。そして、そのような思想動向が現われる理由として、元寇や建武中興などの対外的および国内的危機が主要な契機として強調され、あるいは中世における武士や庶民の社会的擡頭が新しい基盤として指摘されたりしたのである。

通説的見解におけるこのような指摘は、小論にとってきわめて重要な問題を含んでいる。すなわち第一に、中世の神道説の内容やその発達が、客観的にみて仏教にたいする対立的な契機を含むとすれば、顕密主義の展開の歴史において神道説はどういう位置を占めることになるか、第二に、神道説がそのようなものであれば、ひいては神国思想が中世の国家意識における「固有信仰」「民族的自覚」(1)「日本人の意識の古層」(2)等々の表出を意味するものであるかなど、核心的な問題を含むからである。したがって、ここでの考察の重点もここにおく必要があるとおもう。

けれども、神道説といっても種々雑多である。なかでも両部神道や日吉神道はこの時代の代表的なものであるが、しかしそれらは真言密教または天台教学を基礎とし、むしろその教説の一部でさえあるから、右のような意味で考察するにはかえって不適当であろう。だがこれに反し、いわゆる伊勢神道は、むしろ仏教を斥けたものとされており、この神道説あるがゆえに一般に神道説発展の基調に神主仏従ないし仏教離脱の傾向があるとみなされているものである。したがってここでは、伊勢神道についてその特色とするところを検討するのが、最も適当であろう。ただしそのためには、はじめに伊勢神道説なるものの範囲を明確にしておく必要がある。鎌倉中末期以後度会氏を中心に展開された神道説は、その長期にわたる展開のあとをみても同じ時期の人物や文献をみても、種々異なる表現がみられるだけでなく、ことに仏教思想を混在させたものが多々ある。そのさい、それが現実である以上、しばしばなされるように、今日の神道の教義の立場からみて外的影響や論理不徹底のための夾雑物とみなされるものを除去して、対象の範囲をあらかじめ限定するようなことは、正当な手続きとはいえないとおもう。このことについては、なおこのあとでも具体的にふれるが、大前提となるべきことなので、とくに注意しておきたいのである。

伊勢神道について、第一に注目したいのは、神および神徳についての説である。伊勢神道説では、神というとき一つにはいわば神一般を論じ、もう一つには伊勢両大神宮を指すという二つの面がある。この両者それぞれの内容と関係は、たといそれについて今日整序的な解釈学を展開することが可能であるにしても、本来決して明快なものではない。けれども、まず『倭姫命世記』の託宣に、「心神ハ則天地之本基《モト》、身体ハ則五行之化生奈利(3)」とある「心神」などは前者の例であって、これを『御鎮座伝記』の倭姫命託宣に「人乃チ天下之神物也、莫《ナカレ》レ傷ニ心神《ヲ》一(4)」とあるのと合わせ考えると、心神とは身体のなかの神であり、それを天地の本基として重視するという一種の唯心論的な主張であることがわかる。後者つまり大神宮については、天照大神を日神あるいは地神第一代とし皇祖神としていることはいうまでもないが、その性格は、それゆえに神々のなかでの最高神とされる。『神名秘書』には両大神宮を「則為ニ無上之宗霊一、而尊無《コト》レ与《ト》レ二、故異《ニ》ニ於天下諸社一、是則天地精明之本源也(5)」とあって無上・無二であり本源であるとされ、また書紀などの記述とあいまって、「天地之元初」「混沌之始」とも関連させて説かれている。だが、この「本源」「元初」を強調する論理が、さきの『倭姫命世記』の託宣の句のつづきに『元《トシテ》レ元入《ヲ》ニ元ノ初《ニ》一、本《トシテ》レ本任《ヲセ》ニ本ノ心《ニ》一与』とあるように(6)、ここに、「心神」の唯心論的説明と同じ趣旨であることは、明らかである。そして、すでに指摘されているように、ここには、儒家・道家および五行説などの句をかり、これに付会したあとが、明瞭にみられるのである。

ところで、天照大神についての右のような説明から、これを大日如来に結びつける説が行われたことは、周知のところである。けれどもそれは、伊勢神道では、両部神道や日吉神道のように伊勢を大日の垂迹とするのではない。渡会常昌の『大神宮両宮之御事』に「大日ニハタマシイナリ」「此神ハ大日如来ノ霊ナリ、故ニ此神ニハ本地ナシト申也(7)」とあるように、さきの唯心論的な元初・本源の強調と同じ論理でとらえられていることに注意しなければならない。そして、このような論理の形式は、雑駁ながら伊勢神道の諸書のすべてに通ずる特色として、指摘できるとおもわれる。

だがさらに注目すべきことは、こういう論理を展開するについて右の『大神宮両宮之御事』が、「内外宮ヲハ本覚神ト申也。八幡大菩薩等ハ、仏法ヲ悟テ本覚ヲアラハス故ニ、始覚神ト申ス也。出雲ノ大社ハ、元品ノ無明也。故ニ実迷ノ神ト申也」[8]とのべていることである。これは、『中臣祓訓解』が、濃厚な密教の本覚思想の立場から、「凡《ツ》世界《ハ》自《リ》レ本本覚也。自レ本無明也。本《ハ》亦法界也。本《ハ》是《レ》衆生《ナリ》。本《ハ》仏也。本《ハ》神也」[9]「凡《ツ》天神地祇一切諸仏惣《テ》三千即一《ニシテ》而本覚《ノ》如来皆悉《ク》一体無二也」[10]「故《ニ》則《チ》伊勢両宮者、諸仏諸神之最貴、異《ナル》二于天下《ノ》諸社《ニ》一者也」[11]と説いて、諸神を、本覚・不覚・始覚の「三等」に分類しているのを承けたものであることは、疑いない。つまりこの論理が、仏教の本覚思想の論理に一致していることは、明瞭であろう。

伊勢神道が本覚思想と関連をもつことについては、すでに先学によって指摘されているところである。[12]しかし問題はその関連の内容であり歴史的関係であって、その点については神道史家の研究傾向とも相まって、まだ深められているとはいい難い。それゆえここでは、すでに指摘されたことと重複する点もあるが、要点について一通りのべておきたい。

伊勢神道と本覚思想とのかかわりが、きわめて本質的なものであることは、伊勢神道において神の基本的特性として強調される「清浄」の観念にも明らかである。『中臣祓訓解』は、本覚の神たる伊勢大神宮を、「本来清浄《ノ》理性、常住不変《ノ》妙体也」[13]と説明しているが、それというのも、清浄とは、『大乗起信論』に『清浄《ナルコト》　如《シ》二虚空明鏡《ノ》一」[14]とあり、『仁王般若経』本行品にも「自性清浄名本覚性、即是諸仏一切智智、由此得為衆生之本、亦是諸仏菩薩行本、是為菩薩本行修行」の文があるように[15]、本覚の性であるとされるものだからである。だから、『中臣祓訓解』につづいて伊勢大神宮を本覚とする密教系の諸書、すなわち『両宮形文深釈』[16]や『大和葛城宝山記』[17]などには、伊勢と本覚と清浄を結ぶ主張が随所にみられるのであるが、『大神宮両宮之御事』に付せられた第二の「口伝聞書」にも、「高野大師御記意云」として「本覚神」を説明してこれを清浄とし、「大神宮法、清浄為レ先、正直為レ勤、是清浄也」と説いている。[18]伊勢神道で、清浄とならんで強調される正直というのは、『大神宮両宮之御事』が別のところで「機前無教、疾前無薬、此両神ヲ正直捨方便ノ神ト申」[19]といっているように、直接的に大日の「タマシイ」として元初を示すゆえに『法華経』方便品の「於二諸菩薩中一、正直捨二方便一、但説二無上道一」[20]に拠って正直の徳がいわれているのであるが、同時にそれは神の清浄に通じる意味もあることが、右の聞書に示されているのである。『神道簡要』に「凡神者以二正直一為レ先、正直者以二清浄一為レ本」[21]と述べているのも同様である。だから清浄とは神の本性に由来する絶対的価値であり、これに対応して、正直とは神の人間に対する態度、したがって人間の規範または徳目を意味するものといえるが、所詮ともに本覚の性質と不可分のものであるとみなければならない。そして、これらの価値あるいは徳をあらわす言葉が、他方にまた頻出する「精明之徳」や「霊気」や「無為」にも通じ、さらにそれが潔斎の重視に関連していることも、いうまでもない。

それでは、このような伊勢神道における本覚思想との論理の一致もまた、よくいわれるように便宜的な付会のために本覚思想を借りたにすぎないものであろうか。別のかたちでいいかえれば、伊勢神道におけるこのような論理は、根本は日本固有の思想に基づくものであろうか、それとも儒家・道家などの思想によるものであろうか、または仏教の本覚思想によるものであろうか。これもまた慎重な手続きを要する問題であるが、私は結論としては、日本中世における本覚思想の高揚の風潮によって出現した論理であろうと考える。

それは、第一にこれらの諸書の成立の順序からみて推定されることである。これら諸書の成立年代を確認することは容易ではないが、『中臣祓訓解』『両宮形文深釈』のあとでいわゆる五部書が成立し[22]、そして『類聚神祇本源』や『豊葦原神風和記』にいたるとみるのが妥当であろう。これからすれば、本来密教に基づいて本覚思想の一つの適用として伊勢両宮の無二の尊厳性が説かれたものというべきであって、いわゆる五部書の類から以後に、表現としては仏教的字句を抑止して同じことを儒・老・五行などの字句で修飾するようになったものとみられるのである(字句として仏教的表現を抑止した理由は、あとで説明する)。

第二には、仏教的表現を避けていても、同じ時代にそれと並行して、また後世までも、本覚思想による伊勢神道の理解があったことが確認できるからである。渡会家行の『類聚神祇本源』がそのことを明瞭に示しているが[23]、この家行と同時代で、かつ「皇道」を強調した『豊葦原神風和記』の著者慈遍と親交あった渡会常昌が、『大神宮両宮之御事』で先述のように本覚神の説を展開しているのは、その顕著な例である。またそれに書き加えられた口伝聞書[24]や文明十三年の『元長参詣物語[25]』などは、室町時代においても伊勢神道では本覚思想が理解の根底にあったことを推定させる。もともと老荘や陰陽五行説と本覚思想、それに記紀の天地創造説話とは、すでに中国および古代の記紀撰述段階である程度交渉をもっていたのであるから、鎌倉時代の段階での一方から他方への影響を論証することは、概して困難であるが、鎌倉時代の宗教思想によくあるように、むしろそれら諸思想に本来親近性があったがゆえに、字句の借用や付会が可能であったとおもわれる。そして、鎌倉時代の宗教思想の一般的傾向からみても、また両部神道からの展開のあとをみても、伊勢神道は本覚思想の高揚の風潮を背景にその特殊形態として出現したもので、したがって付会も無方向な単なる字句の弄びでなく、本覚思想に沿ってなされたものとみなければならないのである。

もちろん、本覚思想の一形態とはいっても、さらに綿密に検討しなければならない点は多々ある。「混沌之始」や「無相無為」を、ただ元初ということで本覚に結びつける程度の論理では、『大乗起信論』にいう本覚と無明におわれた不覚との区別も明確でなく、したがって『中臣祓訓解』よりも後退した粗雑なものにならざるをえないだろう。また、本覚・始覚の論は、本来もまた当時の天台本覚法門などでも、もともと認識の主体の覚醒の態度にかかわる問題であったのに、ここではあたかも仏身論の展開にみるように、本覚神という概念によって、本覚が始覚・不覚と別箇の存在として対象化されている。また『神名秘書』では、神を身体内の五臓の神と説く道教の養神説を援用して神明のやどる五臓を清くすべきことを註しているが[26]、このような説明は、天台系本覚思想の『真如観』や『菩提集』がいわゆる本覚讃(蓮華三昧経の偈)によって「一切衆生ノ胸ノ間ニ、八分肉団有リ、八葉ノ蓮花ニ形ヲ取レリ、此ヲバ蓮華ト名ク、此蓮華ノ上ニ、胎蔵界ニハ八葉九尊マシマス、金剛界ニハ三十七尊住シ給ヘリ」[27]などと説いて、本覚を実体視する即物的な論を展開しているのと、まったく同巧・同次元の認識であるといえる。このような論理が、日本中世の本覚思想の展開のなかでどういう位置を占めるかについては、さらに考察が必要であるが、本覚思想の高揚・爛熟の時代的背景のもとに一種の絶対神信仰めいたものを説いている部分がある点はことに注目すべきことであると思われるのである。

(1)　「固有信仰」「民族的自覚」などの表出とみる見地については、五一〇ページ註(1)(2)参照。
(2)　丸山真男「歴史意識の『古層』」(丸山真男編『歴史思想集』〈日本の思想6、一九七二年〉解説、第一章)。
(3)　大神宮叢書『度会神道大成』前篇、七八ページ。
(4)　同右、一八ページ。
(5)　同右、二〇二ページ。
(6)　津田左右吉「いはゆる伊勢神道に於いて」(『日本の神道』一九四九年、第四章)。
(7)　前掲『度会神道大成』前篇、四六七ページ。
(8)　同右、四六八ページ。

(9) 『弘法大師全集』巻五、一六七ページ。

(10) 同右、一七八ページ。

(11) 同右、一七九ページ。

(12) 宮地直一「大神宮両宮之御事に就いて」(神宮祠官勤王顕彰会『建武中興と神宮祠官の勤王』一九三五年)、西田長男「神皇正統記の本地垂迹思想」(『神道史の研究』第二、一九五七年)など参照。このうち西田氏はことに本覚思想との関係を強調しているが、西田氏の説では本覚思想とはいっても、すでに本稿で指摘したような密教との関係においてよりは、むしろ天台の本・迹の論や浄土教・禅宗などの傾向を一括して直接的に本覚思想として理解するものであり、さらには、仏教は始覚門以外になく、本覚門が盛んになること自体いわば神道的発想に他ならぬとする判断があるようである。これは一見、仏教の本来の立場の理解に立つ論であるようにもみえるが、密教と本覚思想との密接な関連を考えると、そうはいえない。西田氏は、「神道」の主体性と主導性を強調したいために、中世仏教の教理上の展開がすべて「神道」に発するものであるかのような倒錯した論理をあえて推し進めているのである。日本における独自的な思想の展開のすべてにまで「神道」を拡大しようとする、宏遠な「日本思想」的発想が、そこにある。

(13) 『弘法大師全集』巻五、一七九ページ。

(14) 『大乗起信論』実叉難陀訳(新訳)。

(15) 田村芳朗『鎌倉新仏教思想の研究』三七一ページ参照。

(16) 『弘法大師全集』巻五、一四六ページ以下。

(17) 『大日本仏教全書』寺誌叢書、四。

(18) 前掲『度会神道大成』前篇、四七一ページ。

(19) 同右、四六七ページ。

(20) 岩波文庫版『法華経』上、一二八ページ。

(21) 前掲『度会神道大成』前篇、四八七—四八八ページ。

(22) 久保田収『中世神道の研究』では「御鎮座本紀—両宮形文深釈—宝山記の順序で成立した」とされているが(二四九ペー

ジ)、前二者の前後を決めるための比較分析(二四八ページ)は、あまり説得的ではない。かえって、両宮形文深釈の「本覚常住之心蓮台之上現」の句の方がいわゆる『本覚讃』(蓮華三昧経の偈)に近く、これを御鎮座本紀の「諸神化生之心臺」の句の修正とするのは困難であろう。

(23) たとえば「天宮篇」(前掲『度会神道大成』前篇)五五三ページ以下参照。

(24) 前掲『度会神道大成』前篇、四六九ページ以下。

(25) 同右、八一九ページ以下。ことに末尾に蓮華三昧経の偈が付記されていることに注意。

(26) 同右、一八〇ページ。

(27) 『真如観』(大日本仏教全書33)六五ページ。『菩提集』(同上)七五ページにも同様の記述がある。けだしこのような即物的な発想は弥陀命息観や玄旨帰命壇の思想に通ずるものであろう。

3　神道説と仏教

ところで、伊勢神道が本覚思想の一形態として成立したとすると、そのことと、伊勢では仏法を厳重に禁忌したという周知のこととの関係は、どのように理解されるであろうか。

伊勢で仏法を忌むということは諸書に頻出することであり、その状況や理由づけの説なども種々挙げることができる[1]が、代表的でかつ本源的とみられるのは『倭姫命世記』の託宣にある「屏《カクシテ》二仏法《ノ》息《ヲ》一、奉《ツ》レ再‐拝神祇一礼」[2]と、『御鎮座伝記』の倭姫命託宣の「故神人守《ハリ》二混沌之始《ヲ》一、屏《カクシ》二仏法之息《気ヲ》一、崇二神祇《ヲ》一」[3]の句である。この「屏仏法之息」の句には「屏息」「屏気」という熟語の意味がかけられていると解せられるから、当然「仏法を恐れ慎しむ、しりぞける」という意味を読みとるべきであろう。しかしそれは、仏法を排斥し否定する意味かというと、そうではないようである。というのは、「仏法之息」の語を仏教の概念として解釈すれば、「息」とは、当時の真言念仏や弥陀命息の思想などにみられるように、密教で生命の本体と説くものであり、[4]したがって「仏法之息」とは自己の呼吸する仏法的な生命のあかし、その息づきを意味するのである。「屏」は、古訓がすべて「カクス」と読ませているように、[5]そのような仏法の息づきをおおいかくすということであろう。したがって、これは仏法者としての自己をことに意識しつつ、その生命として出入する息を神前・神域ではとくにおおいかくすという作法・態度をいうのであって、仏法を外からの対立的・異質的なものとして禁忌・排斥するという単純なことを意味するのではあるまい。そしてそのことは、当時の渡会氏の仏教にふれた諸々の著作や一般の人々の伊勢に対する態度をみても明らかなことである。通海の『大神宮参詣記』には、「本来真女《マメ》ヤカニ神慮ニ仏法ヲ忌セ給フトハ思ヒ給ハス。(中略)内ニハ仏法ニ帰シ、外ニハ禁制ノ式ヲタカヘ給フ事ナシ」[6]とあり、『沙石集』にも「外ニハ仏法ヲ憂キ事ニシ、内ニハ深ク三宝ヲ守リ給フ事ニテ御座マス故ニ、我国ノ仏法、偏ニ太神宮ノ御守護ニヨレリ」[7]とある。伊勢神道説としては傍系の述作であり、また、心の内外を形式的に論じているので、「屏す」という作法にはらむ緊張が欠落して平板な論理になっているけれども、やはり右のような仏教との関係をいうものであろう。

それではなぜそのように「仏法の息を屏す」必要があるかというに、かの第六天の魔王の説話などを別にすると、さしずめ『豊葦原神風和記』[8]の説などが、比較的に明快に整えられたものの一つである。慈遍がそこでいっているのは、要するに神道は天地未分の混沌=本源のものであり、仏法はその後の我相憍慢の猥りな心の段階のものだという時間的段階論であり「濁世末代」観である。ところが、神道と仏法とがそれではまったく別のものかというと、『宝基本記』を引いていうように「神道ヲ仏法ニユヅリタマヘリ、サレバ仏神ノ恵、全ク同ジクシテ真俗ノ道、更ニ異ルコトナシ」「如来ハ神明ニ替リテ世ニ出坐ス、神明ハ如来ニ譲リ託宣ヲトヾメ玉ヘリ」「仏神内証同一ニシテ而モ化儀各別也」[9]という関係であるとする。すなわち神・仏は時間的段階差をこえて本質は同じものなのである。それは『大神宮両宮之御事』で渡会常昌が、内宮は大日如来のたましいであり、仏法はその大日如来の流出であるから、伊勢では仏法僧は無用である、つまり仏法を悟ってはじめて本覚をあらわす八幡など始覚神と異り、正直捨方便の本覚神であるとしているのと、完全に対応している。すなわちこの場合はいわば論理的な序列として本覚から始覚への等級が設定されており、それがさきの時間的序列における混沌から濁世への段階に対応し、さらにともに神(神道)と仏(仏法)に対応して考えられているのである。『神名秘書』も「或書」として引用している『神祇普伝図』なるものには、「是則天地精明之本源也、無相無為之大祖也、故不レ起二仏見法見一、以二無相鏡一、仮表二妙体一也」(10)とあるが、この表現は道教的で文意はかなり晦渋ではあるけれども、その「仏見法見を起さず」とする理由は同じ論理に基づくといえるもので、しかも「妙体」の語などは本覚の性を指すのにつねに用いられているものに他ならない。したがって、伊勢において「仏法を忌む」とされる理由は、逆説的ながら、本来これもまた本覚思想に基づくものであり、そういうものとして理解されていたということができるわけである。

だから、こういう論理を、今日通説化しているようにいきなり「神主仏従」とみるのは正しくない。「此神ハ大日如来ノ霊ナリ、故ニ此神ニハ本地ナシト申也」(11)しかもそれゆえになおさら「仏事門中ニハ不レ捨二一法一、仍日本ニ仏法モ盛ニ流布スルナリ」というのであるから、「屏二仏法之息一」というのも、仏法隆昌の根本を保証する伊勢両宮の特殊性をいうのである。「此神ニハ本地ナシ」であって、神一般と仏一般の関係をいうのではなく、一般的関係を逆転させる「反本地垂迹」の主張でもない。それは、一般には本地垂迹の関係で理解されている神仏の世界のなかで、伊勢両宮だけが、権社(始覚神)でも実社(不覚・実迷神)でもないまったく別格の特殊な位置にあることを本覚思想に依拠して主張するものであって、八幡・山王・春日・天神などでそれぞれの神徳がいわゆる社家神道として説かれたのと、同じことなのである。

「仏神内証同一ニシテ而モ化儀各別也」と慈遍がいうような神仏関係は、ひろくみれば中世の宗教において一般的に原理とされていたといってよいが、しかし「化儀各別」が伊勢両宮ほど厳重に行われたところは、おそらく宮中の賢所(内侍所)など少数例を除いて、他にはなかったとおもう。それは、客観的な歴史的経過からいえば、古来の神秘的慣例が墨守されてきたなかで、結果としてそのようにのこったという一側面をもつが、しかし三千世界森羅万象が仏法によって統一的に理解されるものと堅く信じられるようになっていた中世では、伊勢が仏法を忌むという化儀＝儀礼をもつことは、所与の、一つの不可思議であった。「誠に神道のこと測り難し」という言葉は、神仏習合がもたらした当然の単純な矛盾に原因する言葉であるが、同時にそれはその矛盾を解消するための困難と辛苦を、神秘化によって巧妙に止揚した言葉でもあった。同様に伊勢における宗教儀礼の「非仏教的」孤絶も、きわ立った不思議であり神秘であるとされなければならなかった。それは単なる不可解ではなく、まして不完全や外道などではなく、神秘性を発揮するための積極的な意味をもつものに転化していた。伊勢はそのことによって、今日しばしば誤解されて大勢についての倒錯した判断の根拠にされているように、反仏教的な方向へ先進的に突出していたのではなく、反対に時代の大勢たる本覚思想の特殊個性的な儀礼の形態としての立場を、みごとに獲得することになったのである。(12)

伊勢神道がこの時代に「神道」でありえた理由は、まさにこの点にあった。伊勢神道は、両宮の個別的由来を説く以外には、すでにのべたように宗教思想として新たなにものを創唱したわけでもなく、実にただ儀礼の独自な特色を発揮したに過ぎないのである。しかし、「神道」とは、そもそもそういうものである。もともとそれは、ひろく無限定な「汚穢」のたたりへの畏怖を本来の特色とするが、『中臣祓訓解』が巧妙に祓を密教の呪術として消化し切っているように、(13)それはたやすく本覚の清浄の論理に吸収される程度のものであり、のこるものは儀礼＝作法＝化儀の独特の形態だけである。したがって、神道なる言葉でいわれる独立の宗教は現実には存在しなかったのであって、あったのは儀礼の系列だけである。換言すれば、いわば禁忌の儀礼の神秘的演出の体系こそが「神道」の名で呼ばれるものであったのである。そして伊勢神道についてもこのことは何の変りもなく、むしろ一つの典型であったといえる。伊勢神道はたしかに「非仏教的」な儀礼のゆえにこの時代としては異例の存在であったが、それゆえにそのことが仏教の特殊な一部とみられていたことは、『沙石集』のような当時の説話や若干の参詣記など周辺からの扱いに、たやすくみてとることができるとおもう。(14)

渡会家行は『類聚神祇本源』において、漢家・官家・釈家・社家など各種系統の説を列挙するとともに、跋文において、「神道」と「仏家」とは同名異体であるとし、「有レハ二形位一分レテ為二仏神一ト、泯スレハ二形位一ヲ性相惟レ一ナリ」(15)と論じている。仏と神が対立的に二つになったというのではなく、同じものの二つの現われであり、異なった対立物が一致するというのではなく、ただ「仏家」と「神道」とが相対的独自性をもつとされているのである。したがって、伊勢神道は、天台宗や真言宗の神道説から離れもしくはそれに対抗して、独自の神道説を立てようとしたとはいえても、仏教思想から離れて独自の神道説を立てようという意図の下に形成せられたと評するのは、(16)当を得ないといわなければなるまい。まして、伊勢神道が仏教その他の思想的影響から神道を守り、その独立をはかろうとしたものであったとする、(17)今日の神道の立場からの評価は、近世の国学以来の、そして明治の国家神道による生木を引裂くような分離によって創出された「日本古来の『神道』への信仰」に基づく主観的位置づけ以外のなにものでもないのである。

所詮伊勢神道は、顕密主義のより徹底した新たな一形態・一流派として成立し、そういうものとして展開したのであった。そして、従来中世の神道説のうちで最も明瞭かつ先駆的に「脱仏教的」であったとみなされていた伊勢神道についてこのことを確認することによって、われわれは、総じて中世において諸々の神道説が提唱された基調に〝民族固有の意識〟の擡頭をみなければならぬとした通説的固定観念から解放され、むしろ反対に、重畳錯雑した神秘的付会によりいまや論理の次元をまるで逸脱した顕密主義の一形態を、そこに見出すのである。

(1) 萩原龍夫『中世祭祀組織の研究』(一九六二年)五三六ページ以下。
(2) 大神宮叢書『度会神道大成』前篇、七八ページ。
(3) 同右、一八ページ。
(4) 櫛田良洪『真言密教成立過程の研究』(一九六四年)二〇一ページ以下、硲慈弘『日本仏教の開展とその基調』下(一九四八年)二七五ページ以下など参照。
(5) 註(2)(3)参照。
(6) 大神宮叢書『神宮参拝記大成』五三ページ。
(7) 『沙石集』第一の一(日本古典文学大系85、五九ページ)。
(8) 『続々群書類従』第一。
(9) 同右、一一五―一一六ページ。
(10) 『神名秘書』(前掲『度会神道大成』前篇)二〇二ページ、『豊葦原神風和記』巻下(『続々群書類従』第一)一二四ページ。
(11) 『大神宮両宮之御事』(前掲『度会神道大成』前篇)四六七ページ。
(12) 吉田兼倶の神道説などを「反本地垂迹説」と呼ぶことが不正確であることについては、すでに先学の指摘があるが(島地大等「日本古天台研究の必要を論ず」(『思想』第六〇号、一九二六年、一八四ページ))、そのことを考慮してもなお、兼倶と同類の論理でないことは伊勢神道にとってむしろ名誉であろう。
(13) 『弘法大師全集』巻五、一六一ページ。
(14) 従来においても、伊勢神道や「反本地垂迹説」の論理の根本が仏教のそれであることを認める説は多い。しかし、「神道」とは「化儀」であることを見落しているために、あたかもすでに仏教を超えたかのような錯覚ないし論理のすりかえに陥っていたのである。
(15) 前掲『度会神道大成』前篇、六九五ページ。

(16) 津田左右吉『日本の神道』一〇二・一〇四ページ。
(17) 久保田収『中世神道の研究』一二七ページ。

4 神国観念の宗教的性格

「日本は神国」という言葉――したがってそういう観念――は、このような神道説が発達するなかで次第に頻繁に現われるようになる。しかしそのさい、神国とはどういう意味であるかは、必ずしも明確であるとはいえないとおもう。

諸書に散見する神国という語の用例からみると、おおむねそれは、つぎの三つの側面をもつようである。

その一つは、日本には神々が和光垂迹して衆生を化導し国土を守護しているというものである。諸書に直接「神国」ということの内容にふれた箇所の記述をみると、『渓嵐拾葉集』が「神明の化導盛なり」[1]とし、『神道集』が「垂迹利生、本地誓願」[2]の絶大を説き、『倭姫命世記』が「神明之加被」を強調しているのが[3]、その一般的な例であるが、『是害房絵詞』が垂迹の和光によって仏法を守るとし[4]、『八幡愚童訓』に権実二類の守護によりいまだ他国に属せずとし[5]、剣阿が書紀の奥書に神仏により内外平定と記し[6]、『中臣祓訓解』が神国の衆生は神威仏力をうけているとしていることなども[7]、同じ観念によるものといえる。こうした観念の基本になっているのは、いうまでもなく本地垂迹の論であり、垂迹を説くところには必ずこの神の利益(化導・加護)の観念があったといってよい。

つぎに、国土や帝王や人民が神の所生または神の子孫であり、いわばそれ自体神聖な存在であるとする国土観としての理解がみられる。通海の『大神宮参詣記』に、この国は伊佐奈岐尊の「鉾ノ滴ヨリ始テ造作シ給ヘル神国也」[8]とあるのは国土自体の神聖視の端的な例である。また『元亨釈書』は「我国、一種系連綿」[9]たることを神国の理由に掲げ、『六代勝事記』は「人王の位をつぐ、すでに天照大神の皇孫也(10)」と説き、『渓嵐拾葉集』は一切衆生みな神明の子であるとし(11)、『樵談治要』は君臣上下は神の苗裔であるとしているが(12)、これらは、『八幡愚童訓』に一人万民は神の子孫であり「高貴賢哲の神国」であるとし、同時に五畿七道すべて社壇であるともいっているように(13)、さきの神々の鎮護の信仰とも連関した、国土と人との神聖視を意味するものである。したがって『神皇正統記』が「天祖ハジメテ基ヲヒラキ、日神ナガク統ヲ伝給フ(14)」と神国を意義づけたのは、ことさらに皇統ということだけにこの観念の焦点をしぼったものということができる。この考えも、『渓嵐拾葉集』が日本の神国たる所以としてその「元神」を天照大神とし、すなわちそれは大自在天、ひいては大日如来であるとしているように(15)当時の仏教に由来するものであり、しかも同書に真言教の意として「一切衆生ノ本体ヲ押ヘ崇ル二神明ト一也(16)」と説くように、総じてこの国土神聖観念には密教的な思考がその基調にあるとおもわれる。

さらにもう一つには、敬神や仏法を忌むなどの宗教的風習をもって神国を特色づける考えがある。『野守鏡』に神国であるから「生死を忌む(17)」べしとし、剣阿の書紀奥書に「我朝是神国也、以レ崇レ神為二朝務一、我国又仏地也、以レ敬レ仏為二国政一(18)」とし、通海の『大神宮参詣記』に「神態ヲ先トスベシ」「神明ヲアガムベシ」と強調し(19)、『両宮形文深釈』に「当朝神国也ハ、尤可キ下奉リレ欽シ二仰神明ヲ一給フ上也(20)」とあるなど、すべてその例である。また『水鏡』『沙石集』『太平記』などで一般にひろく知られていた第六天の魔王と伊弉諾尊との約束によって仏法を忌む国となったとする神国の説明や、『倭姫命世記』や『神名秘書』が神国だからと神と国家あるいは神と君との相依の関係を力説する考えも、同じ発想であるといえる。これらはいずれも儀礼としての神道をもって神国を特色づける論といえるが、しかしこれがさきの神々の化導・加護の観念や国土・人民の神聖視と種々に連関していることはいうまでもない。

さて、神国の観念は、右にいちおう三つの側面に分けてみたように、そのいろいろな説明や内容に相互の脈絡がないことはないが、内容上の重点も論理も必ずしも一致せず、厳密には諸説に一貫性がないことは明らかである。それは、この観念がもともと自然生長的な多様性と付会による恣意的な拡張を特色としているからである。だが、それでは神国なる観念は所詮一箇の観念として扱うことのできない模糊たるものであったかといりと、必ずしもそうではなかった。すなわちそのような多様性や拡張を伴いながらも、おのずからその概念内容の定型化があり、いわば基本型というべきものが存在したのである。それは多くの教義書がいわば論理に熱意をみせて反って断片的なイメージしか示さなかったのに対して、『平家物語』や『撰集抄』などにみるように、まず国土の生成、ついで天神・地神・人皇の系統、鏡・剣・璽のいわゆる神器の尊厳、そして異国征伐や異敵の難にさいしての神々の加護・霊威を説くという、いわば歴史的な叙述によって神国の内容を説明する形式である。(21) だから、神国の観念が曖昧だからといって、それをとりとめのない宗教的心情にすぎないかのようにみるのは正しくなく、それなりに国家についてのある程度のまとまりをもつ観念であり、状況によっては思想でさえあったのである。

それでは、そのような神国観念は、国家観としてどのような本質をもつものであったか。若干の主要な側面について検討してみよう。

第一には、神国の観念は何よりも国土についての観念である。前述のように神国と規定される理由はいろいろであるが、しかし所詮はそれらは日本というクニの土地柄つまり国土の特色に関するものにほかならない。すなわち国土の特色としては、古来須弥山説の世界像に基づき南膽部洲の東海の粟散国という仏教知識による位置づけがあるが、それに加えて神の垂迹・擁護、あるいは神の国土・帝王・人民、または神道の流布など「神」にまつわる特色をいうのである。その教説には本迹説によるものや密厳浄土観・即身成仏的なものなど差異はあるが、いずれも顕密主義に立脚するもので、しかも究極のものは権力でなく国土についての観念であることを明確にみておかなければならない。

けれども、この国土観念は、それだけに、いずれの教説も抽象的に神秘性を強調するだけであって、景観や風土や人間について、あるいは開発され構築された都市・村落などについて、他国との比較を意識した具体的特色の認識がほとんど皆無であることに注意しておかなければならない。

第二に、神国の観念では、帝王(国王)の本質は徹底的に宗教的権威とされる。仏教の教説では、本来帝王は「十善の君」であり「金輪聖王」たるべきものであって、その意味で人間であった。そして顕密主義でも『帝王編年記』や『水鏡』にみるように本来そのような見方であったが、神国観念では帝王は神(ひいては大日如来)の後裔であるとされる。天神・地神・人王という段階的推移は、はじめは帝王が人間であることの説明であったが、神国の教説では特殊な「種姓」であることとの強調へ重点が移った。中世の支配秩序と身分制を特色づける種姓を、このようにして神国観念は宗教的に裏付けるものとなり、帝王は神格と区別されない著しい観念性をもつにいたり、さらにその空疎さを補うものとして三種の神器の神秘的な霊威が説かれたのである。

第三に、神国の観念では、世俗秩序あるいは人倫の規範が、宗教的に意義づけられ組織される。神の本性から清浄と正直の徳が説かれ、三種の神器に付会して智仁勇や智恵・慈悲・決断などの徳目が措定される。そこには、字句の上での推論や付会が著しいが、ある程度当時の社会通念であった世俗道徳を徳目として組織しようとする意図が働いていることは明瞭である。そして、それらの徳目に究極宗教的性格を付与するものとして祈願・祈禱が説かれるが、これは祓が密教の作法とみなされたことからいえば、当時の密教的呪術たる光明真言や念仏と同じく、宗教的現世利益の作法であることはいうまでもないのである。

第四に、歴史もまた宗教的真実の顕現として把握される。ただこのさい、本来の顕密主義では『扶桑略記』『帝王編年記』『水鏡』そして『愚管抄』などにみるように、歴史は正法から末法への法則の具現であり、あるいは神々のはからいであったが、神国の教説では、歴史は神々の御業《みわざ》のあとであり、その意味で神話であった。すなわち、いずれも神々の支配を歴史にみながらも、哲理としての法則をみる立場から没論理的な神話を説く立場への移行がそこにあった。おそらくこのことの背後には、専修念仏など異端＝改革運動の諸派に対抗して庶民を教化するさいの「縁起」の論理があったであろう。そしてこの「縁起」の論理は『神道集』にみるように普通は本地垂迹の説であり、それによって霊地に関する密厳浄土的認識や即身成仏義への方向も示されたのである。中世の叡山教学において「記録部」といわれる分野があって、[22]堂舎・社殿の歴史や配置・構造・造作の特色を説いてそこに宗教的意義・教説が秘められていることを強調したのも、やはり同じ傾向によるものであろうが、ここでは、当時の顕密主義において本覚思想がいよいよ極端化していったのと併行して、本迹の論もまた論理を逸脱して肥大化する傾向をみせていたことに注意したい。そして、神国観念に立脚する歴史観でも、因縁・生滅をこえた哲理を説く自然法爾説よりは本迹論による「縁起」的・神話的論理がその基調となったのである。

以上、神国の観念について検討したことは、要するにそれは神々の支配の貫徹を説く宗教的国家観に他ならないということである。ただそれは、国家観というにはあまりにも現実と無関係に説かれた観念的なものであったが、それにしてもそこにいわば古典的な顕密主義と異なる縁起的・神話的な理解がみられることに注意され、それなりに日本の特殊性についての主張をも含んでいることを、認めなければならない。『沙石集』に伝える有名な三井寺の公顕僧正の話[23]なども、その一例であって、所詮「神国」とはいうものの仏教の教説と信仰の一形態にすぎないけれども、ともかくも日本を特色づけようとする心情が働いていることは確かである。そしてこのような宗教的国家観が、歴史的現実において国家意識あるいは国際感覚として、どのような意味と役割をもったか、それが最後に問題になるのである。

(1)『大正新修大蔵経』第七六巻、五一一ページ。

(2)『神道集』巻第一、第一神道由来之事。
(3) 大神宮叢書『度会神道大成』前篇、七九ページ。
(4)『美術研究』四四号、三三ページ。
(5)『群書類従』第一輯、三八六ページ。
(6) 彰考館文庫蔵『日本書紀』(嘉暦本)巻第二奥書(『撰進千二百年紀念日本書紀古本集影』一〇)。
(7)『弘法大師全集』巻五、一六二一―一六三ページ。
(8) 大神宮叢書『神宮参拝記大成』五一ページ。
(9)『元亨釈書』巻第一七、雑願二、王臣、論(『新訂増補国史大系』第三一巻二五二ページ)。
(10)『群書類従』第三輯、四二三ページ。
(11)『大正新修大蔵経』第七六巻、六六七ページ。
(12)『群書類従』第二七輯、一九〇ページ。
(13)『群書類従』第一輯、三八六・三九五ページ。
(14) 日本古典文学大系87、四一ページ。
(15)『大正新修大蔵経』第七六巻、五一六ページ。
(16) 同右。
(17)『群書類従』第二七輯、五〇六ページ。
(18) 註(6)参照。
(19) 大神宮叢書『神宮参拝記大成』五四ページ。
(20)『弘法大師全集』巻五、一四六ページ。
(21)『平家物語』巻十一の「つるき」「かゝみ」(日本古典文学大系33、三四五ページ以下・三五三ページ以下)、『撰集抄』巻九、第一日本神国事(岩波文庫版、二七四ページ以下)。
(22) 硲慈弘「中世比叡山に於ける記家と一実神道の発展」(『日本仏教の開展とその基調』下、六の二、一九四八年)。

（23）『沙石集』巻第一の三（日本思想大系85、六三ページ）、『園城寺伝記』（大日本仏教全書127）九、「本覚院公顕大僧正」の条。

5　神国思想の日本中世的特質

中世における神国の観念は、以上にのべたように、その本質はあくまでも宗教的なものである。したがってこれをあたかも近代的な国民意識や民族思想に匹敵するものであるかのようにみなすのは誤りであり、またこれを本来的に中世における特定勢力の政治的イデオロギーであるかのように扱うのも正しくない。けれども、それでは神国の観念はつねに純粋に宗教的なものであり素朴な庶民の信仰にも支えられた、政治とは直接関係のない観念や教説であったかといえば、決してそうではなかった。神国の観念はその本質において宗教的でなかったことはないが、それが中世の現実の政治的社会に存在した以上、つねにその次元においては政治的・社会的イデオロギーとしての役割を果たす可能性を内包していた。したがって、今日の神国についての研究もまた、政治や社会の汚濁から隔離された極楽浄土の次元に安住することはできないのである。ここでは、そのように政治的・社会的イデオロギーとしての機能をもつ論理の体系を神国思想と呼ぶことにし、その主要な二、三の側面について考察したい。

まず第一に、神国思想は顕密体制の反動的対応のための重要な役割を果たし、それゆえにこそ強調されるという側面をもっていた。宗教思想ないし教義としての顕密主義と神国観念との関連についてはさきにのべたが、ここでいうのは、社会的・イデオロギー的存在としての顕密寺社勢力の体制維持の問題としてである。この顕密寺社勢力が、日本中世においては支配秩序ないし国家権力にとって不可欠の要素であったことは、すでにくりかえし指摘してきたところである。

この事情を把握するには、われわれはまずもって、神国思想を、それが異端=改革運動と併行して展開してくるという全体の状況において、とらえる必要がある。かつて注意したように、中世の神国思想は実に「神祇不拝」「神祇誹謗」の運動が展開したなかで強調されるようになったので(1)あって、われわれはその最初のきわ立った言葉を『興福寺奏状』にみることができ(2)、異端＝改革運動がそれなりに定着した段階での正統派＝顕密主義の側の言葉を、前述のように『沙石集』や『野守鏡』などにみることができる。そのさい、異端＝改革運動系の論著のなかにも日本を「神国」とする語がいくつもみられるが、そのことが、このような対立的関係が客観的に存在したことを否定する理由にはならないことも、先に考察したところである。

神国思想が顕密体制の反動的対応の意味をもつことは、一つには、その論理の性格に現われている。神国思想を支えた最も代表的な論理は、すでにのべたように顕密主義における「本地垂迹」の論理であるが、これは、異端＝改革運動において最も中心的な主張であった「一向専修」の論理、すなわち多神観的呪縛を克服する論理に対して、その多神観的呪縛をむしろ温存し支配イデオロギーの内部に包摂するために高次の超越者へ系譜づける論理であった。そしてまた現実から否定的媒介を欠落させた形での「彼岸」への到達、すなわち没論理的な即身成仏義、神秘主義的な霊地・霊場観＝国土観と結びついたものであった(3)。したがって、このような論理が、すでに国家権力と不離一体となっていて世俗的にも厖大な荘園支配を確立していた顕密寺社の勢力を保持するための、強力なイデオロギーとして作用したことは、あまりにも明らかであろう。

だが、もう一つには、神国思想は、顕密寺社が世俗社会の組織化をすすめる過程とも対応していることに注意しなければならない。すなわち神国思想が発展した時期というのは、社会史的には、神祇崇拝を素朴な形で保持していた在地領主層や都鄙庶民の諸階層が漸次段階的に擡頭してくる時期に他ならず、そこにおいては、一つには平安末期から農村の有力層が神人・行人・寄人などの身分に編成されあるいは承仕・夏衆などとなって、顕密寺社を本所とする座を結成し、鎌倉後期以後には在地領主層の氏寺・鎮守社の創立や惣荘・惣郷の宮座・寺座の発達など、寺社勢力による住民の組織化が進行したのであり、他方には、説経師・御師・神子など唱導家や下級聖職者の活動がひろくみられたのである。そのなかにはむろん神国思想と無関係な、ときには正反対な雑多な傾向や可能性も含んではいたが、全般に顕密寺社の農村在地に対する新たな秩序編成を意味するものであって、神国思想がそのさいに人々のたましいを呪縛する原理にさえなったことは、大和を「神国」と称する主張(4)や伊勢神道に、あるいは安居院の『神道集』や日吉神道に、充分にうかがうことができるのである。

このようにみてくれば、中世の神国思想が政治的・社会的イデオロギーであるとはいっても、異国との具体的対比による自国の理解というような現実的性格を著しく欠く観念的なものである理由が、いっそう明らかになる。すなわちそれは、現実に勃興してくる神祇崇拝=民間信仰に対する対応的な追随のなかで、大乗仏教の本迹論あるいは縁起説を没論理的な神話に卑俗化させることによって、顕密体制の再編強化をすすめたものであったからである。この、観念的でしかも論理としても強靱さを欠いた性格は、中世の神国思想の一つの特徴をなしている。しばしば、蒙古襲来を契機に神国思想が盛んになったといわれるが、これは誤解や錯覚を招きやすいいい方である。そうではなく、すでにそれ以前からあった本来観念的な神国思想が、蒙古襲来にさいして顕密思想家の認識や言動を、殊更に宗教的・観念的なものに激発したというのが、真実の事態であったのである。

第二に注目したいのは、神国思想が現実の国際関係のなかで国家意識として果たした特色である。神国の観念は、たとい本質的には宗教的なものであったにせよ、ともかくも日本の「国」に関する意識であった以上、それなりに現実の東アジア世界における自国についての一種の認識であり、国家意識としての役割を果たすものであったからである。

そもそも顕密主義においては、本来「三国」という形式の東アジア世界の認識が伝統的なものであった。すなわち『今昔物語集』の篇別や『三国仏法伝通縁起』『三国伝記』などにみるように、天竺(インド)・震旦(中国)・本朝(日本)という仏法伝来の径路を軸とした国際社会の理解のしかたがあった。しかるにいずれも仏法流布の国であるにしても、「大聖ノ方便、国ニヨリ機ニ随ヒテ定レル準《ノリ》ナシ」と考えれば、「他国有縁ノ身ヲ重《オモク》シテ、本朝相応ノ形チヲ軽シムベカラズ。我国ハ神国トシテ大権アトヲ垂レ給フ」[5]という神国観念が「三国」的世界像に重なってくることになる。『渓嵐拾葉集』には「天竺ハ仏生国也、震旦ハ弥仏国也、日本ハ神国也」[6]とあり、『大神宮両宮御事』の「口伝聞書」にも「日本ハ独古、唐古ハ三鈷、天竺ハ五鈷トス」[7]とある。ところが、このような意識の背後には、一〇世紀前後から古代東アジアの中国中心の冊封体制が弛緩して相対的に日本の独立性がたかまり、そこから、中国に対しては対等の立場を、朝鮮に対しては優越的な立場をとろうとした特色ある国際関係が展開した。[8]それはいわば事大と蔑視を伴った独立意識であるが、神国の観念にも、このような国際的自立性獲得によっておのずから可能となった一種の独立意識としての側面があり、ときとして他国に対する独善的な蔑視を強調する場合があった。八幡の縁起に神功皇后の「新羅討伐」の伝説を語って「新羅国ノ大王ハ日本ノ犬ナリ」と石に書いたとする話[9]はその極端な一例であり、『神皇正統記』をほとんどそのまま取り入れている『善隣国宝記』が「百済盖震旦之域也」「此記多載二新羅高麗ノ事一、亦摂二之震旦一」という見地をとったのも[10]その例であろう。だが、このような独善的な観念は、そもそも国際的交渉の現実に裏付けられたものではなく、いわば国内における神威称揚のための自己満足の産物にすぎず、極めて観念的な「国際認識」であったといわねばならない。そのことは、蒙古襲来のさいに「神国」を強調したつぎの二つの例に、明瞭にみることができる。その一つは、蒙古の国書に対して菅原長成が起草した返牒[11]に強調されている「神国」の説明である。それは国際関係の実際の場で対外的に積極的な自己主張として神国を称した唯一の例となるべきものであったのであるが、ここでは「蒙古之号、于レ今未レ聞」とある程度でとくに蔑視的な態度はないが、天照皇大神の天統から説きおこして「故以二皇土一、永号二神国一」とする論旨が、当時の東アジアの国際関係のなかでいかに無意味な文言であるかは、明らかである。ということは、神国観念がどのような国際感覚に立脚しあるいはそれを助長しているものかを、物語るものということができる。いま一つは、当時叡尊が石清水に異国退散を祈った「於二大菩薩一、以二東風一、吹二送兵船於本国一、不レ損二来人一、焼二失所レ乗之船一御[12]」という言葉である。ここでは神国観念に立つとはいえ仏法者としての慈悲や平和の思想が基調になっているのであって、これまた国際関係の現実とまったく次元を異にするものであることは、いうまでもない。したがって、神国の観念が、宗教的信念である限りはそれでよいものの、それがそのままであるべき国家意識あるいは国際感覚と錯覚されて現実にはたらくときは、当然ながら対外的な現実や緊張関係から遊離した空疎な観念として自己回転をつづける危険性をもつ。そして、かりそめにも好戦的な体制や勢力と結合すれば、後世の例に顕著にみられるように、危険きわまりない盲信的な暴力を発揮するものにさえなる。それが国家意識ないし国際感覚としての神国思想の特質の一面である。

しかしながら、そのような神国思想は、国際認識としては、「三国」的世界像とともに、やがて現実的に修正を迫られてくる。モンゴルについて蒙古でなく「ムクリ」という呼び方を伝えた[13]当時の実際の対外交易の人々や倭寇といわれた西国の海辺の活動家たちこそが、神国を論じた数多の教説よりも、実際上はるかに現実的な国際感覚を身につけていたのであって、一五世紀以後の新たな東アジア通交機構[14]を準備したのも彼等であった。しかし神国思想がここで崩壊するわけではない。それは、いっそう観念的なものとしてしかも国内的契機によって、温存されていくのである。[15]

（1）　黒田「中世国家と神国思想」(本書二五三ページ以下)。

（2）　第五、霊神に背く失(『鎌倉旧仏教』日本思想大系15、三五ページ)。

(3) 黒田「鎌倉仏教における一向専修と本地垂迹」(本書一九一ページ以下)。
(4) 『祐維記抄』永正十七年三月十七日条(『続南行雑録』続々群書類従、第三巻)。
(5) 『沙石集』巻第一の三(日本思想大系85、六四ページ)。
(6) 『大正新修大蔵経』第七六巻、五一一ページ。
(7) 大神宮叢書『度会神道大成』前篇、四六九ページ。
(8) 田中健夫「東アジア通交関係の形成」(岩波講座『世界歴史』9、一九七〇年)。
(9) 『八幡愚童訓』上(『群書類従』第一輯、三九五ページ)、『由原八幡縁起』下(『続群書類従』第三輯下、六三一ページ)など。
(10) 『善隣国宝記』序(『改定史籍集覧』第二一冊)。
(11) 「贈蒙古国中書省牒」(『本朝文集』巻第六七、『新訂増補国史大系』第三〇巻三九九ページ)。
(12) 『感身学正記』弘安四年(『西大寺叡尊伝記史料集成』五〇ページ)。なお、近藤喜博「伊勢神宮御正躰並厨子——叡尊の伊勢参宮と蒙古調伏の祈りに関聯して——」(『神道史研究』第七巻第一号、一九五九年)参照。
(13) 正中二年三月最勝光院領年貢進済注進状案(『東寺百合文書』ゆ十四—廿一)。
(14) 田中健夫「東アジア通交機構の成立と展開」(岩波講座『世界歴史』16、一九七〇年)。
(15) 倭寇の船がおし立てた「八幡大菩薩」の旗をただちに神国思想の表現とみなすことはできないが、無関係であるとはいえない。それは、八幡信仰にひそむ武断と侵略を正当視する思想の現われであり、神国思想がそのような側面を盲信的に肥大させる可能性をもちつづけたことに、注意すべきである。

6 国家イデオロギーとしての神国思想

政治的・社会的イデオロギーとしての機能を示した神国思想について、第三にのべておかなければならないのは、神国の観念が国家イデオロギーとして組織されていく場合についてである。

もともと顕密体制においては、顕密の不二を説く諸宗派の寺家・社家が宗教上の権門として併立していたが、そこでは結局いかなる宗派も単独で「正統」となることがなく、原理的には究極至高の奥義として共通の位置を占めていたのは密教であった。そしてこの体制は、諸権門勢家が併立し競合しかつ補完関係にもあった権門体制に照応する宗教の体制であったわけであるが、すでに別稿でのべたように、[1]権門体制は一四世紀はじめに荘園制社会の動揺とともに、衰退の傾向をみせ、再編を余儀なくされる。それは、基本的には封建王政への傾斜を意味するものであって、その傾斜方向の線上に、建武政権や室町幕府がそれぞれの特色をもって現われてくる。顕密体制もこの段階で、諸宗派・諸寺社が思想的にも社会的にも矛盾を深め反対勢力に侵食されて、かつての「王法・仏法相依」の輝かしい権威を失いはじめるのであるが、あたかもかかる状況のもとに、権門体制における帝王の権威が殊更に論じられたように、神道がことに力説されるようになる。神道は、顕密諸派のいわば共通項であった密教の一つの具体化として、神道難測という神秘主義的装いで、とくに天照大神を媒介に帝王の権威と結ぶ形で、注目を集めるようになる。伊勢神道のようなやや奇をてらった教説がこの時期に急速に擡頭したのも、そのためであったといえる。

このようになれば、神国の観念が、封建王政への傾斜と結合して、国家イデオロギーとしての神国思想を生んでくるのは、見易い傾向である。すでに伊勢神道に「国家的意義を帯びてゐる宗教的信仰」「神道に於ける政治的意義の強調」[2]がみられることが注意されているが、慈遍や親房にいたって明瞭に「皇道」「皇統」と神道・神国との直接的一致が説かれるにいたる。慈遍や親房の論説のこの側面はいままで過大なほど繰返し強調されたことであるから、そのような言説の国家イデオロギー的性格を改めて論証する必要はないとおもうが、このようにして神国の観念を国家イデオロギーとしての役割をもつものに「発展」=再編成する場合、そこに当然力点の移動や変容が起る。たとえば『類聚神祇本源』にみられる伊勢神道と親房の『神皇正統記』との相違は、それを示すものである。

親房の神国思想を、とくに狭く南朝＝宮方の政治勢力だけに関連させて理解するのでなく、そのなかに封建王政段階の国家イデオロギーたりうる性格をみておくことは重要である。二条良基が『樵談治要』で冒頭に神国思想を説き、『善隣国宝記』が『神皇正統記』を祖述するなど、室町幕府の国家意識にかかわる最も公式的な論述において、それは継承され利用されているからである。(3) つまり、神国思想は、都鄙民衆の素朴な寿祝的な神祇崇拝を「天下太平、国家安穏」という国家と権力の鑽仰へと結集するあからさまな国家イデオロギーになり、かつて「王法仏法の相依」をいわれたときの密教のような地位を占めることになった。「顕密与二仏神一、一体異名也」(4) などとまでいわれるのも、この関係を示すものであろう。このような全般的傾向のなかで、吉田兼倶の唯一神道のような巧妙な包括的な主張が現われてくると、露骨な策謀によるいかに粗雑な論理とはいえ、それなりに通用していくことになるのである。

神国思想はこのようにしてこの後、封建支配の反動イデオロギーの切札となった。それは一向一揆の弾圧にも、キリしたんの弾圧にも強調されたし、ついには明治の国家神道や帝国主義戦争にも利用された。そしてそのたびに、さきに指摘したように国家意識ないし国際感覚としてひどく観念的・神秘的なさまざまな特色を刻印づけていったのである。

(1) 黒田「中世の国家と天皇」(本書三ページ以下)。
(2) 津田左右吉『日本の神道』(一九四九年)一〇三・一一一ページ。
(3) 『白山本神皇正統記』が巻末に「第九十六代光厳院」以下北朝の歴代を追記していることも、このような見地から評価すべきものであろう。
(4) 『八幡愚童訓』奥書(『群書類従』第一輯、四三六ページ)。

五　日本思想史における顕密主義

——歴史的展望——

南北朝内乱期以後のいわゆる中世後期は、荘園制社会＝権門体制の衰退期であるが、同様に顕密体制も衰退期に入る。しかしそれは、単調に衰退の坂を下るのではなく、荘園制社会＝権門体制と同様、複雑な変容・再編の姿をみせながら争乱と崩壊のときを迎えるのである。最後に、その道すじについてごく大づかみな展望を一つの試論として提示し、さらに近世・近代への影響について問題点を拾いながら、顕密主義の日本思想史における意義を指摘して、小論のむすびとしたい。

1　顕密体制の再編と崩壊

一四世紀の日本は、社会的諸矛盾の激化をもって彩られており、日本の中世社会はこれ以後、後期の新たな段階を迎える。

一四世紀の社会的諸矛盾の根底にあるものは、農民の自立のあり方が新たな段階に到達しつつあるという事態である。すなわち、村落における小百姓層および下人層のいっそうの自立性の獲得と村落共同体の活動への参加、それを基盤とした農民層の、領主の支配に対するさまざまな抵抗と結束であって、このような農民層の動きを基軸に、ひろく人民各層の様相が著しい変貌をみせる。そこで当然ながら、領主の支配のあり方もまた変化してくる。諸権門＝荘園領主の家産支配体制や在地領主の家父長制的支配にみられた権威や恩情や身分秩序、さらに宗教的呪縛などは色あせて、あらわな地代収取関係が現われてくる。荘園領主・在地領主の上下あるいは相互の対立・抗争・交替が、伝統的な権威や恩情を解消させ、封建化の進展が領主階級の権威を絶対的なものにたかめるのでなく反対に相対化するのである。

そのような個々の領主の伝統的権威の凋落は、反対により高位の集中的な権威としての国王の権力と立場とを、強化する傾向を生む。国王は領主階級の内部矛盾の調停者として立現われ、民衆は領主層の横暴を抑止する公平・慈悲の体現者という幻影を国王に見出す。すなわちこれが封建王政への傾斜であって、一四世紀においては、建武政権と室町幕府がそのような権力を志向して出現したとみることができるのである。

そこでこの段階では、おおむねつぎのような政治的・社会的な思想が、新たな特徴的な傾向として現われるようになった。すなわち第一に、民衆のなかに、自立と解放の世界としての共同自治への願望がたかまったこと、第二に、国王ないし権力者に関して王位や帝徳や政道についての論が多く現われるにいたったことである。しかしながら、荘園制社会=権門体制がここで簡単に終焉しなかったように、顕密体制もまた決して一挙に崩壊しなかった。顕密体制は、むしろ新しい段階の新しい条件を踏まえて再編されたのである。そこで、宗教についてみれば、全体として顕密主義の正統的各派および大陸からの新思想が支配の側のイデオロギーとして、また、土着的・共同体的な信仰および異端的諸宗派が民衆のイデオロギーとして、隆替を重ねることになったといえる。

そのことを、まず顕密主義の動向についてみれば、中世後期の顕密主義は、大別して三つの形態でみられた。第一は、顕密主義のなかでも前代以来正統派であった天台・真言両宗であって、ここでは天台本覚法門の堕落的究極形態ともいうべき玄旨壇・帰命壇の信仰や、真言念仏の立場の高野聖の活動さらには立川流の流行などが、顕著な傾向であるが、そのほか伝来の加持祈禱や修法の興行がつづけられたことはいうまでもない。ともあれ、いずれにしても、密教がいよいよ顕密主義の核心として重みを増していることに注意される。

第二は、禅・律諸派の状況である。禅宗は、日本天台宗の一部から発展したというより大陸(宋)からの伝来を主要な契機として発展したというべきものであり、それだけに、鎌倉後期の来朝僧の鎌倉禅はいうまでもなく、五山派はじめ各派の禅も決して本来の顕密主義と同列に語らるべきものではない。現に、禅宗と顕密諸派とが社会的・政治的にも教義的にも鋭く対立したことがあったのは事実であり、中世後期における国家と仏教との関係が前期と異なる側面をもつことに注目する観点からすれば、禅宗の発展とその権力への接近こそ、思想ないしイデオロギーの新たな問題として強調さるべきものであろう。けれどもそれにもかかわらず、南北朝以後の禅宗において、幕府の統制下に五山を中心に発展した叢林(五山派)の中軸となった聖一派と夢窓派は、前者は本来密教的色彩の濃厚な教乗禅、後者も顕密と融合し和様化した禅といわれ、また民間に教線を張った林下の応・燈・関の流派および曹洞禅も、前者は結局著しく俗信との結合をみせ、後者これまた鎌倉末期にはすでに密教・本地垂迹説を大いに吸収したものに変貌していたのである。してみれば、禅宗が本来もつ固有の側面はやはり新たな問題ではあるにしても、全体に密教との結合の著しいことは、単なる影響・混合・妥協などという以上に本質的な問題であるとせねばならぬ。さらにまた禅宗が国家あるいは「国王」の権威と深く結合してその安泰を祈念し、儀礼荘厳に腐心し、また政道の要路を説いたことも、それが顕密体制からの直接的継承というよりは多分に中国仏教の風を伝えるものではあったにしても、なおかつ日本中世の権門体制における宗教のあり方の問題として注目されなければならぬ。所詮こうしたことは、中世後期において禅宗が顕密体制のなかに新たに位置を占めたもの――しかも封建王政的傾向と結んで――と判断してよいことを、示唆するものであろう。

律宗もまた、鎌倉初期以来禅宗とともに仏法再興への真摯な努力によって脚光を浴びるようになったものであり、中世では「禅律」として一括されていたものである。けれどもこれが「真言律宗」という名の示すように、極めて密教的なものであったことは明らかであって、してみれば、概して「禅律」の名のもとに本来の顕密諸派にみられなかった新風をもたらした宗派といえども、決して本質的に顕密主義を脱却したものであったとはいえないのである。

第三に神道説がある。これはすでにある程度のべたように、本来顕密主義の産物であり、その末梢の没論理的な肥大化であったといってよい。けれども、伊勢神道について考察したように、はじめ一種の社家神道として出発したものが、親房にみられるように王権中心主義の国家イデオロギーに発展し、しかもそれが室町幕府にも継承されていくところに、この段階の特色をみなければならぬ。また吉田兼倶の唯一神道が、たとい「反本地垂迹」説であっても所詮は顕密主義の枠を出るものでないことにも、注意しておかねばならぬ。両部神道や山王神道については、もとよりいうまでもない。神道説は、その晦渋で煩瑣な教説自体は社会的および宗教的には大きな比重をもつものではないが、当時における都鄙民衆の共同体的な寿祝や個人的な種々の利益祈願のための神祇崇拝を基盤とし、これを王権の恩恵と寿祝に結集する点において、顕密体制の新しい形での存続を意味するものといえるのである。

ほぼ応仁の乱を境に荘園制社会は最終的解体段階に入り、権門体制は全国的規模の国家機構としてはその実を失うことになる。大づかみにいって、顕密体制もまたこの時期に、崩壊の段階を迎える。しかしながら顕密体制は、おのずから崩壊するのではなく、激しい宗教一揆の怒濤に洗われて崩壊する。その宗教一揆とは、異端＝改革運動の系譜をうける一向一揆・法華一揆・きりしたん一揆などであるが、これら宗教一揆は、ただに宗教の衣装をつけた農民一揆という物質的な力であっただけではなく、物質的な力としての農民一揆を領導した社会的思想としての宗教でもあったことを、われわれの場合ことに注意せねばならないとおもう。その思想というのは、寺内町や講・組や〝皆法華〟にみられる「仏法領」「釈尊領」の理念であって、そこでは、王法と仏法とは相依の関係ではなく原理的に別次元の存在として切離され――それによって併立・共存させられ――たのである。宗教一揆には、このような理念ばかりでなく、一方に土着的・密教的なあれこれの信仰や教義が随伴し、他方に「小領主」連合や「領国」的な要素が現実の組織や力として存在したが、しかしこれらは一揆の右の本質的理念の意義を否定するものではなく、むしろその規模の広さと深さと、一六世紀の時代の転換の特質を示すものとして把握されるものであろう。

宗教一揆は領主権力に激しく抵抗しただけでなく、中世における正統派である顕密寺社とも鋭く対立した。そして天台・真言・禅などの諸寺院が攻撃され、あるいは真宗・法華宗・きりしたんに改宗した。そこには、中世的なイデオロギーの最後の段階における総決算としての顕密主義・顕密体制の基底からの崩壊、それに伴うきわめて多様な、幅広い、しかも新しい思想的な葛藤と思考の転換とが、横溢していた。

しかし、この壮大な中世思想史の終末を構成したものは、顕密主義と宗教一揆だけではなかった。正統派としての存立基盤を失った顕密主義に最終的に打撃を加えたものは織豊の統一権力であった。しかし同時に、この権力は、宗教一揆とも徹底的に戦い、これを残酷に弾圧したのである。新しい「近世」がここからはじまる。

以上が、顕密体制の中世後期における再編と崩壊についての、最も単純化された道程図である。その間における大小さまざまな起伏や明暗、あるいは色調などについては、もとより改めて論述されなければならない。

2　顕密主義の歴史的意義

顕密主義は、古代から中世への移行過程で、古代的権威の呪縛からの解放を願望する宗教意識の大きな転換を基盤に、どちらかといえば反動的な対応の主導のもとに、準備された。そして、中世的な国家体制たる権門体制が成立する一一世紀に、明確な形でその古典的な姿を完成した。

顕密主義は、成立とともに、すべての宗教を包含し統一する仏教の正統的な論理とみなされるにいたった。宗教のそのようなあり方――つまり顕密体制――は、国家権力との関係において強固に保証され、中世を通じて正統的な立場を保持しつづけた。

ところでこれに対して、中世では長期にわたり断続して、さまざまな異端=改革運動が起った。とくに鎌倉時代初頭の社会的・政治的危機は、運動の最大の昂揚期を現出した。異端=改革運動の内容は、複雑で多面的であるが、正統派=顕密主義各派は、あるいはこれを論難してときには暴力的な強圧を加え、あるいはこれを吸収して顕密体制自体をある程度変容させながら、しかもその基本的性格を維持した。さらにまた、南北朝内乱期は、権門体制と同様、顕密体制にとってもその前後を区分する再編・変容の劃期であった。顕密体制は、最後的には中世末期における権門体制の没落と併行して、激烈な宗教一揆の展開のなかで崩壊する。

ところで従来われわれのあいだには、いわゆる鎌倉新仏教の各派を中世的とみなし、天台・真言を含む八宗を古代的とみる通説に関連して、「顕密」といえば古代的な仏教思想とみる固定観念があった。けれども、すでにみたように、「顕密」という熟語が定着したのは中世への移行期においてであり、そして中世を通じて、「顕密」とは、顕教と密教との単なる併記以上の独特の組み合わせを意味する一つの概念として、しかも仏教の最も正統的なあり方を意味する概念として、用いられていたのである。つまり「顕密」とは、用語としても実際きわめて中世的な語であったことに、注意しなければならない。したがってまた、それと「新仏教」との関係も、単なる「旧・新」という理解や、近世以後に確定した宗派的な区別によるのでなく、新しい観点から、中世の客観的な状況に従って、把握し直されることになる。正統と異端=改革との対比というとらえ方は、その点において新しい重要性をもつ。顕密主義あるいは顕密体制は、日本の宗教思想史ひろくは一般的な思想史において、中世という時代を特色づけた刻印であるということができる。

それでは、顕密主義は、中世の終焉とともに、もはや完全に過去のものになってしまったのだろうか。顕密主義の解体ののち、近世の幕藩体制の確立・固定の過程で、仏教の各宗は、はじめて相互に対等で自立的な宗派として、分立した。それぞれの内部で、中世の克服としての教学の改革や整備・固定が行われた。しかしこの分立は、幕藩体制権力の確認を得るかたちで行われたのであり、いわば権力への新たな服従という枠内でのものであった。それが叡山を焼討し、一向一揆を鎮圧し切った権力のもとでの、当然のなりゆきであった。そして幕藩権力は、絶対的権威を失墜した顕密主義に代るものとして、朱子学を据え、儒学は国家権力に最も直接するイデオロギーとなった。仏教批判や排仏論が現われ、仏教との絶縁を主張する神道が創唱された。

けれども、顕密主義が完全に消滅したとみることはできないであろう。そのことについては、もちろん詳細な論証を必要とするが、幕藩制封建秩序の教学としての儒学とは別に、とくに庶民の日常の信仰の実態のなかに、濃厚な顕密主義をみてとることは、それほど困難なことではない。各宗派の信仰にもいわゆる俗信仰にも、密教的要素が最も共通の主要なものとして多分にあり、神仏は原則的に分離していない。顕密主義は、権力との関係においての体制ではなくなったといってよいが、依然として宗教思想や信仰の根底に横たわっていた。もちろんそこでは、密教的要素を能うかぎり排除することを標榜する両本願寺派が最大の宗派を形成するという事態にはなっていたのであるが、しかもなお、仏教的神祇崇拝や密教的祈禱や諸教一致的教説など顕密主義の雑多な面影は、数限りなく遍在していたのである。

近代国家の成立によって日本の宗教が蒙った最大の決定的な改変は「神仏分離」であり、それを基礎にした国家神道であった。いうまでもなく、近世後期の国学による「古道」の〝発見〟がこの神仏分離の直接の出発点であったが、それは実は発見ではなくて創唱であったのであり、かくして〝発見〟された神道とは、それ自体一つの新しい宗教であり思想であった。明治国家はそれを継承して権力の主導によるナショナリズムの重要な支柱としたのであって、それを国民に強制することによって生木を引裂くような神仏分離の大破壊を強行し、一千年にわたる顕密主義の歴史的事実を無知と混乱の足跡と評価し、やがては原初以来一貫して「神道」なるものが存在したかのように歴史を歪曲した。それは、「神武」の昔からの連綿たる〝天皇制〟の存続という歴史の歪曲と、まったく軌を一にするものであるが、ここにいたって顕密主義が、その信仰の根底からの改変を迫られたことは、いうまでもない。

しかし、顕密主義はここでこそ跡形もなく消滅したのであろうか。そうではない。中世以来密教的宗教儀礼の一つとしてさまざまに肉付けされていた神道は、新しく「国家神道」として、顕密体制における密教と同様、諸思想・諸宗教の共通の分母としての役割を、国家権力によって強制されることになった。すでに解体させられていた顕密体制の遺制が、近代国家形成にさいしてのナショナリズムのための歴史的遺産として利用されることになり、「八宗兼学」の伝統が近代的な思想・信仰の自由を擬似的なものにするのに役立てられたのである。また、だからこそ、国家神道的感覚のもとでは、顕密体制という客観的状況が眼にうつらないのである。

顕密体制の崩壊後の日本宗教思想史の二つの重要な変化は、近世の諸宗派分立と近代の神仏分離である。したがって、この結果のドグマを規格にして中世をみる限り、顕密体制はつねに分解された諸部分の姿でしか現われない。そういう見方が宗教上必要であることはもちろん充分にありうることであり、そのような宗教的な必要に対して異論を唱える理由はむろんないが、歴史的認識はそれとは次元を異にするはずである。日本の宗教史・思想史の流れをみるとき、顕密主義という仏教の特色は、中世においてはもとより近世・近代においてもそれぞれに無視できない傾向となって現われており、やや大げさにいえば日本の歴史の全体に、濃厚な色彩を与えているようにおもわれる。一大円教論や本迹論や本覚法門など主として天台宗の論匠によって展開された密教的思惟の顕教的表現ともいうべき論理の形式や、権威の荘厳や日常的信仰に無数にのこる密教的儀礼——これらは日本の思想史を、透明な概念や論理の展開としてでは説明し難いものに彩っているのであるが、それは中世の国家においてその正統性を保証され全盛を誇った宗教の姿であったのである。

あとがき

本書は一一篇の論文を三部に分け、第一部に中世国家の権力編成とその機構・政策に関するものを、第二部に社会的意識としての宗教や歴史・国家・身分秩序の観念・思想に関するものを、第三部に国家権力と結合融着した宗教の独特の体制の展開に関する一篇を、それぞれ収めている。

「はしがき」でものべたように、本書の諸論文は元来ひとつの構想のもとに書かれたものではない。しかもこのうち最も早いものはいまから二十数年も前のものであり、その間、中世史の研究状況も私自身の問題意識もかなり変った。したがって、個々の論文の視角にも事実の歴史的位置づけや評価にも、かなり基本的な点で相互に齟齬するところがある。そこで、本書のあとがきとして、私の問題への視角ないし方法の変遷を、各論文の成稿事情の説明を兼ねて簡単にのべておきたいとおもう。

* *

多くの人が経験する月並みな程度のことだが、かつて私にも親鸞の魅力に惹かれてその論理に無上の輝きを見出していた時期があった。それは『歎異鈔』のうわつらを読んだくらいの他愛ないものだったのだが、それが中世の思想をのぞきこむひとつの窓口になって、さらに、そのような親鸞の思想を生みながら同時にそれをおそろしく困難な状況に追いつめてしまう中世社会の現実へ眼を向けることになった。それは太平洋戦争敗戦後の民主化の大変動の時期もすぎ、「単独講和」と朝鮮戦争のあと歴史学界では「国民的歴史学」と「民族文化」論とが活潑に論議されていたころのことである。
本書第二部冒頭の「鎌倉仏教における一向専修と本地垂迹」は、一九五三年一〇月『史林』第三六巻第四号に発表したものである。当時、敗戦直後に服部之総氏が発表した親鸞に関する諸論文(『親鸞ノート』正・続、一九五〇年)が、親鸞の「護国思想」や社会的基盤に関する論争を呼び、赤松俊秀・家永三郎・笠原一男・森龍吉・田村円澄その他の人々が多くの仕事を発表し、中世仏教史研究は活気に満ちていた(黒田「鎌倉仏教史研究の課題」〈『仏教史学』第五巻第三・四号〉一九五六年)。したがってこの論文には、そうした時期の刻印が明瞭にあらわれているが、ただ、ようやく行き詰りをみせていた「社会的基盤」論や「民族文化」論に対する私なりの考え方として、時代の思想の構造を〝論理の対決〟としてとらえ、神国思想のもつ反動性をあらためて問題にした点が、やや新味であったかとおもう。むしろ考察が著しく未熟なだけでなく、当時学界で行われていた「古代」「中世」の概念や時代区分や権力の性格規定などに制約されており、イデオロギーの理解もかなり公式的で、論文としては明らかに過去のものだが、歴史的評価に関する結論は別として、〝論理の対決〟をみる観点はどうやら今日まで引き継いでいる問題点でもあるので、考察の一階梯という意味で本書に加えたのである。このたびは、各節の表題も含めて旧稿の拙劣な語句を全面にわたって修正したが、論旨はもとのままであり、訂正すべきことは〔補註〕として書き加えた。

*　　*

戦後の三十年間のうちで宗教史(仏教史・神道史)の分野で学説上の論争があったのは、恐らくはじめの七、八年間までではないかとおもわれる。それ以後今日まで、少くとも歴史学の他の分野のような意味での論争史あるいは学説史というほどのものは、永らく停止しており、個別的事実の考証は深められたが、観点や方法について意見がたたかわされ発展するということは、ほとんどなかったとおもう。そしてそれは多分、敗戦直後の「宗教界の封建性打破」の波が、どれだけの成果をのこしたかは別として、ともかくも静まってしまったことと、関連していた。

しかしながら、日本の宗教史についての視座が学問的なものとして確定し、戦前のような国家神道や信教の自由侵害などがありえない状況になっていたのかというと、そうではなかった。それどころか、政治的社会的潮流としてはその後いまにいたるまで国家権力の宗教的粉飾、宗教の政治利用、宗教による思想統制など、戦前の亡霊を復活しようとする試みが絶えず続けられてきたのである。それを学問的な次元に置き換えていえば、典型的には神国思想のようなものが明確に前近代的ことに中世的なものとして分析されていないことによると、私には考えられた。「愚管抄と神皇正統記」は一九五七年六月、歴史学研究会・日本史研究会編『日本歴史講座』(東京大学出版会)第八巻の一論文として叙述したもので、そこではそれらの歴史観・国家観が本質的に中世的かつ宗教的な特質をもつことを力説している。同様な観点はやはりそのころ、「紀元節」復活の動きに反対するためのいわば一般向きの論述でも展開した(日本史研究会編『日本の建国』一九五七年、東京大学出版会、のち青木書店、第四章および第五章)。

ところで、「中世的かつ宗教的」というとき、その中世的と確認する手続きが所詮政治史または社会経済史の研究結果に依存する他ないのであるとすれば、宗教史ないし思想史はついに独自の判断の基準をもって歴史を認識する能力を欠くということになろう。だからそうした限界を越えようとするならば、宗教史あるいは思想史独自に、普遍的範疇としての「中世的宗教」概念を定立する必要がある、と考えた。「中世国家と神国思想」は、一九五九年六月『日本宗教史講座』(三一書房)第一巻に発表したもので、ここでは、中世的宗教の四つの指標を設定して、それに照らして日本中世の神国思想の特徴および国家権力との関連を浮き出させようとした。それは、中世の宗教を封建的生産様式に照応する社会的意識およびイデオロギーとして考察する立場に立ったもので、四つの指標を措定する根拠については、当時「思想史の方法についての覚書——中世の宗教思想を中心に——」(『歴史学研究』二三九号、一九六〇年)と題するノートで論じた。いうまでもなくそれは方法としては生硬な公式的摸索の域を出るものでなく、その直後に出された中村元『比較思想論』(岩波全書、一九六〇年)のような該博な学識に裏付けられた中世的思惟の諸特徴の指摘などと比べるまでもないものであるが、国家と宗教との関係や人民的願望と宗教との関係を検討してみると、日本中世の神国思想においては擬似的に中世的特質があらわれていること、だからそれは反動的対応ながら中世的性格をもつことを指摘したのは、一定の意味のあることであった。また「一向一揆の政治理念——「仏法領」について——」は、私の大学卒業論文の一部を書き直したもので、はじめは「仏法領について」と題して一九五九年一一月京都大学読史会五十周年記念『国史論集』に発表したものである。この場合も「仏法領」の観念に典型的な中世的宗教の特徴を見出し、その発生と消滅に日本宗教史のいびつさをみようとしたのである。

けれども、この「中世的宗教」という発想には、わが国の知識人に流行していた親鸞を理想視する態度、戦後も服部之総氏を含めて親鸞研究者にみられた一種の美化論が影響していて、いわば典型的な封建制(領主制)に照応すべき宗教の純粋な中世的形態ともいうべきものがあるかのような、あたかも「近代主義者」の近代観にも似た限界があった。さらに、そもそも思想の形態と特徴に、発展段階的一般法則があるかという根本的な問題が、やはりむし返されなければならなかった。そしてそうした疑問は、そのような普遍的範疇の立場ではことに仏教ないしアジア的社会の特質という側面を把握することができないのでないかという反省とならざるをえなかったのである(黒田「仏教史」〈遠山茂樹・佐藤進一編『日本史研究入門』Ⅱ、一九六二年、東京大学出版会〉)。

*　　　*

「日本中世国家」というとき、どのような対象を念頭においてそう呼ぶべきかは、難しい問題である。そのさい、なんらかのかたちで全国的規模に組織された支配権力の体系を念頭におくとともに、古代国家からの伝統的権威や神国思想など宗教的なものにも関連ある観念上の諸問題に注目するのが、戦後の歴史学界にかなり顕著にみられた傾向であった。もっとあからさまにいえば、前者の側面は幕府論によってすまされており、中世国家論としてはむしろ後者の側面にこそ究極の秘密があるかのようにみなされて、結局対象が曖昧なままで言葉だけが用いられていたのが「日本中世国家」論の実情であったといえるかもしれない。

「中世の国家と天皇」は、一九六三年二月、岩波講座『日本歴史』中世2で発表したものである。この論文で私は、右の傾向と反対に、中世国家を支配権力の組織としていわば実体的に把握し直そうとし、そのような組織の日本中世特有の形態を指すものとして「権門体制」という概念を提唱した。権門体制とは、支配階級が構成する国家権力機構の特殊な形態をいうのであって、この体制概念の設定によって諸権門の矛盾対立と相互補完の関係が定式化され、さらにそのような矛盾をはらむ国家権力の性格を表現するものとして王権(天皇)および官衙・国衙の特殊性が浮き出されてくる。当然それは、いまも依然として未解決の問題をのこしている「天皇制」の歴史的研究への新しい視角を含むものであり(黒田「現代における天皇制研究の課題」〈『歴史評論』二〇二号、一九六七年〉、黒田「日本の歴史と天皇」〈『歴史科学』五〇号、一九七三年〉)、院庁政権をはじめ中世の「王家」の実態をとらえ直す意味をもっている(その概略については黒田『荘園制社会』〈体系日本歴史2、一九六七年、日本評論社〉を参照)。また、「鎌倉幕府論覚書」は、「中世の国家と天皇」の準備過程で院庁政権論と並んで作成したノートであって、一九六四年一月『日本史研究』七〇号に発表したものである。鎌倉幕府に関する多数の精緻な研究成果に比べれば、ほとんどとるにたらぬ粗末なものだが、権門体制論を補う意味で本書に加えた。なおこの権門体制論については発表当時永原慶二氏の批判があり(『中世国家史の一問題』〈『思想』四七五号、一九六四年、のち永原慶二『日本中世社会構造の研究』一九七三年に収載〉)、それへの反論を「日本中世国家論の課題」(『新しい歴史学のために』九七号、一九六四年)として発表した。

権門体制論については、永原氏の他にも多くの方々から折にふれて批判をうけ、その問題点ははなはだ多岐にわたった。しかしその主要な点は、㈠階級関係が不明確である(永原氏前掲論文)、㈡国家を形式的・制度的にとらえている(高橋昌明「中世国家論準備ノート(1)」〈『文化史学』二三号、一九六七年〉)、㈢中世に統一的な国家を想定できるか(石井進「日本中世国家論の諸問題」〈『日本史の研究』第四六輯、一九六四年〉、のち石井進『日本中世国家史の研究』〈一九七〇年〉に収載)などである。もともと講座の一部としての制約があったため、関連する重要問題も論述を避けたところがあったからではあるが、このうち、㈠については後年『荘園制社会』(前掲)で一応の説明をした。㈢については、ヨーロッパの歴史学をはじめ学説史上でも封建国家についてつねにそのような疑問が出されてきたにかかわらず、なお日本中世については具体的に「国家」があった事実をここで指摘したいのだというほかはない。㈡については、権門体制という概念が形態概念として措定されたのは事実であり、むしろそれを意図したのであるから、形態を論ずるのが誤りだという批判には従い難いが、中世国家の歴史的把握のためにはまだ不充分だという批判は止むをえないことであった。そこでそうした批判にこたえる意味で(といっても事例としては最初から念頭にあったものだが)、一九六七年三月「鎌倉時代の国家機構」を清水盛光・会田雄次編『封建国家の権力機構』(創文社)に共同研究の一部として、また一九六九年六月「延暦寺衆徒と佐々木氏」を竹内理三博士還暦記念会編『荘園制と武家社会』(吉川弘文館)に献呈論文として発表した。いずれも国家機構を形態としてでなく、権力を構成する諸勢力の政治的対抗関係と機能の面で、とらえようとしたものである。しかし、これらをもってもなお、権門体制の形態と機能という構造論的説明に追われているのである限り、歴史的展望が明確でなく、まだ充分な説得力には欠けることを認めなければならない。

「建武政権の所領安堵政策」は、一九七二年十二月、『赤松俊秀教授退官記念国史論集』(京都大学文学部国史研究室)に発表したものである。この論文は、建武政権が所領安堵政策として発布した「諸国一同安堵の宣旨」と、いわゆる建武徳政令との二つの法令の解釈について考察したもので、本書第一部の論文のなかでも趣きをやや異にしている。しかし、二つの論点のうち前者は「中世の国家と天皇」の記述の一部を修正するものであり、さらに二つの論点を通じて権門体制の歴史的展望を補強する意味をもつので、ここに収めた。すなわち、建武政権が封建王政への傾斜をもつとする私の指摘には、永原氏からいちはやく疑問が出されたが、二つの法令の厳密な解釈からみた建武政権の政策の基調は、私の主張を裏付けることになると考えられるからである。ただこの二つの法令については、それまで諸先学の研究でも解釈に多くの曖昧さを残しておりそのため建武政権の評価が分れてもいた(座談会「南北朝時代について」〈『日本歴史』第二三七号、一九六八年〉)ので、やや煩雑な検討が必要であったのである。

* * *

総じて本書では、日本中世全般にわたる問題を論じながら具体的な内容としては南北朝期以後の中世後期を取扱うことが少く、国家論においても後期については簡単な展望にとどまっている。従ってこの論文は、その不充分さを少しは補うことになるかとおもう。その意味で、本書脱稿後に発表した「建武政権の宗教政策——諸国一・二宮本所停廃に関連して——」(時野谷勝教授退官記念会編『日本史論集』一九七五年五月、清文堂)も、併せて参照していただければ幸いである。

* * *

戦後の「中世国家」についての通説的理解は、基本的には「領主制」理論の上に立つものであり、権門体制論提唱当時もなお学界では「領主制の再検討」を主軸として中世史研究の発展が展望されていた。そしてそれは理論は別として着実な実証に精励する多くの学究の常識にも通ずるものであった。しかし私の見解は、そうした主流的な発想と著しく異なっており、一般の穏当な研究進展の段取りを無視するものとさえ受取られたようである。その上私は、その後続けて、「領主制」を中心に据えて日本中世社会を把握することに疑問を提出し、それが権門体制論とも密接に関連していることを表明した(『荘園制社会』〈前掲〉および黒田『日本中世封建制論』〈一九七四年、東京大学出版会、とくに「日本中世の封建制の特質」〉参照)。そのため、主流的立場たることを自負する見地からすれば、私の一連の見解はもはや異端というより外道に近い奇怪な論にもみえるらしい。この空隙はそれほどに大きく、それがどういう開きであるのか確かめるのは容易でないかもしれない。恐らくもう少し時日が必要であろう。

中世国家論はひとしきり学界の論議を賑わせたにもかかわらず、いまでも依然難問に属する。私は、国家論が究極独自の課題とすべきことは階級的支配関係の実態や社会構成体のしくみを政治史的あるいは制度史的表現に置き換えて語ることではなく、主として上部構造に属するある固有の一分野とされるべきで、それも「社会的諸意識形態」の側面よりはむしろ「法律的および政治的上部構造」の側面こそが中心に据えられなければならないと考える(そうしたことについては『中世国家論』〈シンポジウム日本歴史7、一九七四年、学生社〉でものべた)。たとえば権力のしくみを中心に歴史の総体を語ることが国家論であり、人民闘争史を裏返せば国家史でもあるという程度のことなら、ことさらに国家論・国家史と称する必要はないからである。しかし研究の現段階はいまや概念や方法の論議ではなく新たな実態認識に移りつつあり、軍制・公田・百姓・都市その他、多様な論点が提起されている(黒田「中世史序説」〈岩波講座『日本歴史』中世1、一九七五年〉)。そうしたなかでの論点の一つに宗教的イデオロギーとも密接な関連があるところの、日本中世にみられる一種のアジア的社会構成ともいうべき特質が注目される。「中世の身分制と卑賤観念」は、そのような問題を念頭におきながら被差別部落の歴史に関して中世史研究の側から偏見を取除くことを念願して論述したものである。旧稿は、一九七二年五月『部落問題研究』第三三輯に発表したものであるが、本書に収載するについては一部を書き直し、さらに若干の補筆を加えた。なおこの論文の一つの前提になっていた「「七乞食」と芸能」を付論として添えたが、これは一九五九年三月『日本史研究』四一号に発表したものである。

＊　＊

「中世における顕密体制の展開」は今度新しく発表するものであり、その意図するところはこの論文の「はじめに」で述べているから、繰返さない。ここでのべたような、密教を中心にして中世の宗教史の全体構造を把握するという展望は、すでに一九六八年七月比叡山で行われた日本宗教史研究会の大会で報告したもので、この論文の大筋は当時ほぼでき上っていた。ただその後、二、三の大学で講義のため部分的な修正や補足を重ねる機会を得たが、「大学紛争」をはじめ公私の雑用に追われて成稿の時期はすっかり延引することになった。

この論文は、中世国家論の重要な問題の一つである、権門体制国家の宗教的イデオロギーのあり方を「顕密体制」と把握するものであるが、領主制理論への批判と権門体制論とを経ただけに、第二部に収めた旧稿のなかの歴史的位置づけに関する記述を、かなり訂正している。その結果、中世の顕密仏教は、かつて「鎌倉仏教における一向専修と本地垂迹」では〃古代的〃ととらえられ、ついで(神国思想の考察としてであったが)いわば擬似的な〃中世的〃宗教とされ、そして今度は正真正銘の〃日本中世的〃宗教と位置づけられることになった。

しかし同時に、そこには国家神道と仏教各宗派の立場から構想されている今日の日本宗教史・思想史の通説への全面的な批判を含ませていることを、とくに指摘しておきたいとおもう。もとよりこの粗雑な小論ではそのことがいくらも表現されておらず、説得的に展開されていないのも明白であって、しかも私は、それが自分の力量をはるかにこえる重大な問題にかかわっていることも承知しているのであるが、なお敢てそういうのである。また、儒教・道教・陰陽道などの影響を重視し、仏教の伝播も中国的なものの流入として理解して、それら全体を領導するものとして儒教的な礼教の秩序を置くというかなり常識的になっている観点も、どちらかといえば近世から明治へかけての知識層の教養の特殊性によるものでなかろうか。さらに、この国の宗教や信仰の根底につねに「固有信仰」ないし「神道」が伏流していたという認識は、事実に基づくというよりは一つの発想なのであって、それは近世の国学者によって「発見」＝創出され明治政府の政策にも「新国学」たる日本民俗学にも継承された日本ナショナリズム思想の一形態ではないのか。神祇を祀る独特の習俗が日本にあったことは疑いないが、それがただちに「神道」ではないし、日本が原始の蒙昧から脱出して以来の千数百年の歴史で「神道」が自立的かつ支配的であったのは、たかだかこの百年以来であることの意味を、いまあらためて考え直さなければならないとおもうのである。

＊　　　＊

近年、思想史がもてはやされ、なかには歴史学の窮屈な手続きと別の次元で思想史研究を樹立しようという動向もみられる。そうしたなかでの一つの特徴は、イデオロギーとして思想を考察する観点を嫌悪する論調が流行したことであって、それは政治論議のなかで良識ぶって説かれた「イデオロギー排除」の宣伝と、奇妙に照応しあっている。しかも他方では、一時期、日本中世史研究のなかにイデオロギー論の流行がみられ、間もなく止んだ。中世の国家と宗教を考察しようとすれば、イデオロギー論の観点を避けて通ることはできないが、それだけに真のイデオロギー的観点とはどういうことかという方法的課題は、今後いっそう探り続けられていく必要があろう。イデオロギー的観点とは、個々の思想や意識形態を、政治的立場や階級構成に単純にあてはめてみることではあるまい。歴史上の宗教を探究する立場はいろいろあるが、イデオロギーとして宗教をとらえるということは、呪術としての宗教や教団としての宗教や実存としての宗教をみることと必ずしも背反することではなく、反対にそれらの観点を包含することによってこそイデオロギーとしての宗教の姿もとらえうるのであろうから、そうしたことを歴史学における分析と構成のなかに具体化する方法的努力が、いま要求されているとおもうのである。

本書の諸論文は、そういうことを抽象的に念頭においてはいるが、日本中世の国家と宗教の全体的構造の展望に急なあまり、事実の把握や論理の分析の上でまったく不充分なものばかりである。大方の厳しい叱正を期待したい。

■岩波オンデマンドブックス■

日本中世の国家と宗教

1975年7月26日　第1刷発行
2007年6月5日　第8刷発行
2013年12月10日　オンデマンド版発行

著　者　黒田俊雄《くろだとしお》

発行者　岡本　厚

発行所　株式会社 岩波書店
〒101-8002 東京都千代田区一ツ橋2-5-5
電話案内 03-5210-4000
http://www.iwanami.co.jp/

印刷／製本・法令印刷

ISBN978-4-00-730080-6　　Printed in Japan